2판

아동권리와 복지

정옥분 · 정순화 · 손화희 · 김경은 공저

Child Welfare

학지사

2판 머리말

『아동권리와 복지』가 출간된 지 4년 만에 개정판이 나오게 되었다. 그동안 수차례에 걸쳐 「아동복지법」과 관련 법안이 제정되고 개정된 덕분에 우리나라 아동의 권리는 날로 향상되고 있다. 2012년 「아동복지법」의 전면 개정 후, 2015년 범정부 차원에서 아동정책에 대한 기본정책을 수립하게 되었고, 2016년 '아동정책영향평가' 조항이 신설됨에 따라 아동의 권리를 실현할 수 있는 아동친화적인 정책을 수립하기 위한 노력들이 이어지고 있다. 2020년부터는 통합적 아동 서비스 체계를 구축하고 아동정책 서비스의 전문성을 높이며, 아동 서비스의 책임성을 강화하기 위해 기존의 보호아동지원, 아동자립지원, 아동학대 예방 및 대응, 아동실종대응 등을 담당해 오던 8개 기관을 통합하여 '아동권리보장원'에서 그 사업들을 수행하고 지원하게 된다. 이러한 변화에 따라 2016년에 출간된 『아동권리와 복지』의 내용은 상당 부분 개정이 필요하게 되었다.

개정판의 구성은 초판과 크게 다르지 않으며, 전반적으로 아동복지정책의 변화와 관련된 내용 및 통계자료를 수정하였다. 제3부인 아동복지의 실천 분야 내용 중 제7장의 보육사업의 현황, 제8장의 장애아동의 현황, 제9장의 아동학대의 현황, 제10장의 가정위탁보호사업의 현황, 제11장의 입양사업의 현황, 제12장 시설보호사업의 현황에서 상당 부분 수정과 보완이 이루어졌다. 특히 2018년 이후 정부가 '포용국가 아동정책'을 표방함에 따라 각 아동복지사업의 해당 법령 및 제도가 개정되었고, 사업 담당 기관 및 서비스의 내용이나 전달체계도 변화되고 있어, 이에 대한 세부적인 내용들을 추가하였다. 그러나 초판에서 다루었던 '학교사회복지'는 2판에서는 포함하지 않았다. 현재 우리나라 학교사회복지서비스는 점차적으로 그 규모가 축소되고 있다. 시도교육청, 지방자치단체사업으로 일부 운영되고 있으며 일부는 취약계층 아동 통합지원서비스인 드림스타트사업으로 진행되고 있어서 기존의 사업들이 잘 유지되지 못하고 있는 실정이다.

최근 들어 아동의 인권에 대한 관심이 높아지면서 아동이 존중받고 안전하게 양육될 수 있는 사회적 분위기를 조성하고자 하는 노력이 가해지고 있다. 이에 따라 현재의 아동복지제도를 보다 높은 수준으로 발전시키기 위한 노력도 지속적으로 이루어질 전망이다. 그런 점에서 『아동권리와 복지』의 내용도 변화하는 아동복지정책에 맞게 지속적으로 개정이 이루어져야 할 것이다. 아동의 권리와 복지에 많은 관심을 가지고 있는 보육교사 및 사회복지사 그리고 관련 전공분야 학생들의 아낌없는 조언을 기대한다.

끝으로 이 책이 나오기까지 많은 도움을 주신 학시자 김진환 사장님과 편집부 여러분의 노고에 진심으로 감사를 드린다.

2020년 1월

저자 일동

1판 머리말

현대사회에 접어들면서 아동의 권리와 복지를 증진시키기 위한 사회적 · 정책적 노력이 이루어지고 있음에도 불구하고, 가정이나 어린이집에서 유기, 방임되거나 학대받는 아동들이 지속적으로 증가하고 있고, 십대 미혼모의 증가나 가족 해체 등으로 인해 부모로부터 버림받고 입양, 위탁되고 있는 아동의 수가 줄어들지 않고 있는 것 또한 현실이다. 사회 전반적으로 아동의 권리와 복지에 대한 관심이 높아지기는 하였으나 여전히 아동의 권리나 복지에 대한 인식 및 이해수준은 낮은 편이라 현실적으로 이를 실현하는 데에는 어려움이 있다. 기본적으로 아동의 욕구와 권리가 무엇인지를 이해하고, 이를 최우선으로 하는 복지정책이 구현되어야 할 필요가 있다.

아동복지란 아동이 행복하고 만족스러운 삶을 영위할 수 있도록 제공되는 서비스를 총칭하는 것이다. 과거에는 부모가 아동의 복지를 전적으로 책임져야 한다는 관점이 지배적이었지만 두 번의 세계대전 이후 고아 및 기아가 급증하면서 국가나 사회가 아동의 복지를 책임져야 한다는 관점이 대두하였다. 최근까지 우리나라의 아동복지는 요보호아동을 대상으로 하는 물질적인 구제와 지원에 초점을 맞추었으나 20세기 들어와 요보호아동을 대상으로 이루어지던 구호중심적 · 선별주의적 접근원칙은 점차 모든 아동을 대상으로 하는 포괄적 · 보편주의적 원칙으로 변화하고 있다.

이러한 포괄주의적 관점에 기초하여 아동복지 관련 종사자와 전공과목 학생들을 위한 지침서로 활용하기 위해 2012년『아동복지론』이 출간되었다. 그러나 최근 인간으로서의 권리에 대한 관심이 고조되면서 아동복지는 인간으로서 아동의 권리를 강조하는 방향으로 확장되고 있다. 따라서 강화된 아동권리 증진에 대한 사회적 요구를 반영하고자 이 책은 서명을 『아동권리와 복지』로 변경하고, 2012년 출간된 『아동복지론』에 기초를 두되 특히 제3장 아동의 권리와 제9장 아동학대에 대한 내용을 상당 부분 수정 · 보완하였다.

이 책은 총 4부로 구성되어 있다. 제1부에서는 아동권리 및 복지에 대한 이해를 높이고자 아동복지의 개념 및 필요성, 아동복지의 대상인 아동의 발달특성 및 발달이론, 아동복지의 핵심이라 할 수 있는 아동의 권리에 대해 알아보고자 하였다. 제2부에서는 아동복지와 관련된 정책들이 시대나 사회에 따라 어떻게 변화해 왔는지에 대해 알아보고 아동복지 실천의 원칙과 방법에 대해 살펴보았다. 제3부에서는 아동복지의 구체적 실천 분야인 보육사업, 장애아동복지사업, 학대아동보호사업, 가정위탁보호사업, 입양사업, 학교사회복지, 시설보호사업 등의 개념과 각 사업의 현황 및 개선 방안에 대해 살펴보았다. 제4부에서는 아동상담 및 치료의 과정과 실례를 통해 아동의 복지를 도모하고자 하였으며, 마지막으로 아동복지의 과제와 개선 방안에 대해 살펴보았다.

이 책에서는 변화하는 아동복지의 실제에 맞게 우리나라 아동복지 제도 및 실천방법, 서비스 현황, 우리나라 아동복지의 과제에 대해 살펴보았다. 특히 아동복지의 실천 분야에서는 아동복지에 대한 최근 현황 및 구체적인 사례를 제공함으로써 실제 현장에 대한 이해를 도모하고자 하였다. 이를 통해 현재 아동복지 현장에서 종사하고 있는 보육교사 및 사회복지사나 미래에 아동복지를 이끌어갈 전공분야의 학생들에게 필요한 지식과 정보를 제공하고자 한다. 이 책이 아동복지에 관심을 가지고 있는 학생들에게 많은 도움이 되기를 기대한다. 끝으로 이 책이 나오기까지 많은 도움을 주신 학지사 김진환 사장님과 편집부 여러분의 노고에 감사를 드린다.

2016년

저자 일동

차례

■ 2판 머리말 / 3
■ 1판 머리말 / 5

제1부 아동복지의 이해

제1장 아동복지의 기초 15

1. 아동복지의 범위와 개념 / 16
2. 아동복지의 의의 / 19
3. 아동복지의 필요성 / 21
4. 아동복지의 학문적 위상 / 26

제2장 아동발달의 이해 31

1. 아동발달의 개념 / 32
2. 아동기의 발달특성 / 38
3. 아동발달의 이론 / 45

제3장 아동의 권리 59

1. 아동권리 사상의 발전 / 60
2. 아동권리의 기본요소와 원칙 / 70
3. 아동권리의 내용 / 74
4. 우리나라 아동권리의 발전현황 / 76

제2부 아동복지의 발달과 기본전제

제4장 아동복지의 발달사 91

1. 외국의 아동복지발달사 / 92
2. 우리나라의 아동복지발달사 / 106

제5장 아동복지 실천의 원칙과 방법 119

1. 아동복지 실천의 기본원칙 / 121
2. 아동복지서비스의 분류 / 126
3. 아동복지 실천과정과 방법 / 131
4. 아동복지 실천의 윤리적 결정 원칙 / 137

제6장 아동복지정책 141

1. 아동복지정책의 개념과 구성 / 143
2. 아동복지 관련법 / 150
3. 아동복지정책의 개선방안 / 161

제3부 아동복지의 실천 분야

제7장 보육사업 169

1. 보육의 이해 / 172
2. 보육사업의 현황 / 181
3. 보육사업의 개선방안 / 186

제8장 장애아동복지사업 191

1. 장애아동의 이해 / 194
2. 장애아동의 현황 / 197
3. 장애아동복지서비스 / 202
4. 장애아동복지사업의 개선방안 / 210

제9장 학대아동보호사업 217

1. 아동학대의 이해 / 219
2. 아동학대의 현황 / 229
3. 학대아동보호서비스 / 234
4. 학대아동보호사업의 개선방안 / 255

제10장 가정위탁보호사업 259

1. 가정위탁보호사업의 이해 / 261
2. 가정위탁보호사업의 현황 / 268
3. 가정위탁보호서비스 / 275
4. 가정위탁보호사업의 개선방안 / 285

제11장 입양사업 291

1. 입양사업의 이해 / 293
2. 입양사업의 역사 및 현황 / 302
3. 입양서비스 / 308
4. 입양사업의 개선방안 / 320

제12장 시설보호사업 329

1. 시설보호사업의 이해 / 331
2. 시설보호사업의 현황 / 336
3. 시설아동의 자립지원서비스 / 338
4. 시설보호사업의 개선방안 / 342

제4부 상담치료와 아동복지의 방향 정립

제13장 아동상담 및 치료 349

1. 아동상담의 이해 / 352
2. 아동상담의 과정 / 354
3. 아동상담치료의 실제 / 362

제14장 아동복지의 과제와 방향 정립 371

1. 아동복지의 과제 / 372
2. 아동복지의 쟁점 / 382
3. 21세기의 아동복지 / 384

부록 유엔아동권리협약 / 389

- 참고문헌 / 409
- 찾아보기 / 423

제 1 부
아동복지의 이해

제1장 아동복지의 기초

제2장 아동발달의 이해

제3장 아동의 권리

아동복지는 아동이 행복하고 만족스러운 삶을 영위할 수 있도록 제공되는 서비스를 총칭하는 것으로, 동서고금을 막론하고 이러한 서비스 제공의 1차적인 책임은 부모에게 있는 것으로 간주되었다. 그러나 부모가 책임지는 것이 불가능한 경우 이를 국가나 사회가 책임져야 한다는 관점이 대두되었고, 아동복지서비스는 바로 이러한 국가의 책임을 정책이나 법률로 규정하는 것에서 출발하였다.

우리나라의 아동복지는 이러한 국가적 책임을 시행하는 과정에서 어디까지나 요보호아동을 대상으로 의식주 문제를 해결해주는 물질적인 구제와 지원이 중심이 되어 왔다. 따라서 단순히 생존의 차원을 넘어서 인간으로서의 권리의 문제는 상대적으로 등한시되어 왔다고 볼 수 있다. 이는 생존 자체가 급박한 문제였던 시대적 특성과 아울러 다른 발달단계와는 질적으로 상이한 아동기의 발달특성에 대한 이해부족에 기인하는 것으로 볼 수 있다.

그러나 20세기에 들어와 아동기의 발달특성에 관한 여러 다양한 이론의 정립과 아울러 인간으로서의 권리에 대한 관심이 고조되면서 아동복지는 단순히 물질적 구호뿐 아니라 인간으로서의 권리를 보다 강조하는 방향으로 확장되어 가고 있다. 서구의 아동권리에 대한 관심은 「아동권리에 대한 제네바 선언」에서 출발하여 「유엔아동권리협약」으로 발전하였으며, 우리나라에서는 산발적으로 이루어지던 기존의 아동권리운동이 1990년 「유엔아동권리협약」에 서명하고 그 당사국이 됨으로써 본격적으로 이루어지기 시작하였다.

제1부에서는 먼저 아동복지의 기초개념과 아동복지 실천과정에서 전제가 되어야 할 아동기의 발달에 대한 전반적인 이해를 돕고자 한다. 그리고 기존의 선별주의적 관점의 복지에서 보편주의적 관점의 복지로 이행하는 과정에서 가장 강조되어야 할 아동의 권리에 대해 살펴보고자 한다.

제1장

아동복지의 기초

동서고금을 막론하고 자녀양육은 부모가 1차적인 책임을 지는 것이 보편적인 모습이었고 또한 바람직한 것으로 간주되었다. 그러나 가정 내에서 부모가 자녀를 양육하는 것이 불가능한 경우 이를 국가나 사회가 책임져야 한다는 관점이 대두되었는데, 이것이 아동복지의 시작이라고 볼 수 있다.

우리나라의 「헌법」 제2장 제10조에는 "모든 국민은 인간으로서의 존엄과 가치를 가지며, 행복을 추구할 권리를 갖는다. 그리고 국가는 개인이 가지는 불가침의 기본적 인권을 확인하고 이를 보장할 의무를 갖는다"라고 명시하고 있다. 이러한 헌법의 기본원칙은 인간으로서 누려야 할 국민의 기본권리를 국가가 보장해주어야 할 책임이 있음을 언급한 것이며, 복지란 바로 이러한 국가의 책임을 정책이나 법률로 규정하기 위한 목적에서 출발하였다.

이처럼 인간의 권리에 대한 국가적 책임은 명시하고 있으나 아동이 존엄성을 가진 존재로 인식되기 시작한 역사는 그다지 길지 않다. 따라서 아동을 대상으로 한 복지의 필요성을 인식하게 된 기간도 길지 않다. 세계 여러 나라와 마찬가지로 우리나라의 복지는 요보호대상 아동을 중심으로 출발하였기 때문에 그 대상이 제한적일 수밖에 없었으며, 이로 인해 요보호아동을 대상으로 한 물질적 구호가 바로 아동복지의 주요 과제로 인식되어 왔다. 그러나 사회변화에 따라 이러한 복지의 개념은 물질적 구호뿐 아니라 인간으로서 아동의 권리를 보다 강조하는 방향으로 확장되어 가고 있다.

이 장에서는 보다 질 높은 아동복지의 구현을 위해 먼저 그 기초가 되는 아동복지의 범위와 개념, 의의를 살펴보고, 다음으로 사회변화에 따른 아동복지의 필요성과 학문적 위상에 대해 살펴보고자 한다.

1. 아동복지의 범위와 개념

사회변화에 따라 아동관도 변화하고 있으며, 아동을 대상으로 한 복지사업의 내용도 달라지고 있으므로 아동복지의 개념을 정의하기에는 어려움이 있다. 따라서 여러 학자들은 아동복지의 개념을 정의하는 데 있어 가장 기본적인 방법으로 어원을 중심으로 고찰하였다. 어원상으로 볼 때 아동복지는 '아동(child)'과 '복지(welfare)'의 합성어이며, '복지(welfare)'는 '보다 만족스럽게, 행복하게'를 의미하는 'well'이라는 부사어와 '지나가다'를 의미하는 'fare'라는 동사가 합해진 용어로 '행복하게 잘 지내다'를 의미한다. 그러므로 아동복지의 개념을 정의하는 데 있어서 복지의 대상이 되는 아동의 범위와 아동이 행복한 삶을 영위하기 위해 제공되어야 할 복지서비스의 범위는 중요한 기준이 된다.

1) 아동복지의 범위

먼저 복지의 대상이 되는 아동의 연령범위를 살펴보면, 국어대사전(이희승, 1982)에는 아동을 "심신이 완전한 청년기에 달하지 아니한 사람" "초등학교에서 배우는 아이, 학동"으로 규정하고 있다. 또한 발달적인 측면에서 볼 때에 아동기는 좁은 의미로는 학동기를 지칭하는 것이지만 넓은 의미로는 영유아기 전체를 포함하는 것을 의미한다. 한편 법적인 측면에서 아동의 연령은 법률에 따라 다소 차이를 보이고 있지만 「유엔아동권리협약」의 제1조에서는 아동의 연령을 18세 미만까지로 규정하고 있으며, 우리나라의 「아동복지법」 제3조 1항에도 "아동이라 함은 18세 미만인 사람을 말한다"라고 규정함으로써 아동과 청소년을 모두 아동복지의 대상에 포함시키고 있다.

아동의 연령뿐 아니라 복지의 대상으로 요보호아동만을 포함시키는지 혹은 일반아동까지를 포함시키는지도 쟁점이 된다. 법적인 기준으로 볼 때 아동복지의 대상은 일반아동과 청소년을 망라하는 것이지만 현실적인 여건을 감안하여 우리나라의 「아동복지법」은 보호를 필요로 하는 아동을 아동복지의 주요 대상으로 규정하고 있다. 실제로 우리나라의 아동복지는 「아동복지법」 제정 이전에는 저소득층이나 장애아동 등 도움을 필요로 하는 아동을 대상으로 하여 출발했다. 즉, 아동복지의 이념과는 무관하게 실제 시행에 있어서는 선별주의적 복지 형태에서 크게 벗어나지 못하였다. 그러나 1981년 「아동복지법」 제정 이후 우리나라의 아동복지는 요보호아동을 대상으로 하는 선별주의적 복지에서 모든 아동을 대상으로 하는 보편주의적 복지를 지향하고 있으며, 이를 위해 지속적으로 법령개정이 이루어지고 있다.

Alfred Kadushin

다음으로 아동이 행복한 삶을 영위할 수 있도록 제공해야 할 복지서비스의 범위는 여러 기준에서 접근이 가능하다. Kadushin(1980)은 제공하는 서비스의 기능을 중심으로 복지서비스를 지지적 서비스(supportive service), 보조적 서비스(supplementary service), 대리적 서비스(substitute service)로 구분하였다.

지지적 서비스는 아동이 자신의 가정에 머물면서도 받을 수 있는 서비스로, 복지시설은 외부에서 가족원 각자의 기능이 충실히 이루어지도록 도와주는 역할만 수행한다. 지지적 서비스는 부부갈등이나 부모자녀 간 갈등으로 인해 부모자녀관계가 손상되거나 긴장상태에 있을 경우 초기의 문제를 다루는 1차 방어선이라 할 수 있다. 이와 같은 서비스는 주로 가족생활교육, 집단상담, 집단치료, 가족치료 프로그램, 아동학대예방 프로그램 등을 통해 제공된다.

보조적 서비스는 부모가 있지만 부모가 실직이나 질병, 취업 등의 이유로 부모역할을 제대로 수행하지 못할 경우 이를 보완하기 위한 서비스이다. 이는 부모의 보호가 부적절하거나 부모자녀관계가 심각하게 손상되어 있는 경우 제공되는 2차적인 아동복지서비스라고 볼 수 있다. 지지적 서비스가 외부적인 서비스 제공기능이라면 보조적 서비스는 내부적인 서비스 제공기능을 말한다. 가족 내부나 시설 내부에서 일시적으로 부모역할을 보조하는 보육서비스가 그 대표적인 예이다.

대리적 서비스는 부모의 사망과 가출, 유기 등으로 인하여 아동이 부모의 보호를 더 이상 받을 수 없게 된 경우 부모를 대리하여 제공하는 서비스를 말한다. 대리적 서비스는 아동이 자신의 가족을 완전히 떠나 부모와 가정의 역할을 대신해주는 타인에 의해 양육, 보호되는 것으로, 이에는 가정위탁과 입양, 시설보호 등이 포함된다. 또한 특수한 치료를 필요로 하여 수용치료서비스를 받는 것도 대리적 서비스에 포함된다.

2) 아동복지의 개념

복지의 대상이 되는 아동의 범위와 제공되는 서비스의 범위를 중심으로 장인협(1971)은 아동복지란 특수한 장애를 가진 아동은 물론 모든 아동들이 가족 및 사회의 일원으로서 육체적으로나 정신적으로 건전하게 성장, 발달할 수 있도록 지역사회나 사회복지서비스 분야에 있는 공·사 단체나 기관들이 협력하여 아동복지에 필요한 사업을 계획하여 실행에 옮기는 조직적인 활동이라고 정의하였다. 이러한 개념정의는 바로 아동복지가 요보호아동뿐 아니라 일반아동을 포함하는 넓은 의미의 아동복지를 지향하고 있음을 의미하는 것이다. 그러므로 제공되는 복지서비스의 범위도 대리적 서비스뿐 아니라 보조적 서비스, 지지적 서비스를 망라하는 것으로 볼 수 있다.

또한 Kadushin(1980)은 아동복지를 넓은 의미의 아동복지와 좁은 의미의 아동복지로 구분하였다. 좁은 의미의 아동복지는 그 대상이 특별한 문제를 가지고 있거나 보호를 필요로 하는 아동에 국한되는 반면, 넓은 의미의 아동복지는 특별한 문제를 가지고 있거나 보호를 필요로 하는 아동뿐만 아니라 일반아동을 포함하는 모든 아동과 그 가족이 대상이 된다. 즉, 넓은 의미의 아동복지란 모든 아동들의 행복 및 사회적응을 위해 심리적·생물학적 잠재력을 개발시켜주기 위한 각종 서비스를 의미하며, 좁은 의미의 아동복지는 특수한 문제를 가진 아동과 그 가족을 대상으로 전문적인 기관에서 행하는 특수한 서비스를 의미한다고 하였다. 이러한 구분에 근거할 때 좁은 의미의 복지활동에서는 대리적 서비스와 보조적 서비스가 보다 강조되는 반면, 넓은 의미의 복지활동에서는 지지적 서비스도 마찬가지로 강조된다.

그러므로 아동복지란 18세 미만의 아동에게 정신적, 육체적으로 행복하고 만족스러운 삶을 보장해주기 위해 국가와 사회 그리고 전문가에 의해 제공되는 모든 서비스를 총칭하는 개념이다.

2. 아동복지의 의의

아동복지는 다음과 같이 아동의 개인적 관점에서뿐만 아니라 가족이나 사회적 관점에서 그 의의를 찾을 수 있다.

1) 개인적 관점

아동복지의 1차적 의의는 아동 개개인의 생존을 보장하고 나아가 아동의 신체, 인지, 그리고 사회정서발달을 촉진시킨다는 점이다. 다른 동물에 비해 유난히 의존기간이 긴 인간의 경우 양육자의 도움 없이는 생존 자체가 불가능하며, 생존한다 하더라도 발달의 여러 영역에서 결손을 보이게 된다. 현대사회에서 아동복지는 단순히 아동의 생존을 넘어서 권리의 문제를 보다 강조하는 방향으로 나아가고 있다. 따라서 부모나 가족으로부터 적절한 양육을 받지 못하는 아동의 건강한 발달을 보장해주기 위해 정부나 지역사회차원에서 제공되는 정서적 지원은 물질적 지원 못지않게 아동복지의 중요한 영역으로 부각되고 있다.

2) 가족적 관점

가족의 중요한 기능 가운데 하나가 자녀사회화의 기능이며, 부모는 누구보다도 자녀의 신체, 인지, 사회정서발달에 큰 영향을 미친다. 현대사회에서 자녀양육의 상당 부분이 사회로 이전되고 있으나 아직까지 부모는 자녀의 발달에 가장 큰 영향을 미치는 중요한 인물이다. 그러나 부모역할은 많은 시간과 에너지를 요구하는 역할이고, 다른 역할과 마찬가지로 항상 즐거울 수만은 없는 역할이다. 많은 부모들이 이러한 문제로 고통을 받고 있으며, 이는 한부모가족이나 빈곤가족에서 특히 심각하다. 더구나 여성취업률이 증가함에 따라 많은 여성들은 직업과 자녀양육이라는 이중 역할의 문제에 직면하게 되었으며, 이로 인해 자녀양육에 소홀하게 되거나 이를 즐겁게 받아들이지 못하는 것에 대해 상당히 큰 죄책감을 가지고 있다.

이러한 관점에서 볼 때 부모나 가족원을 지원함으로써 아동을 간접적으로 지원하는 것은 효과적인 아동복지의 방법이며, 실제로 많은 나라들에서 영유아보육이나 부모상담 등을 통해 부모나 가족을 지원하는 방법을 아동복지활동의 중요한 내용으로 포함시키고 있다.

3) 사회적 관점

아동기는 이후 발달의 기초가 된다는 점에서 아동을 대상으로 한 복지활동은 사회문제를 미연에 예방함으로써 그 비용을 절감할 수 있는 미래를 위한 투자라고 볼 수 있다.

저소득층 자녀를 대상으로 보상교육의 일환으로 실시되었던 미국의 헤드스타트(Head Start) 프로그램은 저소득층에서 나타나는 빈곤의 악순환을 예방할 수 있는 효율적인 아동복지의 한 가지 방법이라고 볼 수 있다(사진 참조). 또한 우리나라에서 실시하고 있는 드림스타트사업도 이와 유사한 맥락에서 이해할 수 있다(사진 참조).

사진 설명 이민자 헤드스타트 프로그램에서 책을 읽어 주고 있는 Laura Bush 전 미국 대통령 부인

드림스타트 DreamStart

사진 설명 0~12세 저소득 아동 및 가족을 집중 사례관리하고 보건복지보육통합서비스를 지역자원과 연계하여 지원하는 드림스타트사업 로고

3. 아동복지의 필요성

전통적으로 우리나라의 아동복지는 빈곤이나 전쟁으로 인한 고아나 기아, 미아와 같은 요보호아동을 중심으로 한 물질적 구호가 주요 목표였다. 그러나 현대사회에 들어와 이처럼 물질적 구호를 필요로 하는 아동의 수는 감소하였으나 또 다른 형태의 복지의 필요성은 증가하고 있다. 여성취업률의 증가, 저출산율과 인구구조의 변화, 다양한 가족형태의 증가, 아동의 권리에 대한 인식 변화 등의 영향으로 다양한 내용의 아동복지서비스를 필요로 하고 있다.

1) 여성취업률의 증가

최근 가족의 변화에 큰 영향을 미친 중요한 사건 가운데 하나가 기혼여성의 경제활동 참여비율이 증가했다는 점이다. 여성의 교육수준 향상이나 자녀 수의 감소, 가사노동량의 감소 등과 같은 생활구조의 변화로 부부가 모두 일터로 나가는 맞벌이가족(dual career family, dual earner family)은 앞으로도 지속적으로 증가할 것으로 전망된다.

Talcott Parsons

맞벌이가정의 최대 난제는 육아문제이다. 전통사회에서는 아버지와 어머니의 역할이 엄격하게 구분되어 있었으며, Parsons와 Bales (1955)는 이를 도구적 역할(instrumental role)과 표현적 역할(expressive role)로 설명하였다. 즉, 아버지가 가족을 부양하는 도구적 역할을 수행하였다면, 어머니는 자녀양육을 담당하는 표현적 역할을 수행하였다. 그러나 여성취업률이 증가하면서 어머니는 더 이상 가정에서 자녀양육의 역할만을 담당할 수 없게 되었으며, 이러한 변화에도 불구하고 육아에 대한 가족 내의 역할분담의식이나 정책적인 지원은 미흡한 실정이다. 아직도 가사노동이나 육아와 관련된 대부분의 책임이 여성에게 일임되어 있어 맞벌이가정의 여성은 슈퍼우먼의 역할을 하거나 아예 중도에 직업을 포기할 수밖에 없는 실정이다. 그 결과 우리나라 여성의 취업패턴은 선진국과는 대조적으로 M자형을 보이게 되었다. OECD 국가들과는 달리 우리나라의 여성경제활동참여율

Robert F. Bales

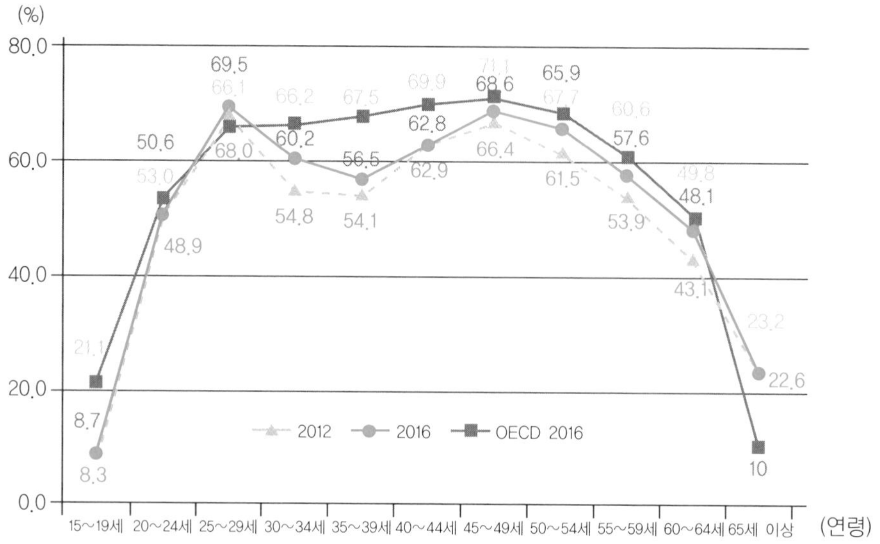

〈그림 1-1〉 **경제활동참여율**

출처: OECD(2017). OECD 주요국의 연령별 여성 고용률 추이.

은 자녀출산과 양육의 부담이 큰 35~39세경 뚜렷하게 낮아지는 것으로 나타났다(〈그림 1-1〉 참조). 어린 자녀의 존재 여부는 여성들의 취업 중단 경험에서 가장 많이 언급되는 요인이며, 최근의 저출산율은 이러한 갈등을 그대로 반영하는 것이다.

보육은 바로 이러한 육아문제를 지원하기 위한 복지제도이다. 이는 특히 보편주의적 복지를 실현하는 대표적인 방법으로 아동복지정책에서 차지하는 비중이 크다. 그러나 아직 영유아 보육은 양적 · 질적 차원에서 많은 개선이 필요한 상황이고, 다양한 형태의 어린이집의 확충이나 어린이집의 질적 수준, 보육비용, 보육교사의 자질 면에서 개선이 필요하다.

2) 저출산율과 인구구조의 변화

의학의 발달로 인간의 평균수명이 증가하고 있는 것은 세계적인 추세이다. 우리나라도 예외는 아니어서 평균수명의 연장으로 노인인구의 비율은 빠르게 증가하는 데 반해 저출산율로 아동 수는 점차 감소함으로써 인구구조가 급격하게 변화하고 있다. 더구나 우리나라는 평균수명의 증가속도가 세계 어느 나라보다도 빠른 반면, 출산율은 지속적으로 감소하여 저출산 고령화의 문제는 심각한 사회문제로 대두되고 있다.

2019년 통계청에서 발표한 우리나라의 '2018년 출생통계'에 따르면 총 출생아 수는 32만 7천 명으로 나타났다. 여성 한 명이 가임기간(15~49세) 동안 출산하는 출생아 수(합계출산율)도 0.98명으로 최저수준을 보인 것으로 나타났다(〈그림 1-2〉 참조). 그러나 현재의 인구를 유지하는 데 필요한 최소한의 합계출산율이 2.1명이라는 사실에 비추어 볼 때에 현재의 출산율이 그대로 유지될 경우 2050

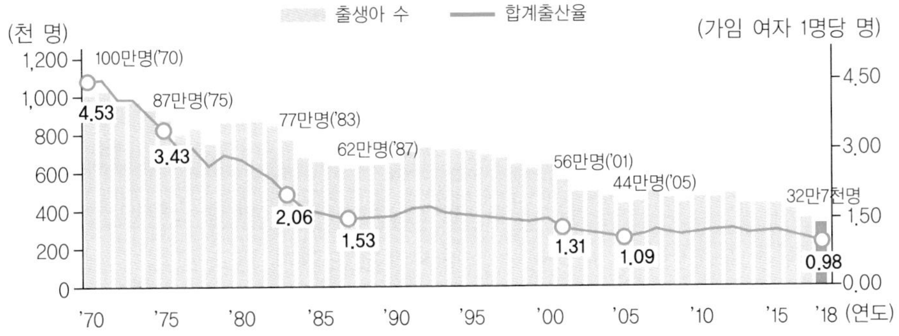

〈그림 1-2〉 **우리나라의 출산율**

출처: 통계청(2019). 혼인 · 이혼통계.

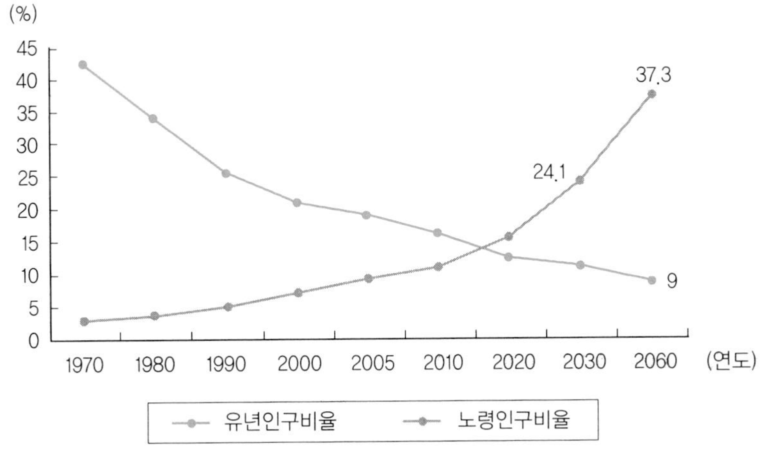

〈그림 1-3〉 **유년인구비율과 노령인구비율**

출처: 통계청(2015). 장래인구특별추계자료.

년경 우리나라의 인구는 4,000만 명 이하로 감소할 수 있으며, 2060년경에는 노령인구가 유년인구의 4배에 달할 것으로 추정되고 있다(〈그림 1-3〉 참조). 이는 생산성이나 노인부양에서 심각한 문제를 초래할 수 있으며, 따라서 아동수당 지급 등 출산장려를 유도하는 정책의 수립이 과거 그 어느 때보다도 절실한 상황이다.

3) 다양한 가족형태의 증가

우리나라는 전통적으로 부계확대가족이 가족형태의 근간을 이루었다. 그러나 점차 핵가족화, 소가족화되면서 3대 가족은 이제 전체 가족의 10%에도 채 미치지 못하고 있다(〈그림 1-4〉 참조). 여성취업률의 증가와 더불어 이러한 가족형태의 변화는 자녀양육자 부재현상을 촉진시키는 요인이 되고 있다. 뿐만 아니라 이로 인해 현대의 부모들은 과거 대가족에서처럼 가족 내에서 자녀양육 방법을 자연스럽게 전수받을 기회가 없고 따라서 부모역할에 대한 준비도 부족한 실정이다. 이는 부모역할의 어려움을 가중시키는 요인이 되고 있으며, 아동학대를 유발하는 요인으로 작용하기도 한다. 따라서 부모들을 대상으로 자녀양육과 관련된 교육 프로그램이나 상담서비스 등 다양한 복지서비스가 필요하다.

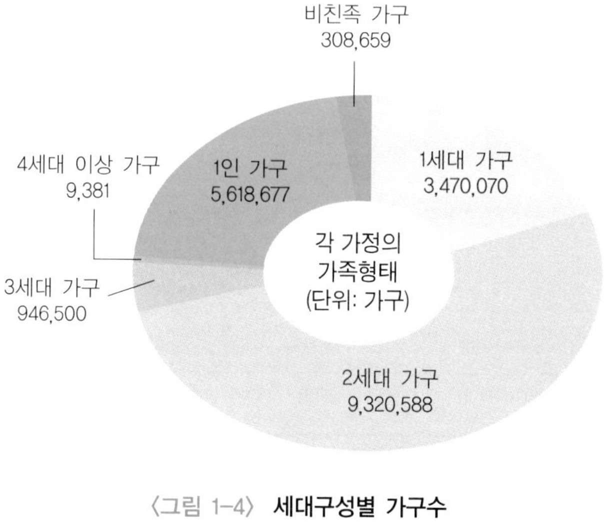

〈그림 1-4〉 **세대구성별 가구수**

출처: 통계청(2017). 인구총조사.

또한 가족보다 개인적인 성취에 더 많은 가치를 두게 되면서 현대사회에서는 결혼을 통해 형성된 가족이 더 이상 안정적인 단위가 아니다. 이혼율은 급속도로 증가하고 있고, 이에 따른 한부모가족이나 계부모가족의 비율도 점차 증가하고 있다. 2019년 통계청에서 발표한 2018년 우리나라의 이혼건수는 11만 건으로 나타났으며, 인구 천 명당 이혼율을 나타내는 조이혼율은 2.1명에 달하는 것으로 나타났다. 이는 이혼율이 정점에 달했던 2003년보다는 다소 감소한 것이나 여전히 높은 수치라고 볼 수 있다(〈그림 1-5〉 참조).

높은 이혼율은 아동의 성장과 발달뿐 아니라 부모역할에도 큰 영향을 미치게 된다. 이혼으로 인해 한부모가족이나 계부모가족이 점차 높은 비중을 차지하게 될 것이며, 이로 인해 유발되는 가족 내 갈등은 아동학대 문제로 확대되기도 한다. 그러므로 이들 가족의 부모와 아동을 대상으로 한 지원 및 상담서비스의 필요성이 증가하고 있다.

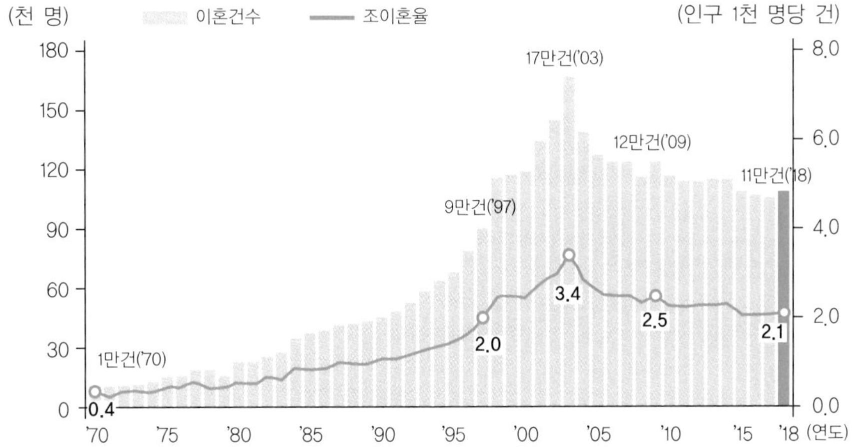

〈그림 1-5〉 **이혼건수 및 조이혼율 추이(1970-2018)**

출처: 통계청(2019). 혼인 · 이혼 통계.

4) 아동권리에 대한 인식의 변화

20세기에 들어와 많은 학자들은 인간발달에서 아동기의 중요성에 대해 관심을 갖게 되었다. 정신분석이론이나 학습이론, 인지발달이론 등 다양한 관점에서 연구들이 이루어졌으며, 사회적으로도 아동기의 중요성에 대한 인식을 갖

John Bowlby

Mary Ainsworth

게 되었다. 이들은 아동발달에서 부모역할의 중요성을 강조하기 시작하였으며, 이들의 주장은 가정위탁보호와 아동권리 사상의 발전 등 오늘날 아동복지사상과 정책의 근간이 되고 있다. 특히 Bowlby와 Ainsworth를 중심으로 발전된 애착이론은 기존의 시설보호에서 가정위탁으로의 전환에 지대한 영향을 미쳤다.

또한 「유엔아동권리협약」은 요보호아동을 대상으로 물질적 구호에 치중했던 기존의 복지에 대한 인식을 아동의 권리까지 보장하는 방향으로 확장시켰다. 우리나라의 경우 더 이상 자녀가 부모의 소유물이 아니라는 사회적 인식은 일반화되고 있으나 전통적으로 부모자녀 관계를 상하관계로 인식하는 권위주의적 양육태도로 인해 부모자녀 관계에 긴장이 유발되기도 한다. 이는 학교의 교사와 학생관계에서도 유사하게 나타나고 있다. 따라서 「유엔아동권리협약」에서는 아동학대예방이나 체벌방지를 위한 구체적인 조항을 명시하고, 당사국들이 그 이행사항을 권리위원회에 보고하도록 하고 있다.

이처럼 발달에서 아동기의 중요성이 부각되면서 우리나라에서도 복지적 측면에서는 아동의 권리향상을 위한 많은 노력이 결실을 거두었지만, 법률적 측면에서는 아직도 많은 과제를 안고 있다.

4. 아동복지의 학문적 위상

아동복지학은 아동복지의 기본이념을 구현하기 위한 구체적인 내용을 학문적으로 체계화한 것이라고 볼 수 있다. 아동복지학은 사회복지학이나 아동학과 밀접한 관련성을 가지면서 동시에 차별성을 갖는다.

1) 아동복지학과 사회복지학

복지의 목표는 물질적, 정신적으로 행복한 삶을 영위하는 것이고, 행복한 삶이란 인간이 자신의 물질적 요구를 해결할 수 있고 정신적 열망을 충족시킬 수 있는 상태를 의미한다. 그러므로 복지는 인간의 요구와 열망을 충족시키고자 하는 사회적 노력이라고 할 수 있다. 그러나 인간의 요구는 다양하며 요구에 따른 배분 또한 사회구조적으로 불평등하게 배분되어 있어서 사회문제가 유발된다. 이러한 사회문제를 해결하기 위한 사회적 노력이 곧 사회복지이다(김영모, 1982). 이러한 측면에서 본다면 아동복지는 아동과 관련된 사회문제를 해결하기 위한 노력이라고 볼 수 있다. 즉, 아동복지는 모든 아동이 전인적으로 건강하게 성장하도록 국가나 사회가 제공하는 조직적 활동이라는 점에서 아동복지는 사회복지의 한 범주라고 볼 수 있다.

우리나라에서도 산업화가 진행되면서 빈익빈 부익부 현상이 심화되고 사회적 약자에 대한 보호의 필요성이 심각한 문제로 대두되면서 사회복지에 대한 인식이 증대되었다. 이에 따라 사회정의의 실현을 위해 국가나 사회가 인간의 최저욕구수준을 충족시켜주고 인간다운 삶을 보장해주는 것에 그 목표를 둔 사회법이 제정되었다. 대표적인 사회법으로는 사회보장법과 사회복지법이 있으며, 「아동복지법」은 사회복지법의 하위 범주로 볼 수 있다(〈그림 1-6〉 참조). 이처럼

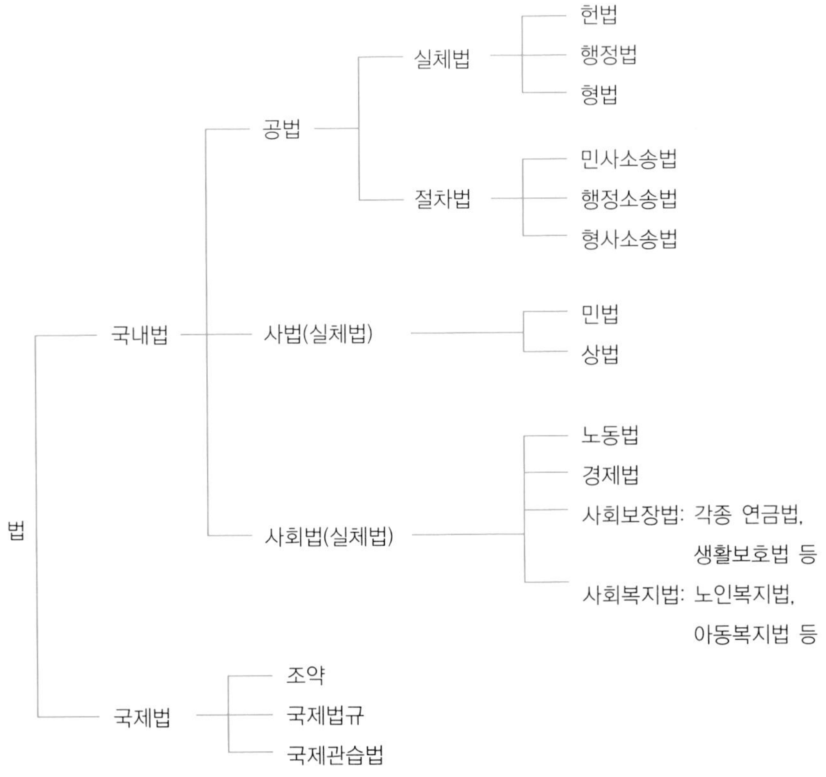

〈그림 1-6〉 **일반법의 구분체계**

일반법의 구분체계상으로 볼 때에도 아동복지는 사회복지의 하위 범주로 볼 수 있다.

그러나 한편으로 아동복지는 사회복지의 하위 범주 가운데 하나이기도 하지만 아동기라는 발달상의 특성으로 인해 다른 사회복지의 영역과 차별화된다. 모든 동물 중에서도 인간은 가장 긴 의존기간을 필요로 하며, 인간발달의 초기 단계인 아동기의 발달은 이후의 발달에 미치는 영향이 지대하다. 이러한 특성으로 인해 모든 아동들에게 신체적 · 정서적 · 교육적 · 사회적 요구를 충족시켜주어야 하고, 아동은 그들을 위험으로부터 보호해줄 수 있는 적어도 한 명 이상의 성인과 안정적이고 온정적이며 지속적인 관계를 형성하는 것이 필요하다. 따라서 아동복지의 주요한 과제는 단순한 물질적 지원 못지않게 이러한 요구를 충족시키고 안전감을 보장해줄 수 있는 포괄적인 지원이 필요하다는 것이다.

2) 아동복지학과 아동학

많은 학자들은 아동복지학을 아동학의 중요한 영역으로 규정한 반면, 또 다른 학자들은 이와는 달리 서로 다른 개별적인 학문으로 규정하기도 하였다(한국아동학회, 2004).

정옥분(2008)은 아동학은 아동의 건강한 발달을 도모하기 위해 태내기에서부터 아동기에 이르기까지 여러 영역의 발달과 관련이 있는 현상들을 포괄적으로 연구하는 학제적인 학문으로, 그 연구영역은 신체, 인지, 언어, 정서, 사회성의 모든 발달의 영역과 이들 여러 영역의 발달에 영향을 미치는 환경요인을 모두 포함한다고 하였다. 또한 이은해(2003)는 아동학은 아동의 발달적 · 생활적 특성을 고려하여 아동과 가족의 복리를 증진하기 위하여 아동과 환경, 그리고 이 둘 간의 상호작용을 과학적으로 연구하고, 실제에 적용하는 학문이라고 하였다. 그리고 교육학대사전(교육학사전편찬위원회, 1986)에서는 아동학을 어린이의 심신의 성장과 상태를 연구하여 어린이에 대한 도덕과 법률 등을 역사적으로 연구하는 학문이라고 정의하고 있다.

이러한 개념정의는 앞서 정의한 아동복지의 개념과 비교해볼 때, 여러 가지 공통점과 차이점을 동시에 가지고 있다고 볼 수 있다. 즉, 아동학과 아동복지학은 아동을 대상으로 이들의 건강한 성장발달을 도모한다는 공통적인 목표를 가지고 있다. 그 대상에 있어서 아동학은 일반아동을 주요 연구대상으로 간주하는 보다 보편주의적 관점을 지향하는 반면, 아동복지학은 보편주의적 관점을 지향하되 실제로는 요보호아동이 주요 대상이 되는 보다 선별주의적 관점의 학문이라고 볼 수 있다. 또한 아동학이 아동발달의 모든 영역과 이에 영향을 미치는 요인들에 대한 이론적 탐구중심의 학문이라면, 아동복지학은 실제의 정책수립이나 서비스에 보다 치중하는 실천적 학문이라고 볼 수 있다. 즉, 아동학은 아동복지정책의 수립이나 서비스를 구현하기 위한 기초자료를 제공하는 것을 보다 강조한다. 반면 아동복지학은 아동을 위한 복지라는 이념적 개념과 아동의 복지를 위해 제공되는 활동이라는 의미의 실천적 개념을 공유하고 있다(김의영, 1996).

제2장

아동발달의 이해

아동발달을 연구하는 목적에는 세 가지가 있다. 첫째, 수태에서 아동기까지 연령에 따른 발달의 변화를 기술하는 것이다. 예를 들어, 태아는 어떤 과정을 거쳐 발달하고, 영아기에는 감각운동 능력이 어떻게 발달하며, 유아기의 인지발달은 어떠하며, 아동기의 사회정서발달은 어떻게 이루어지는가를 기술한다. 이러한 기술을 통해서 연령에 따른 평균적 발달수준과 개인차를 알 수 있다.

둘째, 연령에 따른 발달의 변화에 대해 왜 그러한 변화가 일어나는지 그 이유를 설명하는 것이다. 특히 최근에는 발달적 변화 자체보다는 그러한 변화를 가져오는 유전적 · 환경적 요인 및 관련 규정을 규명하는 데 중점을 두고 있다. 즉, 아동의 성장과 발달의 중요한 기제가 무엇인지 밝히기 위해 왜 이러한 변화가 일어나는가를 규명하는 것이다. 예를 들면, 아동의 연령이 증가하면서 기억력이 증가하고, 어휘력이 풍부해지며, 사고력과 문제해결 능력이 발달하는데 그 이유가 무엇인가를 설명한다.

셋째, 아동발달의 연구결과를 아동복지의 증진과 삶의 질을 높이는 데 적용하는 것이다. 즉, 아동의 적응력을 높이고, 창의성을 길러주며, 효율적인 학습방법을 모색함으로써 아동들로 하여금 행복한 삶을 영위하도록 돕는 것이다. 이 세 번째 목적은 정상적 또는 비정상적 발달을 기술하고 그 원인이 어디에 있는

가를 밝혀내지 않고서는 달성하기가 어렵다.

이 장에서는 아동복지의 증진과 삶의 질을 높이기 위한 기초개념으로 우선 아동발달의 개념과 아동의 발달특성에 대해 간단히 살펴본 다음 아동의 발달을 설명하는 몇 가지 주요 이론에 관해 살펴보기로 한다.

1. 아동발달의 개념

아동발달과 관련된 개념으로 성장과 성숙, 학습이라는 개념이 있다. 성장(growth)은 신체의 크기나 능력이 증가하는 것으로 주로 양적인 변화를 의미한다. 이에 비해 성숙(maturation)은 유전적 요인에 의해 발달적 변화들이 통제되는 생물학적 과정을 말한다. 유아기의 빠른 성장과 사춘기의 2차 성징과 같은 변화들은 성숙에 기인한 것이다. 한편 학습(learning)은 직접 또는 간접 경험의 산물로서 훈련이나 연습에 기인하는 발달적 변화를 의미한다. 외국어의 습득은 매우 특정한 훈련에 의존하는 학습된 행동이라고 할 수 있다. 인간의 발달은 성장, 성숙, 학습의 세 과정이 공존할 때 비로소 이루어진다. 즉, 일생을 통하여 성장, 성숙, 학습에 의해 이루어지는 변화과정이 바로 인간발달이다.

1) 아동발달의 원리

발달이란 난자와 정자가 수정되는 순간, 즉 수태에서부터 시작되는 계속적인 과정을 말한다. 수태하는 순간부터 세포분열이 시작되는데, 하나의 세포인 수정란은 수백만 개의 세포가 형성될 때까지 아주 빠른 속도로 분열을 계속한다. 새로 형성된 세포들은 세분화된 역할을 맡아 신체의 여러 기관을 형성하게 된다.

태내기의 발달 순서는 정해져 있다. 모든 태아는 같은 순서로 그리고 거의 같은 시기에 발달한다. 성장과정은 태내기나 출생 후나 매우 복잡한 것이지만, 아동발달에는 몇 가지 일반적인 원칙이 있다.

(1) 발달에는 일정한 순서가 있다

모든 유아는 앉을 수 있게 된 다음에 비로소 설 수 있으며, 설 수 있게 된 다음에 걸을 수 있고, 원을 그릴 수 있게 된 다음에 사각형을 그릴 수 있다. 언어발달에도 순서가 있어서 옹알이를 한 다음에 말을 할 수 있으며, 간단한 문장을 사용할 수 있게 된 다음에 복잡한 문장을 사용하게 된다. 인지발달 또한 상징적 사고가 가능한 다음에 보존개념을 획득하게 되고, 그다음에 추상적 사고가 가능해진다.

(2) 발달은 일정한 방향으로 진행된다

① 두미(cephalocaudal) 발달 원칙

머리에서 발 방향으로 발달이 진행된다(〈그림 2-1〉 참조). 즉, 머리 부분이 몸통이나 사지보다 일찍 발달한다는 것이다.

② 근원(proximodistal) 발달 원칙

안에서 바깥쪽으로 발달이 진행된다(〈그림 2-1〉 참조). 즉, 중심부가 말초신경보다 먼저 발달한다는 것이다. 팔, 손목, 손, 손가락의 순서대로 발달이 이루어진다.

③ 세분화(mass to specific) 발달 원칙

일반적인 것에서 특수한 것으로 발달이 진행된다(〈그림 2-1〉 참조). 유아 초기

〈그림 2-1〉 **발달이 진행되는 방향의 도식화**

의 행동은 몸 전체를 사용하는 거칠고, 산만하고, 분화되지 않은 것이지만 점차적으로 분화되고 정밀한 행동으로 대체된다. 예를 들어, 유아는 처음에는 방바닥에 떨어진 머리카락 하나를 줍기 위해 거의 온몸을 다 사용하지만, 시간이 지나면서 엄지손가락과 집게손가락을 사용하게 된다.

(3) 발달은 계속적인 과정이지만 발달의 속도는 일정하지 않다

신체가 급속도로 성장하는 기간이 있는가 하면, 심리적 발달이 급속도로 이루어지는 기간이 있다. 예를 들면, 출생 후 첫돌까지는 신장과 체중이 크게 증가한다. 또 청년기가 되면 신장과 체중이 급격히 성장하는데, 이것을 청년기 성장급등(adolescent growth spurt)이라고 한다. 생식기관은 아동기에는 그 발달이 매우 느리지만, 사춘기에는 급속도로 발달한다. 유아기에는 어휘력이 갑자기 풍부해지고, 청년기에는 논리적인 문제해결 능력이 현저하게 향상된다.

(4) 발달에는 개인차가 있다

인간은 많은 공통점을 지니지만, 인간의 행동에 있어서 가장 재미있는 것 중의 하나는 모든 인간은 다 다르다는 점이다. 사실 일란성 쌍생아들 간에도 출생시부터 개인차가 나타난다. 모든 아동의 발달은 일정한 순서대로 이루어지지만, 발달의 속도와 양상은 아동마다 제각기 다르다. 특히 사춘기와 같은 성적 성숙의 시기에는 상당한 개인차가 있다.

(5) 발달의 각 영역은 상호밀접한 연관이 있다

생물학적 발달, 인지적 발달, 사회정서적 발달은 서로 상호작용을 한다. 생물학적 과정은 인지적 과정에 영향을 미치고, 인지적 과정은 사회정서적 과정에 영향을 미치며, 사회정서적 과정은 또 생물학적 과정에 영향을 미친다.

2) 아동발달의 영역

아동발달은 대체로 세 영역으로 이루어지는데 생물학적 발달, 인지적 발달, 사회정서적 발달이 그것이다. 생물학적 발달은 신체적 변화와 관련된 것이다. 부모로부터 물려받은 유전인자, 뇌와 감각기관의 발달, 신장과 체중의 증가, 운동기능, 사춘기에 나타나는 호르몬의 변화 등은 모두 아동발달에 있어서 생물학적 과정의 역할을 반영한 것이다.

인지적 발달은 개인의 사고, 지능, 언어에서의 변화를 포함한다. 영아가 침대 위에 매달려 있는 온갖 종류의 모빌을 쳐다보고, 유아가 언어를 습득하며, 아동이 시를 암송하거나, 수학문제를 풀고, 영화배우나 가수가 되는 것을 상상해보는 것 등은 아동발달에 있어서 인지적 과정의 역할을 반영한 것이다.

사회정서적 발달은 대인관계, 정서, 성격의 변화, 사회적 환경의 변화를 포함한다. 가족관계, 또래관계, 교사와의 관계 등은 아동발달에 있어서 사회정서적 과정의 역할을 반영한 것이다.

생물학적 발달, 인지적 발달, 사회정서적 발달은 서로 상호작용을 한다. 예를 들면, 아동이 다른 사람에게 신체적으로 어떻게 보이는가 하는 것은 아동 자신이 느끼는 감정에 영향을 미치고, 이것은 또한 친구관계에도 영향을 미친다. 추론능력은 다른 사람이 원하는 것이 무엇인가를 이해하는 능력에 영향을 미치고, 이것은 또한 대인관계에도 영향을 미친다. 확실히 발달과정은 복잡하게 서로 얽혀 있다. 〈표 2-1〉은 아동발달의 세 영역과 주요 내용에 관한 것이다.

표 2-1 아동발달의 세 영역과 주요 내용

영역	주요 내용	제기되는 질문의 예
생물학적 발달	뇌와 신경계, 근육, 감각능력 등이 행동에 어떤 영향을 미치는가를 연구한다.	• 아동의 성을 결정하는 요인은 무엇인가? • 조산의 장기적인 영향은 무엇인가? • 모유의 이점(利點)은 무엇인가? • 조숙과 만숙의 효과는 무엇인가?
인지적 발달	학습, 기억, 문제해결 능력, 지능 등을 포함하는 지적 능력에 관해 연구한다.	• 유아가 기억할 수 있는 최초의 기억은 어떤 것인가? • TV 시청의 효과는 어떠한가? • 이중 언어의 이점(利點)은 무엇인가?
사회정서적 발달	성격의 안정성과 변화, 대인관계, 사회적 관계의 성장과 변화 등에 관해 연구한다.	• 신생아는 엄마와 그 밖의 다른 사람들에게 다른 반응을 보이는가? • 아동을 훈육하는 가장 좋은 방법은 무엇인가?

3) 아동발달의 단계

아동발달을 좀더 쉽게 이해하기 위해 단계별로 접근할 수 있다. 아동발달의 단계는 대체로 태내기, 영아기, 유아기, 아동기로 나누는데, 그 대략적인 연령과 주요 발달내용은 다음과 같다. 여기서 연령범위는 상당히 융통성이 있다. 어떤 단계는 그 시작과 끝이 분명하지만, 어떤 단계는 그렇지 못하다. 예를 들면, 영아기는 출생으로 그 단계가 시작되고, 유아기는 초등학교에 입학하면서 끝난다. 반면 아동기의 끝과 청년기의 시작의 경계는 명확하지 않다. 왜냐하면 성숙의 가속화 현상으로 인해 초등학교 고학년에서 사춘기를 맞이하게 되는 경우가 많아졌기 때문이다. 지금까지는 일반적으로 초등학교를 졸업할 무렵에 아동기가 끝나는 것으로 생각해 왔다.

(1) 태내기

태내기는 수태의 순간부터 출산까지를 지칭하는 것으로, 태아가 어머니 뱃속에 있는 약 9개월간을 말한다. 이 기간 동안 정자와 난자가 결합한 하나의 세포는 빠른 속도로 하나의 생명체로 성장하게 된다. 그러므로 태내기는 짧은 기간이지만 인간발달의 초석이 되는 중요한 시점이다. 기본적 신체구조와 기관이 이 시기에 형성된다.

(2) 영아기

출생 후 24개월까지를 영아기라고 한다. 그중에서도 출생 후 첫 1개월을 신생아기라고 한다. 이 기간 동안 무력한 존재인 영아는 하나의 독립된 개체로서 성장할 준비를 하게 되며, 특히 신생아기는 태내환경과 상이한 새로운 환경에 적응해야 한다는 점에서 영아에게 중요한 의미를 갖는다.

영아기는 발달의 여러 영역에서 급속한 성장이 이루어지는 시기이다. 뛰어다닐 수 있을 만큼 빠른 속도로 신체발달이 이루어지고, 다른 사람과 의사소통이 가능할 만큼 언어능력도 발달한다. 이후의 사회성발달을 위해 부모와 애착관계를 형성하는 것이 필요하며, 인지발달을 촉진시키기 위해 여러 감각 자극이 필요한 시기이다.

(3) 유아기

2세부터 초등학교 입학 이전까지의 시기를 유아기라고 한다. 유아기는 인지능력이 발달하고 상상과 환상이 풍부해지는 시기이다. 또한 주변 환경에 대한 탐색이 활발해지고, 많은 어휘를 습득하여 다른 사람과의 의사소통도 활발해진다.

(4) 아동기

6세부터 11세까지의 초등학교에 다니는 시기를 아동기라고 한다. 생활의 중심이 가정에서 학교로 옮겨감에 따라, 이 시기의 발달에서는 학교생활이 중요한 역할을 하게 된다. 학교생활을 통해 아동은 많은 사회적 관계를 형성하게 되며, 또래집단의 비중이 점차 커지게 된다. 〈표 2-2〉는 아동기의 네 단계와 주요 발달 현상을 설명한 것이다.

표 2-2 아동기의 네 단계와 주요 발달 현상

단계	주요 발달 현상
태내기 (수태~출생)	• 기본적인 신체구조와 기관이 형성된다. • 신체의 성장이 일생 중 가장 빠른 속도로 이루어진다. • 태내환경의 영향을 크게 받는다.
영아기 (0~2세)	• 신생아는 의존적이기는 하지만 나름대로 많은 능력을 가지고 있다. • 출생 시에 모든 감각기관이 작용한다. • 신체의 성장과 발달의 속도가 매우 빠르다. • 학습능력과 기억력이 신생아기에도 형성된다. • 생후 2년째가 되면 자아에 눈뜨기 시작한다. • 첫돌 무렵에 부모에 대한 애착이 형성된다. • 다른 아동에 대한 관심이 증가한다.
유아기 (2~6세)	• 운동기술과 체력이 신장된다. • 자기중심적이다. • 인지적 미성숙으로 인해 세상을 보는 눈이 비논리적이다. • 놀이, 창의력, 상상력이 풍부하다. • 자율성, 자기통제력이 증가한다. • 친구의 중요성이 증가되지만 가족이 여전히 생활의 중심이다.
아동기 (6~12세)	• 신체의 성장이 느려진다. • 체력과 운동기술이 더욱더 신장된다. • 유아기의 자기중심성이 사라진다. • 기억력과 언어기술이 증가한다. • 자아개념이 발달한다. • 친구가 생활의 중심이 된다.

2. 아동기의 발달특성

아동발달은 시간이 경과함에 따라 아동이 양적 또는 질적으로 변화하는 과정이다. 양적인 변화는 신장, 체중, 어휘력에서 보이는 변화와 같이 크기 또는 양에서의 변화를 의미한다. 질적인 변화는 지능의 본질이나 정신작용에서의 변화와 같이 본질, 구조 또는 조직상의 변화를 의미한다.

1) 신체발달

영아기의 신체적 성장은 놀랄 만큼 빠른 속도로 이루어진다. 아기를 신생아기 때 한 번 보고 나서 몇 개월 후에 다시 보게 된다면, 이 아기가 과연 그때 그 아기가 맞는지 의아해할 정도로 달라져 있는 것을 발견하게 된다. 신장과 체중의 급격한 성장 외에도 골격과 근육, 중추신경계 등의 신체내부적 발달도 급속도로 이루어진다.

생후 첫 1년간의 특징은 빠른 신체적 성장이라 할 수 있다. 출생 시 체중은 남아가 평균 3.4kg, 여아가 평균 3.3kg이며, 신장은 남아가 평균 50.8cm, 여아가 평균 50.1cm이다. 건강한 영아의 경우 신장은 1년 동안 1.5배, 체중은 3배 정도 증가한다. 두 돌 무렵이 되면 신장은 성인 키의 절반가량이 되고 체중은 출생 시 체중의 4배가 된다.

신체의 모든 부위가 똑같은 비율로 성장하는 것은 아니기 때문에 영아의 신체비율은 급격히 변한다. 바꾸어 말하면, 신체의 각 부분은 다른 시기에 다른 비율로 성장한다. 수태에서 출생까지는 머리부분이 가장 빠른 속도로 성장해서 신생아의 머리크기는 성인의 70%에 이르고, 출생 후 첫 1년간은 몸통이 가장 빠른 성장을 보여서 이 기간 동안에 증가한 신장의 60%에 해당된다. 출생 후 1년부터 청년기에 이르는 동안에는 다리가 가장 빠른 속도로 성장하여 이 기간 동안 이루어진 신장 증가량의 60% 이상이 된다(Eichorn, 1979).

영아기의 가장 주목할 만한 대근육 운동기능은 고개도 못 가눌 정도로 전적으로 의존적이던 인물에서 뒤집기(사진 참조), 기기, 서기, 걷기, 달리기 등을 할 수 있는 기동성 있는 인물로 영아를 바꿔 놓는 것이다. 소근육 운동기능은 근원

발달의 원칙에 의해 팔과 손 그리고 손가락의 순으로 발달한다. 출생 시의 신생아에게는 잡기반사 능력이 있지만, 그것을 통제하는 능력은 없다.

유아기에는 영아기에 비해 속도는 완만하지만 꾸준히 신체적 성장이 이루어진다. 운동능력은 신체발달과 밀접한 관련이 있으며, 신체가 발달함에 따라 운동능력도 꾸준히 발달한다. 영아기의 급격한 신체적 성장에 비하면 유아기의 성장 속도는 느린 편이다. 그러나 유아기에도 몇 가지 면에서 중요한 신체적 변화가 일어난다. 가장 눈에 띄는 변화는 신체의 크기나 모습에서의 현저한 변화이다. 영아기의 신체적 특징인 큰 머리, 둥글고 통통한 얼굴, 볼록 나온 배, 짧은 사지 등은 더 이상 유아에게서 찾아볼 수 없다. 유아기에는 체지방도 꾸준히 감소해서(Rallison, 1986) 전체적으로 통통하던 영아의 모습에서 길고 홀쭉한 모습으로 변한다. 유아기의 신장과 체중에 영향을 미치는 요인 중 가장 영향력 있는 것은 유전적 배경, 영양, 건강관리 등이다(Burns, Dunn, Brady, Starr, & Blosser, 2013). 눈에는 덜 띄지만 보다 중요한 변화는 뇌와 신경계의 성숙이다. 뇌와 신경계의 성숙으로 유아는 새로운 운동기술과 인지능력을 발달시키게 된다.

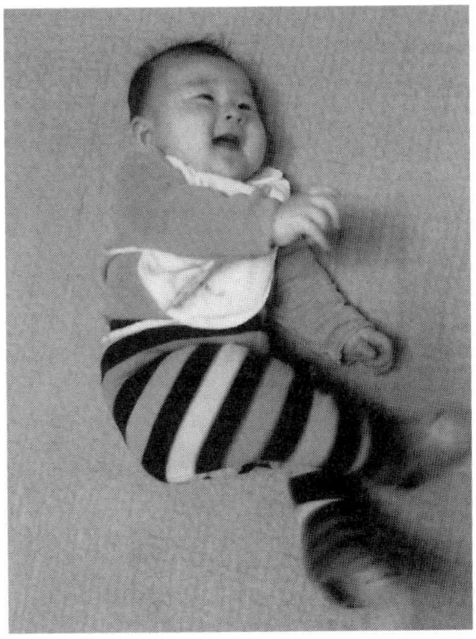

사진 설명 영아가 뒤집기를 시도하고 있다.

유아기에 들어서면서 운동기술은 급속도로 증대한다. 영아기에 걸음마를 배운 영아는 유아기에 와서는 달리기, 뛰기, 공 던지기, 자전거 타기, 그네 타기 등을 할 수 있다(Ball, Bindler, & Cowen, 2014). 대근육운동뿐만 아니라 구두끈 매기, 크레용으로 색칠하기 등의 소근육운동기술도 발달한다. 일반적으로 소근육운동기술은 여아가 앞서는 반면, 대근육운동기술은 남아가 우세하다.

아동기의 신체발달 속도는 다소 완만하지만 신체비율은 거의 성인과 유사해진다. 이와 아울러 대근육과 소근육도 더욱 강하고 정교하게 발달한다. 팔다리의 성장이 몸통의 성장보다 빨라서 학령기 아동의 전형적인 신체 특징인 팔다리가 가늘고 긴 모습을 보이게 된다. 머리 크기는 신장의 1/7~1/8 정도로 거의 성인과 그 비율이 비슷하게 된다(〈그림 2-2〉 참조).

대근육과 소근육의 기본적 운동기능은 7세경이면 거의 발달하며, 이후에는 기존의 운동능력이 더 빠르고 정교하게 발달한다. 기본적 운동능력인 던지기,

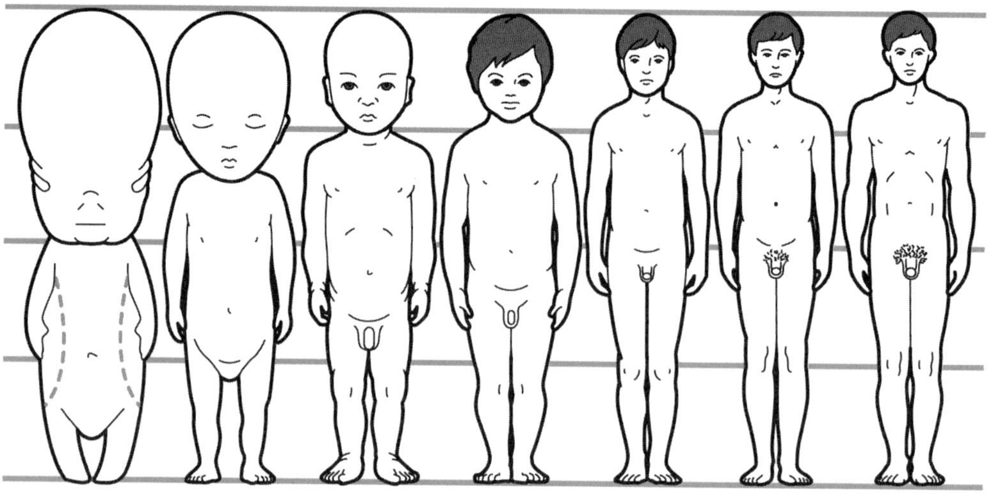

〈그림 2-2〉 **신체비율의 변화**

출처: Muzi, M. J. (2000). *Child development*. NJ: Prentice-Hall.

뛰어오르기, 달리기 능력이 더욱 발달하며, 이를 결합하여 게임으로 발전시켜 나간다. 협응능력 발달의 가장 좋은 지표인 공놀이의 경우, 연령이 증가함에 따라 공을 보다 멀리 던지고, 보다 잘 받을 수 있게 된다. 6세경에는 줄넘기가 가능하고, 7세경에는 작은 네모 칸 안으로 정확하게 뛸 수 있다. 협응능력의 발달로 자전거나 스케이트, 수영, 단체놀이, 그리기, 악기연주 등을 잘할 수 있게 된다. 현대사회의 아동은 대부분 운동량이 부족하다. 학교도 멀지 않고 방과후 시간도 신체적 놀이 대신에 조용한 학습활동으로 이루어진다. 그러나 규칙적인 운동은 아동에게 많은 이점(利点)을 가져다준다. 인내심이 길러지고, 잠버릇이 좋아지며, 비만방지에도 도움이 된다. 또한 심장질환을 예방해줄 뿐만 아니라 학습능력도 증진시켜준다.

아동기에는 신체적 활동량이 많아지고 호기심이 왕성해지므로 사고가 자주 발생한다. 일반적으로 남아가 여아보다 사고를 일으키는 비율이 높다. 사고는 아동기에 발생하는 사망과 신체장애의 주요한 요인인데, 특히 교통사고로 인한 사망률이 매우 높다.

2) 인지발달

Piaget(1960)는 인지발달단계에서 영아기를 감각운동기라고 명명하였다. 감각운동기에 세상에 대한 영아의 인식은 감각기관과 운동기능을 통해 이해하는 것에 국한된다. 영아기의 사고는 언어나 추상적 개념을 내포하지 않는다. 영아가 이해하고, 기억하는 것은 자신이 직접 보고, 듣고, 느끼고, 행동하는 것에 의존한다. 즉, 감각기관을 통해 받아들인 정보가 인지발달의 중요한 내용이 된다는 것이다. 감각운동기에 획득하게 되는 중요한 능력 중 하나는 대상영속성의 개념이다. 대상영속성은 물체가 눈에 보이지 않거나 소리가 들리지 않더라도 그 물체가 계속 존재한다는 것을 아는 것이다. 대상영속성의 개념은 인지발달단계와 병행하여 발달하는데, 이 개념을 획득하기 위해서는 자신이 주변 세계와 분리된 독립된 존재라는 사고를 할 수 있어야 한다. 단어나 문장을 습득하는 시기에는 개인차가 있지만, 대부분의 아동은 언어획득 시에 동일한 발달단계를 거친다. 일반적으로 아동이 알아들을 수 있는 단어를 사용하기 시작하는 것은 12개월경이라는 사실에 대부분의 사람들은 동의한다. 그러나 영아는 단어를 표현하기 오래전부터 울음이나 표정, 몸짓 등 비언어적인 행동을 통하여 의사소통을 꾀한다. 영아는 단어 자체가 아니라 말의 리듬, 고저, 강세에 따라 반응하며, 이를 통해 상대방의 말에서 감정적인 단서를 알아차리게 된다. 화난 목소리가 나면 행동을 멈추고 다정한 목소리에 대해 반응을 보인다.

유아기에는 인지적 성장과 언어발달이 빠른 속도로 이루어진다. 유아기 동안 뇌의 성장은 유아로 하여금 정보를 보다 효율적으로 처리하게 해준다. 유아는 이제 눈앞에 존재하지 않는 대상이나 사건에 대해 정신적 표상에 의한 사고를 할 수 있으며, 상징을 사용할 수 있는 능력을 갖게 된다. 이 시기에 습득하게 되는 언어는 상징적 표현의 중요한 수단이 된다. 유아기에는 또한 단어의 습득이나 문법의 숙달로 인해 영아기에 비해 의사소통이 보다 효율적으로 이루어질 수 있다.

그러나 유아기에는 아직 실제와 실제가 아닌 것을 완전히 구분할 수 없으며, 자기중심적인 사고를 하는 특성을 지닌다. 또한 어떤 사물이나 사건을 대할 때, 사물의 두드러진 속성에 압도되어 2개 이상의 차원을 동시에 고려하지 못한다. 이러한 사고의 특성으로 말미암아 보존개념, 유목포함, 서열화에 관한 개념습득이 어렵다. 유아기의 사고는 이처럼 논리적인 조작이 불가능하기 때문에 전조작기라 부른다. 상징적 사고, 자기중심적 사고, 물활론적 사고 등이 전조작기 사고의 특성이다. 유아가 상징적 기능을 획득하게 됨에 따라 언어발달이 급속도로 이루어진다. 유아기에는 단어의 획득이나 문법의 숙달로 인해 영아기에 비해 의사소통이 보다 효율적으로 이루어질 수 있다. 그러나 아직까지는 사고의 자기중심성 때문에 언어도 의사소통을 위한 사회화된 언어로 발달하지 못하고 자기중심적인 특성을 갖는다.

아동기에는 유아기에 비해 인지능력에서 상당한 발전을 보인다. 좀더 세련된 방법으로 상징을 사용하고, 논리적으로 생각할 수 있으며, 사물의 한 측면에만 집착하지 않고 여러 측면을 고려하여 결론을 이끌어낼 수 있다. 동시에 타인의 관점을 이해하게 된다. 유아기의 직관적 사고에서 논리적 사고로, 중심화 현상에서 탈중심화로, 비가역적 사고에서 가역적 사고로 변하게 된다. 그러나 아동기의 사고는 구체적인 것, 자신이 직접적으로 경험한 세계에 한정되며, 추상적이고 가설적인 개념을 이해하는 데는 한계가 있다. 아동기의 이러한 사고의 특성을 Piaget는 구체적 조작기로 설명하고 있다. 전조작기와 구체적 조작기의 중요한 차이는 아동이 문제해결 과정에서 직관보다는 논리적 조작이나 규칙을 적용하기 시작한다는 사실이다. 보존개념의 획득, 조망수용, 유목화, 서열화의 능력 등이 구체적 조작기의 특성이다.

중추신경계의 성숙으로 인해 아동기에는 주의집중 능력이 발달하며, 기억용량의 증가, 기억전략과 상위기억의 발달, 지식기반의 확대 등으로 인해 보다 효율적으로 기억을 할 수 있게 된다. 아동기에는 또한 언어발달로 인해 의사소통 기술도 크게 발달한다.

3) 사회정서발달

신생아도 기쁨이나 슬픔과 같은 기본정서를 가지고 태어나지만 그것은 덜 분화된 상태에 있다. 그러나 연령이 증가함에 따라 영아는 점차 분화된 정서를 나타내고, 다른 사람의 정서를 이해할 수 있는 능력도 갖게 된다. 정서를 표현함에 있어서도 자신의 정서를 규제할 수 있게 된다.

영아는 출생 직후부터 각기 다른 기질적 특성을 보인다. 어떤 영아는 쾌활하고 명랑한 반면, 어떤 영아는 잘 울고 자주 보챈다. 또 어떤 영아는 조용하고 행

Mary Rothbart

John Bates

Alexander Thomas

Stella Chess

동이 느린 반면, 어떤 영아는 활기차고 행동이 민첩하다. 이와 같은 개인차는 기질에서의 차이를 반영한다. 기질이란 한 개인의 행동양식과 정서적 반응유형을 의미하는 것으로 활동수준, 사회성, 과민성과 같은 특성을 포함한다(Rothbart & Bates, 1998).

Thomas와 Chess(1977)는 영아의 기질과 환경이 상호작용하여 바람직한 결과를 산출한다는 '조화의 적합성(goodness-of-fit)' 모델을 제시하였다. 즉, 영아의 이상적 발달은 영아의 기질과 부모의 기질이 얼마나 조화를 이루는가에 달려 있다고 한다. 부모가 영아의 기질에 따라 양육행동을 조절한다면 그 결과는 보다 조화로운 관계가 된다. 반면, 영아의 기질과 부모의 양육행동이 조화를 이루지 못하면, 부모나 영아 모두 갈등을 경험하게 된다는 것이다.

영아기에 일어나는 가장 중요한 형태의 사회적 발달이 애착이다. 애착이란 영아와 양육자 간에 형성되는 친밀한 정서적 유대감을 의미한다. 영아의 기질, 영아와 부모의 특성, 양육의 질 등이 애착형성에 영향을 미치는 요인으로 보인다.

영아기에 형성된 애착은 이후 인지발달, 정서발달, 사회성발달에 중요한 영향을 미친다(Thompson, 1998). 일반적으로 안정된 애착관계를 형성한 영아는 유아기에 자신감, 호기심, 타인과의 관계에서 긍정적인 성향을 보이는 것으로 나타났다. 또한 아동기에 접어들어서도 도전적인 과제를 잘 해결하고, 좌절을 잘 참아내며, 문제행동을 덜 보이는 것으로 나타났다. 뿐만 아니라 영아기에 형성된 애착은 이후 주변 세계에 대한 신뢰감으로 확대되기도 한다.

유아기는 영아기에 비해 대인관계의 폭이 넓어지고 다양해지는 시기이다. 유아기에는 활동반경이 넓어짐에 따라 인간상호관계에 따른 정서적 긴장이 심하게 나타나기도 한다. 인간을 분류하는 가장 기본적인 범주는 성별이며, 우리가 속해 있는 사회는 성별에 따라 남성과 여성에게 적합하다고 생각되는 특성을 규정하고 있다. 사회가 각 성에 적합한 것으로 규정한 행동이나 태도를 자신의 것으로 내면화시키는 것을 성 유형화라고 하며, 이를 통해 우리는 자신의 성에 적합한 성역할 개념을 습득하게 된다. 사회화란 개인이 자기가 속해 있는 사회집단에 적합하다고 생각되는 행동양식을 습득하는 과정을 말한다.

가족은 개인의 사회화에 가장 큰 영향을 미치는 집단이다. 가족은 사회의 기본단위로서 한 사회를 존속시키고 유지시키는 기능을 가지고 있다. 인간이 세상에 태어나서 사회구성원으로 성장할 수 있는 터전이 바로 가족이다. 부모는 아동이 이 세상에 태어나 최초로 관계를 형성하는 대상이며, 형제는 아동이 출생 후 처음으로 경험하는 또래집단이자 가장 오랫동안 개인의 사회화에 영향을 미치는 중요한 인물이다. 그러므로 부모의 양육태도와 형제관계는 아동의 사회화 과정에 지대한 영향을 미치게 된다.

학동기의 아동은 자신의 에너지를 내면화하여 사회문화적 기술을 익히는 데 사용하게 되며 자신에 대한 개념도 형성하게 된다. 또한 아동의 활동반경이 가정을 벗어나게 됨에 따라 부모나 형제뿐만 아니라 또래집단이나 주위 환경이 사회정서발달에 영향을 미치게 된다.

도덕성이란 개인이 다른 사람과의 관계에서 지켜야 할 사회집단의 규칙을 인식할 수 있는 능력이다. 도덕성의 발달은 자신이 속한 사회의 문화규범에 따라 행동하도록 배우고 이를 자신의 것으로 받아들이는 과정을 통해 이루어진다. 정신분석이론에서는 도덕성의 발달이 부모에 대한 동일시를 통해 이루어진다고 보았다. 아동은 남근기의 오이디푸스 콤플렉스를 해결하기 위해 부모의 행동을 동일시하는 과정을 통해 부모의 도덕적 규준을 내면화하게 된다. 이렇게 내면화된 부모의 가치기준이나 외적 규범에 위배되는 행동을 하게 되면 죄책감을 느끼게 되며, 이것이 바로 아동의 양심이 된다고 한다. 반면 사회학습이론에서는 부모의 행동에 대한 모방과 자신의 행동에 대한 강화를 통해서 도덕적 가치를 배우게 된다고 보았다. 한편으로 인지발달이론에서는 도덕성이 인지발달과 병행해서 발달한다고 보았다. 즉, 자기중심적 사고에서 벗어나 타인의 관점을 이해하는 어느 정도의 인지적 성장이 이루어지기 전에는 도덕적 판단이 불가능하며, 특정한 인지능력을 기초로 하여 각 개인은 옳고 그름에 대한 자기 나름대로의 규칙을 형성할 수 있다고 한다.

아동이 초등학교에 입학하면 가정 밖에서 보내는 시간이 많아진다. 출생 초기의 사회성발달은 부모와의 애착형성에 기초한 것이지만, 성장함에 따라 점차 접촉대상이 확대되어 학교나 또래집단의 비중이 커지게 된다. 이러한 또래집단은 이웃에 살며, 연령이 비슷하고, 동성의 아동으로 구성되며, 외모, 성숙도, 운동기술, 학업성취나 지도력 등에 따라 서열이 형성된다. 사회가 점차 핵가족화, 소가족화되고 여성취업률이 증가하고 세대 간의 격차가 심화되면서 과거 혈육 간의 밀접한 관계를 또래집단이 대신하고 있다. 학교는 가정과 더불어 가장 중요한 사회화 기관이다. 우리는 흔히 학교를 공부하는 곳으로만 생각하기 쉽지만, 학교는 아동에게 매우 중요한 사회적 활동의 장(場)이기도 하다. 오늘날 학교의 영향은 전(前) 세대에 비해 더 크다. 즉, 현대사회에 접어들면서 가정의 교육적 기능이 약화됨에 따라 학교는 아동의 사회화 과정에서 중요한 역할을 하게 되었다.

3. 아동발달의 이론

많은 이론이 아동의 발달에 관해 설명하려고 한다. 그러나 지금까지 아동발달의 모든 측면을 설명할 수 있는 통합된 단일 이론은 없다. 어느 한 이론도 아동발달의 복잡하고 다양한 측면을 모두 설명할 수는 없지만, 각 이론 중 어느 하나도 우리가 아동발달을 이해하는 데 중요한 기여를 하지 않는 것이 없다. 바꾸어 말하면, 여러 아동발달이론은 아동의 발달과정의 이해에 제각기 기여하는 바가 다르다. 예를 들면, Piaget의 이론은 인지발달에 초점을 맞추고 Erikson의 이론은 사회정서적 발달에 초점을 맞춘다. 두 이론은 아동발달의 각기 다른 측면을 강조하기 때문에, Piaget 이론이 Erikson 이론의 대안이 될 수가 없다. 그 역도 마찬가지이다.

심지어 아동발달의 같은 측면을 다루는 이론일지라도 각기 다른 요인을 강조한다. 예를 들면, Bowlby의 애착이론은 아동의 사회적 행동을 이해하기 위해 아동과 양육자와의 애착관계를 우선적으로 관찰한다. 반면 사회학습이론은 개개의 아동이 행하는 특정 행동에 관심을 갖는다. 그러나 각 이론들이 아동발달의 어떤 측면에 대해서 의견을 달리 하더라도, 대부분의 경우 이들 이론은 상반된다기보다 오히려 상호보완적이다. 즉, 다양한 이론을 통해서 우리는 아동발달이라는 복잡하고 다양한 현상을 좀더 잘 이해할 수 있게 된다.

1) 정신분석이론

Sigmund Freud

Freud(1961)에 의하면 성격은 원초아(id), 자아(ego), 초자아(superego)로 구성되어 있다고 한다. 원초아는 성격의 가장 원초적인 부분으로서 생물학적 본능으로 구성되어 있는데, 이 본능은 주로 성적이고 공격적인 것이다. 원초아는 전적으로 무의식 세계에 존재하며, 현실세계와는 접촉이 전혀 없다. 원초아는 쾌락원리(pleasure principle)에 의해 지배되는데, 이 원리는 쾌(快)를 최대로 하고 고통을 최소로 한다. 여기서 쾌는 긴장감소를 말한다.

그러나 우리는 자신의 충동만을 따라서 살 수는 없으므로 현실을 다루는 법을 배워야 한다. 이와 같이 즉흥적인 충동을 억제하게 하고 현실을 고려하도록 하는 것이 바로 자아이다. 자아는 현실을 고려하므로 현실원리(reality principle)를 따른다.

옳고 그름에 대한 판단역할을 하는 것이 초자아이고, 초자아는 우리가 흔히 양심이라고 부르는 것과 자아이상으로 구성된다. 자신의 잘못한 행동에 대해 죄책감을 느끼는 것이 양심이고, 자신의 잘한 행동에 대해 자부심을 느끼는 것이 자아이상이다.

Freud(1933)는 아동발달의 단계를 구강기, 항문기, 남근기, 잠복기, 생식기의 5단계로 구분한다. 제1단계는 구강기로서 생후 1년까지가 이에 해당한다. 이 단계에서는 입과 구강 부위가 쾌락의 주된 원천이 된다. 빨고, 마시고, 먹는 것뿐만 아니라 손가락이나 젖꼭지를 빨거나 입에 닿는 것은 무엇이든지 빠는 것과 같은 구강활동을 통해서 쾌락을 추구한다(사진 참조). 제2단계인 항문기에는 1차적 성감대가 구강에서 항문 주위로 옮겨 간다. 배변훈련이 이 항문기에 시작되는데, 아동은 적절한

때와 장소가 허용될 때까지 배설기능을 지연시키는 법을 배워야만 한다. Freud 이론에서 항문기는 아동이 처음으로 사회의 기대에 순응하는 요구에 직면하는 단계이다. 아동은 점점 타인의 소망과 규범을 고려하게 된다. 아동은 모든 욕구가 충족될 수 없으며, 사회의 규범을 무시한 결과를 인식하게 된다. 제3단계인 남근기는 약 3세에서 5세까지 계속된다. 이 시기에는 정신에너지가 항문으로부터 성기로 옮겨간다. 이 단계에서 남아는 오이디푸스 콤플렉스를, 여아는 엘렉트라 콤플렉스를 경험한다. 제4단계인 잠복기는 약 6세경에 시작되어 12세경에 끝난다. 오이디푸스 콤플렉스를 성공적으로 해결한 아동은 이제 비교적 평온한 시기인 잠복기에 들어선다. 일반적으로 초등학생 시기가 여기에 해당된다. 제5단계인 생식기는 약 12세에 시작된다. 생식기에는 남근기에서와 같은 이성 부모를 향한 성적 욕망이 다시 한 번 나타나는데, Freud는 이를 사춘기에 거세불안이 환기되는 오이디푸스적 상황의 재현이라고 보았다.

Eric Erikson

Erikson(1963)은 발달의 사회적 맥락을 강조함으로써 Freud의 심리성적 발달의 5단계를 확장하여 8단계 이론을 정립하였다. 즉, Erikson은 인간발달의 전생애 접근을 시도한 최초의 인물이다. 제1단계는 Freud의 구강기에 해당되는 시기로서 출생에서 약 1세까지이다. 이 시기의 주된 발달 위기는 영아가 세상을 신뢰할 수 있느냐 없느냐 여부에 관한 것으로, 신뢰감은 다른 사람에 대한 믿음과 자신에 대한 믿음을 포함한다. 이 시기에 아기를 돌보아주는 사람(주로 어머니)이 영아의 신체적 · 심리적 욕구를 잘 충족시켜주면 아기는 신뢰감을 형성하게 되고, 만약 아기의 욕구가 잘 충족되지 않으면 아기는 불신감을 갖게 된다. 제2단계는 Freud의 항문기에 해당되는 시기로서 약 1세에서 3세까지이다. 이 단계의 쟁점은 '자율적'이고 창의적인 사람이 되느냐, 아니면 의존적이고 '자기회의'로 가득한 '부끄러운 인간'이 되느냐 하는 것이다. 이 단계의 중요한 과업은 자기통제인데, 그중에서도 특히 배변훈련과 관련된 배설기능의 통제가 중요하다. 제3단계는 Freud의 남근기에 해당하는 시기로서 3세에서 6세까지이다. 이 단계에서 경험하는 심리사회적 갈등은 '주도성 대 죄책감'의 발달이다. 3세에서 6세 사이의 아동은 보통 생기와 활력, 호기심이 넘치고 활동수준이 높으며 에너지가 남아돈다. 아동은 놀이활동을 통해 보다 자유롭고 공격적으로 움직이며 활동반경을 점점 더 넓혀간다. 주도성을 발달시키는 과정에서

사진 설명 읽기, 쓰기, 셈하기 등의 인지적 기술의 습득은 근면성에 매우 중요하다.

목표를 설정하고 목적에 따라 활동하는 경향이 늘어난다. 제4단계는 6세부터 11세까지이며 Freud의 잠복기에 해당된다. Freud는 이 단계를 비활동적인 시기로 본 반면, Erikson은 이 단계를 역동적이고 활동적인 시기로 보았다. Erikson은 이 시기가 아동의 근면성에 결정적이라고 믿는다. 근면성은 아동이 속한 사회에서 성공적으로 기능하고 경쟁하는 데 필요한 사회적 기술을 습득하는 능력이다. 이 시기는 학교교육이 시작되는 시기로 읽기, 쓰기, 셈하기 등 중요한 인지적 기술과 사회적 기술을 습득해야 한다(사진 참조). 만약 이러한 기술을 개발하지 못하면 아동은 열등감을 느끼게 된다. 열등감은 아동이 그가 속한 세계에 대처함에 있어서 자신의 무능력이나 자신이 중요하지 않음을 지각하면서 생겨난다.

2) 인지발달이론

Jean Piaget

Piaget(1954)는 인지발달에는 네 단계가 있으며, 질적으로 다른 이 단계들은 정해진 순서대로 진행되고, 단계가 높아질수록 복잡성이 증가한다고 한다.

인지발달의 첫 번째 단계는 감각운동기(sensorimotor stage)로서, 신생아의 단순한 반사가 나타나는 출생에서 시작해서 초기의 유아적 언어가 나타나고 상징적 사고가 시작되는 2세경에 끝난다. Piaget는 이 단계에서 독립적이지만 상호 관련된 6개의 하위단계를 제시한다. 아동의 행동은 자극에 대한 반응으로서, 이때 자극은 감각이고 반응은 운동이다. 그래서 이 단계를 감각운동기라고 부른다.

두 번째 단계는 전조작기(preoperational stage)로서 2세에서 7세까지이다. 이때가 되면 아동의 언어가 급격히 발달하고 상징적으로 사고하는 능력도 증가한다. 그러나 이 단계에서는 논리적인 조작이 가능하지 않기 때문에 전조작기라 부른다. '조작'이란 과거에 일어났던 사건들을 내면화시켜 서로 관련지을 수 있는, 즉 논리적인 관계를 지을 수 있는 것을 뜻한다. 전조작기 사고의 특징은 상징놀이, 자기중심적 사고, 물활론(物活論), 직관적 사고를 하는 것 등이다.

세 번째 단계는 구체적 조작기(concrete operational stage)로서 7세에서 12세까지가 여기에 해당한다. 이 단계에서 아동은 전조작기에서 갖지 못한 가역성(可逆性)이라는 특성을 갖는다. 구체적 조작기의 아동은 조작의 순서는 전환될 수 있고, 조작 전 상황의 특성들이 회복될 수 있다는 것을 이해한다. 구체적 조작기에서 나타나는 사고의 특징은 보존개념의 획득, 유목(類目)포함, 분류화, 서열화를 할 수 있다는 점이다.

마지막 단계는 형식적 조작기(formal operational stage)로서 청년기가 이 단계에 해당된다. 형식적 조작기의 특징은 첫째, 새로운 상황에 직면했을 때 현재의 경험뿐만 아니라 과거와 미래의 경험을 이용한다는 것이다. 즉, 구체적 조작기의 아동은 현재의 문제만을 다루지만, 형식적 조작기의 청년은 시간을 초월하여 문제를 다룬다. 둘째, 체계적인 과학적 사고가 가능하다는 것이다. 즉, 문제해결을 위해 사전에 계획을 세우고, 체계적으로 해결책을 시험한다. 셋째, 추상적인 사고가 가능하다는 것이다. 구체적 조작기의 아동은 눈에 보이는 구체적 사실들에 대해서만 사고가 가능하지만, 형식적 조작기의 청년은 추상적인 개념도 이해할 수 있다. 넷째, 이상주의적 사고를 한다는 것이다. 청년들은 이상적인 특성, 즉 자신과 다른 사람들에게 이상적이었으면 하고 바라는 특성들에 대해 사고하기 시작한다. 그들은 이상적인 부모상에 대해 생각하고, 이 이상적 기준과 자신의 부모를 비교한다. 그리고 자신이 생각하는 이상적인 기준에 맞추어 자신과 다른 사람을 비교하기도 한다.

Lev Vygotsky

Vygotsky는 아동의 지적 능력을 근접발달영역의 개념으로 설명하고 있다. 근접발달영역(Zone of Proximal Development: ZPD)은 아동이 스스로의 힘으로 문제를 해결할 수 있는 수준인 실제적 발달수준과 성인이나 유능한 또래로부터 도움을 받아 문제를 해결할 수 있는 수준인 잠재적 발달수준 간의 영역을 의미한다. 예를 들면, 산수문제를 혼자 힘으로 풀지 못하는 초등학생에게 선생님이 옆에서 조언을 해주거나 힌트를 줌으로써 아동이 문제해결을 좀더 효율적으로 수행할 수 있게 된다. Vygotsky(1962)는 아동이 혼자 힘으로 문제를 해결할 수 있는 수준을 발달의 '열매'로, 그리고 타인의 도움으로 문제를 해결할 수 있는 수준을 발달의 '봉오리' 또는 '꽃'이라고 불렀다.

근접발달영역의 개념은 비록 두 아동이 도움 없이 혼자 힘으로 문제를 해결할 수 있는 수준이 비슷하다 할지라도, 도움을 받아 문제를 해결할 수 있는 수준은 크게 다를 수 있음을 암시한다. 즉, 도움에 의해 수행능력이 증가하면 할수록 근접발달영역은 더 넓어진다는 것이다.

근접발달영역과 매우 밀접한 연관이 있는 개념이 비계이다. 비계는 아동이 스스로의 힘으로 문제를 해결할 수 있도록 성인이나 유능한 또래가 도움을 제공하는 것을 의미한다. Vygotsky는 아동의 인지발달은 자신이 속한 문화에서 보다 성숙한 구성원과의 상호작용을 통해 이루어진다고 보았다. 이들은 아동의 인지발달을 위해 비계를 설정하여 아동이 성장할 수 있도록 도와준다. 아동을 가르치는 동안 아동의 현재 수준에 알맞도록 가르침의 양을 조절한다. 아동이 학습하는 내용이 새로운 것이라면 직접적인 지시를 하고, 아동이 따라오게 되면 직접적인 지시 대신에 힌트를 주게 된다.

비계는 건축학에서 빌려온 용어로서 건물을 지을 때 발판을 사용하다가 건물이 완성되면 제거해 버리는 것이다. 마찬가지로 아동이 과제를 수행하는 데 도움을 주다가 일단 아동이 혼자서 문제를 해결할 수 있게 되면 비계는 더 이상 필요 없게 된다.

비계는 즉각적인 문제해결뿐만 아니라 장기적인 안목에서 아동이 스스로 문제를 해결하는 데 필요한 기술을 가르치는 데에도 효율적인 것으로 보인다. 즉, 비계는 구체적인 문제해결뿐만 아니라 아동의 전반적 인지발달에 도움이 된다.

3) 학습이론

Burrhus Skinner

Skinner는 인간의 모든 행동은 두 가지 범주로 나눌 수 있다고 보았다. 첫 번째 유형은 반사(reflexes)로서 반응을 유발하는 자극으로 구성된다. 이때 자극과 반응과의 관계는 생물학적이고 선천적인 것이다. Skinner는 모든 유기체가 보이는 단순한 반사를 포함하는 반응을 반응적 행동(respondent behaviors)이라고 하였다. Pavlov의 실험에서 개가 음식을 보고 침을 흘리는 반응이 그 예이다. 반응적 행동의 특징은 반응을 유발하는 자극에 의해 전적으로 통제된다는 것이다.

즉, 자극이 있으면 반응하고, 자극이 없으면 반응하지 않는 매우 단순한 모형이다. 인간에게 있어서 반응적 행동은 영유아기에 특히 현저한데, 아기 입에 젖꼭지를 물리면 빨기 반응을 보이고, 손바닥에 어떤 물체를 놓으면 잡기 반응을 보인다. 아동이나 성인도 눈 깜박이기, 재채기와 같은 단순한 생리적 반응과 공포, 분노, 성적 흥분 등의 정서적 반응 형태로 반응적 행동을 보이기도 하지만 그 종류는 매우 적다.

두 번째 유형이 조작적 행동(operant behaviors)인데, Skinner는 인간행동의 대부분이 조작적 행동이라고 본다. 조작적 행동은 어떤 행동이 야기하는 결과에 의해서 통제된다. 일반적으로 긍정적인 결과는 그 행동이 다시 발생할 가능성을 높이고, 부정적인 결과는 반대 결과를 초래한다(Skinner, 1953).

Skinner는 Pavlov의 고전적 조건형성이 인간의 어떤 행동유형은 설명할 수 있지만, 보다 복잡한 행동유형을 설명하는 데는 조작적 조건형성이 더 적합하다고 믿는다. 고전적 조건형성에서는 자극이 반응을 유발하지만, 조작적 조건형성에서는 반응이 자극을 유도한다. '조작적(operant)'이라는 말은 라틴어가 어원으로, 바라는 결과를 얻기 위해 행하는 노력을 의미한다.

조작적 조건형성에서는 개로 하여금 개의 행동목록에 들어 있지 않은 특정 행동(예를 들면, 신문 가져오기)을 수행하도록 훈련시키기 위해 강화(reinforcement)가 사용된다. 조작적 조건형성에서 어떤 행동이 다시 발생하도록 만드는 과정을 '강화'라고 부르며, 어떤 행동이 다시 발생할 가능성을 증가시키는 자극을 '강화인(reinforcer)'이라고 부른다(Skinner, 1953). 강화인은 긍정적일 수도 있고 부정적일 수도 있다.

Albert Bandura

Bandura의 인지적 사회학습이론에서는 행동과 환경뿐만 아니라 인지도 발달에 있어서 중요한 요인이 된다. 사회학습이론은 사회적 환경과 아동의 인지능력이 학습과 발달에 미치는 중요성을 강조한다. 이 이론은 아동행동의 갑작스러운 변화는 고전적 조건형성 또는 조작적 조건형성을 통해서가 아니라, 다른 사람의 행동을 관찰함으로써 학습되어 나타난다고 주장한다(Bandura, 1977). 예를 들면, 유아는 엄마의 자녀양육행동을 관찰한 후, 인형놀이를 할 때 그 행동을 그대로 모방한다.

사회학습이론은 관찰학습(observational learning), 즉 다른 사람의 행동을 관찰함으로써 발생하는 학습에 초점을 맞추는데, 이것을 모방(imitation) 또는 모델링(modeling)이라고도 한다. 관찰학습에서 인지는 어떻게 작용하는가? 관찰학습을 통해서 우리는 다른 사람의 행동을 인지적으로 재현하고, 때로는 우리 스스로 그러한 행동을 한다. 예를 들면, 아동이 아버지의 공격적인 행동과 다른 사람에 대한 적개심을 관찰하고, 친구에게 아버지와 똑같이 공격적인 행동을 보일 수도 있다. 사회학습이론가들은 아동이 다른 사람의 행동을 관찰함으로써 그들의 행동, 사고, 감정을 습득한다고 생각하고, 이러한 관찰이 아동발달에서 중요한 부분이 된다고 믿는다.

사회학습이론에서 자기효능감(self-efficacy) 또한 중요한 요소이다(Bandura, 1986, 1989). 자기효능감이란 자신이 어떤 일을 잘 해낼 수 있다는 개인적 신념으로서 어떤 행동을 모방할지를 결정하는 데 도움이 된다. 즉, 자신의 능력범위 내에 있는 활동은 시도할 것이고, 자신의 능력을 벗어나는 과제나 활동은 회피하려 할 것이다(Bandura, 1981). 예를 들어, 자신이 운동(농구)에 소질이 있다고 생각하는 아동은 마이클 조단의 덩크 슛(dunk shot)을 흉내낼 것이다. 어떤 사람의 행동을 모방할 것인지 아닌지의 여부는 그 사람이 누구인지, 그 사람의 행동이 보상을 받았는지 그리고 자신의 능력에 대한 신념(자기효능감)에 달려 있다.

4) 동물행동학이론

Konrad Lorenz

Lorenz는 자연계의 서식지에서 여러 종의 동물들의 행동을 관찰하고서 생존가능성을 증진시키는 행동패턴을 발견했는데, 이들 중 가장 잘 알려진 것이 각인(imprinting)이다. 각인은 새끼 새가 부화한 직후부터 어미를 따라다니는 행동으로, 새끼가 어미 곁에 가까이 있음으로써 먹이를 얻을 수 있고, 위험으로부터 보호를 받을 수 있게 해준다. 각인은 생후 초기 제한된 기간 내에서만 일어나는데, 만약 이 기간 동안 어미가 없으면 대신 어미를 닮은 대상에 각인이 일어날 수도 있다(Lorenz, 1952).

한 실험에서 Lorenz(1965)는 어미 거위가 낳은 알을 두 집단으로 나누었다. 한

사진 설명 새끼 오리가 Lorenz를 '엄마'로 잘못 알고 그 뒤를 졸졸 따라가고 있다. 여기서 새끼 오리들은 Lorenz에게 각인되었는데, '각인'은 태어나서 처음 접하는 물체에 애착을 형성하는 선천적 학습을 일컫는 말이다.

집단의 알은 어미 거위가 부화하게 하고, 다른 집단의 알은 부화기에서 부화시켰다. 첫 번째 집단의 새끼 거위는 예측한 대로 부화 직후부터 어미 거위를 따라다녔다. 그러나 부화하자마자 Lorenz를 보게 된 두 번째 집단의 새끼 거위들은 Lorenz를 어미처럼 졸졸 따라다녔다(사진 참조). Lorenz는 새끼 거위들에게 표시를 한 후 상자로 덮어씌웠다. 어미 거위 옆에 Lorenz가 나란히 서서 상자를 들어올렸더니, 두 집단의 새끼 거위들은 각각 자기 '엄마' 뒤에 나란히 줄을 섰다. Lorenz는 이 과정을 각인이라고 불렀다.

Lorenz는 각인되는 대상의 범위가 종에 따라 각기 다르다는 것을 발견하였다. 기러기 새끼는 움직이는 것이면 무엇이든지 각인되는 것으로 보인다. 실제로 움직이는 보트에도 각인된 경우가 있었다. 반면 물오리 새끼들은 Lorenz가 어떤 높이 이하로 몸을 구부리고 꽥꽥거리는 소리를 지를 때에만 그에게 각인되었다.

각인의 적응가치는 과연 무엇인가? 집단으로 생활하고, 출생 후 곧 움직이며, 천적의 강한 압력하에 있는 조류와 포유동물에서 각인은 강한 애착기제로 진화해 온 것 같다. 이러한 종에 있어서 어미를 쫓아다니는 추종반응의 신속한 형성은 새끼들이 위험에 처했을 때, 새끼들로 하여금 도망가는 어미를 따를 수 있도록 해준다(Freedman, 1974).

유아가 태어나서 자신을 돌보는 사람, 특히 어머니와 강한 정서적 유대를 맺게 되는데 이것이 애착관계이다. Bowlby(1973)는 아기의 애착행동, 미소 짓기, 옹알이하기, 잡기, 매달리기, 울기 등은 선천적인 사회적 신호라고 주장한다. 이러한 행동들은 부모로 하여금 아기에게 접근해서 보살피고, 상호작용하도록 격려할 뿐만 아니라 아기를 먹이고, 위험으로부터 보호하며, 건강한 성장에 필요

John Bowlby

Mary Ainsworth

한 자극과 애정을 기울이게 해준다. 이것은 인간의 진화적 유산의 일부로서 다른 영장류와도 공유하는 적응기제이다. 유아의 애착발달은 새끼 새에게서 나타나는 각인형성보다 훨씬 더 복잡한데, 어머니(또는 양육자)와 장기간에 걸친 유대관계를 통해 형성하게 된다(Bretherton, 1992).

Bowlby의 애착에 관한 연구는 인간의 애착관계의 질이나 유대과정(bonding process)에 관한 연구를 촉진하였다. 그중 대표적인 것이 Mary Ainsworth가 유아의 애착을 측정하기 위해 개발한 '낯선 상황(strange situation)' 실험이다. 그뿐만 아니라 진화적 맥락에서 아동발달의 다른 측면(예를 들면, 아동의 공격적 행동, 또래 간의 상호작용, 사회적 놀이, 인지발달 등)에 관한 연구에도 자극을 주었다.

5) 생태학이론

Uri Bronfenbrenner

생태학적 체계이론은 Bronfenbrenner(1979)가 인간발달을 사회문화적 관점에서 이해하는 이론이다. 이 이론에는 다섯 가지의 환경체계가 있다. 미시체계(microsystem), 중간체계(mesosystem), 외체계(exosystem), 거시체계(macrosystem) 그리고 시간체계(chronosystem)가 그것이다. 이들은 아동을 둘러싸고 있는 직접적 환경으로부터 아동이 살고 있는 문화적 환경까지를 다 포함하는 것이다. 서로 짜 맞춘 듯 들어 있는 한 세트의 러시아 인형(사진 참조)처럼 좀더 근접한 것에서부터 좀더 광역의 것까지 이 다섯 가지의 체계는 각각 한 수준 위의 체계에 담겨 있다. 이후 Bronfenbrenner(1995)가 그의 이론에 생물학적인 영향을 첨가함으로써 그의 이론은 이제 생물생태학적 이론으로 지칭되고 있지만, 여전히 생태학적 · 환경적 영향이 그의 이론에서 우세한 실정이라 할 수 있다.

사진 설명 러시아 전통 인형인 마트료시카

미시체계는 아동의 근접환경으로서 아동의 가

족, 친구, 학교, 이웃이 이 체계에 포함된다. 이들은 아동의 발달에 관련이 있는 특성들을 소유하는데, 또래집단의 사회경제적 지위, 부모의 교육수준, 교사의 정치적 신념 등이 그것이다. 중간체계는 미시체계들 간의 상호관계, 즉 환경들과의 관계를 말한다. 이를테면, 부모와 교사 간의 관계, 형제관계, 이웃친구와의 관계 등이 그것이다. 일반적으로 이 체계들 간의 관계가 밀접하면 할수록 아동의 발달은 순조롭게 진행된다. 예를 들어, 부모로부터 많은 사랑을 받은 아동은 교사와 긍정적인 관계를 맺기 쉽다. 아동발달을 보다 체계적으로 이해하기 위해서는 가족, 친구, 학교, 교회 등 다양한 상황에서 아동이 어떻게 행동하는가를 관찰하는 것이 중요하다는 믿음이 발달론자들 사이에 점점 확산되고 있다. 외체계는 아동이 직접 참여하지는 않지만 아동에게 영향을 미치는 사회적 환경을 의미하는 것으로, 정부기관, 사회복지기관, 교육위원회, 대중매체, 직업세계 등이 여기에 포함된다. 거시체계는 미시체계, 중간체계, 외체계에 포함된 모든 요소에 개인이 살고 있는 문화적 환경까지 포함된다. 문화란 한 세대에서 다음 세대로 전수되는 행동유형, 신념, 관습 등을 일컫는다. 아동이 속해 있는 사회문화적 배경은 아동의 발달에 지속적인 영향을 미친다. 즉, 거시체계는 신념, 태도, 전통을 통해 아동에게 영향을 미친다. 거시체계는 일반적으로 다른 체계보다 더 안정적이지만, 때로는 사회변화(예를 들면, 경제적 번영에서 IMF 체제로의 변화 또는 평화체제에서 전쟁체제로의 변화)에 따라 변할 수 있다(Elder & Caspi, 1988). 시간체계는 전생애에 걸쳐 일어나는 변화와 사회역사적인 환경을 포함한다. 예를 들면, 부모의 이혼이 아동에게 미치는 영향에 관한 연구에서 연구자들은 이혼의 부정적인 영향은 이혼한 첫해에 최고조에 달하며, 딸보다 아들에게 더 부정적인 영향을 미친다는 것을 발견하였다. 그리고 이혼 후 2년쯤 되면 가족 간의 상호작용은 안정을 되찾는다. 사회문화적인 환경과 관련해서는 20~30년 전에 비해 더 많은 여성들이 직업 갖기를 희망한다. 이와 같은 상황에서 시간체계는 아동들의 삶에 지대한 영향을 미친다.

Bronfenbrenner의 생태학적 이론은 환경적 맥락을 강조하고, 역사적 시간을 의미하는 시간체계를 포함하지만 전생애 발달을 지향하는 것은 아니다. 전생애 발달을 크게 강조하는 생태학적 이론은 Elder의 생애이론이다. 오늘날과 같이 급변하는 사회에서는 각기 다른 연령대의 사람들은 각기 다른 역사적 환경에 노출되며, 역사적 변화에 대

Glenn Elder

해서도 각기 다른 영향을 받는다. 전생애 발달은 사회적 시간대의 영향을 받는다. 출산연령을 예로 들어보자. 오늘날에는 많은 여성들이 직장생활을 위해 결혼이나 출산을 미루기 때문에 출산연령이 높아지는 경향이 있다. 한편 십대 임신의 비율 또한 그 어느 때보다 높다. 십대 임신은 대부분 사회적 시간대가 적합하지 않은 사건이며, 그것은 산모나 아기 모두에게 위험하다.

상호의존은 생애이론의 주요 개념이다. 우리의 인생은 일생 동안 가족관계, 친구관계, 그 외 다른 사회적 관계에 의해 이루어진다. 예를 들면, 결혼에 실패한 성인자녀가 다시 집에 들어오는 것은 부모의 생활에 중요한 영향을 미치기 때문에, 자녀에게 발생한 개인적인 문제가 이제 세대 간의 문제가 된다. 부모의 인생에서 일어나는 변화 또한 자녀의 발달에 영향을 미친다. 따라서 부모나 자녀의 인생에서 발생하는 사건이나 중대한 결정 등으로 세대와 세대는 연결된다(Elder, 1994).

6) 우리나라의 아동발달이론

지금까지 논의한 아동발달이론들은 서구 문화의 산물이다. 아동발달의 개념을 논할때 한 가지 염두에 두어야 할 것이 있다. 그것은 아동발달의 맥락을 고려해야 한다는 점이다. 왜냐하면 인간의 성장과 발달이 이루어지는 바탕인 사회문화적 배경과 그 안에 담긴 가치체계를 이해하지 않고서는 진정한 인간발달을 이해할 수 없기 때문이다. 여기서는 우리나라에 도입되어 정착된 유교와 불교를 중심으로 한국의 전통적인 아동발달에 관한 관점들을 살펴보고자 한다. 우리 전통사회의 아동발달관은 오늘날에도 부모의 자녀양육태도에 적지 않은 영향을 미치고 있다.

우리 전통사회에서 아동은 태내에서 잉태되는 순간부터 하나의 인격체로 존중을 받았다. 한국식 나이계산법은 이러한 우리 사회의 아동존중사상을 단적으로 보여주는 한 예가 될 것이다. 비록 출생하지 않은 태아라 하더라도 잉태되는 순간부터 교육이 필요하다고 보았기 때문에 태교의 중요성을 강조하고 있다.

태교에서 시작하여 자녀가 태어난 뒤에도 사랑과 헌신적인 돌봄을 통해 부모는 자녀에 대해 높은 관심을 가지고 자녀를 존중하며 교육에 정성을 다했다. 정성, 희생, 존중, 관심 등은 우리 전통사회에서 자녀에 대한 부모역할의 중요한 덕목으로 볼 수 있다(정옥분 외, 1997).

사상적 기반을 유교적 가치와 신념체계에 두고 있었던 조선시대의 문헌을 분석해 보면, 아동은 성인에 비해 생각이 모자라고, 지적으로 아직 판단력이 갖추어지지 않은 상태에 있으며, 무한정한 욕구를 가지고 있으므로 아동기는 이를 적절하게 통제하는 방법을 가르치기 위해 훈육이 필요한 시기로 보고 있다. 이처럼 무지몽매한 어린아이를 가르치는 일은 가능한 한 빨리, 일상생활을 통해 가까운 관계에서부터 시작하는 것이 효과적이라고 생각했기 때문에 가정교육이 중요시되었고, 부모들의 자녀교육에 대한 책임이 강조되었다.

조선시대의 부모자녀관계는 본능적 · 정서적 애착관계뿐만 아니라 유가(儒家)의 자연관, 윤리관, 가족제도 등으로 형성된 구조적이고 기능적인 관계였다. 즉, 부모나 아동이 개개인 위주의 존재가 아닌, 가정이라는 한 가족공동체의 구성원의 관계로 존재하였다. 이는 서열이 존중되는 관계로 아동은 성인보다 낮은 존재였다. 또한 유교의 기본윤리 중의 하나인 부자유친(父子有親)의 관계로도 표현할 수 있다(백혜리, 1999).

태교에서 시작하여 10세 이전의 교육을 주로 어머니가 담당하였다는 사실은 초기 아동교육에서는 엄격함보다는 자애로움이 더 중요한 덕목으로 간주되었음을 의미하지만, 이후의 교육에서는 아버지가 참여함으로써 엄격함이라는 덕목이 강조되었음을 의미한다. 우리 전통사회에서의 바람직한 부모의 역할모델인 엄부자모(嚴父慈母)는 어머니의 자애로운 손에서 사랑으로 자녀를 양육하고, 동시에 자녀의 잘못을 엄격하게 다루는 엄한 아버지의 모습을 강조하고 있다(사진 참조).

한국 문화를 이끌어 온 중요한 사상 가운데 하나인 불교의 인간발달관을 보면, 불교에서 아동은 주체적 인격체라는 점에서 성인과 동일시하였다. 아동은 스스로 독자적 존재로서의 우주관과 진리관을 가지고 있다. 아동은 수행을 통해 자신이 가지고 태어난 업(業)을 개선하고 불성(佛性)을 발휘하여 깨달음에 도달할 수 있으나, 아직 미혹하므로 일차적으로 보호하고 교육해야 할 존재이다(권은주, 1998).

불전(佛典)에 의하면 아동발달은 부모로부터의 유전과 현재의 환경, 아동 개인의 의지가 상호작용하여 이루어진다고 한다. 즉, 인간이 비록 유전과 지난 생의 업에 의한 어떤 결과로 탄생했을지라도, 개인의 의지와 환경에 의해 앞으로의 발달이 향상될 수 있다는 것이다.

불교에서 인간발달의 궁극적인 목표는 고통으로부터 벗어나는 것이다(윤호균, 1999). 즉, 윤회와 그것의 고통을 없애고 깨달음에 이르는 것이다. 여기서 깨달음이란 자아실현을 이룩하는 것으로 최상의 도덕성을 의미한다. 인간을 생로병사(生老病死)로 인해 계속적인 신체적 · 정신적 고통을 경험하는 존재로 보고, 윤회의 고통을 없앨 때만이 인간발달의 최종목표에 도달한다고 본다.

깨달음에 도달하기 위한 수행방법으로, 초심자의 경우는 도덕적이고 바람직한 행동으로부터 시작해야 한다. 특히 아동의 경우는 미성숙하므로 성인의 보호와 가르침이 필요하다.

불교에서는 부모와 자녀의 관계를 생물학적인 관계를 넘어 태아의 발생까지 다겁다생(多劫多生)의 인연으로 시작되는 것으로 본다. 부모는 자녀를 태아 때부터 보호하고 적절히 교육시킬 권리와 의무가 있으며, 자녀는 이러한 부모의 은혜를 갚고자 노력해야 함을 강조하고 있다.

최근 우리 사회 전반에 평등주의 이념이 팽배하면서 유교적 이념은 전시대적인 유물로 간주되고, 유교적 인간관도 쇠퇴하고 있다. 남녀평등의식의 확산, 평등한 부모자녀 관계로의 변화 등과 같은 현상은 분명 바람직한 방향으로의 변화이다. 그러나 여전히 남아 있는 남아선호사상이나 획일적인 평등사상으로 인한 문제점, 부모의 관심이 인지발달에만 집중되고 인간관계가 경시되면서 나타나는 '왕따'의 문제들은 앞서 논의된 바와 같이, 유교의 인간발달관에 대한 현대적 의미의 재조명을 통해 긍정적인 측면은 살려나가고, 부정적인 측면은 보완해나가고자 하는 노력이 필요하다는 사실을 말해주고 있다. 더불어 불교의 인간관에 대한 보다 깊이 있고 폭넓은 연구를 통해 우리의 전통적인 인간발달관에 대한 대중적인 이해와 현대적 의미의 아동관을 재정립하는 것이 필요한 것으로 보인다.

제3장

아동의 권리

전통적으로 아동복지의 주요 관심사는 요보호아동을 대상으로 의식주의 문제를 해결해주는 물질적인 구제와 지원이었다. 그러나 점차 삶의 수준이 높아지면서 단순한 생존의 차원을 넘어서 인간으로서의 권리의 문제에 관심을 가지게 되었다. 우리나라의 「아동복지법」에는 아동을 18세 미만으로 규정하고 있으므로 아동의 권리란 18세 미만의 연령에 속하는 아동과 청소년이 인간으로서 누려야 할 기본적인 권리를 의미하는 것으로 볼 수 있다.

서구에서는 프랑스혁명을 분기점으로 하여 인간의 권리에 대한 사회적 인식이 증대되었으나 아동의 인권에 관심을 갖게 된 역사는 그다지 길지 않다. 19세기 말엽까지 아동학대에 대한 법률이 제정되지 않아 아동을 학대한 부모를 동물학대금지법에 회부하였다는 사실은 이를 뒷받침해주는 것이다. 세계 각국은 1920년대에 들어와서야 아동의 권리에 대해 관심을 갖기 시작하였고, 이러한 노력은 「아동권리에 대한 제네바 선언」으로 출발하여 「유엔아동권리선언」과 「유엔아동권리협약」으로 발전하게 되었다. 우리나라에서는 소파 방정환 선생의 아동권리옹호운동을 중심으로 아동의 권리에 대해 관심을 갖기 시작하여 「아동권리선언」과 「대한민국 어린이헌장」이 제정되었고, 1990년 9월 25일 「유엔아동권리협약」에 서명함으로써 그 당사국이 되었다. 또한 수차례의 「아동복지법」 제정과 개정을 통해 아동의 권리는 한층 발전해 왔다고 볼 수 있다.

이 장에서는 먼저 서구와 우리나라의 아동권리 사상의 발전과정을 살펴보고, 아동권리의 기본요소와 원칙, 내용을 살펴본 후 우리나라 아동권리의 발전현황에 대해 살펴보고자 한다.

1. 아동권리 사상의 발전

20세기에 들어와서 서구에서는 「아동권리에 대한 제네바 선언」을, 우리나라에서는 소파 방정환 선생의 아동권리옹호운동을 기점으로 하여 아동권리 사상의 발전이 활발하게 이루어졌다.

1) 서구의 아동권리 사상의 발전

서구에서 아동의 권리에 대해 관심을 갖게 된 중요한 계기는 「아동권리에 대한 제네바 선언」에서 비롯된다. 이를 기초로 「유엔아동권리선언」이 제정되고, 이후 「유엔아동권리협약」이 국제법으로서 그 효력을 갖게 되었다.

(1) 「아동권리에 대한 제네바 선언」

「아동권리에 대한 제네바 선언(Geneva Declaration of the Rights of the Child)」은 1923년 영국의 Eglantyne Jebb 여사가 성문화한 아동권리선언을 모태로 한 것이다. Jebb 여사는 제1차 세계대전 기간 동안 기아문제에 관여하면서 아동기금을 출범시키고 식량부족 사태를 막기 위해 노력하였다. 제1차 세계대전 이후 독일과 오스트리아를 위시하여 서구 사회는 많은 아동들이 빈곤과 기아, 영양실조 등의 문제로 어려움에 처해 있었으나 기금 모금에는 상당한 어려움이 있었다. 이에 Jebb 여사는 어린이들의 권리에 대한 인식이 필요함을 역설하는 발표문을 국제연맹에 제출하였다. 이를 기초로 1924년 제네바에서 개최된 국제연맹회의에서는 「아동권리에 대한 제네바 선언」 5개 항을 채택하였다. 이는 국제사회가 아동의 권리보호를 중요한 과제로 인식한 최초의 문서로서, 그 구체

Eglantyne Jebb

적인 내용을 살펴보면 다음과 같다(http://www.un-documents.net).

제1조 아동에게는 정상적인 발달에 필요한 물질적 · 정신적 수단이 제공되어야 한다.

제2조 굶주린 아동에게는 먹을 것을, 병든 아동에게는 치료를, 발달이 늦은 아동에게는 도움을, 비행아동에게는 교화의 기회를, 고아와 부랑아에게는 주거와 원조를 제공하여야 한다.

제3조 아동은 위험에 처한 경우 가장 먼저 구제를 받아야 한다.

제4조 아동은 생계연명을 보장받아야 하며, 모든 형태의 착취로부터 보호받아야 한다.

제5조 아동은 자신의 재능을 인류에게 이바지해야 한다는 인식하에서 양육되어야 한다.

「아동권리에 대한 제네바 선언」은 아동의 빈곤이나 기아, 영양실조가 가장 큰 문제였던 당시의 시대 상황에 따라 기본적인 생존권에 초점을 맞추었다. 따라서 아동의 교육권 등과 같은 복지권이 제외되어 있다는 점에서 한계가 있다.

(2)「유엔아동권리선언」

제2차 세계대전 이후 국제사회는 수많은 아동이 겪는 고통에 대해 다시금 국가적 책임을 명시할 필요성을 느끼게 되었다. 따라서 국제연합은 제네바선언에 기초하여 1959년 11월 20일 제14차 유엔총회에서 10개 조항으로 확장된「유엔아동권리선언(UN Declaration of the Rights of the Child)」을 채택하였다. 이는 아동의 권리를 체계적으로 명시하고, 아동을 권리의 주체로 인정하여 아동의 복지권을 강조하였다는 점에서 큰 의미가 있다(장인협, 오정수, 1993).「유엔아동권리선언」은 모든 아동이 누려야 할 권리와 자유를 전문(前文) 및 10개 조로 제시하였으며, 이를 간략하게 요약하면 다음과 같다(Department of Public Information, UN, 1995).

제1조 모든 아동은 선언에 명시된 권리를 보장받아야 한다. 아동은 인종, 피부색, 성별 등에 따라 차별을 받지 않을 권리를 갖는다.

제2조 아동은 법률에 의해 자유와 존엄성을 보장받으며, 건강하고 정상적으

로 발달할 수 있도록 특별한 보호를 받을 권리를 갖는다. 이를 위해 법률을 제정하는 데 있어서 아동의 최상의 이익을 우선적으로 고려해야 한다.

제3조 아동은 출생 시부터 성명과 국적을 부여받을 권리를 갖는다.

제4조 아동은 사회보장혜택을 받을 권리를 갖는다.

제5조 장애아동에게는 특별한 치료와 교육, 보호가 제공되어야 한다.

제6조 전인적 발달을 위해 아동은 사랑과 이해를 필요로 하므로 가급적 아동은 가정에서 부모에 의해 양육되어야 하며, 사회는 가정이 없는 아동에 대해 특별한 보호를 제공할 의무를 갖는다.

제7조 아동은 적어도 초등학교까지는 의무교육을 받을 권리를 가지며, 아동의 교육과 지도는 아동의 최상의 이익에 근거하여 이루어져야 한다. 또한 아동에게는 교육뿐 아니라 놀이와 여가도 제공되어야 하며, 사회는 이러한 권리를 증진시키기 위해 노력하여야 한다.

제8조 아동은 모든 상황에서 우선적으로 보호와 구제를 받아야 한다.

제9조 아동은 모든 형태의 방임, 학대, 착취로부터 보호받아야 하며, 적절한 연령에 도달하기 전에는 고용이 금지되어야 한다.

제10조 아동은 모든 형태의 차별적 관행으로부터 보호되어야 하며, 자신의 재능을 이웃에게 이바지할 수 있도록 양육되어야 한다.

「유엔아동권리선언」은 아동을 권리의 주체로 인정하고 이를 보장하겠다는 국제적 의지의 표현이며, 모든 아동의 권리보장이라는 측면에서 아동의 복지권을 강조한 것으로 볼 수 있다.

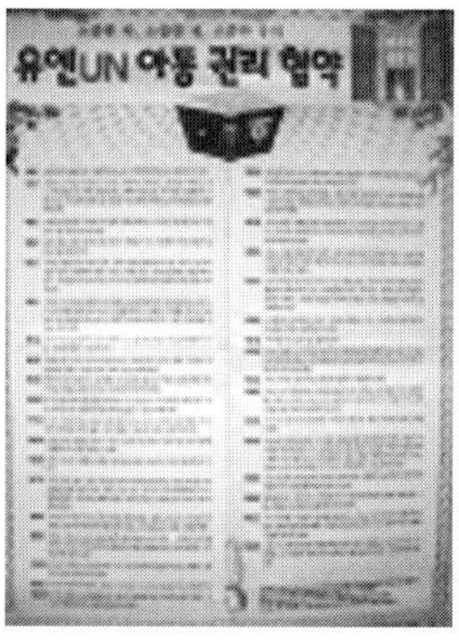

사진 설명 「유엔아동권리협약」

(3) 「유엔아동권리협약」

유엔은 10개 항의 「유엔아동권리선언」이 제정된 20주년을 기념하여 1979년을 '세계 어린이의 해'로 선포하였다. 나아가 아동의 권리를 단순히 선언문이 아닌 법적 구속력을 가진 국제협약의 형태로 발전시킬 필요성을 인식하게 되면서 「유엔아동권리협약(UN Convention on the Rights of the Child)」(〈부록〉 참조)이 제정되었다.[1] 「유엔아동권

1) 유엔아동권리협약」은 총 54조로 구성되어 있으며, 6개 국어(영어, 프랑스어, 러시아어, 스페인어, 아랍어, 중국어)로 작성되어 있다. 제1조~제40조는 실제적인 아동의 권리, 제41조는 협약의 법적인 효

리협약」은 1989년 11월 20일 유엔 총회에서 만장일치로 채택되었고, 1990년 10월 2일부터 국제법으로서 그 효력을 발생하게 되었다. 이는 「유엔아동권리선언」에서 명시한 아동의 권리를 지속적으로 보장하기 위해 채택된 최초의 국제협약이자 2015년을 기준으로 남북한을 포함하여 총 196개국이 비준한, 세계적으로 가장 많은 국가가 비준한 기록을 남긴 국제협약이다. 이 협약에 비준한 국가는 협약에 명시된 모든 아동의 권리를 보장할 의무를 갖게 되며, 동시에 협약의 이행 상황을 유엔아동권리위원회에 보고할 의무를 갖는다.

또한 2006년에는 「국제장애인권리협약」이 제정되었다. 「국제장애인권리협약」은 2001년 56차 유엔 총회에서 당시 멕시코 대통령이었던 Vincent Fox가 「국제장애인권리협약」 제정을 위한 특별위원회 설치를 제안한 것에서 비롯된다. 이 제안은 2001년 12월 유엔 총회에서 채택되어 2006년 「국제장애인권리협약」이 제정되었다. 이는 다른 협약들과는 달리 장애인들이 직접 회의에 참석하여 논의과정을 모니터링하고 권리조약의 내용에 대해 적극적으로 의견을 제안하고 그 내용을 반영하였다는 점에서 가치를 높이 평가할 수 있다.

Vincent Fox 멕시코 전 대통령

이와 같은 국제협약 외에도 Jebb 여사와 그녀의 동생 Dorothy가 설립한 '세이브더칠드런(Save the Children)'은 세계 최대의 민간 아동권리운동단체로서 아동의 권리신장을 위해 활발하게 활동하고 있다(사진 참조). 이는 교육과 보건, 경제

사진 설명 '세이브더칠드런(Save the Children)'에서 실시하고 있는 아프리카 말리의 신생아 살리기 모자 뜨기 캠페인

력, 제42조~제45조는 협약의 홍보와 이행, 제46조~제54조는 협약의 비준에 관한 조항으로 구성되어 있다.

적 지원을 통한 아동의 권리보호를 주 목표로 하고 있으며, 국가 간 전쟁이나 재난 등이 일어난 경우에도 응급구호팀을 파견한다.

2) 우리나라의 아동권리 사상의 발전

전통적으로 우리나라는 아동을 존중하는 문화였다. 그러나 본격적으로 아동의 권리에 대해 관심을 갖게 된 것은 소파 방정환의 아동권리옹호운동에서 그 출발점을 찾을 수 있다. 이를 계기로 어린이날이 제정되고 「아동권리선언」이 채택되었으며, 나아가 「대한민국 어린이헌장」과 「아동복지법」이 제정되었다.

(1) 아동권리옹호운동과 어린이날 제정

소파 방정환

유럽에서 아동권리에 대한 관심을 갖기 시작한 비슷한 시기에 우리나라에서도 아동에게 권리를 찾아주자는 아동권리운동이 시작되었다. 방정환의 아동권리옹호운동이 그 시발점이라고 볼 수 있다. 소파 방정환은 독립운동의 일환으로 아동권리운동을 전개하였다.

소파는 국가와 민족이 어려움에 처해 있을 때 우리의 희망은 오직 한 가지, 어린이를 잘 키우는 데 있다고 생각하였다. 그리고 아동은 독자적인 인격체로서 권리를 가진 존재라고 생각하였다. 따라서 소파는 성인중심사회의 병폐를 지적하면서 아동이 중심이 되어야 한다는 아동중심사회, 아동터주론을 통해 아동의 권리 주장에 앞장섰다.

사진 설명 어린이날에 배포된 〈오늘 어린이날〉이라는 제목의 인쇄물

소파는 아동의 권리에 대한 자신의 생각을 보다 구체화하고 사회적 지지를 얻기 위해 어린이날을 제정하였다. 최초로 제정된 어린이날은 1922년 5월 1일로, 이 날은 천도교소년회의 1주년 기념일이었다. 최초의 어린이날에 배포된 〈오늘 어린이날〉이라는 제목의 인쇄물(사진 참조)에는 아동의 권리보호를 위한 당부의 말이 기록되어 있다(이재연, 1999).

이후 소파는 천도교 주최의 어린이날 행사와 소년운동을 통합하여 전국적인 아동권리운동을 전개하였고 불교소년회 등 40여 개의 소년회와 연합하여 1923

년 4월 조선소년운동협회를 창립하였다. 1923년 5월 1일 조선소년운동협회는 어린이날을 전국적인 어린이날로 승격시켜 행사를 거행하였으며, 이 날을 제1회 어린이날로 인정하게 되었다. 어린이날의 제정은 어린이를 일제강점기의 암울한 현실을 극복해 나갈 주체로 인식하였다는 점에서 중대한 의미가 있다. 소파는 1925년 어린이날에 〈어린이날〉 노래를 지었으며, 이때부터 어린이날 노래가 불리기 시작하였다.

5월 1일 노동절 행사가 일제로부터 심한 탄압을 받게 되자 경찰의 탄압을 피하기 위해 부득이하게 1928년부터 어린이날을 5월 첫째 일요일로 변경하게 되었다. 1937년을 마지막으로 중단된 어린이날은 해방 후 1946년 다시 행사를 갖게 되었는데 해마다 날짜가 달라지는 불편을 덜기 위해서 5월 5일을 어린이날로 확정하였다. 이후 1975년 정부는 어린이날을 법정 공휴일로 지정하였다.

(2) 어린이 권리공약 3장

1923년 어린이날에는 어린이 권리공약 3장이 낭독되었는데 이는 우리나라 최초의 아동권리선언으로, 그 내용은 다음과 같다.

- 어린이를 재래의 윤리적 압박으로부터 해방하여 그들에 대한 완전한 인격적 예우를 허하게 하라.
- 어린이를 재래의 경제적 압박으로부터 해방하여 만 14세 이하의 그들에 대한 무상 또는 유상의 노동을 폐하게 하라.
- 어린이에게 그들이 고요히 배우고 즐거이 놀 수 있도록 각양의 가정 또는 사회적 시설을 행하게 하라.

이상에서 언급한 세 가지 조항 가운데 첫째 조항이 아동의 인격적인 권리를 표방한 것이라면, 둘째 조항은 노동으로부터 벗어날 수 있는 권리를 표방한 것이다. 셋째 조항은 놀이와 학습의 권리를 표방한 것으로, 「아동권리에 대한 제네바 선언」과 비교해보아도 훨씬 진일보한 권리를 강조하고 있다고 볼 수 있다. 이 외에도 9항목의 '어른에게' 드리는 글과 7항목의 '어린 동무들에게' 주는 당부의 말이 발표되었다.

어른에게

- 어린이를 내려다보지 마시고 치어다 보아주시오.
- 어린이를 가까이 하시어 자주 이야기하여주시오.
- 어린이에게 경어를 쓰되 늘 보드랍게 하여주시오.
- 이발이나 목욕, 의복 같은 것을 때맞춰 하도록 하시오.
- 잠자는 것과 운동하는 것을 충분히 하게 하여주시오.
- 산보와 원족 같은 것을 가끔가끔 시켜주시오.
- 어린이를 책망하실 때는 쉽게 성만 내지 마시고 자세자세 타일러주시오.
- 어린이들이 서로 모여 즐겁게 놀 만한 놀이터와 기계 같은 것을 지어주시오.
- 대우주의 뇌신경의 말초는 늙은이에게 있지 아니하고, 젊은이에게도 있지 아니하고, 오직 어린이에게만 있는 것을 늘 생각해주시오.

어린 동무들에게

- 돋는 해와 지는 해를 반드시 보기로 합시다.
- 어른들에게는 물론이고 당신들끼리도 서로 존대하기로 합시다.
- 뒷간이나 담벽에 글씨를 쓰거나 그림 같은 것을 그리지 말기로 합시다.
- 꽃이나 풀을 꺾지 말고 동물을 사랑하기로 합시다.
- 전차나 기차에서는 어른들에게 자리를 사양하기로 합시다.
- 입을 꼭 다물고 몸을 바르게 가지기로 합시다.

(3) 「대한민국 어린이헌장」의 제정과 개정

사회운동 차원에서 만들어진 어린이날은 1957년 5월 5일 「대한민국 어린이헌장」 제정을 계기로 국가적 차원의 공식적인 행사로 발전하였다. 보건사회부는 한국동화작가협회에 초안을 의뢰하여 7명의 기초위원들이 초안을 작성하고 심의를 거쳐 1957년 제33회 어린이날을 맞아 9개항으로 구성된 「대한민국 어린이헌장」을 공포하였다. 이는 비록 법률적 효력은 없다 하더라도 어린이 육성의 기본정신을 밝히고 어린이의 천부적인 인권을 존중하기 위한 지침을 제시해주었다.

사진 설명 「대한민국 어린이헌장」

이후 1988년 보건복지부는 제66회 어린이날을 기해 민주사회의 시민으로서 어린이상을 구체적으로 표현한다는 취지 아래 이전의 내용에서 피상적인 부분을 전면 개정하여 전문과 11개 항으로 구성된 「대한민국 어린이헌장」을 공포하였다.

어린이헌장의 내용은 아동이 차별을 받지 않고 존엄한 인간으로서의 권리를 보장받으면서 건강하게 성장해 나가는 데 필요한 여러 가지 요건을 명시하고 있다. 이러한 어린이헌장의 내용은 바로 1923년의 「아동권리에 대한 제네바 선언」과 1959년의 「유엔아동권리선언」의 내용을 계승함과 동시에 유니세프(UNICEF)가 권고하는 생존권, 보호권, 발달권, 참여권 보장에 대한 규정과도 일맥상통하는 것이다.

대한민국 어린이헌장

대한민국 어린이헌장은 어린이날의 참뜻을 바탕으로 하여 모든 어린이가 차별 없이 인간으로서의 존엄성을 지니고 나라의 앞날을 이어나갈 새 사람으로 존중되며 아름답고 씩씩하게 자라도록 함을 길잡이로 삼는다.

1. 어린이는 건전하게 태어나 따뜻한 가정에서 사랑 속에 자라야 한다.
2. 어린이는 고른 영양을 취하고, 질병의 예방과 치료를 받으며, 맑고 깨끗한 환경에서 살아야 한다.
3. 어린이는 좋은 교육시설에서 개인의 능력과 소질에 따라 교육을 받아야 한다.
4. 어린이는 빛나는 우리 문화를 이어받아, 새롭게 창조하고 널리 펴나가는 힘을 길러야 한다.
5. 어린이는 즐겁고 유익한 놀이와 오락을 위한 시설과 공간을 제공받아야 한다.
6. 어린이는 예의와 질서를 지키며, 한겨레로서 서로 돕고, 스스로를 이기며 책임을 다하는 민주 시민으로 자라야 한다.
7. 어린이는 자연과 예술을 사랑하고 과학을 탐구하는 마음과 태도를 길러야 한다.
8. 어린이는 해로운 사회환경과 위험으로부터 먼저 보호되어야 한다.
9. 어린이는 학대를 받거나 버림을 당해서는 안 되고, 나쁜 일과 힘겨운 노동에 이용되지 말아야 한다.
10. 몸이나 마음에 장애를 가진 어린이는 필요한 교육과 치료를 받아야 하고, 빗나간 어린이는 선도되어야 한다.
11. 어린이는 우리의 내일이며 소망이다. 나라의 앞날을 짊어질 한국인으로, 인류의 평화에 이바지할 수 있는 세계인으로 자라야 한다.

(4) 「아동복지법」의 제정과 개정

「아동복지법」은 아동이 건강하게 출생하여 행복하고 안전하게 자라나도록 그 복지를 보장함을 목적으로 하는 법이다. 근대적 의미의 「아동복지법」은 1961년 「아동복리법」이라는 명칭으로 제정되었다. 이는 한국동란 이후 요보호아동을 구제하기 위한 선별적인 성격이 강하였고, 따라서 생존권 보장이 우선적인 목표였다. 이후 1981년 개정된 「아동복지법」은 요보호아동을 위한 「아동복리법」에서 한 걸음 나아가 일반아동도 포함하는 보편적인 복지대책을 실시하기 위한 목적으로 제정된 것이다. 즉, 요보호아동의 구제라는 기존의 사후 대책적인 틀에서 벗어나 다양하고 전문적인 복지서비스를 제공함으로써 모든 아동의 건강한 발달을 보장함과 동시에 아동의 권리보호를 위한 법적 기초를 마련하였다는 점에서 큰 의의를 찾을 수 있다.

그러나 이후 아동학대가 중요한 사회적 이슈로 등장하면서 자녀양육문제를 전적으로 가정에서 책임져야 한다는 기존의 통념이 변화하기 시작하였다. 그 결과, 2000년 개정된 「아동복지법」에서는 아동보호전문기관의 설치, 아동학대에 대한 긴급전화의 설치와 운영, 신고, 응급조치, 현장조사 후의 보호처분, 아동학대에 대한 친권제한 및 상실 등과 같은 아동의 권리보호를 위한 규정이 강화되었다. 이처럼 아동의 권리보호를 위한 규정이 강화되었음에도 불구하고 아동을 보호해야 할 의무가 있는 사람들에 의해 이루어지는 아동학대가 지속적으로 높은 비율을 차지하는 것으로 나타나, 2015년 9월 부모를 비롯한 보호자가 아동에게 신체적 · 정신적 고통을 주는 행위를 금지하는 개정 「아동복지법」이 시행되기에 이르렀다. 개정된 「아동복지법」 제5조 보호자의 책무에서는 "아동의 보호자는 아동에게 신체적 고통이나 폭언 등의 정신적인 고통을 가해서는 안 된다"라고 명시하여 부모가 보호자라고 하더라도 아동에게 '고통'을 주는 행위는 올바르지 않다는 점을 명확히 하였다. 특히 '학대' 대신 '고통'이라는 보다 포괄적인 용어를 사용하여 아동 보호의 범위를 확대시켰다.

(5) 「유엔아동권리협약」 비준과 국가보고서 제출

「유엔아동권리협약」은 아동을 보호의 대상이면서 적극적 권리의 주체로 천명함과 동시에 아동의 권리실현을 위한 법적 구속력을 갖게 한 국제협약이다. 우리나라는 1990년 9월 25일 이 협약에 서명하고 1991년 11월 20일 비준서를 유엔에 기탁함으로써 1991년 12월 20일부터 「유엔아동권리협약」의 당사국이 되었다. 당시 우리 정부는 국내법과 충돌되는 아동의 부모면접교섭권, 입양허가제, 아동의 상소권 보장 등 3개 조항을 유보한 채 이 협약에 비준하였다. 협약 제44조의 규정에 의거하여 협약에 비준한 당사국은 비준 후 2년 이내에, 그 이후부터는 5년마다 협약이행에 대한 보고서를 유엔아동권리위원회에 제출할 의무를 가지며, 위원회는 정부가 제출한 보고서를 심의하여 아동권리의 장애요인을 분석하고 해결방안을 모색하는 과정을 거친다.

우리 정부는 「유엔아동권리협약」의 이행 상황에 대한 제1 · 2차 국가보고서를 1994년과 2000년에 각각 제출하였다. 그러나 제1차 국가보고서는 협약이행 현황을 개선하기 위한 명확한 목표 제시가 부족하였고, 이를 위한 사법 및 행정 절차의 보완과 예산편성 방안을 제시하지 못하였으므로 제1차 국가보고서를 심의한 유엔아동권리위원회는 1996년 우리나라 정부에 14개항의 권고사항을 제시하였다. 제2차 국가보고서는 제1차 보고서보다는 충실한 내용이 제시되었으나 권리이행의 포괄적인 파악과 협약의 이행을 어렵게 하는 기본적인 배경을 파악하는 데는 부족함이 있었다(보건복지부, 한국아동단체협의회, 한국아동권리학회, 2006). 따라서 제2차 보고서를 심의한 유엔아동권리위원회는 2003년 한국 정부에 대해 권고사항을 10개의 장으로 구분하여 제시하고 그 이행상황에 관한 제3 · 4차 통합국가보고서를 2008년 유엔아동권리위원회에 제출하도록 하였다.

2008년 한국 정부는 각 부처의 내용을 취합해 「유엔아동권리협약」 이행에 대한 제3 · 4차 통합국가보고서를 유엔아동권리위원회에 제출하였다. 2011년 이를 심의한 유엔아동권리위원회는 2010년 3월 개정된 「가사소송법」, 2011년 개정된 「입양특례법」 「민법」 「초 · 중등교육법시행령」 「아동복지법」 「다문화가족지원법」 및 2011년 제정된 「장애아동복지지원법」 「자살예방 및 생명존중 문화 조성을 위한 법률」의 채택을 환영한다고 하였다. 그리고 여성 차별철폐에 관한 협약 선택의정서 가입(2006년)과 장애인권리협약 비준(2008년) 및 제2차 학교폭력 예방 및 대책 5개년 기본계획 수립(2010년)을 환영한다고 하였다. 이와 동시에 우리 정부의 제1 · 2차 국가보고서를 심사하여 작성한 우려 및 권고사항의 일부가 불충분하게 다루어지거나 전혀 다루어지지 않았음을 유감으로 생각하며, 아직 이행되지 않은 권고사항 중, 특히 국가인권위원회 내 아동권리 분과위원회의 설립, 체벌의 전면적인 금지 그리고 아동이 겪는 고도의 스트레스를 줄이기 위한 교육정책 검토와 관련된 사항을 처리하기 위하여 필요한 모든 조치를 취할 것 등을 촉구한다고 하였다. 그리고 본 최종견해 이행에 관한 제5 · 6차 통합국가보고서를 2017년 6월 19일까지 제출해줄 것을 대한민국에 요청하였다(보건복지부, 2011).

이에 따라 정부는 제3 · 4차 국가보고서 권고사항에 관한 2012년부터 2017년까지의 아동 청소년정책 추진성과와 인권 진전사항을 작성한 제5 · 6차 통합국가보고서를 2017년 12월 유엔아동권리위원회에 제출하였다. 유엔아동권리위원회는 제5 · 6차 국가보고서에 대한 심의를 통해, 난민법 제정(2012년), 아동학대처벌법 제정(2014년) 및 학대방지 예산의 확대, 입양허가제 도입 등에 따른 관련 유보조항 철회(2017년), 아동수당 도입(2018년), 아동정책영향평가 체계 수립(2019년), 아동 성범죄 처벌 강화, 남성 육아휴직 및 한부모 가정 지원 확대 등에 대한 우리나라 정부의 정책적 노력을 긍정적으로 평가했다. 그러나 아동 관련 예산의 증액, 차별금지법의 제정, 아동 자살 원인 제거를 위한 노력 강화, 체벌의 명시적 금지, 교육 시스템 경쟁 완화, 형사 미성년자 연령의 만 14세 미만 유지 등을 주문하였고, 그 외에도 가습기 살균제 피해자들을 위한 충분한 구제 · 배상, 보편적 아동등록제의 도입, 베이비박스 금지와 그 대안으로서 익명 출산제의 검토, 성매매 연관 아동에 대한 보호처분 폐지 및 피해자 대우, 아동의 이민자 수용소 구금 금지, 이주아동에 대한 자료수집 및 지원 강화 등을 권고하였다. 이번 최종견해에 대한 우리나라의 후속조치 등을 담은 제7차 국가보고서는 2024년 12월까지 유엔 아동권리위원회에 제출하도록 하였다(보건복지부, 2019b).

2. 아동권리의 기본요소와 원칙

「유엔아동권리협약」은 아동권리의 기본요소와 원칙에 관한 가장 권위 있는 국제기준을 제시해주고 있다(〈부록〉 참조).

1) 아동권리의 기본요소

장인협과 오정수(1993)는 아동권리에서 기본적으로 고려해야 할 내용을 3P의 개념으로 설명하였다. 즉, 첫째는 제공(Provision)의 개념인데, 이는 아동이 생존에 필요한 인적 · 물적 자원을 제공받고 이것을 사용할 권리를 말한다. 둘째는 보호(Protection)의 개념으로, 아동이 위해한 행위나 환경, 즉 문제를 지닌 부모로부터 격리되거나 성적 착취, 육체적 · 정신적 학대로부터 보호받을 권리 등이 포함된다. 셋째는 참여(Participation)의 개념으로 아동이 자신의 인생에 중요한 영향을 미치는 결정에 대하여 알고 참여할 권리이다.

이와 유사한 맥락에서 「유엔아동권리협약」에 명시된 아동이 누려야 할 권리의 기본요소를 살펴보면 생존권, 보호권, 발달권, 참여권 등으로 구분할 수 있다.

(1) 생존권

생존권은 아동이 생명과 건강을 유지할 수 있도록 충분한 영양섭취와 의료혜택을 받고, 적절한 생활수준을 누릴 수 있는 권리를 의미한다. 생존권과 관련된 조항은 총 17개 조항(제6, 7, 8, 9, 19, 20, 21, 23, 24, 26, 27, 30, 32, 33, 34, 35, 38조)이다.

(2) 보호권

보호권은 아동이 학대와 방임, 차별, 폭력, 고문, 징집, 부당한 형사처벌, 과도한 노동, 약물과 성폭력 등 모든 형태의 유해한 환경으로부터 보호받을 권리를 의미한다. 보호권과 관련된 조항은 총 18개 조항(제2, 7, 10, 11, 16, 19, 20, 21, 23, 25, 32, 33, 34, 35, 36, 37, 39, 40조)이다.

(3) 발달권

발달권은 아동의 잠재적인 능력을 발휘하는 것과 관련된 권리를 의미한다. 여기에는 교육을 받을 권리, 여가를 즐길 권리, 문화생활을 할 권리, 생각과 양심과 종교의 자유를 누릴 권리가 포함된다. 발달권과 관련된 조항은 총 14개 조항(제5, 6, 9, 10, 11, 12, 13, 14, 15, 17, 24, 28, 29, 31조)이다.

(4) 참여권

Abraham Maslow

참여권은 아동이 국가나 지역사회의 활동에 적극적으로 참여할 수 있는 권리를 의미한다. 여기에는 자신의 의견을 표현할 권리, 자신의 삶에 영향을 미치는 문제들에 대한 발언권, 단체에 가입하거나 평화적인 집회에 참여할 수 있는 권리가 포함된다. 참여권과 관련된 조항은 총 5개 조항(제12, 13, 15, 17, 18조)이다.

이상과 같은 아동권리의 내용은 Maslow(1943)의 욕구위계이론과 유사한 맥락에서 이해할 수 있다. 생존권과 보호권은 각각 Maslow 이론의 생리적 욕구, 안전의 욕구를 충족시키는 것과 관련된 것으로, 발달권과 참여권은 애정과 소속의 욕구, 자아존중감의 욕구, 자기실현의 욕구를 충족시키는 것과 관련된 것으로 볼 수 있다. 그러므로 「유엔아동권리협약」은 단순히 아동의 1차적 · 생리적 욕구를 충족시키는 것에만 초점을 맞춘 것이 아니라 아동을 권리의 주체로 인식하고 아동의 생리적 욕구 이상의 상위욕구를 충족시키는 데 초점을 맞추었다는 점에서 그 가치를 높이 평가할 수 있다.

2) 아동권리의 원칙

「유엔아동권리협약」에서는 아동이 누려야 할 권리를 보장하기 위해 다음과 같은 기본원칙을 명시하였다.

(1) 비차별의 원칙

「유엔아동권리협약」의 가장 기본을 이루는 원칙 가운데 하나는 비차별의 원칙이다. 비차별의 원칙은 자신 또는 부모나 법정후견인의 신분에 따라 아동이 어떤 종류의 차별도 받지 않아야 한다는 것이다. 「유엔아동권리협약」 제2조에서는 아동이 어떠한 경우에도 차별을 받아서는 안 되며, 협약에 규정된 모든 권리를 보장받아야 한다는 기본원칙을 명시하고 있다. 제2조의 내용을 구체적으로 살펴보면 협약당사국은 아동과 그 부모 또는 후견인의 인종, 피부색, 성별, 언어, 종교, 정치적 견해, 국가적 · 민족적 · 사회적 출신, 재산, 장애, 출생 또는 기타 신분에 무관하게 법적으로 차별받지 않을 권리를 보장해야 한다. 협약당사국은 아동의 부모, 후견인 또는 가족구성원의 신분, 활동, 견해 또는 신념으로 인한 차별이나 처벌로부터 아동을 보호하기 위한 모든 적절한 조치를 취해야 한다고 규정하고 있다.

(2) 아동 이익 최우선의 원칙

「유엔아동권리협약」 제3조에는 모든 아동관련 활동에서 아동의 이익을 최우선적으로 고려해야 함을 명시하고 있다. 제3조의 내용을 구체적으로 살펴보면, 공공 혹은 민간 사회복지기관, 법원, 행정당국이나 입법기관에서 실시되는 아동에 관한 모든 활동에서 아동의 최상의 이익(the best interests of the child)이 우선적으로 고려되어야 한다. 협약당사국은 아동의 부모, 법정후견인 혹은 아동에게 법적 책임을 지는 사람의 권리와 의무를 고려함으로써 아동에게 필요한 보호와 양육을 보장하고, 이를 위해 적절한 입법적 · 행정적 조치를 취하여야 한다. 협약당사국은 아동의 양육과 보호에 책임이 있는 기관이나 서비스체계에서 아동의 안전이나 건강을 보장하기 위해 교사의 수, 교사에 대한 감독 면에서 소관 관청이 제시한 기준을 따르도록 해야 한다고 규정하였다.

(3) 아동의사 존중의 원칙

「유엔아동권리협약」 제12조에는 협약당사국은 아동이 자신의 견해를 자유롭게 표현할 권리를 보장해야 함을 명시하고 있다. 제12조의 내용을 구체적으로 살펴보면, 협약당사국은 자신의 의견을 형성할 능력이 있는 아동에게는 본인에게 영향을 미치는 모든 문제에 대해 자유롭게 의사를 표현할 권리를 보장하고, 아동의 나이와 성숙도에 따라 그 의견을 적절하게 수용해야 한다. 협약당사국은 아동에게 영향을 미치는 사법적 · 행정적 절차를 시행함에 있어 국내법 준수의 범위 안에서 아동이 직접, 또는 대리인이나 적절한 기관을 통해 의견을 진술할 기회를 갖도록 해야 한다고 규정하였다. 이처럼 아동의사 존중의 원칙은 아동이 자신의 삶에 영향을 미치는 중대한 결정에 대해 알 권리뿐 아니라 참여할 권리를 강조하고 있으나 우리 사회에 만연해 있는 통제나 보호의 대상으로서 아동에 대한 인식은 아동 견해 존중의 원칙을 보장하는 데 장애가 되고 있다.

(4) 생명 · 생존 · 발달권 보장의 원칙

「유엔아동권리협약」 제6조에는 협약당사국은 모든 아동이 생명에 관한 고유한 권리를 가지고 있음을 인정하고, 아동의 생존과 발달을 최대한 보장하여야 한다고 명시하고 있다. 가정불화나 실직 등으로 인한 아동학대나 학교폭력이나 집단따돌림, 성폭력 등은 우리 사회에서 아동의 생존 및 발달을 위협하는 대표적인 문제이다.

3. 아동권리의 내용

아동이 인간답게 살기 위해 요구할 수 있는 기본적 권리는 크게 자유권적 기본권과 사회권적 기본권으로 구분할 수 있다. 자유권적 기본권은 국가 권력에 의하여 개인의 자유를 침해당하지 않을 권리를 의미하는 것이며, 사회권적 기본권은 교육권, 평등권 등과 같이 국민이 인간다운 생활을 할 수 있도록 국가에 요구할 수 있는 권리를 말한다. 즉, 자유권적 기본권은 국가의 개입을 철저하게 배제하고자 하는 반면 사회권적 기본권은 오히려 국가의 적극적인 개입을 요구한다. 이로 인해 두 가지 권리는 상호 대립되는 것으로 간주할 수도 있으나 권리보장의 가장 핵심적인 과제는 사회권과 자유권이 서로 조화롭게 보장되는 것이다(한상운, 2007).

우리나라는 1966년 유엔에서 채택한 「경제적 · 사회적 · 문화적 권리에 관한 국제협약(International Covenant on Economic, Social, and Cultural Rights)」과 「시민적 · 정치적 권리에 대한 국제협약(International Covenant on Civil and Political Rights)」에 가입하였으며, 「유엔아동권리협약」에서도 이 두 가지 권리를 조화롭게 명시하고 있다.

1) 자유권적 권리

「유엔아동권리협약」에서 명시하고 있는 자유권적 권리에는 성명권, 국적취득권과 부모로부터 양육받을 권리, 신분 보존의 권리, 표현의 자유, 사상 · 양심 · 종교의 자유, 결사와 집회의 자유, 사생활의 보호, 정보접근권 등이 포함된다.

「유엔아동권리협약」 제7조에는 아동은 출생 즉시 등록되어 이름과 국적을 가져야 한다는 성명권과 국적취득권, 부모로부터 양육받을 권리를, 제8조에는 법률에 의해 인정된 신분을 보존할 수 있는 아동의 권리와 신분요소를 불법적으로 박탈당한 경우 당사국은 이를 신속하게 회복하기 위한 조치를 해야 한다는 신분보존의 권리를 명시하고 있다. 제13조에는 아동이 표현할 권리를 가지며 이 권리는 오직 법률에 의해 규정된 경우에만 제한할 수 있다는 표현의 자유를, 제14조에는 사상 · 양심 · 종교의 자유를 명시하고 있다. 제15조에는 결사의 자유와 평화적 집회의 자유에 대한 아동의 권리를, 제16조에는 아동의 사생활에 대해 자의적이거나 불법적인 간섭을 받지 않으며 또한 명예나 명성에 대해 불법적인 공격을 받지 않을 사생활 보호의 권리를 명시하고 있다. 제17조에는 아동이 사회적 · 정신적 · 도덕적 복지와 신체적 · 정신적 건강의 향상에 도움이 되는 국내외 정보와 자료에 접근할 수 있도록 보장해야 한다는 정보접근권을 명시하고 있다.

2) 사회권적 권리

「유엔아동권리협약」에서 명시하고 있는 사회권적 권리에는 정상적 가정생활을 누릴 수 있는 권리, 사회보장 혜택의 권리, 보건과 의료서비스를 받을 수 있는 권리, 교육을 받을 권리, 적절한 여가 · 오락 및 문화 생활을 누릴 수 있는 권리, 방임이나 학대 및 착취로부터 보호받을 권리, 장애아동이 특별한 보호를 받을 권리 등이 포함된다.

「유엔아동권리협약」 제9조에는 사법당국이 부모와의 분리가 아동에게 최상의 이익이 된다고 결정한 경우 외에는 아동이 자신의 의사에 반해 부모와 떨어지지 않도록 보장해야 하며, 아동의 이익에 반하는 경우 외에는 부모의 한쪽이나 양쪽 모두로부터 떨어진 아동이 정기적으로 부모와 관계를 갖고 만남을 유지할 권리를 존중해야 함을 명시하고 있다. 제26조에는 아동이 사회보험을 포함한 사회보장제도의 혜택을 받을 권리를, 제24조에는 아동이 최상의 건강수준을 유지할 권리와 질병치료 및 건강회복을 위한 시설 이용을 보장하는 보건과 의료적 서비스를 받을 권리를 명시하였다. 제28조에는 교육에 대한 아동의 권리를, 제31조에는 아동이 휴식과 여가를 즐기고, 오락 및 문화 생활을 누릴 수 있는 권리를 명시하였다. 제32조에는 아동이 경제적인 착취를 비롯해 위험이나 교육의 방해, 건강 및 발달을 저해하는 모든 노동으로부터 보호받을 권리를, 제23조에는 정신적·신체적 장애아동이 인격적으로 존중받고 자립과 적극적 사회참여를 위해 특별한 보호를 받을 권리를 명시하고 있다.

4. 우리나라 아동권리의 발전현황

유엔아동권리위원회가 한국 정부에 제안한 권고사항은 아직도 이행되지 않거나 미흡한 수준이지만 많은 아동 관련 법령 개정과 정책의 변화를 가져왔다. 여기서는 먼저 유엔아동권리위원회에 제출한 국가보고서와 권고사항의 내용 가운데 협약이행을 위한 일반조치에 대해 전반적으로 살펴보고, 다음으로 비차별, 아동 이익 최우선, 생명·생존·발달권 보장, 아동의사 존중이라는 협약의 일반원칙에 근거하여 아동권리의 발전 현황을 살펴보고자 한다.

1) 일반조치

협약이행을 위한 일반조치 가운데 대표적인 내용은 협약 가입 당시 유보조항의 철회, 아동 관련 법령의 제정·개정, 아동정책 조정기구의 운영, 아동권리모니터링 기구, 아동관련 예산의 충분한 확보와 아동복지 불평등 해소 등이다.

협약 가입 당시 정부는 아동의 부모면접교섭권, 입양허가제, 아동의 상소권 보장 등 3개 조항을 유보한 상태였다. 유보조항 철회를 위해 정부는 2008년 「민법」을 개정하여 자녀의 부모면접교섭권을 보장하였고, 2011년 「입양특례법」을 전부 개정하여 국내·외 입양 모두 법원의 허가를 받도록 하였다. 이후 2012년에는 「민법」에 '미성년자의 입양에 관한 가정법원의 허가' 조항을 신설하고, 2013년에는 「가사소송법」에 입양허가 절차를 도입하여 양자가 될 사람이 13세 이상인 경우에는 입양 허가 심판에서 당사자의 의견을 듣도록 함으로써 2017년 8월 유보철회 절차를 완료하였다. 상소권 보장은 아직 유보상태이나 상소권 제한으로 인한 불이익을 최소화하고자 노력하고 있으며, 유보를 철회해도 무방하다는 의견이 제기되고 있어 이를 검토할 예정이다.

정부는 협약이행을 위하여 아동 관련 법령의 제정 · 개정 작업을 꾸준히 수행해 왔다. 빈곤아동의 사회복지지원체계 강화를 위한 「아동의 빈곤예방 및 지원 등에 관한 법률」(2011년), 학교체육 활성화를 통해 아동 · 청소년의 건강한 발달을 보장하기 위한 「학교체육 진흥법」(2012년), 난민 지원을 위한 아시아 최초 독립법인 「난민법」(2012년), 가정의 아동학대 문제에 사법적인 개입절차를 규정한 「아동학대범죄의 처벌 등에 관한 특례법」(2014년), 선행교육 규제로 학교 교육과정을 정상화하기 위한 「공교육 정상화 촉진 및 선행교육 규제에 관한 특별법」(2014년), 이혼가정 자녀의 안정적인 생활수준 유지 및 보장을 위한 「양육비 이행확보 및 지원에 관한 법률」(2014년), 학교 밖 청소년의 종합적 지원체계 도입을 위한 「학교 밖 청소년 지원에 관한 법률」(2014년) 등을 신규 제정하였으며, 기존 법령들의 개정을 통해 아동 · 청소년의 권리 향상을 도모하였다. 또한 취약 상황에 있는 청소년 지원을 위해 2011년과 2014년 「한부모가족지원법」을 개정하여 청소년 한부모의 학습권 보호와 자립 지원을 위한 근거 조항을 마련하였다. 또한 낙태 금지와 처벌 조항을 담고 있는 「형법」과는 달리 「모자보건법」에는 강간 · 준강간 등에 의한 임신의 경우 낙태를 허용하는 예외 조항을 두고 있으나 청소년의 경우 낙태허용 예외조항에 해당하지 않는 경우가 많고 성폭력에 의한 임신이라도 부모에게 알리지 못해 음성적인 낙태로 위험에 처하거나 태아 유기, 입양 강요 등의 문제로 이어질 우려가 있으므로 「모자보건법」의 낙태 허용기준에 사회경제적으로 취약한 미성년자의 임신을 포함시키기 위한 논의가 진행되고 있다.

정부는 종합적인 아동정책 수립과 아동정책조정위원회의 역할을 강화하기 위해 2013년 국무총리를 위원장으로 하고 10명의 당연직 관계 장관 및 10명의 민간위원을 위촉하여 위원회를 재구성하였으며, 2015년 '제1차 아동정책기본계획'(2015~2019)을 수립하여 아동권리협약 이행과 아동 이익 최우선의 관점에서 158개 정책과제를 마련하였다. 여성가족부는 「청소년기본법」에 근거하여 청소년 육성에 관한 기본계획을, 법무부는 '제3차 국가인권정책기본계획'(2017~2021) 수립을 진행하고 있고, 국가인권위원회는 '제3기 국가인권정책 기본계획 권고안'을 정부에 제출하였다.

아동정책 조정과 협약 모니터링을 위한 상설중앙기구로 국무총리 산하 아동정책조정위원회가 신설되어 각 부처별 아동정책을 총괄하고 「아동권리협약」 이행사항 모니터링 업무를 수행하고 있다. 아동 권리향상을 위해 우선적으로 이루어져야 할 과제는 「유엔아동권리협약」의 내용을 근간으로 각국의 상황에 맞는 아동권리지표를 개발하는 것이며, 이에 따라 우리나라에서는 10개 영역(인구, 생명 및 생존, 보건, 보육, 교육, 가족, 사회성 발달, 사회보장, 경제적 안정, 문제행동과 사회적 환경)으로 구성된 아동권리지표를 개발하였다(한국아동권리학회, 2001). 또한 2006년부터 보건복지부에서는 개발된 아동권리지표를 토대로 유엔아동권리위원회에서 권고한 아동권리의 국내이행 상황을 모니터링하고 홍보를 강화하기 위해 아동권리모니터링센터를 운영하고, 교육, 법조, 의료 등 사회 각 분야의 전문가인 성인옴부즈퍼슨(Ombuds Persons)과 아동옴부즈퍼슨(Ombuds Kids)을 위촉하고 이들로 하여금 국내 아동정책에 대한 모니터링과 아동권리 홍보, 아동권리침해사례 조사 및 정책 제언 등의 활동을 수행하도록 하였다. 또한 국가인권위원회는 2014년 아동 · 청소년 인권 업무를 전담하는 '아동 · 청소년 인권팀'을 신설하고 2016년 국가인권위원회 내 3인의 인권위원으로 구성된 '아동권리위원회'를 설치하여 아동 · 청소년 권리에 대한 독립 모니터링을 실시하고 있다. 국가인권위원회는 현장 모니터링을 통한 정책 개선 권고, 아동인권 침해 사례에 대한 조사와 구제, 관련 연구 및 실태조사와 더불어 아동 · 청소년이 직접 참여하는 '인권지킴이단' 등을 운영하고 있다. 2017년에는 '아동 · 청소년 인권팀'을 '아동 · 청소년인권과'로 확대하고 기능을 강화하였다.

정부는 아동 · 청소년의 권리 증진 및 미래에 대한 투자 확대라는 관점에서 관련 예산 확충에 노력하고 있으나 관련 예산은 GDP 대비 3% 정도에 머물러 있다. 그러나 취약계층 아동을 위한 예산 수립으로 2011년부터 취약계층 아동과 가족에게 양육 환경 및 발달 상태에 따른 맞춤형 통합 서비스를 제공하고자 드림스타트 사업을 131개 시 · 군 · 구에서 실시하였으며, 2015년부터는 229개 모든 시 · 군 · 구까지 확대 실시하고 있다. 방과후 홀로 방치되는 아동에 대해 지역사회 돌봄 서비스를 제공하는 지역아동센터도 2011년 3,260개소에서 2018년 4,138개소로 확대되었다.

그 외에도 보건복지부는 5년마다 「아동복지법」에 따라 '아동종합실태조사'를, 여성가족부는 3년마다 「청소년기본법」에 따라 '청소년종합실태조사'를 실시하여 정책 수립에 반영하고 있고, 교육부는 교육정책의 수립을 위해 유 · 초 · 중등교육기관을 대상으로 학교, 학생, 교원, 시설 현황 등 교육 관련 전수 조사와 「학교폭력예방 및 대책에 관한 법률」에 따라 '학교폭력실태조사'를 매년 실시하고 있다. 또한 보건복지부는 2011년 협약에 대한 인식제고를 위해 '유엔아동권리협약 제3 · 4차 국가보고서 및 권고사항 자료집'을 제작 · 배포하였으며, 2015년에는 협약 홍보 포스터 및 소책자를 제작하여 전국 초 · 중 · 고등학교 및 아동 관련 시설에 배포하였다. 2016년에는 '아동권리헌장'을 제정 · 발표하고 홍보영상을 만들어 배포하였으며, 유아용 포스터를 제작하여 전국 유치원과 어린이집에 배포하였다. 국가인권위원회도 협약 홍보를 위하여 인권자료 개발 · 배포 및 언론보도 등 다양한 활동을 하고 있다. 그 외에도 정부는 공적개발원조를 통한 국제협력을 위해 아동 인권향상을 국제개발협력의 기본정신으로 규정하고 있는 「국제개발협력기본법」을 2010년 제정하고 이에 따라 '제2차 국제개발협력 기본계획'(2016~2020)을 수립 · 시행하고 있다. 또한 한국국제협력단(KOICA)은 2013년부터 4대 범 분야 이슈 중 하나로 환경, 젠더, 빈곤과 함께 인권을 선정하여 '코이카 인권분야 전략'(2013~2015)을 수립하였다.

2) 비차별의 원칙

일반원칙에 속하는 권고사항 가운데 가장 대표적인 내용은 차별 금지 및 해소와 관련된 부분이다. 우리나라는 유엔아동권리위원회에 제출한 제1 · 2차 국가보고서에서 "누구든지 성별, 종교 또는 사회적 신분에 의하여 정치적, 경제적, 사회적, 문화적 생활의 모든 영역에 있어서 차별을 받지 않으며 모든 국민은 법앞에 평등하다"고 규정한 헌법 제11조 1항에 근거하여 아동에 대한 비차별의 원칙을 지키고 있다고 하였다. 그러나 인종, 민족, 피부색에 따른 차별은 서술하지 않았다는 지적에 대해서는 단일민족 국가로 그러한 문제가 없는 것으로 답변하였으며, 이에 대해 제1차 보고서에 대한 권고사항에서는 별다른 언급이 없었으나 제2차 보고서의 권고사항에서는 헌법에서 인종, 피부색, 언어에 기반한 차별금지를 명시하지 않은 것에 대해 우려를 표명하고 협약 제2조에 명시된 차별을 금지하는 법률을 제정할 것을 권고하였다.

이에 따라 제3 · 4차 국가보고서에서는 2006년 「아동복지법」 개정으로 인종차별 금지를 명문화하고, 2007년 「재한외국인 처우 기본법」 제정과 2008년 「초

사진 설명 감동 콘서트 〈희망으로〉 순회 공연

등교육법」 개정을 통해 거주지가 확인되는 불법체류자 아동의 의무교육이 가능하도록 함으로써 인종 차별 예방에 필요한 법적 조치를 취하였음을 명시하였다. 또한 인종과 민족에 따른 차별 금지를 위해 다문화가정이나 이주가정 아동을 위한 다양한 지원 프로그램을 시작하였다. 장애인에 대한 차별해소를 위해 2005년 장애인 음악가 4명이 중 · 고등학교를 방문하여 감동 콘서트 〈희망으로〉 순회공연을 실시하였고(사진 참조), 2006년에는 일반학생이 동참하는 〈2006 전국장애학생체육대회〉를 개최하고(사진 참조), 일반학교에 장애이해 영상자료집을 배포하였으며, 2007년에는 「장애인차별금지법」을 제정하였다. 장애아동을 위한 특수학교를 확대하는 기존의 장애아동교육정책에서 통합교육을

사진 설명 전국장애학생체육대회에 참가한 장애학생과 일반학생들

활성화하는 지원책으로 전환한 것도 바로 차별금지를 위한 노력의 일환으로 볼 수 있다.

정부는 아동을 어떤 조건에서도 차별하지 말라는 유엔아동권리위원회의 권고에 따라 남자 18세, 여자 16세였던 혼인가능 최소연령을 민법 개정을 통해 남녀 동등하게 18세로 조정하고, 아동권리협약 제7조에 위배되는 호주제를 폐지하였으며, 부모 양계혈통주의를 채택해 '출생 당시 부 또는 모가 대한민국 국민인 자'는 대한민국 국적을 취득할 수 있도록 국적법에 명시해 한국인과 외국인 사이에 태어난 아동의 무국적 위험을 없애고 국적과 신분을 취득할 아동의 권리를 증진시켰다. 이상과 같은 내용의 제3 · 4차 국가보고서를 심의한 유엔아동권리위원회는 성적 지향 및 국적에 따른 차별금지 항목을 포함시키지 않은 것에 대해 우려를 표하고, 차별금지를 법률적으로 명시하는 차별금지법의 제정을 권고하였다.

제5 · 6차 국가보고서에서는 그간 여러 차례 포괄적 차별금지법 제정의 필요성에 대한 의견을 표명하였으나 제정되지 못하였으며, 청소년 성소수자 관련 정책이 미흡하여 구체적인 차별실태 파악과 대책 논의가 필요한 상황이라고 보고하였다. 그러나 취약계층과 소수집단 아동에 대한 차별금지 조치로 정부는 「다문화가족지원법」에 따라 5년마다 '다문화가족정책 기본계획'을 수립하여 다문화 가족 자녀의 성장과 발달을 지원하고 있고, '제2차 외국인정책 기본계획'(2013~2017)을 수립 · 운영함으로써 이주배경 자녀의 건강한 성장 환경 조성과 차별 방지를 위해 노력하고 있으며, 취약계층 아동의 기회 균등과 빈곤의 대물림을 방지하기 위해 드림스타트 사업을 지속적으로 추진하고 있고, 지역사회 아동의 보호 · 육성을 위해 지역아동센터에 대한 지원을 강화하고 있다고 하였다. 또한 청소년 미혼모의 교육권 보장 및 양육 지원을 위해 청소년 한부모 전용 시설을 운영할 예정이며, 미혼모에 대한 이해를 높이기 위해 '교사용 청소년 한부모 상담 매뉴얼'을 개발하여 각급 학교에 배포하였다고 보고하였다.

3) 아동 이익 최우선의 원칙

유엔아동권리위원회에 제출한 제1 · 2차 국가보고서에서 우리 정부는 「아동복지법」에 근거하여 아동 양육의 일차적 책임자는 부모이지만 국가와 지역사회가 부모를 지원해야 함을 명문화해 놓았으며 아동 관련 정책을 우선적으로 고려하고 있다고 언급하였다. 제1차 보고서에 대한 권고사항에서 유엔아동권리위원회는 아동 이익 최우선의 원칙과 비차별의 원칙에 근거하여 취약계층의 아동을 특별히 고려해야 함을 강조하였다. 제2차 보고서에 대한 권고사항에서는 아동에게 영향을 미치는 모든 정치적, 사법적, 행정적 결정에 이 원칙을 적용해야 하며, 법적으로 보장해 놓은 양육비를 받지 못하는 한부모가정의 경우 그 지급을 강제할 수 있는 법적 기반을 마련하도록 권고하였다.

이에 따라 제3 · 4차 국가보고서에서는 2007년 「민법」 개정으로 양육비 부담 등 양육사항에 대한 협의가 이루어져야 협의이혼이 가능하며, 협의내용이 아동의 이익에 반하는 경우 직권으로 필요한 사항을 정할 수 있도록 규정함으로써 아동 이익 최우선의 원칙을 실천하고 있다고 언급하였다. 또한 제1 · 2차 국가보고서 제출 당시 우리나라는 부모의 자녀면접교섭권만 인정하였으나 2008년 「민법」 개정으로 자녀의 부모면접교섭권을 인정하고 있고, 협약 비준 당시 입양은 호적에서 정한 절차에 따라 신고만 하면 가능했으나 2008년부터 친양자제도가 도입됨으로써 허가제가 되었으며, 호주제 폐지로 가족단위로 호적을 편제하던 방식에서 개인별로 가족관계를 등록하는 방식으로 변경됨으로써 아동 이익 최우선의 원칙 및 아동의사 존중의 원칙이 한층 강화되었음을 보고하였다. 그러나 이에 대해 위원회에서는 실제 아동관련 사법 · 행정적 절차나 프로그램에서 아동 이익 최우선의 원칙이 지켜지는 경우가 드물다는 점을 지적하였다.

이에 따라 제5 · 6차 국가보고서에서 정부는 2016년 "아동에 관한 모든 활동에 있어서 아동의 이익이 최우선적으로 고려되어야 한다"고 규정하고 있는 「아동복지법」에 '아동정책영향평가' 조항을 신설하여 아동 관련 정책이 아동복지에 미치는 영향을 분석 · 평가하고 그 결과를 아동관련 정책 수립에 반영할 근거를 마련하였으며, 일부 지방자치단체에서도 아동의 권리를 실현하고 아동친화적인 지역사회를 만들기 위해 관련 조례를 제정하고 '아동영향평가'를 실시하고 있다고 보고하였다. 또한 아동 관련 정책이 아동의 이익을 최우선으로 보장할 수 있도록 아동총회나 청소년특별회의 등 다양한 아동 · 청소년 참여기구에 이들이 주도적으로 참여할 수 있도록 하고 있고, 아동 · 청소년의 성보호에 관한 법률의 '공소시효의 특례' '피해아동 · 청소년의 보호조치 결정' '수사 및 재판절차에서의 배려' '신뢰관계에 있는 사람의 동석' '피해아동 · 청소년 등에 대한 변호사 선임의 특례' '피해아동 · 청소년 등을 위한 조치의 청구' 등의 조항이 아동의 이익을 최우선으로 하는 기준에 입각하여 규정되어 있다고 보고하였다.

4) 생명 · 생존 · 발달권 보장의 원칙

유엔아동권리위원회에 제출한 제1차 국가보고서에서 우리 정부는 인간의 존엄성 및 기본인권 보장을 규정한 「헌법」과 「아동복지법」 등에서 아동의 생명 · 생존 · 발달권을 보장하도록 규정하고 있다고 보고하였다. 이어서 제2차 국가보고서에서는 경제위기로 인한 유기 아동 증가문제와 사랑의 매를 교육적인 것으로 인식하는 유교적 관행, 이로 인한 아동학대 문제에 대해 언급하고 이를 시정하기 위한 「아동복지법」 개정 노력에 대해 보고하였으며, 이에 대해 유엔아동권리위원회는 체벌이 공식적으로 학교에서 허용되고 있는 것을 우려하여 관련 법률 및 규칙의 개정과 체벌금지에 대한 공공캠페인, 비폭력적인 징계형태를 한국정부에 권고하였다.

제3 · 4차 국가보고서에서는 비폭력적인 훈육을 하라는 아동권리위원회의 권고에 따라 아동권리 캠페인을 통해 체벌금지에 대한 사회적 공감대를 형성하고 아동권리침해 사례에 대한 모니터링을 강화하였고, 「초 · 중등교육법 시행령」을 개정해 학교에서의 체벌을 전면 금지했으며, 학교폭력 및 청소년 자살 문제가 사회적 문제로 대두됨에 따라 2004년 「학교폭력예방 및 대책에 관한 법률」, 2005년 학교폭력예방 및 대책 5개년 계획 수립 및 추진, 2004년 자살예방 기본대책 수립, 2007년 청소년자살예방대책 수립 등 다양한 정책적 노력을 기울였음을 보고하였다.

아동학대 예방 및 방지를 위한 노력으로 아동학대에 대한 조사와 보고 의무를 규정한 「가정폭력특별법」과 「아동학대범죄의 처벌 등에 관한 특례법」을 제정하였고, 아동학대와 방임사건의 신고 접수 및 피해자 상담과 지원을 위해 중앙아동보호전문기관을 설립하였으며, 2005년 신설된 「아동복지법」 제26조 2의 '아동학대 신고의무자 교육'에서는 아동학대 사건을 집행하는 사법집행인원과 사회복지사, 검사를 대상으로 한 훈련을 규정하고 있다. 또한 「아동복지법 시행령」 별표서식에는 아동보호전문기관 상담원이 총 100시간의 이론교육과 훈련실습을 이수하도록 규정하고 있고, 2007년부터 각 지역 아동보호전문기관은 학대피해아동의 보호를 위해 그룹홈이나 단기보호시설을 운영하도록 하였음을 보고하였다. 그 외에도 1세 이상 아동의 사망원인으로 사고가 가장 높은 비율을 보임에 따라 2003년 어린이 안전원년 선포 및 아동안전종합대책 수립 등 다양한 어린이 안전 관련 조치를 취했으며, 법률 개정을 통해 만 18세 미만 아동에 대해 사형금지를 규정하는 협약의 기준을 준수하였음을 보고하였다.

제5 · 6차 국가보고서에서는 아동 · 청소년의 자살과 안전에 대한 내용을 강조하였다. 정부는 2012년 자살에 대한 국가 차원의 책무와 예방정책을 규정하는 「자살예방 및 생명존중문화 조성을 위한 법률」 제정과 보건복지부의 자살 예방사업, 중앙자살예방센터 운영, 아동 · 청소년 정신보건사업 추진, 여성가족부의 '지역사회 청소년 통합 지원체계(CYS-Net)' 구축, '청소년 동반자' 프로그램 운영, 청소년전화 1388, 청소년사이버상담센터 운영 및 교육부의 학생자살예방 관리, 학생정서 행동특성검사, 학생정신건강정책 중점 연구소 운영, Wee프로젝트 사업 추진 등을 보고하였다.

정부는 '세월호 참사'를 계기로 아동 · 청소년활동 안전대책을 강화하기 위해 2014년 「청소년활동 진흥법」을 개정하여 청소년수련활동 신고 인증제를 도입하고, 2015년 청소년활동안전센터를 설치하였으며, 2016년 수련시설 종사자 대상 안전교육 실시 내용을 법제화하였다. 또한 교통사고, 익사 등 어린이 사망사고를 예방하여 2020년까지 어린이 10만 명당 사망자 수를 선진국 수준인 2명 이하로 감축하기 위해 2014년 「어린이제품 안전 특별법」을 제정하였고, 2015년 학교안전사고 발생 연평균 증가율 '제로(zero)화'를 목표로 '학교 안전사고 예방에 관한 기본계획'(2016~2018)을 수립하여 유 · 초 · 중 · 고 발달단계별 '학교 안전교육 7대 영역 표준안'을 마련하고 '실종 유괴경보(엠버경보)제도'와 실종신고체계를 경찰청으로 일원화하는 법적 근거를 마련하였으며, 2016년 '어린이 안전 종합대책' 발표와 '교육분야 안전종합대책' 수립 및 교통안전 확보를 위한 '어린이 보호구역' 지정 건수를 확대하였음을 보고하였다.

5) 아동의사 존중의 원칙

유엔아동권리위원회에 제출한 제1 · 2차 국가보고서에서 우리 정부는 「민법」에 아동의 친권자 지정에서 아동의 의사를 반영해야 하며, 부모가 이혼할 경우 자녀가 15세 이상이면 자녀의 의견을 고려하여 친권자를 지정할 수 있는 규정이 있음을 보고하였다. 제1차 보고서에 대해 위원회는 특별한 권고를 하지 않았으나 제2차 보고서에 대해서는 아동의사존중을 위해 아동이 자유롭게 견해를 피력할 수 있도록 「아동복지법」을 개정하고, 아동의 의사존중과 참여권리에 대한 정보를 부모와 교사, 판사 등에게 제공하며, 아동 의사존중 실태를 정기적으로 파악하는 등 3단계의 권고사항을 제시하였다.

제3 · 4차 국가보고서에서 우리 정부는 2차 권고사항을 반영하여 「아동복지법」「청소년기본법」「청소년복지지원법」「청소년활동진흥법」 등 다양한 법률의 제정 · 개정이 이루어졌고, 이를 통해 아동의 의사를 존중하여 아동의 부모면접교섭권을 인정하게 되었음을 보고하였다. 그러나 유엔아동권리위원회는 한국은 입양아동이 15세 이상인 경우 아동의 동의가 있어야 입양이 가능하다고 보고하였으나 유엔아동권리위원회는 15세 미만 아동의 견해를 전혀 고려하지 않은 것에 우려를 표하고 아동에게 영향을 미치는 결정에서 아동의 의사를 존중하는 방향으로 법률상 절차나 사회적 태도의 변화를 진행시켜 나가도록 권고하였다.

이에 따라 제5 · 6차 국가보고서에서는 입양에서 아동의 의사존중, 학교나 사법영역에서 아동의 의견존중 및 참여권 보장을 위한 교육과 영향 평가에 대한 내용을 강조하였다. 제5차 국가보고서에서 가장 개선된 부분은 입양아동의 권리를 지키기 위한 노력이다. 협약 비준 당시 한국 정부는 "아동의 입양을 결정하는 곳은 믿을 만한 정부기관이어야 하며 부모나 친척 등 아동과 관련된 어른들의 동의를 얻어야 한다"라는 협약 21조 (a)항에 대해 비준을 유보한 바 있다. 이에 대해 2011년 8월 입양특례법을 전부 개정해 국내 · 외 입양 모두 법원의 허가를 받도록 하였고, 2013년 7월 가사소송법에 입양허가 절차를 도입하여 가정법원이 입양 허가심판을 할 때 입양 대상 아동의 연령이 13세 이상인 경우 당사자의 의견을 듣도록 하는 조치를 통해 21조 (a)항에 대한 유보철회 조치를 완료하였다. 또한 정부는 「아동복지법」에 가정위탁보호, 아동복지시설 입소, 특수한 치료나 요양 등을 위한 아동전문 치료기관 입원 또는 요양소 입소, 입양 시 아동의 의사를 존중하도록 근거를 마련하였다.

학교에서 아동의 의견존중을 위해 2011년「초 · 중등교육법 시행령」을 개정하여 학교규칙의 제정 · 개정 시 학생, 보호자, 교원의 의견수렴 절차를 마련하고, 2013년 '학교규칙 운영매뉴얼'을 발간하여 학생자치활동을 통해 학생들의 의견이 반영될 수 있도록 하였으며, 2014년에는 전국의 초 · 중등학교 생활지도 담당교사 대상 전문연수를 실시하여 학생참여에 대한 이해를 제고하였다. 사법영역에서 아동의 의견 존중을 위해 2014년에는「보호소년 등의 처우에 관한 법률 시행규칙」을 개정하여 징계 대상 행위 조사 시 충분한 진술 기회를 부여하는 규정을 신설하였으며, 2017년 전부 개정된「가사소송법」은 아동의 소송능력 등을 인정하고 있고, 종전 13세 이상 아동의 진술을 듣도록 규정한 것을 13세 미만을 포함한 모든 아동의 진술을 듣도록 하고 있다. 또한 아동에게 적절한 도움을 주기 위해 절차보조인제도를 도입하도록 하고 있어 가사소송 등에서 아동의 소송능력이나 진술 청취권을 실질적으로 보장할 수 있게 되었다.

아동 · 청소년의 참여 기회 보장을 위해 정부는 2004년부터 매년 개최하고 있는 '청소년특별회의'를 통해 제안한 정책과제를 정부 청소년정책에 수용하고 있고,「청소년기본법」을 개정하여 청소년의 자기의사 표명 및 결정권, 본인과 관련된 의사결정에의 참여 등 청소년의 기본적 권리 규정을 신설하였으며, 2016년에는 아동의 제안 내용을 토대로「학교안전사고 예방 및 보상에 관한 법률」을 개정하여 학교시설 안전 점검 시 학부모와 학교운영위원회가 추천하는 시설물 안전 전문가가 참여하게 되었다. 아동 · 청소년 참여권에 대한 교육은 인권교육 차원에서 이루어지고 있으며, 정부는 '아동 청소년 인권실태조사' '아동종합실태조사' '청소년종합실태조사' 등의 결과를 아동 의견 고려 정도와 아동정책이 아동에게 미치는 영향에 대한 기초자료로 활용하고 있다. 2016년에는 '아동정책영향평가'를 시행하기 위한 법적 근거가 마련되어 아동정책과 아동 참여의 영향을 체계적으로 파악할 수 있는 여건이 조성되었다.

이상에서 살펴본 바와 같이 우리나라 아동의 권리가 많은 부분에서 향상된 것만은 부인할 수 없다. 그러나 현시점에서 무엇보다도 중요한 것은 아동의 권리에 대한 인식의 전환이다. 아동은 보호의 대상이기도 하지만 동시에 권리의 주체로 인식하는 것이다. 이를 위해서는 법률의 제정 · 개정을 통해 「유엔아동권리협약」을 준수하기 위한 정부의 노력도 중요하지만 이에 못지않게 일반인들을 대상으로 아동권리에 대한 교육과 홍보도 필요하다. 이를 통해 아동을 부모의 소유물이 아닌 한 사람의 인격체로서 존중하고 배려하는 문화가 뿌리내려야 할 것이다.

제2부
아동복지의 발달과 기본전제

제4장 아동복지의 발달사

제5장 아동복지 실천의 원칙과 방법

제6장 아동복지정책

한 국가와 사회가 추구하는 아동복지정책은 그 사회의 특성이나 가치 그리고 아동관과 관련이 있다. 따라서 아동복지의 발달을 고찰하기 위해서는 시대의 상황들을 살펴보는 것이 바람직하다. 또한 아동복지를 실천할 때는 아동과 가족을 둘러싼 환경의 변화 속에서 아동들이 직면한 상황들을 아동의 권리와 아동복지 실천을 위한 원칙들에 비추어 접근해야 한다.

한 국가의 아동복지정책은 그 접근방법에 따라 차이가 있지만 일반적으로 특별한 보호가 필요한 아동은 물론 모든 아동이 다양한 분야에서 가족 및 사회의 일원으로 육체적으로나 정신적으로 건전하게 성장하는 데 필요한 조직적인 활동을 포함한다. 따라서 아동복지정책은 아동이 건전하게 성장하는 데 필요한 제반 활동이 원활해질 수 있는 사회환경을 조성하고 지원하여 아동이 자신의 삶에서 행복을 찾을 수 있도록 해야 한다.

우리나라 아동복지의 추진방향은 아동이 가정과 지역사회에서 행복하게 살며, 존중받고 안전하게 성장하는 사회를 구현하도록 하는 데 있다. 이러한 추진방향은 「유엔아동권리협약」에서 제시하는 이념과도 상통한다. 과거 우리나라 아동복지정책이 특별한 보호가 필요한 아동을 위한 사후적인 복지정책을 중심으로 추진되어 왔다면, 최근 들어서는 보편주의적인 복지정책으로 확대되고 있으며 일반아동들의 건전한 육성과 복지의 적극적인 추진을 기본정신으로 하는 제반 정책들이 시행되고 있다.

제2부에서는 먼저 아동복지의 발달사를 간략하게 살펴보고자 한다. 다음으로 아동복지 실천을 위한 원칙과 방법, 아동복지정책에 관해 살펴보기로 한다.

제4장

아동복지의 발달사

아동복지와 관련된 정책에는 특정한 시대나 사회의 아동관이 그대로 반영되어 있다. 그리고 특정한 사회의 아동복지정책은 여러 사회 상호 간에 횡적으로 영향을 미치며, 이전 시대의 아동복지정책은 종적으로 이후의 아동복지정책에 영향을 미친다. 그러므로 아동복지정책을 수립하는 데 있어서 아동복지와 관련된 정책들이 시대나 사회에 따라 어떻게 변화해 왔는가를 파악하는 것이 필수적이다.

태교나 태몽사상 등을 통해 나타나는 바와 같이 전통적으로 우리나라는 아동존중사상이 강한 문화이다. 그러나 조선시대에는 유교의 영향으로 실제 정책적인 면에서 경로효친사상과 같은 노인존중사상은 발달한 반면 아동의 권리에 대한 존중과 보호는 상대적으로 경시되었다고 볼 수 있다. 근대에 들어와 외국 선교사들에 의해 시작된 아동복지제도를 근간으로 하여 해방 이후 우리나라의 아동복지는 요보호아동 대상의 시설보호를 중심으로 한 사회구호적 복지, 선별주의적 복지에서 출발하였다. 그러나 점차 그 대상이 일반아동으로 확대되고 물질적 구호뿐 아니라 아동의 권리를 중시하는 보편주의적 복지, 권리지향적 복지로 발전하였다.

또한 우리나라의 아동복지는 영국을 중심으로 한 서구의 복지제도의 영향을 많이 받았다. 영국은 전 세계적으로 아동복지의 기틀을 최초로 수립한 나라이며, 이후 서구 여러 나라와 우리나라의 아동복지에 많은 영향을 미쳤다. 그리고 해방 이후 우리나라의「아동복지법」이 일제강점기나 미군정시대의 것을 답습하였다는 점에서 미국과 일본의 영향도 상당 부분 받았다고 볼 수 있다.

이 장에서는 먼저 우리나라 아동복지제도에 영향을 미친 영국과 미국, 일본의 아동복지발달사를 중요한 복지제도의 변천과정을 중심으로 간략하게 살펴보고, 다음으로 우리나라의 아동복지발달사를 시대별로 살펴보고자 한다.

1. 외국의 아동복지발달사

영국은 전 세계적으로 아동복지를 위한 기틀을 가장 먼저 수립한 국가이다. 영국의 아동복지는 산업혁명이 중요한 분기점이 되었다고 볼 수 있으며, 이는 이후 서구와 미국을 위시한 세계 여러 나라의 복지에 큰 영향을 미쳤다. 또한 동양권 가운데 일본의 아동복지제도는 일제강점기를 거치면서 우리나라의 아동복지제도에 영향을 미쳤다고 볼 수 있다.

1) 영국의 아동복지발달사

영국 아동복지의 발달사는「엘리자베스 빈민법」「개정빈민법」「공장법」의 제정 및 커티스위원회 보고서 등을 중요한 분기점으로 하여, 초기에는 빈민아동을 위한 사회구호적 복지, 요보호대상 아동을 위한 선별적 복지가 주를 이루다가 점차 보편주의적 · 권리지향적 복지로 발전하였다. 특히 영국에서는 산업혁명으로 인해 사회적 약자에 대한 보호 등 여러 가지 사회문제가 제기되었으며, 그 결과 아동복지제도가 다른 나라들에 비해 이른 시기에 발달하였다.

(1)「엘리자베스 빈민법」과「개정빈민법」

영국의 아동복지도 가장 먼저 빈곤의 문제를 해결하고자 하는 사회구호적 복지에서 출발하였다. 빈민에 대한 태도는 시대별로 국가별로 상이하여 어떤 경우에는 상당히 엄격한 반면 또 어떤 경우에는 상당히 관대한 태도를 보이기도 하였다. 17세기 초반 영국에서는 빈민들을 노동을 통해 구제하는 것이 합당하다고 생각하였는데, 이를 반영하는 대표적인 법안이 1601년의「엘리자베스 빈민법(Elizabethan Poor Law/Old Poor Law)」이다.

사회구호적 복지의 대표적인 법안인「엘리자베스 빈민법」은 하나의 법률이라기보다는 종전의 여러 빈민법을 집대성한 것으로 봉건제도와 중세사회가 붕괴되면서 발생한 빈민을 구제하기 위해 제정된 것이다. 주요 내용은 근로불가능빈민(impotent poor)과 근로가능빈민(able-bodied poor)에 따라 구제방법이 달라야 한다는 것이다. 즉, 근로가능빈민의 구제는 작업장(workhouse)(사진 참조)에서 노동을 통해 해결해야 하며, 노인이나 장애인과 같은 근로불가능빈민만 별도로 구빈원(almshouse)에서 구제를 받아야 한다는 것이다. 원래 작업장이라는 용어는 '일하는 집'을 의미하는 것으로 출발했지만, 17세기 후반에는 수용자를 부양하는 집이라는 의미로 사용되었다. 즉, 1601년「엘리자베스 빈민법」에서는 노동능력이 있는 빈민에게는 작업을 시키는 반면, 노동능력이 없는 빈민에게는 '주거하는 집'을 제공할 것을 규정하고 있었지만, 건물의 건설이나 구입에 관한 구체적인 표현이 없었으며, 작업장제도도 용이하게 발달되지는 않았다. 그 결과 18세기 말까지는 구빈원이라는 명칭과 작업장이라는 명칭이 구분 없이 사용되었다(송병건, 1988). 또한「엘리자베스 빈민법」에서는 빈곤아동은 도제의 형태로 노동을 통해 구제해야 하며, 근로가능빈민 가운데 게으른 빈민(idle poor)은 교도소(house of correction)에 보내야 한다고 하였다. 구제방법에는 공공작업장 내에서 노동을 통해 구제하는 원내구제(indoor relief)와 작업장 외에서 금전이나 의복, 식품을 지급하는 원외구제(outdoor relief)의 방식이 있다. 그 가운데 근로

사진 설명 노동을 통해 근로가능빈민을 구제하기 위해 설립된 작업장

가능빈민에게는 원내구제방식이, 근로불가능빈민에게는 원외구제방식이 적절하다고 생각하였다. 이처럼 「엘리자베스 빈민법」에서는 도제제도를 통해 빈곤아동을 구제하고자 하였으며, 이를 통해 자립능력을 키워주고자 하였으나 노동력 착취 등의 문제점도 적지 않았다(장인협, 오정수, 1993).

Thomas Gilbert

그러나 구빈비용을 각 교구별로 부담했던 당시의 상황에서 극빈자들은 구호수준이 보다 높은 도시의 교구로 이주하는 경향을 보였고, 이에 따라 「1662년 정주법(Settlement Act 1662/Poor Relief Act 1662)」이 제정되었다. 이 법은 구빈대상을 그 교구에서 태어나서 그곳에서 결혼을 하고 견습기간을 거친 거주자들로만 제한하는 것이었다. 또한 많은 극빈자들이 작업장에서의 노동을 통해 구제 받기를 기대했으나 실제로 작업장 거주자들은 병자나 노인, 어린아이들이 대부분을 차지하였으며, 그 결과 작업장이 탁아소와 노인병동, 고아원 등을 합쳐 놓은 사회기관과 유사한 성격을 띠게 되었다. 이러한 문제점을 보완하기 위해 Thomas Gilbert는 1782년 「구빈법(Poor Relief Act 1782/Gilbert's Act)」을 마련하여 통과시켰다. 이 법에서는 작업장을 노인과 고아, 병약자를 위한 시설로 지정함과 동시에 근로가능빈민에게 원내구제의 방식만을 제한하였던 종래의 방법에서 벗어나 저임금 근로가능빈민을 위한 원외구제방식을 도입하였다. 이 법안은 생활비가 최저생계비에 미치지 못하는 사람들을 대상으로 그 차액을 지급하거나 실업 중인 사람들에게는 전액을 구빈세(relief rates)에서 수당으로 지급함으로써 생계를 보장해주는 1795년 「스핀햄랜드 제도(Speenhamland system)」의 토대가 되었다(Slack, 1990).

사진 설명 원외구제원칙을 폐지한 「개정빈민법」

그러나 원외구제의 방식을 통해 노동을 하지 않아도 최저생계비를 보장해주는 「스핀햄랜드 제도」는 자본주의 생산체계와는 상치된다는 점에서 강력하게 비판을 받았으며, 그 결과 1834년에 이르러 「개정빈민법(Poor Law Reform Amendment Act)」이 제정되었다(사진 참조). 「개정빈민법」에서는 「스핀햄랜드법」의 임금보조와 원외구제원칙을 전적으로 폐지하고 다시 원내구제원칙으로 변경하였다. 또한 9세 이하 아동의 노동을 금지하고, 13세 이하 소년의 노동시간을 주당 48시간 이내로 제한하였으며, 장애아동을 위한 특수학교 설립을 허가하였다. 더구나 작업장에 입소한 빈민의 생활조건이 원외에서 일하는 노동자의 보수보다 절대적으로 낮아야 한다는 열등처우(less eligible)의 원칙을 강조하였다(원용찬, 1990).

이처럼 근로능력에 따라 근로불가능빈민과 근로가능빈민으로 구분하여 이에 따라 상이한 구제방법을 적용하고, 모든 복지수급자의 상황이 최저임금을 받는 노동자의 상황보다 열등해야 한다는 열등처우의 원칙을 적용한 「개정빈민법」의 주요 이념은 이후 세계 여러 나라와 우리나라의 아동복지정책에 지대한 영향을 미쳤다.

(2) 「공장법」의 제정

산업혁명은 영국 아동복지제도의 발전에 영향을 미친 중요한 사건이다. 산업혁명 이후 많은 노동력을 필요로 하는 상황에서 아동은 값싼 노동력을 얻을 수 있는 가장 손쉬운 대상이었다. 이들은 열악한 노동조건 속에서 혹사당하는 경우가 많았고 교육의 기회까지 박탈당하는 경우가 많았다(사진 참조). 이런 점들이 사회적 문제로 제기되어 아동의 노동을 제한하는 사회적 운동이 전개되고, 면직공장과 모직공장에서 일하는 아동의 노동시간을 제한하기 위해 「1802년 공장법(Factory Act of 1802/Health and Morals of Apprentices Act)」이 제정되었다. 이 법은 9~13세의 아동은 하루 최대 8시간, 14~18세의 아동도 하루 최대 12시간 이상을 초과하여 일할 수 없고, 9세 미만 아동은 일할 수 없도록 제한하였다. 「1833년 공장법(Factory Act of 1833)」은 섬유공장에서의 일상적인 작업시간을 규정하기 위해 제정된 것으로, 1시간의 점심시간을 포함하여 9~13세의 아동은 하루 최대 8시간, 14~18세의 아동은 하루 최대 12시간 이상을 초과하여 일할 수 없도록 제한하였다. 또한 9~13세의 아동은 매일 2시간씩 교육을 받도록 규정하고, 이 법의 시행을 위해 감독관제를 도입하였다. 노동운동가인 Richard Oastler 등의 노력으로 제정된 「1847년 공장법(Factory Act of 1847/Ten Hours Act)」에서는 영국의 모든 공장에서 일하는 여성과 아동의 노동시간을 하루 10시간으로 제한하였다. 또한 이 시기에 아동시설의 참혹상과 집단수용시설에서의 높은 사망률이 사회적 문제로 대두되면서 성인과 아동을 혼합수용하던 기존의 시설은 아동만을 분

사진 설명 구빈소를 탈출한 빈곤아동의 이야기를 다룬 소설가 Charles Dickens의 〈올리버 트위스트〉

Richard Oastler

리수용하는 아동전용시설로 발전하게 되었다(장인협, 오정수, 1993).

(3) 커티스위원회 보고서

19세기 중반에 이르기까지 영국 아동복지의 근간을 이루었던 것은 「빈민법」이라고 볼 수 있다. 그러나 이후 영국에서는 유아유기와 유아매매문제를 규제하기 위해 1872년 「유아생명보호법」이 제정되었고, 1874년에는 출생신고를 의무화하였다. 1884년에는 아동학대방지협회가 설립되었고, 1889년에는 「아동학대방지법」이 제정되었다. 이러한 법률의 제정은 무엇보다도 먼저 영국에서 아동의 인권과 권리향상을 위한 움직임이 있었음을 보여주는 것이다.

20세기에 들어와 아동복지는 아동의 권리를 보다 강조하는 방향으로 발전하였다. 제2차 세계대전 이후 영국의 아동정책에 영향을 미친 중요한 사건 가운데 하나는 1946년의 커티스위원회(The Curtis Commitee) 보고서이다. 커티스위원회는 정상적인 가정생활을 박탈당한 아동들을 보호하기 위한 목적으로 정부에서 임명한 위원들로 구성되었다. 이 위원회의 보고서에서는 집단양육시설에서 성장한 아동들이 여러 가지 발달상의 문제를 보일 가능성이 높고, 성인이 되어서도 대인관계 문제나 알코올 의존증, 범죄에 노출될 위험이 높다는 사실을 지적하면서 가정위탁보호가 시설보호보다 우월하다고 주장하였다. 이러한 원칙은 영국 「빈민법」에 근거하여 이루어졌던 아동에 대한 시설보호가 아동발달에 역기능적인 영향을 미칠 수 있음을 지적한 것이라고 볼 수 있다(김응석 외, 1995).

영국은 이때까지 「엘리자베스 빈민법」에 따라 작업장에서의 근로를 통해 요보호아동을 구제해 왔으나 커티스위원회의 보고서가 발표되면서 정부차원에서 현대적 의미의 가정위탁사업을 제도화하기 시작하였다. 또한 이 위원회의 보고서를 기초로 하여 아동복지의 기본골격을 형성하게 된 「1948년 아동법(Children Act 1948)」이 제정되고, 아동국이 설립되었다.

(4) 다양한 아동복지법의 제정 및 시행

영국은 1870년 세계 최초로 5세부터 초등의무교육을 실시하였으며, 1974년 모든 아동을 대상으로 하는 「아동수당법(Child Benefit Act)」을 제정하였다. 이는 요보호아동이나 빈곤아동만이 아닌 모든 아동을 대상으로 했다는 점에서 보편주의적 복지이념을 반영하는 것으로 볼 수 있다.

1989년에는 지금까지 분산되어 있던 아동보호와 지원 관련법을 하나로 모은 영국 「아동법(Children Act 1989)」이 입법화되고 1991년 그 효력이 발생되었다. 1989년의 「아동법」은 「유엔아동권리협약」의 원칙에 근거한 것이다. 그 주요 내용은 부모가 자녀양육의 1차적 책임을 지며, 법원이나 지방정부에서 아동보호를 담당할 경우에는 아동의 이익을 우선적으로 고려해야 하며, 아동의 의견이 존중되고 아동이 미래에 대한 의사결정에 참여할 수 있어야 하며, 아동이 가정을 떠나 양육될 경우 지방정부는 시설이 아닌 대리가정에서 보호를 받을 수 있도록 해야 한다는 것이다. 또한 자녀양육에서 부모의 역할을 중시하여 1991년에는 부모헌장을 제정함으로써 부모의 책임을 명시하였고, 1992년의 「고등교육법」에서는 학교에 부모교육과정을 개설할 것을 권고하였다. 그리고 1994년에는 국립성인평생교육연구소를 통해 부모교육지침서를 발간하였다. 1997년에는 슈어스타트(Sure Start) 정책이 시행되었는데, 이는 저소득층 아동과 부모를 대상으로 아동에게는 보육과 교육서비스를, 부모에게는 일과 자녀양육을 동시에 할 수 있도록 지원하는 제도이다(사진 참조).

2000년대에는 아동 · 청소년의 교육과 복지에 집중적인 지원정책이 펼쳐졌다. 2004년에는 1989년 제정된 아동법이 전면 개정되었는데, 이는 2000년 빅토리아 클림비(Victoria Climbié)가 학대당해 사망한 사건으로 인해 기존 아동보호제도의 한계를 인식하고 발간된 'Every Child Matters' 녹서를 법률적으로 뒷받침하기 위해 이루어졌다. 「2004 아동법(Children Act 2004)」에서는 모든 아동은 어떠한 배경이나 상황에서도 건강하고 안전하며 즐겁게 배울 수 있고, 사회에 기여하며, 경제적 역량을 획득할 수 있도록 필요한 서비스가 제공되어야 한다고 규정하였으며, 특히 취약계층 아동의 복지에 더욱 관심을 갖고 취약계층 부

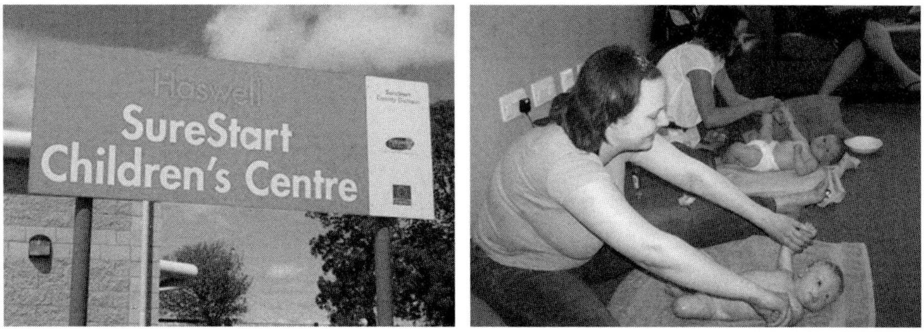

사진 설명 영국의 슈어스타트센터와 그곳에서 부모교육을 시행하고 있는 모습

모지원이 확대되었다. 특히, 아동권리모니터링을 수행할 수 있는 기구를 창설해야 한다는 유엔아동권리위원회의 권고를 수용하여 아동의 권리 보호 활동과 옹호 활동을 주도하는 아동커미셔너(Children's Commissioner)를 임명하도록 하였다. 그 외에도 2005년 'Youth Matters', 2007년 'Children's Plan' 등 아동 · 청소년 정책들이 발표되었고, 이를 실행하기 위한 예산조치로서 아동 · 청소년 기금(Children Fund, Youth Opportunity Fund & Youth Capital Fund) 등이 조성되었다. 이후 「아동수당법(Child Benefit Act 2005)」「아동입양법(Children and Adoption Act 2006)」「아동청소년법(Children and Young Persons Act 2008)」「아동빈곤법(Child Poverty Act 2010)」「아동학교가족법(Children, Schools, and Families Act 2010)」 등이 제정되었다.

그러나 심각한 재정적자로 인해 2011년 복지개혁법안(Welfare Reform Bill 2011)에서는 고소득층에 대한 무상혜택을 축소시켰으며, 자녀양육에서 부모들이 국가의 지원에 의존하기보다는 자신의 힘으로 양육할 수 있도록 권장하기 위해 『가족관계 강화, 부모 책임감 장려: 아동 부양의 미래에 관한 자문문서(Consultation Document Strengthening Families, Promoting Parental Responsibility: the Future of Child Maintenance)』를 발간하였다. 그리고 2013년부터는 무조건 지급해 온 아동급여를 연봉 4만 4천 파운드 이상 고소득자들에게는 자격을 제한하고, 혜택을 세 명까지로 제한하기로 하였다(최윤영, 2013).

2) 미국의 아동복지발달사

미국의 아동복지제도는 영국의 영향을 많이 받았으며, 노동을 중시하는 청교도적인 가치관이 그 근간을 이루고 있다. 그러므로 빈곤은 개인의 책임이며 근로능력이 있는 아동의 경우에는 노동을 통해 구제해야 한다는 인식이 지배적이었다.

(1) 위탁가정운동

미국의 아동복지는 종교단체를 중심으로 이루어진 시설보호제도가 그 시발점이 된다. 1727년 뉴올리언스(New Orleans)의 우슬린(Ursuline) 수도원에 인디언에게 부모를 잃은 아동을 위한 보호시설이 최초로 설립되었으며(사진 참조), 1740년 George Whitefield는 최초의 영구적인 보호시설인 베데스다 고아원

(Bethesda Orphanage)을 조지아(Georgia) 주에 설립하였다.

그러나 19세기 후반에 이르러서는 빈곤으로부터 아동을 보호하는 데 있어서 시설보다 가정이 적절하다는 취지하에 위탁가정운동이 전개되었다. 1853년 Brace 목사가 설립한 뉴욕아동구호협회(New York Children's Aid Society)는 최초로 위탁가정서비스를 실시하였다. Brace 목사는 뉴욕에서 집 없이 거리를 방황하는 아동을 사회적으로 위험한 계층으로 간주하고 이들을 위해 여러 가지 프로그램을 운영하였는데, 위탁가정운동이 그 대표적인 것이다. 그는 이들 아동을 서부의 기독교 농가에서 위탁양육하게 함으로써 도시의 범죄문제와 서부지역의 노동력 문제를 동시에 해결하고, 나아가 일을 통해 아동 자신의 자립능력을 키워 주고자 하였다. 이 과정에서 1853년에서 1929년까지 무려 15만 명이 넘는 아동이 고아열차를 타고 뉴욕에서 서부지역으로 옮겨 가게 되었다(사진 참조).

사진 설명 인디언에게 부모를 잃은 아동을 위한 최초의 보호시설인 우슬린 수도원

Charles Loring Brace

사진 설명 서부지역으로 옮겨 가기 위해 고아열차를 탄 아이들

그러나 초기의 위탁가정운동은 위탁아동의 특성이나 욕구보다는 위탁가정의 필요와 서부지역에 대한 무료 노동력 제공이라는 목적이 우선되었고, 실제로 위탁가정 내에서 아동학대가 일어났다는 사실로 인해 비판을 받기도 하였다. 하지만 이러한 문제점에도 불구하고 이는 아동보호가 종전의 시설수용보호 방식에서 위탁가정보호 방식으로의 전환이라는 점에서 아동복지사에서 중요한 의미를 갖는다. 이후 1895년에는 「아동노동법」이 제정되어 14세 이하 아동의 노동 및 야간작업 금지와 노동시간 제한 등을 규정하였다(Mallon & Hess, 2005).

(2) 제1차 백악관회의

아동문제에 대한 전 국민의 관심을 유발한 것은 1909년 제1차 백악관회의(White House Conference)였다. 제1차 백악관회의는 대규모의 아동수용시설에서 아동과 양육자 간의 애정결핍으로 인해 유발되는 문제의 심각성이 제기되면서 소집된 것이다. 이 회의는 당시 미국의 Roosevelt 대통령이 요보호아동 문제와 관련된 200명의 전문가를 백악관으로 초청하여 이루어진 것이다. 회의 결과를 근거로 Roosevelt 대통령은 아동발달에서 부모역할과 가정생활의 중요성을 언급하면서 다음과 같은 원칙을 제시하였다. 첫째, 가난하다는 이유만으로 아동이 가정으로부터 분리되어서는 안 되고, 둘째, 불가피하게 가정으로부터 분리될 경우 엄선된 위탁가정을 차선책으로 고려할 수 있으며, 셋째, 시설을 이용할 경우에는 '소숙사 형태(cottage system)'가 바람직하다는 것이다(표갑수, 2000). 즉, 과거에는 요보호대상 아동을 시설에 수용하여 구제하는 것이 바람직하다고 생각하였으나 점차 가족이나 이웃, 지역사회의 지원을 통한 구제가 보다 바람직하다고 생각하게 되었다. 제1차 백악관회의를 계기로 1912년 아동문제를 전담하는 아동국(Children's Bureau)이 설립되어 전반적인 아동문제를 담당하게 되었다. 아동국의 설립은 바로 아동복지에 대한 국가의 책임을 인정한 것이며, 정부차원에서 아동의 권리와 아동복지를 위한 기관설립의 필요성을 인식하였다는 점에서 그 의의를 찾을 수 있다. 또한 1930년의 제3차 백악관회의에서는 19개 조로 구성된 아동헌장을 채택하여 발표하였다.

사진 설명 백악관 회의를 계기로 설립된 미국 '아동국'의 초대 회장 Julia C. Lathrop

(3)「사회보장법」의 제정

미국은 아동복지를 포함한 모든 사회복지법이 주(州)를 중심으로 발전해 왔다. 연방법에는 아동복지 관련 기본법이 별도로 명시되어 있지 않으며, 이와 관련된 내용은「사회보장법」에 포함되어 있다. 따라서 1935년「사회보장법(Social Security Act)」의 제정은 아동복지사업에서 국가개입의 기틀을 형성한 계기가 되었다.

「사회보장법」은 요보호아동들이 연방정부가 제공하는 공공부조의 혜택을 받을 수 있도록「요보호아동부조 프로그램(Aid to Dependent Children Program)」을 처음으로 규정하였다. 즉, 가정이 있는 요보호아동이 자신의 가정이나 친척 집에 머물 수 있도록 도움을 주는 주 정부의 보조금 제도뿐 아니라 가정이 없는 요보호아동에게 지급되는 연방정부의 보조금 제도를 명시하였다. 또한 이 법안은 근로불가능빈민과 근로가능빈민에 따라 구제방법이 달라져야 한다는 영국「빈민법」의 주요 이념을 적용하였다. 즉, 근로능력이 있는 빈곤한 아동과 청소년은 지원받을 자격이 없으며 스스로 노동을 통해 생계를 책임지도록 하고, 노인이나 장애인과 같이 근로능력이 없는 사람만을 지원하도록 하는 차별적인 미국 복지정책의 중요한 근간을 형성하게 된다(정익중, 2004).

(4) 다양한 아동복지법의 제정 및 시행

이후 미국에서는 보다 다양한 프로그램과 법령이 제정되어 실시되었다. 1964년에는 도시빈민층 아동을 지원하기 위한 헤드스타트(Head Start) 프로그램과 푸드스탬프(Food Stamp) 프로그램이 실시되었다(사진 참조). 1974년에는「아동학

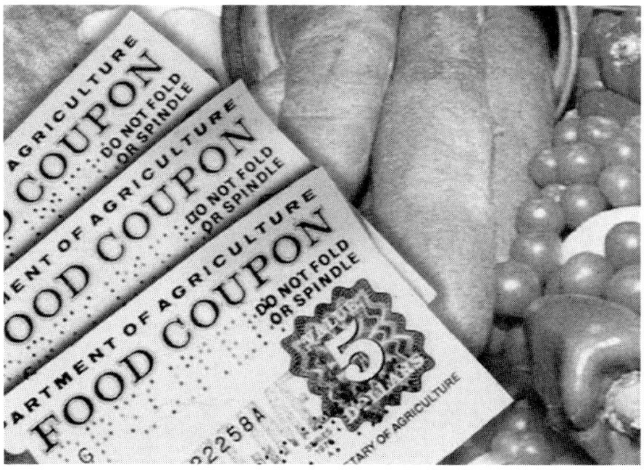

사진 설명 도시빈민층 아동을 지원하기 위해 실시된 푸드스탬프 프로그램

대 예방 및 조치법(Child Abuse Prevention and Treatment Act)」이 제정되었으며, 이 법은 매 5년마다 국회에서 재승인의 과정을 거쳐 내용이 개정되거나 새로운 관련법과 연계되어 2003년「아동가족안전법(Keeping Children & Families Safe Act)」으로 명칭이 바뀌었다(임동호, 2008). 1975년에는 장애아동의 교육과 사회적 지원을 위한「장애아동교육법(Education of the Handicapped Children Act)」이 제정되었다. 1980년 제정된「입양지원 및 아동복지법(Adoption Assistance and Child Welfare Act)」에서는 위기에 처한 가족을 위한 예방적 서비스와 특별한 욕구를 가지고 있는 아동의 입양비용을 지원하는 것 등을 명시하였다. 또한 1990년에는 저소득층 가족의 재정지원을 위한「가족지원법(Family Support Act)」이, 1993년에는 안전하고 안정된 가족을 지원하기 위한「가족유지 및 지원서비스법(Family Preservation and Supporting Service Act)」이 제정되었다. 1997년에는「입양 및 안전가족법(Adoption and Safe Families Act: ASFA)」이 제정되었는데, 그 주요 내용은 아동의 안전을 가장 우선적으로 보장하고, 아동에게 영구적인 가정을 제공하며, 가정으로 안전하게 돌아갈 수 없는 아동의 입양을 촉진시키기 위한 것이었다. 이후 1999년 제정된「위탁양육독립법(Foster Care Independence Law)」은 위탁가정으로부터 청소년의 독립을 지원하고 의료보호를 확대하기 위해 제정된 것이다(Mallon & Hess, 2005).

미국의 아동복지정책은 3S모델을 근간으로 하고 있다. 3S모델은 부모역할을 위한 지지적 서비스, 부모역할에 대한 보조적 서비스, 부모역할에 대한 대리적 서비스를 의미한다(김현용, 윤현숙, 노혜련, 김연옥, 이배근, 2001). 그러나 1980년대 이후 복지예산의 삭감 등으로 복지서비스의 범위가 축소되고 있는 실정이며, 1996년 이후에는 직업을 통해 빈곤에서 벗어나도록 도와주는 생산적 복지로 변화하고 있다. 또한 개별 가족구성원보다 가족 전체를 대상으로 하는 방향으로 변화하고 있다. 이에 따라 2003년에는「아동 및 가족 안전법(Keeping Children and Families Safe Act)」이 제정되어, 가족 지지와 강화를 위한 지역사회기반 프로그램 등 아동학대와 방임 예방과 치료를 위한 다양한 서비스를 지원하고 있다. 또한 2011년에는「어린이 및 가족 서비스 개선 및 혁신법(Child and Family Services Improvement and Innovation Act)」을 제정하여 2016년까지 아동 및 가족 서비스 프로그램을 확장하도록 하였다.

3) 일본의 아동복지발달사

전통사회에서 일본의 복지는 친족 간의 상호부조나 친족이 없는 경우 지역 내에서의 상부상조를 중심으로 이루어졌다. 불교가 전래된 6세기 초부터는 불교의 자비사상에 힘입어 불교신자, 왕족 및 귀족을 중심으로 한 자선사업이 빈민이나 고아를 구제하는 공적인 제도로 출발하였다. 봉건사회가 막을 내리고 근대사회가 시작되는 명치(明治)시대에 접어들면서 빈민문제도 심각하게 대두되었으며, 이에 따른 복지법의 제정과 시행이 본격적으로 이루어졌다.

(1) 「휼구규칙」과 「감화법」의 제정

국가주도의 계획적 · 조직적 아동복지는 명치시대에 정부가 「기아양육미급여방(棄兒養育米給與方)」과 3명 이상의 자녀를 출산한 빈곤가정의 어머니에게 쌀을 지급하는 「급여방」을 제정함으로써 시작되었다. 그러나 이후 전국적 규모의 구제책이 필요해짐에 따라 1874년 공적 구빈법인 「휼구규칙(恤救規則)」이 제정되었다. 이는 일본 최초의 사회복지법으로 그 내용은 근친 및 공동체에 의한 상호부조를 원칙으로 하되 이것이 어려운 폐질자, 노약자, 중병자와 13세 미만의 고아는 국가가 구제한다는 것이다. 그러나 「휼구규칙」은 빈민구제의 책임을 근친에게 돌렸다는 점에서 형식적인 규칙이라고 볼 수 있다. 명치시대의 또 하나 중요한 법률은 1900년의 「감화법」이다. 이는 「아동복지법」과 「소년법」 중간에 위치하는 것으로 시설보호를 법적으로 명시한 일본 최초의 법률이다. 이는 국가가 일정한 책임을 진다는 것을 의미하는 것으로, 일본 최초의 빈민구제법이라고 할 수 있다. 하지만 영국의 「개정빈민법」을 참고로 해서 만든 이 법률은 당시의 경제상황에서는 시행에 어려움이 많았다(현정환, 2003).

명치시대 후기에는 산업발전과 더불어 선교사의 가세로 활발한 아동복지사업이 전개되기 시작하였다. 또한 아동복지에 대한 접근도 종전의 민간차원에서 국가차원으로 발전하게 된다. 1872년에는 학제(學制)가 공포되었으며, 1886년에는 정부차원에서 「대용간이소학교제(代用簡易小學校制)」를 인준함으로써 전국에 빈곤아동을 위한 학교가 보급되었다. 또한 명치시대의 대표적인 탁아시설로 1900년에는 도쿄에 '후타바(二葉) 보육원'이, 1909년에는 오사카에 '아이센(愛染) 보육원'이 설립되었다(김세곤, 2001).

(2) 「구호법」과 「소년보호법」의 제정

소화(昭和)시대에 접어들면서 다양한 사회사업법규가 공포되었는데, 「휼구규칙」이 폐지되고 「구호법」이 제정되었으며, 「감화법」이 폐지되고 「소년보호법」이 제정되었다. 1929년에 제정 · 공포된 「구호법」은 일본 구빈법 사상 처음으로 빈곤자의 보호를 공공의 의무로 규정하였다. 「구호법」에서는 구호기관, 구호내용, 구호방법, 구호비 분담 부분을 분명하게 명시하였고, 구호대상을 빈곤자와 생활불능자(65세 이상의 노쇠자, 13세 이하의 유아, 임신부, 질병 · 상병 · 심신장애로 노무에 지장이 있는 자)로 한정하여 집행하였다. 또한 1933년 제정된 「소년보호법」은 14세 미만의 아동으로 불량행동을 하거나 그러한 위험이 있는 자를 소년보호원에 입소시킴으로써 아동을 보호하는 내용을 주요 골자로 한 것이다. 그 외에도 14세 미만의 학대받는 아동을 보호하기 위한 목적으로 「아동학대방지법」이 제정되었으며, 1937년에는 「모자보호법」이, 1938년에는 「사회사업법」이 제정되었다(현정환, 2003).

(3) 「아동복지법」과 「아동헌장」의 제정

제2차 세계대전 이후 혼란한 상황에서 국민의 최저생활을 보장하기 위해 1946년에는 기존의 「구호법」 「모자보건법」 등을 통합한 「구생활보호법」이 제정되었다. 전후 일본에서는 수많은 기아와 고아들이 발생했으며, 정부에서는 이들의 구제를 위해 많은 노력을 하였으나 당시 경제적 여력에 한계가 있어 민간차원에서 구호사업을 주도하는 형편이었다. 이러한 상황에서 요보호아동을 포함한 모든 아동의 건전한 발달을 보장하기 위한 정부의 책임을 명시하기 위해 1947년 「아동복지법」이 제정되었다. 또한 1947년에는 「학교교육법」이 제정되어 특수학급이 설치됨에 따라 특수교육이 학교 내에서 이루어지게 되었다. 이어서 1949년에는 「신체장애자복지법」, 1950년에는 「생활보호법」이 제정됨으로써 일본 기본 복지법의 체계를 확립하게 되었다.

1947년의 「아동복지법」은 아동의 정신적 · 신체적 건강을 보장하기 위해 아동의 후견인뿐 아니라 중앙과 지방정부의 책임을 규정한 것이다. 그러나 「아동복지법」 제정 이후에도 아동의 인권을 침해하는 행위가 되풀이되어 1951년 「아동헌장(兒童憲章)」이 제정, 공포되었다(최진희, 2005). 「아동헌장」은 「아동복지법」의 기본원칙을 반영하고 구체적으로 명시한 것으로, 전문(前文) 및 3개 원칙과 12

개 조항으로 구성되어 있다. 또한「아동복지법」이 제정되면서 보육소는 비로소 법적 기관으로 인가를 받게 되어 1949년부터 보육소 운영비에 대한 정부 보조가 시행되었으며, 보육사업은 오늘날 일본 아동복지의 근간을 이루게 되었다.

(4) 다양한 아동복지법의 제정과 시행

1950년대 중반 일본이 고도성장기에 접어들면서 민간차원에서의 학동보육운동이 시작되었고, 1963년 이후 지방자치단체의 학동보육예산이 확대되기 시작하였다. 또한 경제성장과 함께 아동문제와 관련된 다양한 법이 제정되었는데, 1964년에는「특별아동부양수당의 지급에 관한 법」, 1965년에는「모자보건법」과「정신박약아동복지법」등이 제정되었다. 1971년에는「아동수당법」이 제정되었으며, 그 후 출산율 저하로 1985년「아동수당법」이 대폭 개정되어 지급대상이 종전의 셋째 자녀부터에서 둘째 자녀부터로, 1991년 개정에서는 첫째 자녀부터로, 2000년부터는 그 대상이 취학전 모든 아동에게로 확대되었다. 또한 1997년에는 50년 만에「아동복지법」이 전면개정되었고 2000년에는「아동학대 방지에 대한 법률」이 특별법으로 제정되었다(이상희, 하승수, 이혜원, 2008; 최영진, 2009).

현재 일본의 아동복지제도는 요보호아동중심의 선별적 복지에서 전체아동을 그 대상으로 하는 보편적 복지로 변화하고 있다. 특히 '소자화(小子化)' 문제가 심각해짐에 따라 1994년 정부차원에서 육아지원사회의 구축을 목표로 엔젤플랜을 실시하였으며 1999년 뉴엔젤플랜(1999~2004년)을 수립하여 지속적인 정책을 추진하여 왔다. 이러한 대책에도 불구하고 소자화와 고령화가 계속되자, 지역사회 내 자녀양육을 지원하기 위해 2002년 소자화대책 플러스원, 2003년 차세대육성지원대책추진법, 2004년 자녀양육응원플랜 등이 지속적으로 제정·추진되었다. 2007년에는 모든 아이들과 모든 가정을 소중히 한다는 '아이들과 가족을 응원하는 일본' 중점 전략을 내놓았다. 일과 결혼·출산·양육의 선택구조를 해소시킴으로써 일과 생활의 조화를 꾀하고, 이를 통해 사회적 기반이 되는 포괄적인 차세대육성지원의 기반구축을 추진한다는 계획을 수립하였다. 이러한 계획에 따라 2009년「아동복지법」과「차세대육성지원법」이 일부개정되어 아동양육지원 사업을 명확하게 규정하고 학대피해아동을 위한 가정적 환경조성과 일·생활의 양립을 지원하기 위한 차세대육성지원대책을 세우게 되었다(최윤영, 2013). 일본은 우리나라와 유사하게「아동복지법」을 기본법으로 하여 몇 가지 특별법으로 구성된 법률체계를 가지고 있으며, 유교문화적 전통으로 인하여 아동의 권리에 대한 인식과 공적 친권개입에 관한 태도에서도 우리나라와 유사한 점이 있다(이혜원, 2006).

2. 우리나라의 아동복지발달사

우리나라 아동복지의 발달과정은 각 시기별 특성과 중요한 정책을 중심으로 시대별로 구분할 수 있다. 장인협과 오정수(2004)는 우리나라 아동복지의 변천과정을 1950년대까지의 사회구호단계, 1960~1970년대의 선별주의단계, 1980년대 이후의 보편주의 지향단계로 구분하였다. 표갑수(1994)는 먼저 전통사회, 근대, 현대로 시대 구분을 하고, 해방 이후의 시기를 사회구호적 차원의 복지사업(1945~1960년), 요보호대상자의 복지사업(1961~1980년), 전체 아동·청소년 복지사업(1981년 이후)으로 구분하였다. 이처럼 단계구분이나 이에 따른 명칭에서 다소 차이는 있으나 학자들은 공통적으로 1961년의 「아동복리법」 제정과 1981년의 「아동복지법」 개정을 아동복지의 중요한 전환점으로 간주하고 있다.

여기에서는 먼저 전통사회와 근대사회의 아동복지에 대해 살펴보고, 해방 이후 현재까지의 시기를 사회구호적 복지단계, 선별주의적 복지단계, 보편주의적 복지단계, 권리지향적 복지단계, 포용국가적 복지단계로 구분하여 살펴보고자 한다.

1) 전통사회의 아동복지

우리나라 아동보호의 역사는 삼국시대로 거슬러 올라간다. 『삼국사기』에는 신라 제2대 남선왕 15년(18년)에 백성이 기근으로 굶주릴 때 국고로 이들을 구휼하였고, 제3대 유리왕 5년(28년)에 환과고독노병(鰥寡孤獨老病)[1]을 대상으로 무료급식과 보살핌을 제공하였다고 기록하고 있다. 백제에서는 온조왕 33년(15년), 고구려에서는 태조왕 56년(108년)에 이들에게 관곡을 배급한 것으로 기록

1) 환(늙고 아내가 없는 사람), 과(늙고 남편이 없는 사람), 고(부모가 없는 어린아이), 독(늙고 자식이 없는 사람), 노(늙은 사람), 병(병든 사람)

되어 있다. 이처럼 삼국시대의 아동보호는 고아나 기아를 중심으로 제한적으로 이루어졌으며, 친족부양을 우선시하여 요보호아동의 문제를 가급적 가족 내에서 해결하도록 하였다. 국가는 자연재해와 같은 위기 상황에서 일시적으로 고아들을 대상으로 구제정책을 실시하였으며, 민간차원에서 고아를 노비나 양자로 들이는 방법으로 구제가 이루어지도록 하였다(구자헌, 1972).

고려시대에는 불교의 자비사상에 입각하여 고아나 기아, 빈곤아동을 사찰이나 관가에서 수용하여 보호하기 시작하였으며, 성종 13년(994년)에는 나이 어린 고아를 10세까지는 관가에 수용하고 이후부터는 본인의 의사에 따라 거주하도록 하였다. 이는 오늘날의 고아원과는 거리가 멀지만 우리나라 수용보호사업의 시초로 볼 수 있다(하상락, 1989). 충목왕 3년(1347년)에는 관립영아원이라고 할 수 있는 해아도감(孩兒都監)을 설치하여 유아들을 보호하였다. 또한 전쟁과 흉년으로 인해 발생한 고아나 걸식아동을 승려나 사역승으로 양성하거나 민가에서 양자나 노비로 삼는 민가수양도 이루어졌다(표갑수, 2000).

조선시대에도 현종 2년(1661년)에는 유기된 아동을 대상으로 민가수양을 실시하였으며, 아동이 10세에 이르면 그 아이를 양육한 자로 하여금 사역할 권리를 갖게 하였다. 숙종 22년(1696년)에는 수양임시사목(修養臨時事目)을 제정하여 수양을 원하는 아동 가운데 부모나 보호자가 없는 아동을 대상으로 관청에서 사목의 규정에 따라 수양관계를 결정하여 흉년에 한해 민가수양을 하도록 하였다. 이와 같은 민가수양제도는 오늘날의 입양제도와 유사한 것으로, 시설보다는 가정양육을 우선시하는 현대사회의 아동복지 이념과도 일맥상통하는 것이다. 정조 7년(1783년)에는 자휼전칙(字恤典則)이라는 법령을 제정하여 유기아동이나 부랑걸식아동들을 민가나 관가에서 수양하는 것을 제도화하였다(구자헌, 1972). 이러한 관행들은 요보호아동의 구제에서 가족뿐 아니라 관의 개입이 필요함을 인정한 것으로 볼 수 있다. 그러나 전통사회에서 우리나라의 아동보호는 어디까지나 요보호아동중심의 일시적인 구제책이 주를 이루었고, 관에 의해 주도적으로 이루어지기보다는 민간차원에서 이루어진 경우가 많았다.

2) 근대사회의 아동복지

근대사회에서 우리나라 아동복지의 발전에는 외국 선교사들이 기여한 바가

Horace G. Underwood

크다. 1854년 파리외방전교회(外邦傳敎會)의 Maistre 신부는 '조선 영해회(嬰孩會)'를 설립하여 버려진 아이들을 교우의 집에서 위탁, 양육하는 최초의 아동복지사업을 시작하였다. 1885년에는 프랑스 신부 Blanc이 '영해원(孀孩院)'이라는 고아원을 설립하여 23명의 고아를 돌보기 시작하였는데, 이는 우리나라 최초의 근대적 의미의 아동복지 시설로 볼 수 있다. 고아원을 운영하는 과정에 어려움이 많아 Blanc 신부는 프랑스의 성영회(Sancta Infantia) 본부에 수녀들의 파견을 요청하여 1888년 4명의 수녀가 최초로 서울에 도착하였고, 이후부터는 샬트르 성 바오로 수녀회에서 그 운영을 맡게 되었다. 도착 후 수녀들은 종현(지금의 명동)에 있는 기와집 두 채를 고쳐 정동의 수녀원과 곤당골(미동, 현재 중구 을지로 1가 부근)의 고아원을 모두 옮기고 1888년 9월 8일 정식으로 '천주교 고아원'을 인수받았다. 이때의 고아의 수는 남아가 80명, 여아가 65명이었다(샬트르 성 바오로 수녀회, 1991). 그 외에도 미국인 선교사 Underwood는 1886년 고아들을 대상으로 예수학당, 구세학당을 시작하였는데 이것이 경신학교의 시작이다. 1892년에는 영국인 선교사 Randis가 고아들을 대상으로 양육사업을 시작하였다.

또한 1905년에는 이필화에 의해 '경성고아원'이 설립되었고, 1910년에는 조선총독부에서 '경성고아원'을 인수하여 그 명칭을 '제생원(濟生院)'으로 개칭하였다. 1921년 총독부 내무국에 사회과가 신설되면서 고아원의 수가 증가하기 시작하였으며, 1939년까지 전국에 60개의 시설이 설립되었다. 1921년에는 미국 감리교 선교사들에 의해 태화사회관이 설립되었으며, 태화진료소를 중심으로 아동건강진단, 가정방문을 통한 위생교육, 육아법 보급, 빈곤아동을 위한 탁아사업, 무료목욕사업과 우유급식사업이 실시되었다. 1923년에는 부랑걸식아동이나 고아들을 위한 구호시설을 법제화한 「조선감화령」이, 1944년에는 우리나라 최초의 공적 부조 관련법규라 할 수 있는 「조선구호령」이 제정되었는데, 이는 65세 이상의 노쇠자나 13세 이하의 아동과 임신부 등 노동능력이 없는 사람들이 그 대상이었다. 그러나 이들 법령은 사회복지적 관점의 법령이라기보다는 일제시대 식민지 정책의 일환으로 사회통제 목적으로 제정된 것이었다. 더구나 전쟁으로 인해 법령은 명목적인 것에 불과했으며 실제 구호활동은 제대로 이루어지지 못했다.

아동문학가 마해송

아동문학가 강소천

아동문학가 윤석중

아동문학가 윤극영

한편 이 시기에는 공적 차원의 구호활동보다는 아동의 권리향상을 위한 민간 차원의 운동이 활발하게 전개되었다. 소년단체를 조직하고 이를 기반으로 아동의 성장, 발달에 장애가 되는 요인을 제거하고자 하는 소년운동이 활발하게 전개되었는데, 그 대표적인 것으로 천도교의 소년운동을 들 수 있다. 천도교소년회를 중심으로 발족한 '조선소년운동협회'에서는 우리나라 최초의 아동권리선언이라고 할 수 있는 「어린이 권리공약 3장」을 발표하였다. 이러한 소년운동은 어용단체의 출현과 내부의 계파분열 등으로 인해 1930년대에 들어와서는 소멸되었다.

또 한편으로는 아동문학운동을 중심으로 아동의 권리향상을 위한 움직임이 활발하게 전개되었다. 소파 방정환 선생은 일제강점기에 제대로 인권을 인정받지 못한 아동의 비참한 현실을 타파함과 동시에 민족운동의 일환으로 아동문학운동을 전개하였다. 마해송은 일본 도쿄에서 유학생 극단 동우회를 조직하여 순회공연을 하였으며, 1922년에는 문학클럽인 녹파회를 조직하였다. 그리고 많은 창작동화를 발표하여 동화구연을 통한 아동문학운동을 전개하였으며, 1957년 「대한민국 어린이헌장」의 기초안을 작성하고, 어린이헌장비 건립에 많은 힘을 기울였다. 동시(童詩)의 발전에 선구자적 역할을 한 강소천도 「대한민국 어린이헌장」을 기초하는 데 큰 역할을 하였다. 또한 윤석중은 「꽃길」 등의 잡지를 발간하여 동요창작과 보급에 힘썼으며, 1951년 윤석중 아동연구소를 설립하였다. 색동회 창단 멤버인 윤극영은 동요단체 다알리아회를 조직하여 〈반달〉 〈설날〉 등과 같은 많은 동요를 창작하고 보급하였다(장연화, 2000).

3) 현대사회의 아동복지

해방 이후 현재까지 아동복지의 발달과정은 1961년의 「아동복리법」 제정과, 1981년과 2000년, 2011년 세 차례에 걸쳐 전면개정된 「아동복지법」과 아동관련 법안의 제정 및 개정을 중심으로 다음과 같이 구분할 수 있다.

(1) 사회구호적 복지단계(해방 이후~1960년)

해방 이후 1960년까지의 아동복지는 사회구호적 복지의 특성이 강하였다. 이 시기에는 대한민국 정부가 수립되고 「헌법」은 제정되었으나 아동복지와 관련된 법은 일제강점기나 미군정시대의 것을 답습하였다. 그리고 아동복지사업은 전쟁고아, 극빈아동, 기아와 미아를 대상으로 민간기관이나 외국 원조를 주요 재원으로 한 구호사업이 주를 이루었다.

한국전쟁을 전후하여 요보호아동을 위한 복지는 시설수용보호를 중심으로 이루어졌으며, 1945년 42개소이던 아동시설은 1959년 475개소로 증가하였다. 이처럼 수용시설 수와 수용되는 아동의 수는 증가하였으나 수용시설의 질은 열악한 상태였다. 이에 정부에서는 1950년 「후생시설 설치기준」을 마련하여 모든 시설의 설비강화를 촉구하였다. 또한 1949년의 「교육법」, 1953년의 「근로기준법」을 위시하여 불우아동을 위한 초보적인 규정과 사업을 선보였다(박보희, 2002).

그러나 이 시기에는 국가주도적인 전문적인 아동복지서비스가 이루어졌다고 볼 수 없으며, '기독교아동복리회(이후 한국어린이재단으로 명칭 변경)' '선명회(이후 '월드비전'으로 명칭 변경)' 등의 민간기관이나 외국 원조를 중심으로 요보호아동을 위한 구호사업이 주를 이루었다. 이러한 특성은 혼혈아동을 위시한 고아 해외입양사업에서도 그대로 드러난다. 전쟁고아들에 대한 정부의 책임회피와 우리나라의 혈통중시사상이 맞물려 '홀트아동복지회'나 '국제사회봉사회' 등을 중심으로 고아해외입양사업이 활발하게 전개되었다. '홀트아동복지회(Holt Children's Services, Incorporated)' 는 Harry Holt와 Bertha Holt가 1955년 8명의 고아를 입양하고(사진 참조), 1956년 '홀트양자회(Holt Adoption Program)'를 설립한 것에서 비

사진 설명 Harry Holt, Bertha Holt와 그들이 입양한 아이들

롯된다. 1972년에는 재단의 명칭을 '홀트아동복지회'로 개칭하였으며, 이후 국내외 입양문제뿐 아니라 장애인 관련업무, 미혼모 상담업무 등 다양한 복지서비스를 병행하고 있다(http://www.holt.or.kr).

또한 1957년 5월 5일에는 한국동화작가협회에서 기초한 「대한민국 어린이헌장」이 선포되었다. 어린이헌장의 이념은 아동복지정책에 반영되지는 않았지만 아동애호사상의 함양에 정부가 앞장섰다는 점에서 그 의의를 찾을 수 있다.

(2) 선별주의적 복지단계(1961~1980년)

1961년 「아동복리법」 제정 이후부터 1980년까지는 선별주의적 복지단계로 볼 수 있다. 「아동복리법」은 일제강점기의 「조선감화령」과 「조선구호령」을 기초로 제정되었다. 이 법은 1952년 발족한 아동복리위원회에서 아동복지 기초분과위원회를 구성하여 보건사회부에 동법의 입법화를 건의한 것이 모태가 되었다. 1961년 12월 30일 법률 제912호로 제정된 「아동복리법」은 법적으로 아동복지에 대한 국가와 사회의 책임을 최초로 명시한 것으로, 아동복지사업을 정부차원에서 제도화하고자 했던 점에서 그 의의를 찾을 수 있다. 이를 계기로 정부차원의 복지정책이 수립되고 다양한 복지사업의 제도화를 통해 아동복지의 기틀을 마련하게 되었다. 또한 1961년에는 아동을 비롯한 생활무능력자의 보호를 위한 「생활보호법」, 시설아동을 위한 「고아의 후견업무에 관한 법률」 「고아입양특례법」이 제정됨으로써 아동복리를 증진시키기 위한 제도적 기반이 마련되었다.

또한 이 시기에는 기존의 시설보호보다는 가정보호의 중요성을 인식하고 다른 대안적인 방법을 모색하기도 하였다. 정부에서는 시설보다는 가족의 중요성을 강조하고 불가피하게 가족과 살 수 없는 아동에게 대안가족을 형성하게 함으로써 가족 간 유대감을 경험하게 해주었다. 1962년부터 정부에서 실시한 위탁보호사업(사진 참조), 1976년부터 추진해온 국내입양사업과 불우아동건전육성대책은 바로 이와 같은 탈시설정책의 일환으로 볼 수 있다. 정부에서는 대한양연회로 하여금 시설에 수용된 아동

사진 설명 대한사회복지회에서 실시한 '위탁모의 날' 행사

을 국내가정에 입양 또는 위탁보호사업을 전개하는 등 적극적인 개입을 하였다(이혜경, 1993). 이 시기에 복지시설의 수나 시설수용아동 수가 감소한 것은 바로 이러한 탈시설정책의 결과로 볼 수 있다. 이러한 변화는 이 시기에 외국 민간단체로부터의 지원이 감소함과 동시에 정부재정은 불충분한 상황에서 아동복지에 대한 정부의 부담을 줄이기 위해 나타난 결과라고 볼 수 있다.

그 외에도 불우아동 발생을 예방하기 위한 목적으로 아동상담사업과 저소득층 맞벌이가정을 위한 탁아사업과 결연사업 등 다양한 사업이 활발하게 이루어졌다. 1965년 1월부터 실시된 아동상담사업은 상담과 지도를 통해 요보호아동의 발생을 사전에 예방하는 사업이라고 볼 수 있다. 아동상담소는 입양이나 위탁, 상담 등 아동복지와 관련된 여러 가지 업무를 수행함으로써 정부차원의 아동복지전문기관의 시초가 되었다. 1967년 미인가 탁아시설에 대한 임시조치령이 공포되면서 탁아소는 그 명칭이 어린이집으로 변경되었고, 탁아사업은 일반가정 아동의 복지를 위한 보편적인 방법으로 발전되기 시작하였다. 그리고 생활수준이 향상되면서 우리 아동은 우리가 돕자는 취지하에 1965년 대한사회복지회가 사랑의 손길펴기 운동을 전개하였다. 이후 한국아동복지회, 홀트아동복지회, 한국어린이재단, 선명회 등의 활약으로 이러한 움직임이 국민의 호응을 얻게 되자 1976년 정부차원에서 전국적으로 불우아동결연사업을 전개하였다(사진 참조). 결연사업은 자발적인 후원자보다는 정책적인 후원자가 주를 이루었다는 점에서는 한계가 있으나 결연사업을 통해 단순히 물질적 지원뿐만 아니라 서신왕래나 만남을 통한 정서적 지원이 이루어졌다는 점은 높이 평가할 수 있다. 이는 아동을 단순한 물질적 구호의 대상이 아니라 건강한 성장과 발달을 보장받아야 하는 보호의 대상으로 인식한 것임을 보여주는 것이다. 또한 1976년 보건사회부에서는 시설아동의 퇴소 후 자립을 돕고자 불우아동건전육성대책을 마련하고 18세 이상의 퇴소한 청소년을 대상으로 직장알선사업을 추진하였다.

사진 설명 국내 불우아동결연사업 전개에 앞장선 김석산 어린이재단 회장

그러나 이 시기의 아동복지는 국가가 그 책임은 인식하였으나 18세 미만의 요보호아동을 대상으로 한 선별적인 복지라는 점에서 한계가 있다. 또한 정부

주도로 이루어지기보다는 민간시설이나 자발적 참여자 위주로 이루어지고 정부는 이를 관리, 감독하는 역할을 담당했다는 점에서 한계가 있다.

(3) 보편주의적 복지단계(1981~1999년)

1981년 「아동복지법」 전면개정 이후부터 2000년 「아동복지법」 전면개정 이전까지는 복지의 보편주의를 지향한 시기이다. 1961년의 「아동복리법」이 한국전쟁 전후의 전쟁고아, 빈곤아동 등 요보호아동을 구제하기 위한 목적으로 제정된 것이라면, 1981년의 「아동복지법」은 아동복지의 대상을 요보호아동에 국한시키지 않고 모든 아동으로 규정함으로써 아동복지의 보편주의를 표방한 것이다. 이 시기에는 산업화과정에서 나타나는 가족해체에 따른 자녀양육문제나 맞벌이가족의 자녀양육문제가 중요한 이슈로 부각되었다. 이에 따라 가정위탁사업이나 결연사업과 같은 요보호아동을 위한 복지뿐 아니라 어린이집의 확충과 같은 일반아동을 대상으로 한 보편적인 아동복지의 필요성이 강조된 시기이다. 또한 이 시기에는 1982년 「유아교육진흥법」 제정을 위시하여 1986년 「모자복지법」 제정, 1987년 「청소년육성법」 제정, 1991년 「영유아보육법」 제정, 1999년 「청소년보호법」 제정 등 다양한 종류의 아동복지 관련 법률이 제정되었다.

보육사업은 저소득층 빈민아동 대상에서 점차 일반아동으로 그 대상이 확대되면서 이 시기의 보편주의 복지이념을 반영하는 대표적인 사업이라고 볼 수 있다. 초기의 보육사업은 어디까지나 여성의 사회참여와 여성노동력의 활용이 우선적인 목표였고 아동의 권리를 보장하기 위한 것과는 다소 괴리가 있었다. 그러나 보육사업은 가족을 지원하고 부모의 권리를 보호함으로써 간접적으로 아동의 복지를 실현한다는 지지적 사업으로서 그 기능을 높이 평가할 수 있다(Kadushin, 1974). 또한 이전에는 요보호아동 발생 시 시설보호와 입양을 통한 보호에 초점을 맞추었으나 1985년부터 정부는 '선가정후시설보호' 정책을 도입하였다. 1990년대에는 소년소녀가장 세대 보호사업이 또 다른 대안으로 추진되었고 모든 사회모금의 중심으로 부각되었다(문선화, 1998)(사진 참조). 또한 1986년 아시안 게임

사진 설명 한가위를 맞이하여 소년소녀가장 세대에게 쌀을 전달하고 있는 모습

과 1988년의 올림픽을 통해 해외입양의 문제점이 지적되면서 국내입양의 활성화와 아울러 입양의 대안으로 가정위탁보호사업이 활성화되기 시작하였다.

이 시기에는 아동학대에 대해서도 사회적 관심을 보이기 시작하였다. 학대피해아동을 구제하기 위해 1979년 한국사회복지협의회에서 아동학대고발센터를 설립하였으며, 1983년에는 한국어린이보호회에서 어린이상담전화를, 1985년에는 서울시립아동상담소에서 아동권익보호신고소를 설립하였으나 사회적 무관심으로 인해 활성화되지 못하였다. 이후 한국복지재단에서는 1989년 전국적으로 아동학대 신고전화를 개설하고, 1992년부터는 24시간 아동학대 신고상담전화 및 일시보호시설을 개설하여 운영하고 있다. 1999년에는 아동학대예방사업을 통해 학대피해아동에 대한 격리보호와 의료서비스는 물론 그들 가족을 대상으로 상담과 부모교육 등을 실시함으로써 아동학대문제에 효과적으로 대처해 나갈 수 있도록 지도하고 있다. 그리고 아동학대 관련조항이 포함된 「아동복지법」 개정안 서명운동을 전개함으로써 2000년의 「아동복지법」 개정에 큰 영향을 미쳤다.

사진 설명 어린이찾아주기 종합센터를 설립·운영하고 있는 한국복지재단

그 외에도 주요 아동복지사업으로 요보호아동 발생을 사전에 예방하기 위해 아동상담사업 확대와 동시에 어린이찾아주기 종합센터 설립(사진 참조), 성장고아 직장주기사업 및 자립지원센터 설립을 통한 자립지원, 불우아동을 위한 결연후원사업과 아동애호사상 함양 등 다각적인 복지정책이 실시되었다.

또한 우리나라는 1990년 9월 25일에 「유엔아동권리협약」에 서명하고 11월 20일 이를 비준함으로써, 1991년부터 「유엔아동권리협약」의 당사국이 되었다. 1994년에는 아동권리에 관한 국가보고서를 유엔에 제출함으로써 우리나라도 국제수준의 아동복지를 시행해야 하는 단계에 이르렀다.

(4) 권리지향적 복지단계(2000~2017년)

2000년 「아동복지법」 전면개정 이후 문재인 정부 이전까지는 복지대상의 선별성, 보편성 문제에서 나아가 아동학대나 안전과 같은 전반적인 아동의 권리가 중요한 사회적 이슈로 등장하게 된 시기이다. 1999년 12월 국회 본회의를 통과하여 2000년부터 시행된 개정「아동복지법」은 학대피해아동에 대한 복지서비스 제공, 아동 안전에 대한 제도적 지원, 아동복지시설의 종류와 기능의 다양화 등을 주요 골자로 하고 있다(변미희, 이무영, 2003). 따라서 이후 아동권리보호와 아동학대예방을 위한 사업이 활성화되기 시작하였다. 2001년 아동학대 관련업무와 정책을 총괄하기 위한 중앙아동학대예방센터가 설립되었고, 2006년에는 중앙보호전문기관으로 그 명칭이 변경되었으며, 2015년에는 전국에 54개의 아동보호전문기관이 설립되었다.

이 시기에는 저출산이 심각한 사회적 문제로 대두되면서 무엇보다도 아동중심적인 복지정책에 역점을 두게 되었다. 지금까지 보육에서 여성의 사회참여와 여성노동력의 활용이라는 측면이 우선시되었다면 이제는 아동발달에 최적의 환경을 제공해주는 것이 보다 우선적인 문제가 되었다. 따라서 발달에서 초기 경험의 중요성이 인식되면서 보육을 통해 아동발달에 보다 도움을 줄 수 있도록 '발달에 적절한 개입(developmentally appropriate practice: DAP)' 전략이 제시되었다. 이는 아동의 발달단계를 기초로 하여 교과과정을 구성하는 것으로, 교수방법이나 환경구성, 교사-유아 상호작용, 교구 전반을 포함하는 것이다. 2004년에는「영유아보육법」제30조에 근거하여 보육서비스의 질적 향상을 도모하기 위한 어린이집 평가인증제도 도입의 근거를 마련하였으며, 평가인증사업을 한국여성개발원에 위탁하였다. 2005년에는 어린이집 평가인증 시범 운영이 실시되었고, 2006년에는 평가인증사업을 육아정책개발센터에 위탁하여 평가인증사업을 확대 실시하였으며, 2010년부터는 한국보육진흥원에 위탁하여 평가인증사업을 실시하고 있다(사진 참조).

또한 아동의 권리를 향상시키기 위한 법률적 지원노력도 이루어졌다. 2000년

사진 설명 어린이집 평가인증 업무를 담당하고 있는 한국보육진흥원과 평가인증 어린이집의 로고

전부개정된 「아동복지법」이 2011년 다시 전부개정되었고 2015년 3월 일부개정에 이르기까지 수차례의 일부개정이 이루어졌다.

2011년 8월 전부개정되어 2012년 8월부터 시행되고 있는 「아동복지법」은 아동종합실태조사 결과를 바탕으로 아동정책기본계획을 수립 · 시행하고, 아동학대의 예방과 방지, 아동학대행위자의 계도를 위한 교육 등에 관한 홍보영상을 방송할 수 있도록 하며, 아동복지서비스의 안정적 추진을 위한 근거와 아동정책을 효과적으로 수행하기 위한 정책적 기반을 마련함으로써 아동이 건강하고 행복하게 자랄 수 있도록 하려는 목적으로 개정되었다.

또한 2015년 3월 일부개정되어 9월부터 시행되고 있는 「아동복지법」은 아동학대 사건이 발생한 경우 피해아동의 가족구성원 파악을 통한 사후조치를 실효성 있게 하도록 아동보호전문기관의 장의 신분조회 등 조치의 범위에 가족관계등록부를 포함하고, 아동학대를 1차적으로 발견할 수 있는 사람인 아동학대 신고의무자에 대한 신고의무 고지 및 교육을 강화하며, 아동에 대한 체벌 등의 금지를 명시하려는 목적으로 일부개정되었다.

이에 따라 보호자가 아동에 대해 신체적 · 정신적 고통을 가하는 것을 금지하도록 명시하고(제5조 제2항 신설), 아동보호전문기관의 장의 신분조회 등 조치 범위에 「가족관계의 등록 등에 관한 법률」에 따른 증명서의 발급을 포함하여 명확히 규정하였으며(제22조의 2 신설), 아동학대 신고의무자에게 신고의무자임을 알리고, 신고의무 교육을 받도록 하며, 아동학대 신고의무자가 소속된 어린이집, 유치원 등의 기관의 장에게 신고의무 교육 실시를 의무화하였다(제26조).

(5) 포용국가적 복지단계(2018~)

수차례에 걸친 「아동복지법」과 아동관련 법안의 제정 및 개정으로 우리나라 아동의 권리는 상당 부분 향상되었다. 그러나 2018년 우리나라 아동의 삶의 만족도는 6.57점으로 2013년 6.10에 비해 소폭 상승했으나, 여전히 OECD 최하위 수준인 것으로 나타났다(〈그림 4-1〉 참조). 이에 따라 정부는 아동에 대한 인식을 양육의 대상이 아니라 행복을 누려야 할 권리의 주체로 바꾸어나가고 이를 실천하기 위한 국가적 책임을 강조하는 '포용국가 아동정책'을 표방하였다.

「유엔아동권리협약」에서는 아동을 18세 미만인 자로 규정하고, 생존권, 발달권, 참여권, 보호권의 네 가지 권리를 국가가 보장해야 한다고 규정하고 있다.

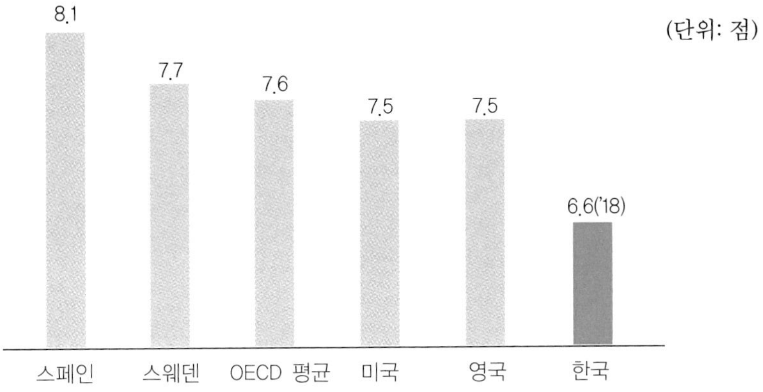

〈그림 4-1〉 **아동의 삶의 만족도**

출처: 보건복지부 보도자료(2019). 포용국가 아동정책. retrieved from http://www.korea.kr/special/policyCurationView.do?newsId=148864849

그러나 만 10~18세 아동으로 구성된 '아동권리 스스로 지킴이'의 활동내용을 바탕으로 2018년 유엔아동권리위원회에 제출한 제5·6차 국가보고서에서 우리나라 아동이 바라는 세상은 "놀고 싶을 때 놀고 쉬고 싶을 때 쉴 수 있는 세상" "밤늦게까지 공부하지 않고 가족과 함께 저녁을 먹을 수 있는 세상" 등과 같은 건강·휴식·여가에 대한 내용과 "아동에게도 시민적 권리가 보장되고 장려되는 세상" "성적에 상관없이 참여권을 보장받는 세상" "성적을 포함한 아동의 개인정보와 사생활이 보호되는 세상" 등과 같은 시민적 권리와 자유에 대한 내용이 다수 포함되어 있다. 따라서 정부에서는 우리나라 상황에 맞게 아동의 권리를 보호권, 인권과 참여권, 건강권, 놀이권의 4개 영역으로 구분하고 10대 추진과제를 제시하였다(〈표 4-1〉 참조).

정부는 '포용국가 아동정책'을 효율적으로 수행하기 위해 2019년 '아동권리보장원'을 신설하였다. '아동권리보장원'은 2020년부터 그간 중앙입양원과 중앙가정위탁지원센터에서 수행하던 요보호아동지원, 아동자립지원단과 디딤씨앗지원단에서 수행하던 요보호아동자립지원, 지역아동센터와 드림스타트사업지원단에서 수행하던 아동돌봄, 중앙아동보호전문기관에서 수행하던 아동학대 대응 및 예방, 실종아동전문기관에서 수행하던 아동실종대응 업무 등을 통합적·체계적으로 수행하게 된다(〈그림 4-2〉 참조).

표 4-1 '포용국가 아동정책' 10대 추진과제

아동의 권리	세부 추진과제
보호권	① 보호가 필요한 아동은 국가가 확실히 책임지도록 시스템 혁신 ② 아동학대 대응체계 전면 개편 ③ 보호 종료 후 안정적으로 자립할 수 있도록 지원 강화
인권과 참여권	④ 누락 없는 출생등록 ⑤ 체벌 금지 노력 등 아동 권리 강화 ⑥ 아동의 목소리에 귀 기울이는 정부
건강권	⑦ 아동발달 단계에 맞는 건강지원 강화 ⑧ 마음건강 돌봄 지원 강화
놀이권	⑨ 아동이 맘껏 뛰어놀 수 있는 지역사회 만들기 ⑩ 창의적 놀이를 통해 잠재력을 키우는 학교 만들기

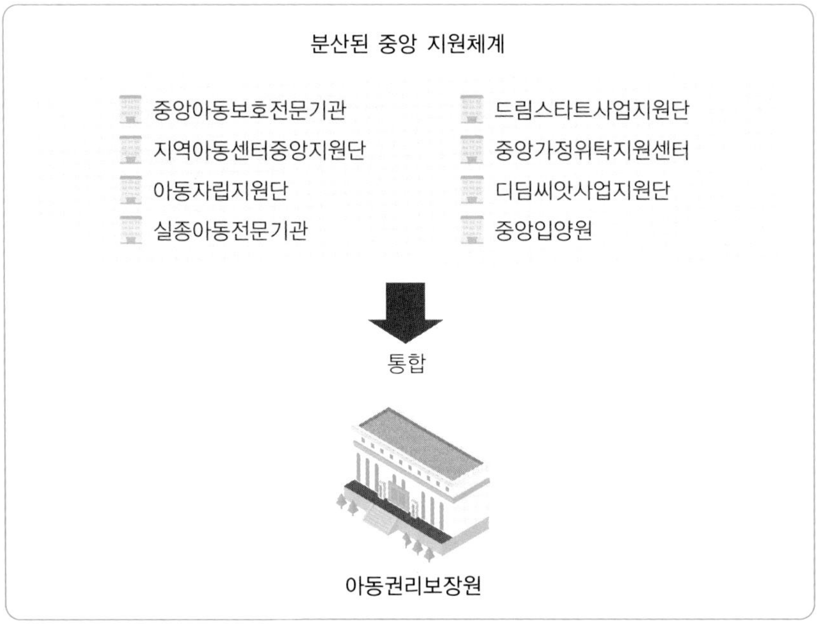

〈그림 4-2〉 **아동복지 지원체계의 통합**

출처: 보건복지부 보도자료(2019). 포용국가 아동정책. retrieved from http://www.korea.kr/special/policyCurationView.do?newsId=148864849

제5장

아동복지 실천의 원칙과 방법

아동복지 실천은 아동의 기본적인 욕구를 보장하고 아동의 지속적이고 건전한 성장발달을 도모하는 것으로, 아동복지 실천과정에서 가정과 사회적 환경요소의 지원이 중요하다. 아동의 성장에 있어 가정은 가장 영향력이 큰 환경이다. 따라서 아동복지 실천에서는 가정을 서비스의 중심단위와 관심의 초점으로 다루며 아동과 그 가족을 중심으로 지원하는 것이 바람직하다. 아동복지를 실천할 때는 아동과 가족을 둘러싼 환경의 변화 속에서 아동들이 직면한 문제들을 아동복지 실천을 위한 원칙들에 비추어 접근한다.

아동복지의 실천과정은 아동과 그 가족을 대상으로 하는 사회복지 실천의 원리와 가치들이 반영된다. 사회복지 실천이 아동을 대상으로 할 때는 아동이 성장하거나 변화 상태에 있고 자아가 미성숙하다는 점을 세심히 보아야 할 것이다.

이 장에서는 아동복지서비스 전달체계의 구축에서 중요하다고 생각되는 주요 원칙들에 대해 논의해보고자 한다. 그리고 아동복지서비스가 행해지는 장소, 서비스 기능에 대해 소개하고 아동복지서비스 실천과정과 방법에 대해서도 살펴보고자 한다.

CASE STUDY

아동복지 실천을 위한 드림스타트사업

우리나라는 드림스타트(Dream Start)사업을 통하여 전국 빈곤아동 밀집지역을 거점으로, 아동과 그 가족의 긍정적 변화를 유도하기 위한 아동복지 실천 사례관리서비스를 제공하고 있다(보건복지부, 2019d). 이 사업은 아동발달 초기의 빈곤은 건강, 정서, 사회성 함양 등에 부정적 영향을 미쳐 아동의 전생애에 걸쳐 성장을 저해하고, 이는 가난의 대물림으로 이어져 우리 사회의 미래에 부정적인 결과를 초래한다는 점에 착안하여 도입하게 되었다.

기존의 사회복지서비스가 문제발생 후 단편적인 개입에 그쳤다면, 드림스타트사업은 예방적 차원에서 아이들의 개별적 욕구에 맞는 서비스를 통합적으로 지원하고, 성장과정을 지속적으로 관찰해 근본적 문제해결을 추구한다는 새로운 복지 패러다임에 입각한 것이다.

드림스타트사업은 시 · 군 · 구별 드림스타트 개소지역을 중심으로 기초생활수급가정 및 차상위 가정 등 취약계층 아동과 그 가족을 대상으로 맞춤형 통합서비스를 제공한다. 대상자를 선정한 후 욕구조사와 사례회의 과정을 거쳐 아동발달의 단계별 개입계획이 수립되고 서비스가 제공된다(〈그림 5-1〉 참조). 사례관리서비스는 신체 · 건강 · 인지 · 언어 · 정서 · 행동 등 빈곤아동의 성장과 발달에 필요한 서비스와 아동의 개별적 욕구와 상황에 적합한 맞춤형 통합서비스를 제공한다.

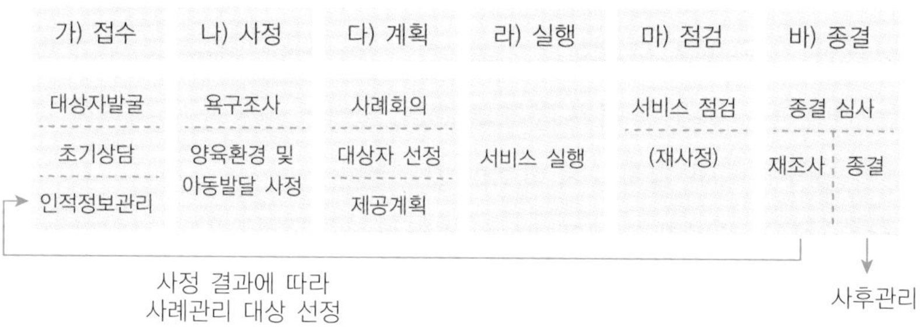

〈그림 5-1〉 **드림스타트 아동통합사례관리 과정**

출처: 보건복지부(2019d). 2019년 드림스타트사업 안내.

1. 아동복지 실천의 기본원칙

아동복지는 아동의 잠재력을 실현하고 건전한 성장과 발전을 도모할 수 있도록 사회가 보장해주는 것이다. 아동은 독립된 인간으로서 인간다운 생활을 유지할 권리가 있으며 사회와 국가는 이러한 권리를 보장해주어야 한다. 아동의 권리를 실현하기 위해서는 기본적인 원칙을 확립해야 한다. 1989년 11월 20일 유엔총회에서 채택한 「유엔아동권리협약(UN Convention on the Rights of the Child)」의 주요 원칙과 아동복지 실천에서 중요하다고 생각되는 원칙으로는 권리와 책임의 원칙, 보편성과 선별성의 원칙, 개발적 기능의 원칙, 포괄성의 원칙, 그리고 전문성의 원칙이 있다(장인협, 오정수, 2004).

1) 권리와 책임의 원칙

권리와 책임의 원칙은 아동, 부모 그리고 사회라는 3자 간의 상호관계 속에서 각각의 권리와 책임의 확립에 기반을 두어야 한다는 것이다. 이 세 가지 대상 가운데 어느 한 부분의 권리와 책임으로 인해 유발되는 갈등 또는 지나친 요구는 아동들에게 고통과 어려움을 가져다줄 수 있다.

(1) 아동의 권리와 책임

아동은 한 인간으로서 독자적인 권리를 갖고 있다. 아동은 건강하게 출생하여 행복하고 안전한 환경에서 자라날 권리를 지닌다. 이러한 아동의 권리와 자격에 대한 주요 이념들은 법률에도 명시되어 있다. 「아동복지법」의 기본이념은 아동은 어떤 종류의 차별도 받지 않아야 하고, 안정된 가정환경에서 자라야 하며, 모든 활동에서 아동의 이익이 최우선적으로 고려되어야 한다는 것이다. 이를 실천하기 위해 보건복지부는 2019년 7월 16일 아동권리보장원을 설립하고 아동정책에 대한 종합적인 지원과 사업평가 등의 업무를 수행하고 있다. 그리고 지방자치단체는 「유엔아동권리협약」에서 규정한 아동의 권리를 지켜주기 위해 '아동권리모니터링' '아동권리 스스로 지킴이' 사업 등을 전개하고 있다.

아동은 자신의 권리를 갖고 있는 것과 동시에 책임도 가지고 있다. 아동은 성인들의 기대를 충족시키고, 개인의 책임감을 발전시켜야 하며, 자신들의 발전에 도움이 되는 기회에 책임 있게 참여하여 발전의 기회로 삼아야 한다(Costin, 1972).

아동권리모니터링

「유엔아동권리협약」에 따른 이행사항을 점검하고 아동권리 보호와 증진활동을 전개하기 위해 국가와 지방자치단체는 아동전문가, 아동들로 구성된 '아동권리 옴브즈퍼슨'을 위촉하여 운영하고 있다. 위촉된 아동권리 옴브즈퍼슨은 임기 동안 「유엔아동권리협약」의 8개 영역(일반이행조치, 아동의 정의, 일반원칙, 시민적 권리와 자유, 가정환경 및 대리보호, 기초보건 및 복지, 교육여가 및 문화활동, 특별보호조치)별로 아동권리모니터링을 실시하고, 아동의 권리를 침해하는 현행 법 · 정책 등에 대해 제도개선 등의 의견을 제시하는 등의 기능을 수행한다.

출처: 「아동복지법」 제4조의 6(국가와 지방자치단체의 책무).

(2) 부모의 권리와 책임

부모의 권리는 양육권, 법적 후견인으로서의 권리, 사회에 대해 요구할 권리다. 부모는 자녀가 사회로부터 안전하게 보호받을 권리를 침해받았다면 이에 대해 제도개선 등을 사회에 요구할 권리가 있다. 과거에는 부모의 권리로서 아동을 위험으로부터 보호한다는 측면만이 강조되었지만 최근에는 아동의 자율권의 확대 또한 강조되고 있다.

음주운전 반대 어머니회

'음주운전 반대 어머니회(Mothers Against Drunk Driving: MADD)'는 미국 캘리포니아(California) 주에 거주하는 Leitner 씨가 음주운전자로 인해 13세 된 딸을 잃는 사건을 계기로 결성된 단체이다. MADD는 음주운전으로 자녀를 잃었거나 자녀가 장애를 입은 어머니들이 모여 음주폭력에 대한 희생자가 더 이상 발생하지 않도록 하자는 취지에서 시작되었으며 현재는 미국에서 가장 조직적으로 교통안전 캠페인을 벌이는 단체가 되었다.

출처: http://www.madd.org.

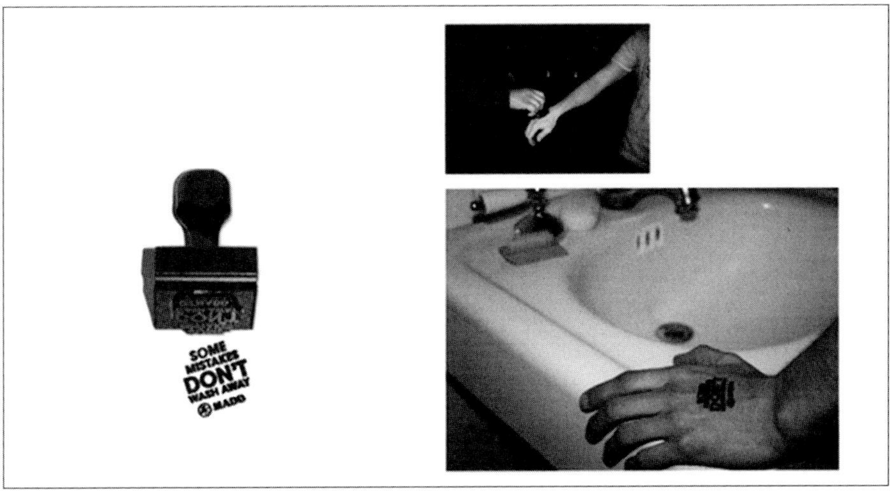

사진 설명 MADD는 음주운전은 매우 위험한 행동이라는 점을 알리기 위해 "어떤 실수는 시간이 지나도 영원히 돌이킬 수 없다(Some Mistakes Don't Wash Away)."라는 문구를 새긴 스템프를 제작하였다.

또한 부모는 아동의 경제적 지원, 신체적 보호, 정서적 보호의 책임을 갖는다. 부모는 가정 안에서 아동의 성장 시기에 맞추어 건강하고 안전하게 양육해야 하는 책임이 있다. 이러한 점에서 볼 때 부모의 양육에 필요한 안내와 슈퍼비전이 요구된다.

(3) 사회의 권리와 책임

사회의 권리는 다양한 아동복지대책을 개발하기 위해 입법의 권한을 행사하는 일이다. 「아동복지법」에 따르면 국가와 지방자치단체는 아동이 건강하게 출생하여 행복하고 안전하게 자라나도록 노력하여야 하며 이를 위한 시책을 시행하여야 한다고 명시하고 있다. 사회는 법, 규정을 채택하여 광범위하고 실제적인 대책을 세워나간다.

사회의 책임은 아동을 올바르게 육성시키기 위해 보호와 혜택을 제공하는 것이다. 첫째로는 아동에 관한 모든 활동에 있어 '아동의 최상의 이익(the best interest of child)'을 도모하기 위해 여러 가지 제도와 사업들을 정책적으로 수행하고 있다. 그 대표적인 예로 의무교육 정책을 들 수 있다. 의무교육은 국가가 학령기 아동의 취학을 제도적으로 의무화함으로써 모든 아동이 능력에 따라 균등하게 교육받을 권리를 부여하고 있다. 둘째는 부모자녀관계에 개입하여 가정의 기능을 강화하고 잠재력을 향상시키는 것이다. 이를 위해 아동과 가족에 초점을 둔 프로그램을 개발하고 가족을 보존하고 유지하는 서비스를 제공하여야 한다.

2) 보편성과 선별성의 원칙

사회복지 급여 할당에서 상반된 시각을 가진 주요 원칙으로는 보편성과 선별성이 있다. 이 두 원칙은 복지서비스를 제공하는 기준에 관한 가치이다. 사회복지서비스를 받을 수 있는 자격과 범위를 정하는 원칙에 관한 것이며, 비용효과성과 사회적 효과성의 상반된 개념을 통해 서로의 가치를 일반화시키려 하고 있다. 아동복지 실천에는 보편성과 선별성의 원칙이 모두 적용될 수 있다.

보편성은 사회체제가 불완전하고 불공평한 데서 발생하는 사회문제를 예측할 수 있으며 공공의 노력으로 예방할 수 있다는 관점에서 출발한다(김상균, 최일섭, 최성재, 조홍식, 김혜란, 2001). 보편주의자들의 주장은 사회구성원들이 주는 자와 받는 자로 분리되지 않게 하고 그 결과 인간의 존엄성과 사회적 통합이 유지될 수 있다고 주장한다. 아동복지 실천에서 보편성의 원칙을 적용하는 것은 아동의 성별, 부모의 사회계층적 지위 등에 관계없이 모든 아동을 대상으로 급여 또는 서비스를 제공하는 것이다(Gilbert & Terrell, 2005). 예를 들면, 아동수당(Children's Allowances), 국민보건서비스(National Health Service), 가족수당, 무상의무교육, 청소년을 위한 공공교육 등을 들 수 있다.

Neil Gilbert

Paul Terrell

선별성은 아동이 자의적이든 비자의적이든 개인적 결함으로 파생되는 문제를 보완하거나 해소하기 위해 사회로부터 최소한의 보호를 받아야 하는 상태에 놓여 있을 때 빠른 시일 내에 자립할 수 있는 방향으로 도움을 제공하는 것을 목적으로 한다. 선별주의자들은 자산조사로 수급자격을 제한함으로써, 가장 욕구가 큰 사람에게 가용자원을 집중시킬 수 있다고 주장한다. 즉, 효과적으로 빈곤을 퇴치할 수 있는 방안을 찾고자 한다면, 무엇보다 직접적으로 빈곤한 사람에게 초점을 맞추어야 한다는 것이다. 예를 들면, 빈민을 위한 공공부조, 공공주택, 헤드스타트를 통한 교육기회의 제공, 한시빈곤가정지원제도(TANF), 수급 미혼모를 위한 보육서비스의 제공 등이 있다(Gilbert & Terrell, 2005).

미국은 선별성의 의존도가 높은 국가이다. 대표적인 빈곤정책 프로그램으로는 요보호아동가족부조 프로그램인 AFDC(Aid to Families with Dependent Children)가 있다. 이 프로그램은 요보호아동이 가정에 머물면서 건강하게 성장할 수 있도록 교육지원과 사회참여를 도와주는 것을 목적으로 하며, 모자가정에 차등하여 현금이나 의료비를 지급하는 것과 개별상담, 보육서비스 등의 사회적 서비스를 제공하는 것 등을 포함한다.

3) 개발적 기능의 원칙

아동복지사업에서 개발적 기능의 원칙이란 예방적이며 의도적인 변화를 가져올 수 있는 개발지향적 아동복지체계를 형성함을 의미한다(공계순, 박현선, 오승환, 이상균, 이현주, 2008). 아동복지사업은 대상아동의 욕구를 발견하고 변화를 예측하여 사회구조나 경제조건에서 그들이 가진 잠재력을 최대한 발휘할 수 있도록 지원하는 개발적 기능이 필요하다. 이 과정에서 사회 전체적 개발체계와 보조를 맞추는 적극적이고 의도적인 수행이 요구된다.

4) 포괄성의 원칙

아동은 하나의 전체성을 띤 인간으로서 그들과 관련된 모든 측면과 상호작용하는 가운데서 건전한 성장과 발달을 도모할 수 있다. 아동에게 기본전제가 되는 모든 요소, 즉 안정된 가정생활, 경제적 안정 · 교육 · 보건 · 노동 · 오락 및 특수보호 등에 대한 프로그램이나 서비스가 포괄적으로 제공되어야 그 효과를 거둘 수 있다는 것이다.

아동발달은 서로 유기적인 관련을 맺고 전개되므로 한 영역의 발달손상은 다른 영역에 파급되며 아동의 문제는 여러 가지 요소가 결합된 복합적인 양상을 갖는다. 따라서 아동에 관한 제도나 프로그램을 운영하는 정부조직은 아동을 전인으로 파악하고 통합적인 관점으로 접근하여야 한다. 예를 들면, 장애아동의 사회적 자립을 위해서 의료재활, 교육재활, 심리재활 및 직업재활이 종합적으로 제공되어야 하고 관련 분야 간의 상호 유기적인 이해와 협조가 필요하다. 서비스의 포괄성을 달성하기 위해서는 한 사람의 전문가가 여러 문제를 다루는 일반화 접근방법이 있고, 각각 다른 전문가가 각각의 문제를 다루는 전문화 접근방법이 있다. 또한 전문가들의 집단 접근방법을 통해 아동의 문제를 해결할 수도 있다. 그 밖에도 복합적이고 다양한 문제를 가진 개인의 문제를 해결하는 데 있어서 한 전문가가 책임을 지고 계속적으로 필요한 서비스와 전문가를 찾아 연결시켜주고 적절한 서비스를 받을 수 있도록 관리해주는 사례관리방법이 있다(최성재, 2008).

5) 전문성의 원칙

아동의 욕구나 사고 및 행동문제 등에 관한 전문적 지식이나 기술 없이 아동의 문제를 해결하는 것은 쉽지 않다. 아동의 건전한 성장과 발달을 돕기 위해서는 이들을 위한 전문기구와 전문인력이 필요하다. 많은 아동관련 단체가 아동복지를 위한 조직의 목적을 명확히 하고 있지만 그 조직의 목적을 달성하기 위해 업무에 참여하는 인력에 대해서는 별로 고려하지 않고 있다. 조직 자체를 위한 행정 운영에만 중점을 둘 뿐 아동 프로그램의 기획과 실천을 위한 전문직 지도자에 대한 관심은 상대적으로 부족하다.

아동복지사업을 효율적으로 전개하기 위해서는 아동복지 실천 분야의 전문성을 제고한 정부수준의 강한 제도적 보장의 지지와 격려가 수반되어야 하며, 전문인력의 활용이 반영되어야 할 것이다(장인협, 오정수, 2004).

2. 아동복지서비스의 분류

아동복지서비스는 서비스가 행해지는 장소, 서비스의 기능, 방어선의 위치에 따라 분류할 수 있다(〈표 5-1〉 참조).

1) 서비스가 제공되는 장소에 따른 분류

서비스가 제공되는 장소에 따른 분류를 살펴보면 재가서비스와 가정외서비스를 들 수 있다. 재가서비스는 원가정의 기능 가운데 결핍된 부분을 지지하거나 보충해줌으로써 원가정의 해체나 붕괴를 막아주는 기능을 수행한다. 예를

표 5-1 아동복지서비스의 분류

<table>
<tr><th>분류기준</th><th colspan="5">가정 ◀──── 분류의 연속성 ────▶ 시설</th></tr>
<tr><td>서비스가 행해지는 장소</td><td>재가서비스</td><td colspan="4">가정외서비스</td></tr>
<tr><td>서비스의 기능</td><td>지지적 서비스</td><td colspan="2">보조적 서비스</td><td colspan="2">대리적 서비스</td></tr>
<tr><td>방어선의 위치</td><td colspan="2">제1차 방어선</td><td colspan="2">제2차 방어선</td><td>제3차 방어선</td></tr>
<tr><td>서비스의 내용</td><td>홈메이커서비스, 프로텍티브서비스, 보육</td><td>케이스워크, 집단카운슬링, 가족치료, 부모교육</td><td colspan="2">가정위탁, 입양</td><td>생활시설</td></tr>
</table>

출처: 장인협, 오정수(2004). 아동·청소년복지론. 서울: 서울대학교출판부.

들면, 한부모가정이나 조손가정처럼 가족기능의 원활한 수행이 어려운 경우에 아동이 가정에서 생활하면서 외부로부터 지원을 받는 서비스이다.

이와 같이 재가서비스는 가족의 구조적 결손은 없지만 심한 스트레스나 역기능의 위험요소를 가지고 있을 때 제공된다. 한편 가정외서비스는 아동이 원가정을 떠나 일정 기간 가정 밖의 시설, 위탁가정에서 생활하면서 제공받는 양육 및 보호 서비스이다. 예를 들면, 그룹홈, 쉼터, 긴급피난처, 아동양육시설, 아동치료보호시설 등 시설에서 서비스의 지원을 받는다.

2) 서비스의 기능에 따른 분류

Kadushin과 Martin(1988)은 저서 『아동복지사업(Child Welfare Services)』에서 아동복지서비스의 분류를 가정의 역할을 중심으로 서비스가 어떠한 기능을 지니는가에 따라 지지적 서비스, 보조적 서비스, 대리적 서비스로 구분하였다.

사진 설명 Alfred Kadushin의 『아동복지사업』 표지

(1) 지지적 서비스

지지적 서비스(supportive service)는 가족구성원 간의 관계를 회복시키고 성장시키기 위해 기본적으로 다루어져야 하는 서비스이며, 아동문제를 대처하는 1차 방어선이다. 지지적 서비스는 가족관계에서 부모와 아동이 각자의 책임을 효율적으로 수행할 수 있도록 능력을

지원해주고 강화해준다. 지지적 서비스에는 개인적 면접을 통한 개별 사회사업, 문제아동 행동지도 및 치료, 가족치료, 부모교육, 지역사회 프로그램 등이 있다.

지지적 서비스는 아동이 속해 있는 원가정의 구조가 붕괴되지 않으면서 그 가정이 원활하게 기능할 수 있도록 다양한 차원에서 지원하는 아동복지서비스의 예방적인 접근방법이다.

대학생을 위한 예비부모교육

우리나라의 경우 치열한 입시전쟁으로 인해 중·고등학생에게 예비부모교육을 실시하는 것은 실제로 어려운 상황이며, 그 실효성을 기대하기도 어려운 상황이다. 우리나라의 현실에 비추어 볼 때 가장 적절한 예비부모교육의 대상은 대학생이다. 대학생들은 정서적으로 더 성숙한 상태일 뿐만 아니라 결혼이라는 사건이 구체적으로 가시화되는 시점이기 때문에 보다 실효성을 거둘 수 있다. 현재 우리나라의 대학 가운데 고려대학교, 고신대학교, 서울여자대학교 등에서 개설된 예비부모교육은 공통적으로 자녀의 발달에 따른 부모역할과 부모교육이론 및 프로그램, 나아가 가족관계 전반에 대한 내용을 포괄하고 있다. 예비부모교육을 통해 부모기(parenthood)에 대한 그릇된 인식을 바로잡고 자녀양육에 대한 지식을 습득함으로써 부모역할을 준비하는 데 도움을 받을 수 있다. 또한 예비부모교육을 통해 부모는 자신에 대한 성찰과 아울러 보다 성숙한 한 인간으로서 성장해 나가는 데 도움을 받을 수 있다.

출처: 정옥분, 정순화(2007). 예비부모교육. 서울: 학지사.

(2) 보조적 서비스

보조적 서비스(supplementary service)는 지지적 서비스의 제공으로는 가정의 기능회복과 강화가 어려운 경우 사회가 부분적으로 부모역할의 일부를 대행하는 2차적 방어선이다. 부모역할의 일부를 보조받을 때, 부모는 다른 역할을 보다 충실하게 수행하게 된다. 보조적 서비스에는 소득보장 프로그램, 보육사업, 보호사업, 가정조성사업, 홈메이커서비스 등이 포함된다.

보육사업이란 낮 시간 동안에 친부모가 아닌 다른 사람들에 의해 보호를 받아야 하는 아동들에게 주어지는 사업을 말한다. 미국의 큰오빠 큰언니(Big Brothers Big Sisters) 프로그램처럼 저소득층 아동 혹은 청소년들을 자원봉사자와

1:1로 연결해 멘토링을 해주는 경우도 해당된다.

보호사업이란 아동이 학대나 유기를 당하는 상황에서 이웃, 지역사회가 아동을 가족으로부터 분리하여 일시적으로 보호하는 사업을 말한다. 1874년 미국의 Mary Ellen이라는 소녀가 가정에서 학대를 받고 있었지만 그녀를 보호할 수 있는 법적인 근거가 없었다. 이에 미국동물학대방지협회(American Society for the Prevention of Cruelty to Animals)에 도움을 요청하여 학대에서 구제하였고 그 후 아동학대방지협회가 발족되었다. 이후 1962년 Henry Kempe 박사가 '피학대증후군(battered child syndrome)'이라는 이름으로 학대받는 아동을 명명함으로써 아동학대에 대한 논의가 본격적으로 이루어지게 되었다. 피학대증후군의 주요 특징은 정서적으로 불안해하며 사람을 대하는 것을 꺼리는 것이다. 보호사업은 이러한 아동들을 일시적으로 보호해주는 역할을 수행한다.

Henry Kempe

큰오빠 큰언니(Big Brothers Big Sisters)

미국의 '큰오빠 큰언니(Big Brothers Big Sisters)'라는 조직은 청소년 멘토링 프로그램을 운영하고 있는 대표적인 비영리단체이다. 이 단체는 6~18세의 빈곤아동 혹은 비행청소년들을 대상으로 그들이 올바른 청소년기를 보낼 수 있도록 1:1로 멘토링을 해주는 자원봉사자들을 연결해준다. 멘토링을 통하여 참여자들은 마약 · 알코올 의존증, 범죄 등 자신들의 개인적인 이야기까지 모두 털어놓으며 가족문제해결에 도움을 받는다. Tierney, Grossman과 Resch(1995)의 연구에 의하면 참여자들은 1:1 멘토링을 통해 학업에 대한 자신감이 높아졌고, 가족 간의 상호관계가 증진되었으며 학교결석률이 52% 감소된 것으로 나타났다. 이 프로그램은 미국의 지역사회 청소년 범죄 예방에도 많은 영향을 주고 있다.

출처: http://www.bbbs.org.

(3) 대리적 서비스

대리적 서비스(substitute service)란 부모가 아닌 제3자가 부모의 역할을 전부 떠맡는 경우이다. 부모의 사망, 경제적 파산 등으로 아동의 원가정이 자녀양육의 기능을 상실할 경우 아동은 자신의 가정을 떠나서 다른 가족이나 양육자에 의하여 일시적 혹은 영구적으로 보호를 받게 된다. 대리적 서비스에는 입양, 가정위탁, 시설보호서비스 등이 포함된다.

입양은 혈연과 관계없이 법률상 친자관계를 맺는 것이다. 이 과정에서 친부모가 가지고 있던 양육의 권리와 의무는 소멸되며 양부모에게 이양된다. 이때 입양된 아동은 친자녀와 동등한 법적 권리를 갖게 된다.

가정위탁은 가정에서 양육이 이루어지기 어려운 환경이거나 시설보호가 불가능 혹은 적절하지 못한 경우 일정 기간 동안 타인의 가정에서 대리보호를 제공하는 것이다. 가정위탁의 경우, 서비스대상 아동의 위탁사유가 해소되는 상황에서 다시 원가정으로의 복귀가 가능하다.

3) 방어선의 위치에 따른 분류

Zuckerman(1983)은 자신의 저서 『아동복지(Child Welfare)』에서 아동복지서비스를 방어선의 개념으로 분류하였다. 그는 아동에게 방어선(line of defense)이란 가족으로부터 제공되는 것이라고 할 수 있는데, 가족이 방어기능을 제대로 하지 못할 경우, 순차적으로 제2차 방어선, 제3차 방어선으로 이동되어 간다고 주장하고 있다. Zuckerman(1983)은 제1차 방어선을 지지적 서비스와 보조적 서비스로, 제2차 방어선을 대리적 서비스 가운데 가정위탁과 입양서비스로, 그리고 제3차 방어선을 집단보호서비스로 구분하였다.

(1) 제1차 방어선

가정은 아동의 기본적인 욕구를 충족시켜주는 1차적인 방어선의 기능을 수행한다. 만약 가정이 위기에 처하게 되면 가정의 사회적 기능을 강화하여 역할을 회복하도록 한다. 즉, 제1차 방어선은 가정의 사회적 기능을 회복, 유지, 강화시키는 역할을 수행하게 된다. 대표적인 제1차 방어선의 내용으로는 가족치료, 부모교육, 아동상담, 소득보장 프로그램 등이 있다.

(2) 제2차 방어선

제2차 방어선은 가정의 기능이 정상적으로 수행되지 못할 때, 아동을 위해서 원가정과 가장 유사한 기능을 하는 다른 보호의 장소를 아동에게 제공하는 것이다. 구조화된 생활시설과 비교하면 구속력이 적고 가정환경에 가깝다. 따라서 제2차 방어선이 지역사회 안에서 자연스럽게 보호의 수단으로 활용되어야 한다. 대표적인 제2차 방어선의 내용으로는 대리가정의 형태를 제공하는 가정위탁, 입양서비스 등을 들 수 있다.

(3) 제3차 방어선

제3차 방어선은 아동의 욕구가 원가정 혹은 대리가정에 의해서 충족될 수 없는 경우에 한하여 마지막 대안으로 제공되는 집단보호서비스이다. 제3차 방어선은 원가정을 대리한다는 점에서 제2차 방어선과 동일하지만, 차이점은 원가정과 유사한 환경보다는 집단 생활환경 속에서 서비스가 제공된다는 것이다. 제3차 방어선은 탈시설화의 경향에 따라 가장 마지막에 사용되어야 할 아동복지서비스이다.

3. 아동복지 실천과정과 방법

Arthur J. Frankel

Sheldon R. Gelman

아동 사례관리에서 분명한 한 가지는 주된 클라이언트가 항상 아동이라는 점이다. 사례관리자는 아동의 안녕에 주된 초점을 두고, 아동의 신체적 · 정서적 상태, 생활환경의 적절성, 함께 살고 있는 성인들이 아동을 다루는 법, 그리고 아동이 위험에 처해 있는지 등을 사정한다. 이러한 과정은 아동이 어떻게 사회복지기관에 오게 되었는지에 상관없이 동일하게 이루어진다(Frankel & Gelman, 2004).

아동이 신체적 · 정서적 · 성적으로 학대, 방임 혹은 유기의 위험에 처해 있을 경우 시기적절하고 효과적인 개입을 필요로 한다. 일단 이 같은 문제가 의뢰되면 신속히 학대에 대한 것을 확인하는 것이 사례관리자의 주된 책임이다. 그러나 이는 성인들이 자신을 학대행위자라고 인정하지 않는 경우가 많으므로 쉽지 않다. 사례관리자는 특히 단서가 분명하지 않을 때에 어떻게 사정하고 조사하는가에 대한 포괄적인 능력이 필요하다. 무엇보다 중요한 것은 아동이 위험에 처해 있는가를 판단하는 것이지만 정확하고 완전한 결정을 내리기에는 시간이 충분하지 않을 때가 많다. 동시에 부모들 또한 불공정과 잘못된 고발로부터 보호되어야 한다. 보호서비스를 위해 일하는 사례관리자는 아동을 부모와 계속 지내도록 허락할 것인가를 결정하는 데 있어 심사숙고하며 커다란 책임감을 느끼게 된다.

아동학대와 관련된 사례관리자는 많은 사례량과 신속히 사례를 발견해야 할 필요성, 각 단계에서의 작업에 대한 기록의 필요성 때문에 처리해야 할 일이 매우 많다. 만약 사정 결과 학대로 판명되면, 그 심각성의 수준을 결정하고 즉각적인 개입계획을 세워야 한다. 이 시기에 사례관리자들의 작업은 법적 체계와도 조정을 거치게 된다.

상황을 더 어렵게 만드는 것은 아동복지 사례관리자가 부모, 사회복지기관 그리고 법원 사이에서 조정자와 매개자 역할을 해야 한다는 것이다. 아동이 위기에 처하면 부모 역시 마찬가지이다. 대부분의 아동복지 프로그램은 가능한 한 아동들이 자신의 집에서 보호받을 수 있도록 하기 위해 부모를 돕기 위한 것이다. 자녀를 학대하는 부모는 상담이 필요하고, 부모가 아동을 방임하면 반드시 방임의 이유를 밝히며, 적절한 부모교육과 경제적 서비스를 제공해야 한다. 학대와 방임은 일반적으로 약물과 알코올 그리고 빈곤과 연결되어 있다. 만약 그런 상황이 존재하면 사례관리의 개입은 부모들을 위한 적절한 도움에 방향을 맞추어야 한다.

Judith Philips

Mary Marshall

부모가 얼마나 서비스를 잘 받고 있고, 치료목표를 달성하고 있는지를 추적하고 모니터하며, 그들의 자녀를 집에서 돌볼 수 있는 준비가 되었는가를 결정하는 것도 사례관리자의 책임이다. 아동이 위탁가정에 있다면 사례관리자는 아동이 가정으로 돌아갈 수 있도록 해야 한다. 아동이 위탁가정에서 자신의 가정으로 이미 돌아갔거나, 긴밀한 지도 · 감독하에 자신의 가정에서 보호되고 있다면 이제는 부모들이 스스로 자신의 자녀를 잘 돌볼 수 있는가를 결정하게 된다. 이것이 결정되면 아동복지 사례관리는 종결된다. 그러나 종결된 사례일지라도 사례관리자는 아동이 안전한 환경에서 보호되고 있는지를 확실히 하기 위해 가족을 추적해야 한다.

Philips, Ray와 Marshall(2006)에 따르면 사례관리의 구성요소로는 표적집단의 발견, 심사, 서비스계획, 서비스의 조정 및 실행, 모니터링, 그리고 재사정 및 사후조사가 포함된다(정옥분, 김동배, 정순화, 손화희, 2008 재인용).

1) 표적집단의 발견

표적집단을 파악하는 것이 중요한 이유는 도움이 필요한 모든 아동과 그 가족들에게 사례관리를 제공하고, 그들을 유인하는 접근체계를 개발하기 위해서이다. 그리고 보호할 내용을 조정하기 위해 다른 서비스 체계와 연계하여 접근하는 것도 중요하다. 사례관리 기관이 일반인과 서비스 제공자들에게 접근하는 방법에는 여러 가지가 있다. 예를 들면, 사례관리 기관이 서비스를 제공하는 다른 제공자들과 함께 표적집단이 접촉하고 있는 조직들과 연결하는 망을 갖는 것이다. 이를 위해서는 사례관리에 대한 홍보물을 제작하여 배포하는 것도 중요하다. 홍보 인쇄물에는 사례관리가 무엇을 위한 것인지, 어떤 서비스를 제공하는지, 어떻게 서비스를 이용할 수 있는 것인지를 자세히 설명함으로써 사례관리에 대한 인식을 높이는 작업도 필요하다.

2) 심사

표적집단을 설정하게 되면 그 표적집단에서 사례관리서비스를 받을 수 있는지에 대한 대상자의 자격을 결정해야 한다. 이때 심사(screening) 도구를 만들고 그 항목들에 해당되지 않는 사람들을 정확하게 구분하는 것이 필요하며, 사례관리의 목적과 목표에 따라 선별이 이루어진다. 그리고 심사과정의 규모와 범위는 프로그램의 형태에 따라서 달라진다.

3) 사정

심사가 끝나면 클라이언트는 사례관리 프로그램에 들어가게 된다. 이후에는 사례관리자가 클라이언트의 과거에 있었던 보호과정을 사정하기 시작한다. 사정과정을 통해 개인의 신체적 · 인지적 · 정서적 · 사회적 · 경제적 상태에 대한 포괄적인 평가와 개인의 강점에 대한 평가가 이루어지게 된다(〈표 5-2〉 참조).

사정은 다음과 같은 영역에서 한 사람의 사례관리자 또는 사례관리팀에 의해 이루어진다(양옥남, 김혜경, 김미숙, 정순둘, 2006).

- 우선 아동의 능력과 대인서비스 욕구에 대한 사정을 들 수 있다. 개인의 교육 정도와 취업 경험, 문제해결 능력, 개인적 자질과 성격, 물리적 · 재정적 자원 소유, 문제해결에 대한 동기와 의지 등이 여기에 포함된다.
- 아동의 사회적 지원망 및 구성원들이 아동의 욕구에 부응하는 능력을 갖고 있는가에 대한 사정으로 비공식적 원조자들을 찾아내야 한다.
- 대인서비스 제공자에 대한 사정과 이러한 제공자들이 아동의 욕구에 부응하는 능력을 갖고 있는가에 대한 사정으로 아동의 욕구와 자원 제공자의 욕구가 일치하는지를 파악하는 것이 중요하고, 만일 일치하지 않는다면 이를 일치시킬 수 있는 방법을 사정하는 것이 중요하다.
- 개별적 사정은 모든 서비스 활동과 동일하지만 사례관리에서는 아동의 다양한 욕구를 충족시키기 위한 지역사회 자원개발 및 활용이 강조된다(정순둘, 2005 재인용).

표 5-2 아동에 대한 강점 발견하기

자원	• 개인 · 가족 · 사회적 환경 · 조직 · 지역사회
선택	• 현재 무엇을 선택할 수 있는가? • 무엇이 사용 가능하고 사용될 수 없는 것인가?
가능성	• 무엇을 시도하려고 생각했는가? • 아직 시도하지 못한 것은 무엇인가?
예외	• 문제가 발생하지 않은 것은 언제인가? • 문제가 달라진 것은 언제인가? • 어떻게 생존하여 왔는가? • 어떻게 번영하였는가?
해결	• 무엇이 당신의 성공경험인가? • 당신이 계속하기를 바라는 일을 위해 무엇을 하고 있나? • 기적이 일어난다면 어떻게 할 것인가? • 기적을 창조하기 위해 당신이 지금 할 수 있는 일은?

출처: Graybeal, C. (2001). Strenght-based social work assessment: Transforming the dominant paradigm. *Family in Society*, *82*(3), 233-242.

4) 서비스계획

Andrew E. Scharlach

Edward L. Schneider

사정이 완성되면 후속 단계로 클라이언트의 신체적 · 기능적 상태, 그리고 정서적 상태와 재정적 상태, 가족의 협력 정도를 충분히 파악한 후 서비스계획을 작성해야 한다. 서비스계획 작성의 기본원칙은 다음과 같다(Scharlach, Lowe, & Schneider, 1991).

- 서비스계획은 전 단계에서 실시한 클라이언트의 포괄적인 사정에 바탕을 둔다.
- 서비스계획 작성 시 클라이언트나 가족구성원 등의 대리인이 그 과정에 참여한다.
- 서비스계획은 이미 결정된 사례목표로 향하게 한다.
- 서비스계획은 영속적인 것이 아니라 특정 기간의 계획이다.
- 서비스계획에는 공식적 서비스와 비공식적 서비스 등 모두가 포함된다.
- 서비스계획은 클라이언트나 가족의 재정적 부담을 고려해서 작성한다.
- 서비스계획은 정형화된 계획용지로 문서화한다.

5) 서비스의 조정 및 실행

서비스계획이 작성되고 나면 서비스를 클라이언트와 연결하고 가격을 교섭한다. 일반적으로 클라이언트나 그 가족들이 서비스를 직접 연결하기에는 시간, 지식 등의 역량이 부족하기 때문에 전문가와의 서비스의 조정은 사례관리에 있어서 매우 중요하다.

6) 모니터링

모니터링은 서비스계획이 실행되고 사례관리팀에 의해 클라이언트가 서비스를 본격적으로 받기 시작할 때 사례관리자가 초기에 작성한 서비스계획의 적절성, 클라이언트의 상태 변화, 그리고 서비스계획의 재조정 여부를 분석하기 위해 취하는 작업이다. 또한 모니터링은 클라이언트의 현재 욕구를 충족시키기에 현재의 서비스가 적합한 것인지를 점검하기 위해 사례관리자가 클라이언트 및 그 가족, 그리고 다른 서비스를 제공하는 제공자와 정기적으로 만나는 과정도 포함하고 있다(Holt, 2000). 이때 클라이언트의 신체적 · 정서적 상태는 역동적이므로, 새롭게 발생된 문제와 필요한 변화를 확인하기 위하여 클라이언트에 대한 지속적인 관찰과 접촉이 필요하다. 따라서 모니터링은 서비스의 질을 점검하는 동시에 보호계획의 수정, 재사정, 클라이언트의 반응, 사례종결 등을 사례관리자가 평가하도록 하는 중요한 과정 중 하나이다. 모니터링하기 위해 사례관리자가 할 수 있는 질문들은 다음과 같다.

- 클라이언트의 상황이 변화하고 있는가?
- 의뢰는 여전히 적절한 것인가?
- 목표가 달성되었는가?
- 만약 목표가 달성되지 않았다면 목표를 향한 진전은 있는가?
- 서비스계획은 수정되어야 하는가?
- 사례는 종결되어야 하는가?

7) 재사정 및 사후조사

재사정은 모니터링보다 더 포괄적으로 깊이 관여한다는 점에서 다르다. 모니터링은 지속적이지만 평가는 특정한 시간적 간격을 두고 실시된다. 일반적으로 사례관리 프로그램들은 클라이언트의 상태와 원래의 서비스계획을 심사하는 사정과정을 반복한다. 재사정과 사후조사(follow-up)에 있어서 서비스계획은 앞으로도 순조롭게 진행되어 클라이언트의 일상생활이 장래에도 문제없이 유지될 수 있다는 것을 확인하면 종결한다. 클라이언트와 사례관리자가 함께 종결을 결정하며 사례관리자는 클라이언트의 능력, 자립 정도, 서비스를 적절하게 활용하고 있는 모습을 통해 판단하고 종료하는 방향으로 대화를 한다.

4. 아동복지 실천의 윤리적 결정 원칙

Bradford W. Sheafor

아동복지를 실천할 때 사회복지의 기본적인 가치 체계에 입각하여 실천과정을 진행하게 되는데 각각의 가치 체계가 상호 배타적인 경우 윤리적인 결정에 대해 현명한 판단이 필요하다. 사회복지사들이 아동복지를 실천하는 과정에서 윤리적인 판단을 내릴 때 고려하여야 할 윤리 원칙에는 생명보호의 원칙, 자기결정의 원칙, 비밀보장의 원칙, 진실성의 원칙, 균등의 원칙, 객관성의 원칙, 효과성의 원칙, 규칙 준수의 원칙 등이 있다(Sheafor & Horejsi, 2006).

1) 생명보호의 원칙

사회복지사는 인간의 생명을 보호하여야 할 의무가 있다. 이는 기본적인 의식주의 해결로부터 의료보장, 소득보장에 이르기까지 인간의 기본 생존권을 보장하는 것을 의미한다. 또한 저소득 가정의 최저생계보장 및 최저생활보장 등 삶의 질을 높이는 데도 기여해야 한다.

2) 자기결정의 원칙

사회복지사는 클라이언트의 자유, 자율, 독립성을 최대한 보장하는 환경을 제공하여야 한다. 클라이언트가 자유로운 분위기에서 자신의 의지에 따라 스스로 결정할 수 있는 환경이 보장되어야 한다.

3) 비밀보장의 원칙

사회복지사는 클라이언트가 제공하는 자신 및 타인에 관한 모든 정보의 비밀을 보장해주어야 할 의무가 있으며, 또한 클라이언트는 자신의 사적 생활을 보호하고자 하는 자유의지도 보호해주어야 할 의무가 있다. 클라이언트는 사회복지사와 전문적인 관계 속에서 자신의 문제해결을 위해 많은 내용을 공개하게 된다. 사회복지사는 이 내용들을 클라이언트의 문제해결을 위한 목적 이외에는 타인에게 공개해서는 안 된다.

4) 진실성의 원칙

사회복지사는 클라이언트가 진실을 알기를 원하는 경우에는 알 권리를 보호해주어야 한다. 사회복지사는 클라이언트에게 진실만을 이야기해야 하며 그가 원하는 정보는 모두 진실되게 알려주어야 한다.

5) 균등의 원칙

사회복지사는 모든 인간이 균등한 기회를 제공받을 수 있도록 하여야 한다. 이 원칙은 학업과 취업의 기회, 의료혜택의 기회, 소득보장의 기회, 사회문화적 노출에 이르기까지 균등한 기회 제공을 의미한다.

6) 객관성의 원칙

사회복지사는 자신의 가치관을 공적으로 실행하는 사람이므로 자신의 가치관 및 윤리관을 바탕으로 객관성을 유지하여야 한다. 객관적 기준에서 개인의 가치관을 반영시키려면 자신이 신봉하는 이념이나 가치관을 알아야 한다.

7) 효과성의 원칙

효과성이란 기대하는 결과의 성취 정도에만 관심을 두기 때문에 하나의 방법이 다른 방법보다 더 나은 결과를 초래하면 그 방법이 더 효과적이라고 한다. 반면에 효율성이란 목적달성을 위한 비교가치, 즉 비용, 시간, 기관 자원 및 지역사회 자원 등 목적달성을 위해 쓰인 자금에 관심의 초점을 둔다.

8) 규칙 준수의 원칙

사회복지사는 자신이 자발적으로 수용하는 규칙과 규정에 따라야 한다. 그러나 이 원칙은 윤리적 결정에 있어서 인간의 존엄성 등 모든 다른 원칙이 우선된 후에 마지막으로 고려되어야 할 것이다. 아동복지 실천현장에서는 이상과 같은 윤리 원칙들을 준수하는 과정에서 다음과 같은 몇 가지 쟁점들이 나타날 수 있다.

첫째, 가치의 충돌에 관한 쟁점이다. 가치의 충돌은 윤리적 딜레마가 가장 빈번히 야기될 수 있는 상황으로 사회복지사가 2개 또는 그 이상의 경쟁적인 가치와 직면했을 때에 경험하게 된다. 자주 문제가 되는 것은 '클라이언트의 자기결정'이라는 가치와 '인간생활의 보호'의 가치 사이에서 어떤 윤리적 결정을 내려야 하는 상황이다. 예를 들면, 심각한 유전질환을 가진 남편이 아내에게 이 사실을 알리지 않고 자녀를 갖기 원하는 경우, 사회복지사는 클라이언트의 자기 삶의 결정권이라는 가치와 장애아 출산 예방이라는 가치 사이에서 윤리적인 갈등에 빠지게 된다.

둘째, 자기결정권과 비밀보장에 관한 쟁점이다. 예를 들면, K양은 임신 사실과 낙태를 부모님께 비밀로 해줄 것을 요구한다. 낙태 및 비밀보장에 대한 클라이언트의 자기결정권의 가치와 생명보호라는 가치 사이에서 사회복지사는 윤리적 갈등이 생길 수 있다.

셋째, 알 권리와 사회복지사의 진실성에 관한 쟁점이다. 예를 들면, 사회복지사는 누군가가 어린 신장병 환자에게 장기를 기증한 사실이 매매인지 아닌지의 여부를 판단할 때 객관적이고 진실해야 한다. 하지만 이러한 결정을 죽어가는 생명의 관점에서 보면 갈등상황을 유발할 수 있다.

넷째, 상충되는 의무와 기대에 관한 쟁점이다. 사회복지사는 기관에 대한 의무와 클라이언트에 대한 의무 사이에서 갈등하게 된다. 사회복지사는 자신이 속한 기관의 정책을 따라야 하지만, 기관의 목표가 클라이언트의 이익에 위배될 때에는 윤리적인 딜레마에 직면하게 된다. 클라이언트의 이익이 최선이라는 가치에도 불구하고 기관의 자원이 부족하기 때문에 클라이언트에게 최선의 서비스를 제공하지 못하는 사례가 많다. 예를 들면, 쉼터에서 생활하고 있는 A라는 클라이언트는 경미한 정신적 질환을 갖고 있다. A는 기관에서 계속 생활하고 싶어하지만 다른 클라이언트들과 공동생활의 어려움을 이유로 정신요양원에 보내야 한다고 결정을 내리면 사회복지사는 클라이언트와 기관 사이에서 갈등을 겪게 된다.

다섯째, 사회복지사와 클라이언트 간의 전문적 관계 유지의 쟁점이다. 사회복지사는 클라이언트의 문제를 다룰 때 전문적 관계의 유지에 대한 갈등을 겪게 된다. 예를 들면, 한밤중에 클라이언트가 전화를 걸어 만나자고 하는 경우 문제 접근의 어려움을 겪는다.

여섯째, 결과의 모호성이다. 사회복지사가 내린 윤리적 결정의 효과가 모호할 때 사회복지사는 선택의 딜레마에 봉착하게 된다. 특히 클라이언트가 아동일 때 어떻게 결정하는 것이 아동을 위해서 최선인지, 앞으로 5~10년 후에도 최선일 수 있는지, 어떤 권리로 사회복지사가 아동에 대한 결정을 내릴 수 있는지, 바른 윤리적 결정이 무엇인지 모호한 상황에서 어려움에 봉착하게 된다. 예를 들어, 해외입양이 아동을 위한 최선의 결정인지를 확신할 수 없기 때문에 해외입양 담당 사회복지사는 자주 갈등을 겪게 된다.

가치갈등의 문제에 대응하는 것은 쉬운 일이 아니며, 윤리적인 문제는 종종 모호하고 우리를 불편하게 만든다. 사회복지사는 항시 사회의 법이나 도덕, 사회규범 등을 익혀 갈등이나 모순에 대해 올바른 가치판단을 내릴 수 있어야 할 것이다.

제6장

아동복지정책

전 세계적으로 아동과 그들 가족을 보호하기 위한 법적·제도적 노력이 있어 왔다. 미국의 경우 1960년대는 안정된 중산층 가정의 십대 자녀들이 부모와의 갈등, 도피, 독립성, 그리고 새로운 삶에 대한 모험 등을 이유로 가출하는 사례가 많았고, 1970년과 1980년대는 저소득층 가정을 중심으로 가출하는 아동과 비행 청소년의 수가 증가하였다. 한편 1990년대에 들어오면서 약물에 중독되거나 HIV에 감염된 청소년들이 낳은 미숙아의 수가 매년 1,000명씩 늘고 있다(Downs et al., 2009). 아동복지정책에는 아동들의 개인적 특성만이 아니라 변화하는 가정, 사회적 영향력에서 오는 상호작용이 반영된다. 따라서 아동복지정책은 아동의 최적의 발달을 가로막는 가족과 지역사회에 대한 관심을 강조하면서 아동이 건강하고 인간다운 성장을 할 수 있도록 보호하기 위한 정책을 요구한다.

아동복지정책은 아동의 기본적인 욕구를 충족시키고, 아동의 권리를 보장하며 아동의 복지를 구현하기 위한 정부의 지침, 법규 또는 행동계획이다. 과거 우리나라의 아동복지정책에서는 요보호아동을 위한 사후적인 복지제도의 기반이 되는 정책들이 시행되어 왔다. 그러나 최근 들어 보편주의적인 아동복지정책이 확대되는 경향을 보이고 있으며 일반아동들의 건전한 육성과 복지의 적극적인 추진을 기본정신으로 하는 제반 정책들이 시행되고 있다.

CASE STUDY

스웨덴의 아동양육을 위한 복지정책

스웨덴의 아동양육을 위한 복지정책으로는 임신출산급부, 아동간병휴가 및 급여, 아동수당, 한부모에 대한 양육지원비, 입양수당, 아동을 위한 주택수당 등이 있다. 그 중에서 가장 보편적인 복지정책은 임신출산급부, 아동수당, 그리고 한부모에 대한 양육지원비이다.

첫째, 임신출산급부(parental benefit)는 아동이 7세가 될 때까지 아동 1명당 480일 이내의 유급휴가를 보장해주는 제도이다. 이 급여로 390일까지는 월급의 80%를 지급하고 나머지 90일에 대해서는 1일에 180크로나(24,300원)를 지급한다. 예를 들면, 5명의 아동을 둔 어머니는 7년 6개월간의 휴가를 사용할 수 있다. 이 휴가는 아버지도 사용할 수가 있으며, 부모 중 한 사람이 최저 60일 이상은 사용해야 한다. 그리고 아버지는 어머니의 산후조리 간병을 위해 10일이내의 특별휴가 급여(월급의 80%)를 사회보장사무소로부터 받을 수가 있다(〈그림 6-1〉 참조).

둘째, 아동수당(child allowance)은 부모의 소득과 관계없이 16세 미만의 아동을 둔 부모에게 매달 지급하는 현금이다. 부모는 아동이 1명인 경우 1,050크로나(14만 1,750원), 3명인 경우 3,604크로나(48만 6,540원), 6명인 경우 9,714크로나(131만 1,390원)를 매달 지급받는다.

셋째, 한부모에 대한 양육지원비는 부모가 이혼했을 경우 아동을 양육하지 않는 부모로부터 지급받는 현금이다. 국세청은 아동을 양육하지 않는 부모로부터 양육지원비를 원천징수하고 이 금액에서 아동을 양육하는 한부모에게 매달 1,273크로나(17만 1,855원)를 지급한다(박승희 외, 2007).

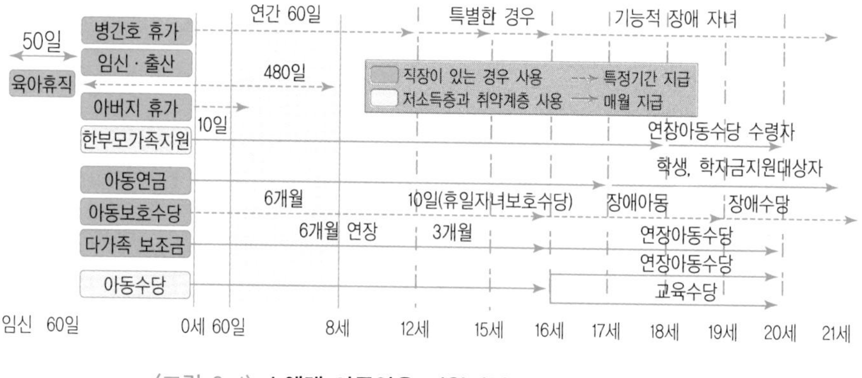

〈그림 6-1〉 스웨덴 아동양육 지원정책의 생애 주기별 분석

출처: http://www.blog.daum.net/samhoda.

이 장에서는 아동복지정책의 개념과 구성, 우리나라의 「아동복지법」과 관련 제도, 아동복지정책의 개선방안에 대해 살펴보고자 한다.

1. 아동복지정책의 개념과 구성

사회복지의 발달은 빈곤자 복지에서 복지사회로 변화하고 있다. 그리고 사회복지는 최소한의 삶을 연명하는 서비스가 아니라 삶을 최적화하도록 멘토링할 수 있는 연계 시스템을 요구한다.

이러한 시행과정에서 사회복지정책은 누구를 대상으로 하는지를 정할 때 보편주의와 선별주의의 원칙을 적용한다. 이 두 원칙은 사회복지서비스를 받을 수 있는 자격과 범위를 정하는 원리에 관한 것이다(Gilbert & Terrell, 2005). 첫째, 보편주의란 사회구성원 모두가 당면하는 문제 혹은 위험에 대해 사회 전체가 대응해야 한다는 주장이다. 보편주의자들은 '적은 비용의 예방 프로그램'이 갖는 장기적 비용효과로부터 장기적인 저축을 유도할 수 있고 낮은 행정비용을 기대할 수 있다고 추론한다. 보편주의에 입각한 아동복지정책으로는 출산급여, 아동수당, 아동을 위한 공공교육 등이 이에 해당한다.

둘째, 선별주의란 스스로 욕구를 충족시킬 능력이 있는 사람은 정부로부터 급여를 받아서는 안 되며 세금을 납부할 능력이 있는 사람은 자활능력이 없는 소수를 위해서만 세금을 납부해야 한다는 주장이다. 선별주의자들은 '개인의 삶은 개인이 책임진다'라고 주장한다. 선별주의에 입각한 아동복지정책으로는 공공부조에 의한 소득지원제도가 대표적이다.

이와 같은 선별주의와 보편주의에 대한 논쟁의 핵심을 기초로 아동복지정책의 개념과 구성 내용을 살펴보고자 한다.

1) 아동복지정책의 개념

아동복지정책의 개념 규정에는 아동복지와 정책이라는 두 용어를 구분하여 생각하는 것이 전체를 이해하는 데 도움이 된다. 아동복지는 아동이 성장하고 발달하는 과정에 영향을 줄 수 있는 사회, 가정환경을 포함한 삶의 질 전체와 관련이 있다(김명희, 2006). 정책은 행위에 대한 어떤 명시적인 행위방침을 의미한다(Gilbert & Terrell, 2005). 따라서 아동복지정책이란 사회에서 아동복지를 조직하고 아동복지를 제공하는 주요 제도들의 기능에 관련된 행위방침을 확정하기 위한 제반 결정과 선택이라 할 수 있다.

또 다른 정의에 의하면 아동복지정책이란 주어진 사회가 아동의 안녕과 행복을 증진하기 위하여 집합적으로 채택하고 실천하는 구체적인 정책 및 프로그램 체계를 의미한다(이혜경, 1993). 주정일과 이소희(2003)는 아동복지정책이란 정부가 아동의 복지를 설정한 방침이라고 정의하면서 그 수준은 현실적으로 국가의 성격과 복지 이념이 정해진 기준에 의해 결정된다고 보았다.

아동복지정책은 1차적으로 요보호아동에게 직접적인 서비스를 제공하는 것과 일반아동을 보호하기 위해 정책을 주장하는 것을 말한다(Downs et al., 2009). 이때 아동복지정책의 수행은 가족이라는 단위를 매개로 접근한다. Laird와 Hartman(1985)에 따르면 아동의 입장에서 볼 때 가족은 아동을 위해 사회적, 교육적으로 건강한 보호요구를 충족시키는 1차적 사회서비스의 대행자이다. 따라서 아동복지는 가족에 기초하여 실제적인 참여, 보호, 지원을 해야 한다.

아동복지정책은 아동과 그들을 보호하는 가족에 대한 정책을 동시에 검토함으로써 이해할 수 있을 것이다. 특히 저소득층 아동을 1차적인 표적으로 하는 사회보험 및 공공부조는 주로 아동을 보호하는 가정을 대상으로 하고 있다. 아동복지정책은 아동만의 복지를 목표로 하는 전통적인 정책에서 아동 및 가족의 삶의 질 향상, 아동이 살고 있는 가정의 복지를 지향하는 아동 및 가족복지정책으로 전환되고 있다(Kamerman & Kahn, 1985).

Sheila B. Kamerman

Alfred J. Kahn

2) 아동복지정책의 구성

우리나라 「사회보장기본법」에 따르면 사회보장은 모든 국민이 인간다운 생활을 할 수 있도록 최저생활을 보장하고 국민 개개인이 생활수준을 향상시킬 수 있도록 제도와 여건을 조성하여, 그 시행에 있어 형평과 효율의 조화를 도모함으로써 복지사회를 실현하는 것을 기본이념으로 한다. 그리고 사회보장이란 질병, 장애, 노령, 실업, 사망 등의 사회적 위험으로부터 모든 국민을 보호하고 빈곤을 해소하며 국민 생활의 질을 향상시키기 위하여 제공되는 사회보험, 공공부조, 사회복지서비스 및 관련 복지제도를 말한다고 규정되어 있다.

아동복지정책은 사회보험, 공공부조, 사회복지서비스, 사회수당 등으로 구성된다(〈표 6-1〉 참조). 실효성 있는 아동복지정책의 구성은 아동의 복지욕구를 충족시키고 미래 세대의 건전한 성장 발달을 지원하게 된다.

첫째, 사회보험제도는 국민에게 발생하는 사회적 위험을 보험방식에 의하여

표 6-1 아동복지정책의 구성과 프로그램

구분	내용	특성	프로그램
사회보험	• 피보험자의 보험료를 기준으로 급여를 지급하는 공적연금제도 • 재정은 본인, 고용주, 국가의 3자 기여방식을 채택하며 관리는 국가 담당	• 재원: 기여 • 선정기준: 비자산조사 • 급여형태: 현금, 현물 • 관리주체: 중앙정부	• 부모보험제도(영국)
공공부조	• 최저수준 이하의 개인(가족)에게 최저 생계비 미만의 수입만 국가가 보조하는 방법 • 자산조사에 의한 개인욕구의 측정과 확인을 통해 급여기준 설정	• 재원: 비기여/세입 • 선정기준: 자산조사 • 급여형태: 현금, 현물 • 관리주체: 중앙, 지방정부	• 소득지원제도(영국) • TANF(미국) • Medicaid(미국)
사회복지서비스	• 가정생활을 보호 또는 회복시키며 개인의 내외적 문제를 대처해 나갈 수 있도록 개인의 발전을 촉진, 도움을 제공하는 서비스	• 재원: 비기여, 기여/세입 • 선정기준: 자산/비자산조사 • 급여형태: 서비스 • 관리주체: 중앙 · 지방정부, 민간	• Head Start(미국) • 가정위탁서비스 • 상담서비스
사회수당	• 일정범주에 속한 모든 국민에게 조세에 의하여 일정액의 현금이나 서비스를 제공하는 방법 • 경제적 효과보다는 사회적 통합효과 추구	• 재원: 비기여/세입 • 선정기준: 비자산조사 • 급여형태: 현금, 서비스 • 관리주체: 중앙정부	• 아동수당, 후견인수당(영국) • 출산급여, 아동수당(스웨덴) • 국민보건서비스(프랑스)

출처: Gilbert, N. & Terrell, P. (2005). *Dimensions of social welfare policy* (6th ed.). Boston: Allyn & Bacon. 재구성.

대처함으로써 국민건강과 소득을 보장하는 제도이다. 즉, 사회적 위험(사망, 노령, 장애, 질병 등)으로부터 사람들을 보호하기 위해 강제적 가입방식에 의해 운용되는 프로그램이며 모든 가입자에게 최저한의 기초생계를 유지할 수 있을 정도의 소득을 보장해주는 제도이다. 일반적으로 보장수준의 결정은 개인적인 생활수준이나 기여 정도보다는 현재의 욕구에 따라 결정된다. 대부분의 사회보험제도는 사회보장이나 의료보장의 형태로 보험가입자 가족 내 아동의 복지를 보장한다. 영국과 스웨덴의 경우 아동을 양육하는 부모를 대상으로 시행하는 부모보험제도가 사회보험제도에 해당된다. 우리나라는 아동과 그 가족을 대상으로 특화된 사회보험은 발달하지 않았다. 하지만 국민연금과 고용보험이 모든 가구를 대상으로 한다는 점에서 아동복지정책의 한 범주라고 할 수 있다.

둘째, 공공부조제도는 국가 및 지방자치단체의 책임하에서 생활유지 능력이 없거나 생활이 어려운 국민의 최저생활을 보장하고 자립을 지원하는 제도이다. 공공부조의 재원은 국가의 일반조세이며, 공공부조 대상자들은 법에서 정한 적절한 부조 대상자에 해당하는지 여부를 판단하기 위하여 자산조사(means-test)와 같은 일정한 심사를 받는다(이인재, 류진석, 권문일, 김진구, 2006). 미국과 유럽 복지국가에서는 아동을 양육하는 가구의 빈곤문제를 1차적인 소득보장의 대상으로 삼고 있다. 그 대표적인 예는 미국의 한시빈곤가정지원제도(TANF)이다. 이 제도는 아동이 있는 저소득가구를 대상으로 하는 대표적인 공공부조제도이다. 대부분의 국가는 일반적 공공부조제도로 빈곤아동가구의 기초소득보장을 도모한다(공계순 외, 2008). 우리나라의 공공부조 프로그램으로는 국민기초생활보장제도, 긴급복지지원제도 등이 있다.

우리나라의 국민기초생활보장제도는 최저생계비 이하의 저소득층에게 국가가 기초생활을 유지할 수 있도록 보장해주는 제도이다. 「국민기초생활보장법」에서는 생계급여, 의료급여, 주거급여, 교육급여, 해산급여, 장제급여, 자활급여를 보장하고 있다. 이때 지급되는 보조금은 차액지급 방식을 이용하여 모든 수급자가 최저생계비 수준의 생활을 보장받고, 소득이 낮은 수급자에게 더 많은 혜택이 돌아가도록 하고 있다. 수급자의 가구유형에는 대부분 노인, 장애인, 모자·부자 가구 등 취약계층 가구(69.1%)가 있다(〈표 6-2〉 참조).

긴급복지지원제도는 갑작스러운 주 소득자의 사망, 가출, 구금시설 수용, 휴·폐업 등으로 인한 소득상실, 중한 질병 등으로 생계유지가 곤란한 저소득층에게

표 6-2 국민기초생활보장 수급자의 가구유형별 비율 (단위: 가구, %)

구분	계	노인 가구	소년소녀 가장가구	모자 가구	부자 가구	장애인 가구	일반 가구	기타
가구수	1,165,175	337,788	2,972	135,862	38,095	211,010	340,597	98,851
구성비	100	29.0	0.3	11.7	3.3	18.1	29.2	8.5

*기타: 미혼부모세대, 조손세대 등
출처: 보건복지부(2018d). 2018년 국민기초생활보장수급자현황.

생계 · 의료지원 등 필요한 복지서비스를 지원하는 제도이다. 긴급복지지원의 주요 내용에는 생계지원, 의료지원, 주거지원, 사회복지시설 이용지원, 교육지원, 그 밖의 지원(연료비, 전기요금, 해산비, 장제비) 등이 포함된다(〈표 6-3〉 참조).

사회보장비용의 지출은 저소득 가구를 비롯하여 취약계층세대가 증가할 경우 그에 따른 비용증가의 문제가 발생할 것이다. 따라서 적정 사회보장 수준을 유지하는 것은 선진 복지국가의 과제라 할 수 있다.

셋째, 사회복지서비스는 국가, 지방자치단체 및 민간 부문의 도움을 필요로 하는 모든 국민에게 상담, 재활 등의 서비스를 제공하여 정상적인 생활이 가능하도록 지원하는 제도이다. 이는 정상적인 일상생활의 수준에서 탈락된 상태의 대상자를 회복, 보전하도록 도와주는 것을 말하며, 개별적, 집단적으로 보호 또는 처치를 하는 것이다. 우리나라의 「아동복지법」은 대부분 아동복지서비스와 관련되어 있다. 아동복지서비스는 아동상담소, 가정상담소, 지역사회복지기관에서 제공하는 상담서비스, 학대 · 방임 아동을 위한 보호서비스, 미혼부모 · 한부모를 위한 서비스, 보육서비스, 가정위탁서비스, 입양서비스, 시설보호 등 다양하다.

넷째, 사회수당은 개인이나 가족의 고용상태 혹은 경제적 수준에 관계없이 특정 인구학적 범주에 속한 인구계층이면 누구나 가지게 되는 특별한 요구에 부응하기 위한 제도이다. 사회수당은 보편주의적 기본원칙에 따라 모든 국민에게 조세에 의하여 일정액의 현금이나 서비스를 제공하는 방법을 의미한다. 이것은 경제적인 효과보다는 사회적 통합효과를 추구한다. 사회수당의 일반적인 예로 영국은 아동수당과 후견인제도를 두고 있으며 스웨덴은 아동을 보호하는 가족을 대상으로 하는 가족수당이 있다(〈표 6-4〉 참조). 우리나라의 경우, 아동양육에 따른 경제적 부담을 경감하고 아동의 기본적 권리와 복지 증진을 위해 2018년

9월부터 아동수당을 도입하였다. 2020년 기준 만 7세 미만의 모든 아동에게 지급되고 있다.

표 6-3 긴급복지지원의 주요 내용

종류			지원내용	지원금액	최대횟수
금전·현물 지원	위기 상황 주급여	생계	• 식료품비, 의복비 등 1개월 생계유지비	1,195,9천 원 (4인 기준)	6회
		의료	• 각종 검사, 치료 등 의료서비스 지원 - 300만 원 이내(본인부담금 및 비급여 항목)	300만 원 이내	2회
		주거	• 국가·지자체 소유 임시거소 제공 또는 타인 소유의 임시거소 제공 - 제공자에게 거소사용비용 지원	643,2천 원 이내 (대도시, 4인 기준)	12회
		복지시설 이용	• 사회복지시설 입소 또는 이용서비스 제공 - 시설운영자에게 입소 또는 이용비용 지급	1,450,5천 원 이내 (4인 기준)	6회
	부가 급여	교육	• 초·중·고등학생 중 수업료 등이 필요하다고 인정되는 사람에게 학비 지원	- 초 221,6천 원 - 중 352,7천 원 - 고 432,2천 원 및 수업료·입학금	2회 (4회)
		그 밖의 지원	• 위기사유 발생으로 생계유지가 곤란한 자에게 지원 - 동절기(10월~3월) 연료비: 98천 원/월 - 해산비(60만 원)·장제비(75만 원)·전기요금(50만 원 이내): 각 1회		1회 (연료비 6회)
민간기관·단체 연계지원 등			• 사회복지공동모금회, 대한적십자사 등 민간의 긴급지원프로그램으로 연계 • 상담 등 기타 지원		횟수 제한 없음

출처: 보건복지부(2019e). 2019년 긴급지원사업 안내.

표 6-4 외국의 아동수당제도

구분	연령	적용대상	아동수당
프랑스	18세 미만(학생, 견습생, 직업훈련생, 장애인인 경우는 20세 미만)	자녀가 2명 이상인 가정에 매달 지불	자녀가 2명인 경우 124달러 지급, 셋째 및 그 이상 자녀의 경우 자녀 1명당 159달러 지급, 자녀의 연령이 10~15세인 경우는 자녀 1명당 35달러를 추가로 지급하고 15세 이상인 경우에는 자녀 1명당 62달러를 지급함 임신 5개월째부터 출산 후 3개월까지 자산조사를 거치지 않고 178달러의 영아수당(young child allowance)을 지급하며, 그 이후부터 자녀가 3세에 이를 때까지는 자산조사를 거쳐 지급함
일본	첫째 자녀는 4세까지, 둘째 자녀는 3세 미만까지 지급	소득기준에 부합하고 자녀가 1명 이상인 가족에 대해 매달 지급. 소득기준은 가구소득이 4인 가족 기준 연간 36,540달러 이하여야 함	첫째와 둘째 자녀에 대해서는 51달러를 지급하고 셋째 및 그 이하 자녀에 대해서는 102달러를 지급함
스웨덴	16세 미만(학생인 경우는 20세 미만)	자녀가 1명 이상인 가정에 매달 지급	첫째 자녀에게는 100달러, 둘째 자녀에 대해서는 200달러를 지급하고, 셋째 자녀에게는 326달러, 넷째는 479달러, 다섯째 이하인 경우는 598달러를 지급함
영국	16세 미만(중등교육과정에 있는 학생인 경우는 19세 미만)	자녀가 1명 이상인 가정에 매주 지급	첫째 자녀에게는 16달러를 지급하고 추가 자녀 1명당 13달러를 지급함. 한부모 가정의 첫째 자녀에 대해서는 10달러를 추가 지급함

출처: Gilbert, N. & Terrell, P. (2005). *Dimensions of social welfare policy* (6th ed.). Boston: Allyn & Bacon. 재구성.

2. 아동복지 관련법

우리나라의 아동복지 관련법에는 「아동복지법」과 「청소년기본법」「영유아보육법」「한부모가족지원법」 등이 포함된다.

1) 「아동복지법」

우리나라의 「아동복지법」은 1961년 「아동복리법」으로 처음 제정되었으며, 1981년에 와서 「아동복지법」으로의 명칭개정과 함께 전문개정되었다. 초기의 「아동복리법」은 구호적인 성격의 복지 제공에 중점을 두고 있어 경제, 사회의 발전에 따른 사회적 복지요구에 부응하지 못하였다. 그러므로 요보호아동뿐만 아니라 일반아동을 포함한 전체아동의 복지를 보장하고, 특히 유아기에 있어서의 기본적 인격, 특성과 능력 계발을 위한 여건을 조성하기 위하여 1981년 4월에 기존 「아동복리법」의 명칭을 「아동복지법」으로 바꾸고 전문을 개정하였다. 개정된 주요 내용을 살펴보면, 첫째, 보호대상범위를 요보호아동 위주로 되어 있던 것을 전체아동으로 확대하고, 둘째, 아동의 보호 · 육성책임을 국가 · 지방자치단체 및 보호자가 공동으로 지도록 하였으며, 셋째, 5월 5일을 어린이날로 삼고 이에 대한 법적 근거를 마련하였다. 넷째, 임시직이었던 아동복지지도원을 별정직으로 하여 전문직 확보가 용이하도록 하였으며, 다섯째, 새마을부녀회 직영 어린이집 등 무료탁아시설은 법인 이외의 사람도 신고만으로 그 시설을 설치, 운영할 수 있도록 하였다. 여섯째, 아동복지시설에는 일정한 자격을 가진 아동복지시설종사자를 두도록 하고, 일곱째, 아동보호비용 징수권자의 범위에 아동복지시설의 장을 추가하고 그 비용의 징수는 도지사의 승인을 얻도록 하였으며, 여덟째, 아동복지 증진을 위하여 아동복지시설을 설치한 법인에 대하여 국유 · 공유재산을 무상으로 대여할 수 있도록 하였다.

그 이후에도 「아동복지법」은 2014년 11월까지 2회의 전문개정이 있었다. 2000년에 전문개정한 내용을 살펴보면 우리 사회의 아동복지수요에 능동적으로 대응하고, 점차 사회문제화되는 학대피해아동에 대한 보호 및 아동안전에 대한 제도적 지원을 공고히 하기 위하여 아동복지지도원을 별정직공무원에서 사회복지전담공무원으로 그 신분을 변경하며 아동학대에 대한 정의와 금지유형을 명확히 규정하고, 아동학대에 대한 신고를 의무화하는 등 기타 현행 규정의 운영상 나타난 일부 미비점을 개선, 보완하려는 것이었다. 그리고 2011년에 8월에 전문개정을 하였는데 주요 골자는 아동종합실태조사를 시행하여 그 결과를 바탕으로 아동정책기본계획을 수립 · 시행하고, 아동학대의 예방과 방지, 아동학대행위자의 계도를 위한 교육 등에 관한 홍보영상을 제작하여 방송할 수 있도록 한다. 이후 2015년에도 「아동복지법」 부분 개정이 이루어졌고, 아동관련 법안이 제정되고 있다. 이는 아동복지서비스의 안정적 추진을 위한 근거와 아동정책을 효과적으로 수행하기 위한 정책적 기반을 마련함으로써 아동의 복지 증진을 통해 아동이 건강하고 행복하게 자랄 수 있도록 하려는 것이다.

(1) 「아동복지법」의 목적과 이념

「아동복지법」은 아동이 건강하게 출생하여 행복하고 안전하게 자라나도록 그 복지를 보장함을 목적으로 한다. 「아동복지법」의 세 가지 기본이념을 살펴보면, 첫째, 아동은 자신 또는 부모의 성별, 연령, 종교, 사회적 신분, 재산, 장애유무, 출생지역 등에 따른 어떠한 종류의 차별도 받지 아니하고 자라나야 한다. 둘째, 아동은 완전하고 조화로운 인격발달을 위하여 안정된 가정환경에서 행복하게 자라나야 한다. 셋째, 아동에 관한 모든 활동에 있어서 아동의 이익이 최우선적으로 고려되어야 한다. 넷째, 아동은 아동의 권리보장과 복지 증진을 위하여 이 법에 따른 보호와 지원을 받을 권리를 가진다(〈표 6-5〉 참조).

표 6-5 「아동복지법」의 목적과 이념

구분	주요 내용
목적	아동이 건강하게 출생하여 행복하고 안전하게 자라나도록 그 복지를 보장함을 목적으로 한다.
이념	• 아동은 자신 또는 부모의 성별, 연령, 종교, 사회적 신분, 재산, 장애유무, 출생지역, 인종 등에 따른 어떠한 종류의 차별도 받지 아니하고 자라나야 한다. • 아동은 완전하고 조화로운 인격발달을 위하여 안정된 가정환경에서 행복하게 자라나야 한다. • 아동에 관한 모든 활동에 있어서 아동의 이익이 최우선적으로 고려되어야 한다.

출처: 「아동복지법」 http://www.law.go.kr.

(2) 「아동복지법」 구성 내용

「아동복지법」은 총 7장 75조로 구성되어 있으며, 총칙, 아동복지정책의 수립 및 시행, 아동에 대한 보호서비스 및 아동학대의 예방 및 방지, 아동에 대한 지원서비스, 아동복지전담기관 및 아동복지시설, 보칙, 벌칙에 관한 내용이 담겨 있다(〈표 6-6〉 참조).

표 6-6 「아동복지법」의 주요 내용

장	구분	주요 내용
1장	총칙	목적, 기본이념, 정의, 국가와 지방자치단체의 책무, 보호자 등의 책무, 어린이날 및 어린이 주간
2장	아동복지 정책의 수립 및 시행	아동정책기본계획의 수립, 연도별 시행계획의 수립 · 시행 등, 계획 수립의 협조, 아동정책조정위원회, 아동종합실태조사, 아동복지심의위원회, 아동복지전담공무원, 아동위원
3장	아동에 대한 보호서비스 및 아동학대의 예방 및 방지	보호조치, 보호대상아동의 퇴소조치 등, 금지행위, 친권상실 선고의 청구 등, 아동의 후견인의 선임 청구 등, 아동의 후견인 선임, 보조인의 선임 등, 아동학대의 예방과 방지 의무, 피해아동 등에 대한 신분조회 등 조치, 아동학대예방의 날, 홍보영상의 제작 · 배포 · 송출, 아동학대 신고의무자에 대한 교육, 아동학대 등의 통보, 사후관리 등, 아동학대정보시스템, 피해아동 및 그 가족 등에 대한 지원
4장	아동에 대한 지원서비스	안전기준의 설정, 아동의 안전에 대한 교육, 아동보호구역에서의 영상정보처리기기 설치 등, 아동안전 보호인력 등, 아동긴급보호소 지정 및 운영, 건강한 심신의 보존, 보건소, 취약계층 아동에 대한 통합서비스 지원, 자립지원, 자립지원계획의 수립 등, 자립지원전담기관의 설치 · 운영 등, 아동자립지원추진협의회, 자산형성지원사업, 자산형성지원사업 관련 업무, 자산형성지원사업 관련 업무의 위탁
5장	아동복지시설	아동복지전담기관의 설치 등, 아동보호전문기관의 업무, 아동보호전문기관의 성과평가 등, 가정위탁지원센터의 설치 등, 가정위탁지원센터의 업무, 아동복지시설의 설치, 휴업 · 폐업 등의 신고, 아동복지시설의 종류, 아동전용시설의 설치, 아동복지시설의 종사자, 아동복지시설 종사자의 교육훈련, 시설의 개선, 사업의 정지, 시설의 폐쇄 등, 아동복지전담기관 및 아동복지시설의 장의 의무, 아동복지단체의 육성
6장	보칙	비용보조, 비용징수, 보조금의 반환명령, 국유 · 공유재산의 대부 등, 면세, 압류금지, 비밀유지의 의무, 조사 등, 청문, 권한의 위임, 유사명칭의 사용금지, 벌칙 적용에서의 공무원 의제
7장	벌칙	벌칙, 상습범, 미수범, 양벌규정, 과태료

출처: 「아동복지법」 http://www.law.go.kr.

① 책임주체

「아동복지법」 제4조와 제5조를 보면 모든 국민은 아동의 권익과 안전을 존중하여야 하며, 아동을 건강하게 양육할 책임을 진다. 또한 국가와 지방자치단체도 보호자와 더불어 아동을 건강하게 양육할 책임을 진다고 규정함으로써 아동을 건전하게 양육할 보호자일 뿐만 아니라 모든 국민과 국가, 지방자치단체의 공동 책임임을 명시하고 있다.

아동복지법 제4조(국가와 지방자치단체의 책무) ① 국가와 지방자치단체는 아동의 안전·건강 및 복지 증진을 위하여 아동과 그 보호자 및 가정을 지원하기 위한 정책을 수립·시행하여야 한다. ② 국가와 지방자치단체는 보호대상아동 및 지원대상아동의 권익을 증진하기 위한 정책을 수립·시행하여야 한다. ③ 국가와 지방자치단체는 아동이 태어난 가정에서 성장할 수 있도록 지원하고, 아동이 태어난 가정에서 성장할 수 없을 때에는 가정과 유사한 환경에서 성장할 수 있도록 조치하며, 아동을 가정에서 분리하여 보호할 경우에는 신속히 가정으로 복귀할 수 있도록 지원하여야 한다. ④ 국가와 지방자치단체는 장애아동의 권익을 보호하기 위하여 필요한 시책을 강구하여야 한다. ⑤ 국가와 지방자치단체는 아동이 자신 또는 부모의 성별, 연령, 종교, 사회적 신분, 재산, 장애유무, 출생지역 또는 인종 등에 따른 어떠한 종류의 차별도 받지 아니하도록 필요한 시책을 강구하여야 한다. ⑥ 국가와 지방자치단체는 「아동의 권리에 관한 협약」에서 규정한 아동의 권리 및 복지 증진 등을 위하여 필요한 시책을 수립·시행하고, 이에 필요한 교육과 홍보를 하여야 한다. ⑦ 국가와 지방자치단체는 아동의 보호자가 아동을 행복하고 안전하게 양육하기 위하여 필요한 교육을 지원하여야 한다.

아동복지법 제5조(보호자 등의 책무) ① 아동의 보호자는 아동을 가정에서 그의 성장시기에 맞추어 건강하고 안전하게 양육하여야 한다. ② 아동의 보호자는 아동에게 신체적 고통이나 폭언 등의 정신적 고통을 가하여서는 아니 된다. ③ 모든 국민은 아동의 권익과 안전을 존중하여야 하며, 아동을 건강하게 양육하여야 한다.

출처: 「아동복지법」 (법률 제16248호, 2019.1.15.).

② 전달체계

아동복지 전달체계를 살펴보면, 아동의 권리증진과 건강한 출생 및 성장을 위하여 종합적인 아동정책을 수립하는 국무총리 소속의 아동정책조정위원회가 있다. 이들은 관계부처의 의견을 조정하며 그 정책의 이행을 감독하고 평가한다. 그리고 아동정책 시행에 관한 사항과 아동의 보호 및 지원 서비스에 관한 사항들을 심의하는 지방자치단체 소속의 아동복지심의위원회가 있다. 또한 아동복지에 관한 업무를 담당하기 위한 아동복지전담공무원이 자치구에 배치되어 아동에 대한 상담 및 보호조치, 가정환경에 대한 조사, 아동복지시설에 대한 지도감독, 아동범죄예방을 위한 현장 확인 및 지도감독 등 지역 단위에서 아동의 복지 증진을 위한 업무를 수행한다.

③ 아동에 대한 보호서비스 및 아동학대의 예방 및 방지

아동의 보호와 관련된 내용으로는 「아동복지법」 제15조에 시·도지사 또는 시장·군수·구청장은 그 관할구역 안에서 보호를 필요로 하는 아동을 발견하거나 보호자의 의뢰를 받은 때에는 아동의 최상의 이익을 위하여 대통령령이 정하는 바에 의하여 필요한 보호조치를 하여야 한다. 이 경우 보호조치란 ㉮ 전담공무원 또는 아동위원에게 보호를 필요로 하는 아동 또는 그 보호자에 대한 상담·지도를 행하게 하는 것, ㉯ 보호자 또는 대리양육을 원하는 연고자에 대하여 그 가정에서 보호양육할 수 있도록 필요한 조치를 하는 것, ㉰ 아동의 보호를 희망하는 자에게 가정위탁하는 것, ㉱ 보호를 필요로 하는 아동에게 적합한 아동복지시설에 입소시키는 것, ㉲ 약물 및 알코올 중독·정서장애·발달장애·성폭력피해 등으로 특수한 치료나 요양 등의 보호를 필요로 하는 아동에 대하여 전문치료기관 또는 요양소에 입원 또는 입소시키는 것을 의미한다(제15조). 그리고 아동의 건전한 보호와 육성을 위해 누구든지 아동에게 피해를 입히는 다음과 같은 행위를 해서는 안 된다고 규정하고 있다(「아동복지법」 제17조).

- 아동을 매매하는 행위
- 아동에게 음란한 행위를 시키거나 이를 매개하는 행위 또는 아동에게 성적 수치심을 주는 성희롱 등의 성적 학대행위
- 아동의 신체에 손상을 주거나 신체의 건강 및 발달을 해치는 신체적 학대행위
- 아동의 정신건강 및 발달에 해를 끼치는 정서적 학대행위
- 자신의 보호·감독을 받는 아동을 유기하거나 의식주를 포함한 기본적 보호·양육·치료 및 교육을 소홀히 하는 방임행위
- 장애를 가진 아동을 공중에 관람시키는 행위

- 아동에게 구걸을 시키거나 아동을 이용하여 구걸하는 행위
- 공중의 오락 또는 흥행을 목적으로 아동의 건강 또는 안전에 유해한 곡예를 시키는 행위
- 정당한 권한을 가진 알선기관 외의 자가 아동의 양육을 알선하고 금품을 취득하는 행위
- 아동을 위하여 증여 또는 급여된 금품을 그 목적 외의 용도에 사용하는 행위

④ 아동에 대한 지원서비스

첫째, 국가, 보호자 및 국민은 아동의 건강과 안전을 위하여 노력해야 한다. 구체적으로 아동의 보호자는 아동의 건강유지와 향상을 위하여 최선의 주의와 노력을 하여야 한다. 그리고 국가는 대통령령이 정하는 바에 따라 아동복지시설과 아동용품에 대한 안전기준을 정하고 아동용품을 제작·설치·관리하는 자에게 이를 준수하도록 하여야 한다(「아동복지법」 제30조). 또한 아동복지시설, 영유아보육시설, 유치원, 초·중·고등학교의 장은 대통령령이 정하는 바에 따라 교통안전, 실종·유괴의 예방과 방지, 약물오남용 예방, 재난대비, 안전 및 성폭력 예방교육을 실시하여야 한다(「아동복지법」 제31조).

⑤ 아동복지시설

아동보호전담기관은 학대받은 아동의 발견, 보호, 치료에 대한 신속한 처리 및 아동학대예방을 전담하는 기관이다(「아동복지법」 제45조 제2항). 지방자치단체는 학대받은 아동의 발견, 보호, 치료에 대한 신속한 처리 및 아동학대 예방을 담당하는 지역아동보호전문기관을 시·군·구에 1개소 이상 두어야 한다. 이 경우 아동보호전문기관의 설치기준과 운영, 상담원 등 직원의 자격과 배치기준 등에 필요한 사항은 대통령령으로 정한다. 아동보호전문기관의 업무는 다음과 같다(「아동복지법」 제46조).

- 아동학대 신고 접수, 현장조사 및 응급보호
- 피해아동 상담·조사를 위한 진술녹화실 설치·운영
- 피해아동, 피해아동의 가족 및 아동학대행위자를 위한 상담·치료 및 교육
- 피해아동 가정의 사후관리

• 아동학대 사례 전문위원회 설치 · 운영 및 자체사례 회의 운영
• 기타 학대받은 아동의 보호를 위하여 필요한 사항

누구든지 아동학대를 알게 된 때에는 아동보호전문기관 또는 수사기관에 신고할 수 있다. 특히 교원, 의료인, 보육시설의 종사자, 유치원의 종사자, 아동복지시설의 종사자 등이 그 직무상 아동학대를 알게 된 때에는 즉시 아동보호전문기관 또는 수사기관에 신고하여야 한다.

국가 또는 지방자치단체는 아동복지시설을 설치할 수 있다. 그러나 민간단체의 경우 관할 시장 · 군수 · 구청장에게 신고하고 아동복지시설을 설치할 수 있다. 기타 시설기준 및 설치 등에 관하여 필요한 사항은 보건복지부령으로 정한

표 6-7 아동복지시설의 종류

시설	정의
아동양육시설	보호를 필요로 하는 아동을 입소시켜 보호, 양육하는 것을 목적으로 하는 시설
아동일시 보호시설	보호를 필요로 하는 아동을 일시보호하고 아동에 대한 향후의 양육대책수립 및 보호조치를 행하는 것을 목적으로 하는 시설
아동보호 치료시설	• 불량행위를 하거나 불량행위를 할 우려가 있는 아동으로서 보호자가 없거나 친권자나 후견인이 입소를 신청한 아동 또는 가정법원, 지방법원소년부지원에서 보호위탁된 19세 미만인 사람을 입소시켜 그들을 선도하여 건전한 사회인으로 육성하는 것을 목적으로 하는 시설 • 정서적 · 행동적 장애로 인하여 어려움을 겪고 있는 아동 또는 학대로 인하여 부모로부터 일시 격리되어 치료받을 필요가 있는 아동을 보호 · 치료하는 시설
공동생활가정	보호대상 아동에게 가정과 같은 주거여건과 보호, 양육, 자립지원 서비스를 제공하는 것을 목적으로 하는 시설
자립지원시설	아동복지시설에서 퇴소한 사람에게 취업준비기간 또는 취업 후 일정 기간 보호함으로써 자립을 지원하는 것을 목적으로 하는 시설
아동상담소	아동과 그 가족의 문제에 관한 상담, 치료, 예방 및 연구 등을 목적으로 하는 시설
아동전용시설	어린이공원, 어린이놀이터, 아동회관, 체육, 연극, 영화, 과학실험전시시설, 아동휴게숙박시설, 야영장 등 아동에게 건전한 놀이 · 오락 기타 각종 편의를 제공하여 심신의 건강유지와 복지증진에 필요한 서비스를 제공하는 것을 목적으로 하는 시설
지역아동센터	지역사회 아동의 보호 · 교육, 건전한 놀이와 오락의 제공, 보호자와 지역사회의 연계 등 아동의 건전육성을 위하여 종합적인 아동복지서비스를 제공하는 시설

출처: 「아동복지법」 http://www.law.go.kr.

다. 아동복지시설의 종류는 〈표 6-7〉과 같다.

아동복지시설은 종합시설로 설치할 수 있으며, 아동전용시설에는 국가와 국민의 책임을 추가로 규정하고 있는데, 즉 국가와 지방자치단체는 아동이 항상 이용할 수 있는 아동전용시설을 설치하도록 노력하여야 한다. 이와 같은 아동전용시설의 설치기준 등에 관하여 필요한 사항은 보건복지부령으로 정한다. 아동복지시설은 각 시설의 고유 업무 외에도 〈표 6-8〉과 같은 사업을 실시할 수 있다.

표 6-8 아동복지시설의 사업

시설	정의
아동가정 지원사업	지역사회 아동의 건전한 발달을 위하여 아동, 가정, 지역주민에게 상담, 조언 및 정보를 제공해주는 사업
아동주간 보호사업	부득이한 사유로 가정에서 낮 동안 보호를 받을 수 없는 아동을 대상으로 개별적인 보호와 교육을 통하여 아동의 건전한 성장을 도모하는 사업
아동전문 상담사업	학교부적응아동 등을 대상으로 올바른 인격형성을 위한 상담, 치료 및 학교폭력 예방을 실시하는 사업
학대아동 보호사업	학대피해아동의 발견, 보호, 치료 및 아동학대의 예방 등을 전문적으로 실시하는 사업
공동생활 가정사업	보호를 필요로 하는 아동에게 가정과 같은 주거여건과 보호를 제공하는 것을 목적으로 하는 사업
방과후 아동지도사업	저소득층 아동을 대상으로 방과후 개별적인 보호와 교육을 통하여 건전한 인격형성을 목적으로 하는 사업

출처: 「아동복지법」 http://www.law.go.kr.

2) 「청소년기본법」

「청소년기본법」은 1991년 12월 제정되었고, 청소년의 권리 및 책임과 가정, 사회, 국가 및 지방자치단체의 청소년에 대한 책임을 정하고 청소년육성정책에 관한 기본적인 사항을 규정함을 목적으로 한다. 이 법의 기본이념은 청소년이 사회구성원으로서 정당한 대우와 권익을 보장받음과 아울러 스스로 생각하고 자유롭게 활동할 수 있도록 하고, 보다 나은 삶을 누리며 유해한 환경으로부터 보호될 수 있도록 함으로써 국가와 사회가 필요로 하는 건전한 민주시민으로 자랄 수 있도록 하는 것이다.

「청소년기본법」은 총 10장 66조로 구성되어 있으며, 총칙, 청소년정책의 총괄 · 조정, 청소년시설, 청소년지도자, 청소년단체, 청소년활동 및 복지, 청소년육성기금, 보칙, 벌칙에 관한 내용이 담겨 있다(〈표 6-9〉 참조). 이 법에서 청소년이란 9세 이상 24세 이하인 사람을 말한다. 그리고 청소년 활동이란 청소년의 균형 있는 성장을 위해 필요한 활동과 이러한 활동을 소재로 하는 수련활동, 교류활동, 문화활동 등 다양한 형태의 활동을 의미한다. 한편, 청소년 복지는 청소년이 정상적인 삶을 누릴 수 있는 기본적인 여건을 조성하고 조화롭게 성장 · 발달할 수 있도록 제공되는 사회적 · 경제적 지원을 말한다.

표 6-9 「청소년기본법」의 주요 내용

장	구분	주요 내용
1장	총칙	목적, 기본이념, 정의, 다른 법률과의 관계, 청소년의 권리와 책임, 청소년의 자치권 확대, 가정의 책임, 사회의 책임, 국가 및 지방자치단체의 책임
2장	청소년정책의 총괄 · 조정	청소년정책의 총괄 · 조정, 청소년정책위원회, 지방청소년육성위원회의 설치, 청소년특별회의의 개최, 청소년육성에 관한 기본계획의 수립, 연도별 시행계획의 수립, 계획수립의 협조, 청소년의 달
4장	청소년시설	청소년시설의 종류, 청소년시설의 설치 · 운영, 청소년시설의 지도 · 감독
5장	청소년지도자	청소년지도자의 양성, 청소년지도사, 청소년상담사, 청소년지도사 · 청소년상담사의 배치 및 채용 등, 청소년육성 전담공무원, 청소년육성 전담기구의 설치, 청소년지도위원
6장	청소년단체	청소년단체의 역할, 청소년단체에 대한 지원 등, 수익사업, 한국청소년단체협의회, 지방청소년단체협의회
7장	청소년활동 및 복지	청소년활동의 지원, 학교교육 등과의 연계, 청소년복지의 향상, 청소년 유익환경의 조성, 청소년 유해환경의 규제
8장	청소년 육성기금	기금의 설치, 기금의 조성, 기금의 사용, 지방청소년육성기금의 조성
9장	보칙	국유 · 공유재산의 대부, 조세감면, 감독, 포상, 유사명칭의 사용금지, 수수료, 권한의 위임 · 위탁
10장	벌칙	벌칙, 과태료

출처: 「청소년기본법」 http://www.law.go.kr.

3) 「영유아보육법」

「영유아보육법」은 1991년에 제정되었으며, 영유아의 심신을 보호하고 건전하게 교육하여 건강한 사회구성원으로 육성함과 아울러 보호자의 경제적 · 사회적 활동이 원활하게 이루어지도록 함으로써 가정복지 증진에 이바지함을 목적으로 한다.

「영유아보육법」의 기본이념은 보육은 영유아의 이익을 최우선적으로 고려하여 제공되어야 하며, 영유아가 안전하고 쾌적한 환경에서 건강하게 성장할 수 있도록 하여야 한다는 것이다. 그리고 영유아는 자신이나 보호자의 성별, 연령, 종교, 사회적 신분, 재산, 장애 및 출생지역 등에 따른 어떠한 종류의 차별도 받지 아니하고 보육되어야 한다는 것을 밝히고 있다.

「영유아보육법」은 총 9장 56조로 구성되어 있으며, 총칙, 어린이집의 설치, 보육교직원, 어린이집의 운영, 건강 · 영양 및 안전, 비용, 지도 및 감독, 보칙, 벌칙에 관한 내용이 담겨 있다(〈표 6-10〉 참조).

표 6-10 「영유아보육법」의 주요 내용

장	구분	주요 내용
1장	총칙	목적, 정의, 보육이념, 책임, 보육정책조정위원회, 보육정책위원회, 육아종합지원센터, 한국보육진흥원의 설립 및 운영, 보육 실태 조사
2장	어린이집의 설치	어린이집의 종류, 보육계획의 수립 및 시행, 어린이집 또는 어린이집 용지 확보, 국공립어린이집의 설치 등, 국공립어린이집 외의 어린이집의 설치, 직장어린이집의 설치 등, 어린이집 설치기준, 결격사유
3장	보육교직원	보육교직원의 배치 · 직무 · 임면 · 결격사유, 어린이집의 원장 또는 보육교사의 자격, 어린이집의 원장 또는 보육교사 자격증의 교부, 보수교육
4장	어린이집의 운영	어린이집의 운영기준 등, 어린이집운영위원회, 취약보육의 우선 실시 등, 어린이집 이용대상, 보육의 우선 제공, 보육과정, 어린이집 생활기록, 어린이집 평가
5장	건강 · 영양 및 안전	건강관리 및 응급조치, 어린이집 안전공제사업 등, 치료 및 예방조치, 급식관리, 어린이집 차량안전관리
6장	비용	무상보육, 양육수당, 보육서비스 이용권, 비용지원의 신청, 조사 · 질문, 금융정보 등의 제공, 비용의 보조 등, 사업주의 비용부담, 보육료 등의 수납, 세제지원, 비용 및 보조금의 반환 명령, 보육비용 지원액의 환수

7장	지도 및 감독	지도와 명령, 보고와 검사, 어린이집의 폐지 · 휴지 및 재개 등의 신고, 시정 또는 변경 명령, 어린이집의 폐쇄 등, 행정제재처분효과의 승계, 어린이집 원장의 자격정지, 보육교사의 자격정지, 어린이집의 원장 또는 보육교사의 자격취소, 청문
8장	보칙	경력의 인정, 권한의 위임, 도서 · 벽지 · 농어촌지역 등의 어린이집, 어린이집 연합회
9장	벌칙	벌칙, 양벌규정, 과태료

출처: 「영유아보육법」 http://www.law.go.kr.

4) 「한부모가족지원법」

「한부모가족지원법」은 1989년 4월 『모자복지법』으로 처음 제정되어 2007년 10월에 법명을 「한부모가족지원법」으로 변경되었다. 「한부모가족지원법」은 한부모가족이 건강하고 문화적인 생활을 영위할 수 있도록 함으로써 한부모가족의 생활 안정과 복지 증진에 이바지함을 목적으로 한다. 이때 '한부모가족'이란 모자가족 또는 부자가족을 포함한다. 국가와 지방자치단체는 한부모가족의 복지를 증진할 책임을 가지며, 한부모가족의 모 또는 부와 아동은 그가 가지고 있는 자산과 노동능력 등을 최대한으로 활용하여 자립과 생활 향상을 위하여 노력하여야 한다고 규정하고 있다.

「한부모가족지원법」은 총 5장 31조로 구성되어 있으며, 총칙, 복지의 내용과 실시, 한부모가족복지시설, 비용, 보칙의 내용이 담겨 있다. 한부모가족복지시설의 종류에는 모자보호시설, 모자자립시설, 부자보호시설, 부자자립시설, 미혼모자시설, 미혼모자공동생활가정, 모자공동생활가정, 부자공동생활가정, 미혼모공동생활가정, 일시보호시설, 여성복지관, 한부모가족복지상담소 등이 포함된다(〈표 6-11〉 참조).

표 6-11 한부모가족복지시설의 종류

시설	정의
모자가족 복지시설	모자가족에게 다음 각 목의 어느 하나 이상의 편의를 제공하는 시설 • 기본생활지원: 생계가 어려운 모자가족에게 일정 기간 동안 주거와 생계를 지원 • 공동생활지원: 독립적인 생활이 어려운 모자가족에게 일정 기간 동안 공동생활을 통하여 자립을 준비할 수 있도록 주거 등을 지원 • 자립생활지원: 자립욕구가 강한 모자가족에게 일정 기간 동안 주거를 지원

부자가족 복지시설	부자가족에게 다음 각 목의 어느 하나 이상의 편의를 제공하는 시설 • 기본생활지원: 생계가 어려운 부자가족에게 일정 기간 동안 주거와 생계를 지원 • 공동생활지원: 독립적인 생활이 어려운 부자가족에게 일정 기간 동안 공동생활을 통하여 자립을 준비할 수 있도록 주거 등을 지원 • 자립생활지원: 자립욕구가 강한 부자가족에게 일정 기간 동안 주거를 지원
미혼모가족 복지시설	미혼모자가족과 출산 미혼모 등에게 다음 각 목의 어느 하나 이상의 편의를 제공하는 시설 • 기본생활지원: 미혼 여성의 임신 · 출산 시 안전 분만 및 심신의 건강 회복과 출산 후의 아동의 양육 지원을 위하여 일정 기간 동안 주거와 생계를 지원 • 공동생활지원: 출산 후 해당 아동을 양육하지 아니하는 미혼모 또는 미혼모와 그 출산 아동으로 구성된 미혼모자가족에게 일정 기간 동안 공동생활을 통하여 자립을 준비할 수 있도록 주거 등을 지원
일시지원 복지시설	배우자(사실혼 관계에 있는 사람을 포함)가 있으나 배우자의 물리적 · 정신적 학대로 아동의 건전한 양육이나 모의 건강에 지장을 초래할 우려가 있을 경우 일시적 또는 일정 기간 동안 모와 아동 또는 모에게 주거와 생계를 지원하는 시설
한부모가족 복지상담소	한부모가족에 대한 위기 · 자립 상담 또는 문제해결 지원 등을 목적으로 하는 시설

출처: 「한부모가족지원법」 http://www.law.go.kr.

3. 아동복지정책의 개선방안

1) 아동복지에 대한 국가책임 강화

지금까지의 아동복지사업은 가족이 해체된 후에 아동에게 서비스를 제공하는 잔여적 관점에서의 정책이었다. 실제로 「아동복지법」은 주로 요보호아동을 위한 시설의 설치와 운영, 이용에 관한 사항 위주로 규정되어 있으나, 보호자가 아동 보호를 위해서 정부의 도움을 청하기보다는 자녀를 버릴 때(기아, 친권포기 등)에만 도움을 받을 수 있는 문제점이 있다. 아동을 위한 다양한 지원 기능도 국가의 체계적인 시책으로서가 아니라, 아동복지시설이 수행할 수 있는 사업의 하나로 보고 이에 대한 비용의 일부 또는 전부를 지원할 수 있다고 규정하고 있어 실제로는 민간의 책임과 역량으로 운영됨에 따라 정부의 관리 감독이 효과적으로 이루어지지 못하고 있다.

따라서 아동복지와 이를 위한 국가와 지방자치단체의 의무를 보다 구체적으로 규정하고, 예산 지원의 근거도 명백히 해야 할 것이다. 특히 서비스를 민간기관에 위탁하여 제공하면서 그 제공된 서비스에 대한 비용을 정부가 지불하는 방식을 채택할 필요가 있다.

2) 아동 건강권과 안전권 보장

「아동복지법」의 목적은 아동이 건강하게 출생하여 행복하고 안전하게 자라나도록 그 복지를 보장하는 것이다. 하지만 아동의 건강과 안전에 관한 법률은 「국민기초생활보장법」「정신보건법」「전염병예방법」「한부모가족지원법」「유아교육진흥법」「영유아보육법」「학교보건법」「학교급식법」「도로교통법」 등 다양한 개별 법령에 분산되어 있을 뿐만 아니라 그 내용에서도 국가 책임보다는 개인과 가족의 책임이 강조되고 있다.

「아동복지법」의 경우에도 제4조에 아동의 건강과 안전을 위한 보호자와 국민의 책임, 국가와 지방자치단체의 시책 시행의 책임이 규정되어 있고, 제5조에 보호자의 책무, 제30조 아동복지시설과 아동용품에 대한 안전기준 준수에 관한 사항, 제31조 아동의 안전에 대한 교육의무 등이 규정되어 있기는 하지만 선언적 규정에 머물러 있다.

그러므로 아동의 건강권과 안전권 확보를 위한 일반규정을 「아동복지법」에 신설하거나 개별화된 법령을 통합할 필요가 있다. 또한 장애아동에 대한 대책도 「장애인복지법」「특수교육진흥법」에서 주로 다루어져 아동복지 차원에서의 접근은 미흡하다. 「아동복지법」에 장애아동을 독립적으로 규정하고 장애아동에 대한 조기재활개입이 가능하도록 하는 법적 근거를 신설할 필요가 있다.

3) 가정위탁 양육의 활성화

2000년 개정된 「아동복지법」과 이에 따른 후속조치는 국내의 아동보호체계에 커다란 변화를 가져왔다. 즉, 이전까지 민간기관에 의존해 왔던 '학대피해아동보호사업(혹은 아동학대예방사업)'이 본격적으로 정부의 아동복지사업으로 자리잡으면서 '가정위탁보호제도'와 '그룹홈'에 대한 지원 및 기존 아동양육시설의 다기능 시설로의 전환이 보다 확대되었다. 왜냐하면 아동학대로 인해 발생한 '보호를 필요로 하는 아동'을 대규모 아동양육시설의 아동들과 함께 수용할 수 없고, 이들의 독특한 심리사회적 욕구를 충족할 서비스를 제공할 필요성이 제기되었기 때문이다. 특히 '유엔아동권리위원회'의 요구에 따라 아동보호를 대규모 시설보호에서 소규모, 전문화된 시설에서의 보호로 전환해야 하는 시점에서 가정위탁보호사업은 국내뿐 아니라 국외의 요구사항을 충족시킬 수 있는 하나의 대리보호체계로 자리매김하게 되었다(유엔아동권리위원회, 2003).[1)]

나아가 아동복지사업의 주 보호대상인 '소년소녀가정'이 가정위탁보호의 대상으로 수용되면서 가정위탁보호 대상 및 서비스에도 변화를 가져오게 되었다. 이는 가정위탁 대상 아동 수의 급격한 증가와 함께 사회복지전담공무원에게 맡겨졌던 소년소녀가정들이 가정위탁지원센터의 보호 및 관리로 전환된 것을 의미한다. 따라서 일시적 보호를 필요로 하는 아동에 대한 일반적인 위탁가정서비스와 함께 친인척에 의한 친인척위탁가정 및 조부모에 의한 대리양육가정으로 세분화된 위탁유형이 발달하게 되었다.

이와 같이 현재의 가정위탁보호제도는 이전의 소년소녀가정(조손세대가정 일부 및 친인척 보호 아동들 포함)을 포함하기 때문에 실질적인 숫자 증가보다는 이전의 소년소녀가정이 가정위탁보호에 편입되는 과도기에 있다. 이에 따라 친인척위탁가정에 대한 비용 보조 이외에 이에 대한 적절한 관리는 이루어지지 않고 있는 실정이다. 앞으로 가정위탁보호제도에서 보다 전문화된 서비스가 제공되어야 하고, 요보호아동에 대한 보호대책으로 가정위탁보호제도가 보다 우선적으로 고려되도록 서비스 개념이 분명하게 제시되고 구체화되어야 할 필요가 있다.

4) 아동복지시설의 다기능화, 복합화

이혼, 가출, 교통사고, 산업재해 등과 같은 사회문제로 인해 요보호아동이 급

1) 2003년 1월 유엔아동권리위원회는 한국정부가 보고한 국가보고서 심사회의를 하여 최종견해 41번 a항에서, '가정위탁보호를 포함한 대안양육에 대해서 그룹홈과 대안양육체계의 숫자를 지속적으로 확대할 것, 특히 위탁가정에 대한 재정적 지원을 확대하고 카운슬링과 지원체계를 강화할 것'을 권고하였다(유엔아동권리위원회, 2003).

격히 증가하였다. 이들이 가정적인 분위기에서 성장하고 양육받을 수 있도록 아동복지시설의 보호방법에 변화가 필요하게 되었다. 대규모 아동복지시설은 시설장이나 직원과 수용되어 있는 사람 간의 관계가 소홀해질 가능성이 높다. 반면 소규모의 시설에서 상호 간 긴밀한 관계를 맺을 때 시설장이나 직원들의 아동에 대한 부모역할 수행을 기대할 수 있다. 따라서 종래의 대규모 단순보호 형태에서 소숙사 제도나 그룹홈 형태 등 소규모 가정단위의 보호방식으로 전환하는 것이 필요하다. 시설의 다기능화와 복합화를 지향하기 위해서는 입소자의 수를 제한하고 규모를 축소하여 공급자 중심이 아닌 수요자에 대한 개별화된 서비스에 초점을 맞추는 방안을 검토할 필요가 있다.

5) 시설아동에 대한 자립지원

아동복지시설이 가장 중점을 두어야 할 영역은 아동의 사회적응과 자립 부문이다. 사회적응 및 자립에서 조기교육은 특히 중요하다. 어려서부터 대인관계를 형성하고, 사회적 자원을 활용하며 사회적응 능력을 익히는 등의 기본능력을 형성하지 않으면, 직장을 구하기 어려울 뿐만 아니라 만족스러운 직장생활도 불가능하다. 따라서 아동복지생활시설 퇴소자의 자립지원을 위한 제도를 신설하는 것이 필요하며, 이러한 자립능력과 사회적응 능력을 키울 수 있는 프로그램의 개발과 시행이 요구된다.

6) 위기아동에 대한 대책 수립

절도, 폭력, 약물오남용 등의 문제행동을 하거나 정서장애, 행동장애 등으로 문제를 일으키는 아동을 예방하고 치료하기 위한 사업을 체계적으로 실시해야 한다. 아동복지의 목표는 전체아동의 건전한 성장이지만 우선해야 할 사업은 문제행동이 있는 아동을 조기에 치료하거나 적절히 보호함으로써 문제청소년이 되는 것을 막고, 이로 인해 발생하는 사회적 비용을 줄이는 것이다. 우리나라의 경우에는 비행청소년과 범죄청소년을 위해 발생하는 분류심사원, 보호관찰소, 소년원 등 교정교호시설을 갖추고 있지만, 작은 비행과 범죄를 되풀이하는 아동을 위한 전문기관은 거의 없다. 서울시립아동상담치료센터(http://

sp.dbnawoori.seoul.kr), 서울시 청소년상담복지센터(http://www.teen1318.or.kr)와 같은 전문기관을 강화하여 복합비행, 가출, 부랑, 도벽, 약물남용, 정서장애 등의 어려움이 있는 아동 · 청소년들의 문제행동치료를 강화해야 할 것이다.

7) 아동복지 담당 전문인력의 양성과 배치

변화하는 아동과 가족의 욕구에 부응하여 제공되는 서비스를 확대하고 그 질을 높이기 위해서는 아동복지를 담당하는 아동복지전담공무원과 사회복지사의 확충과 전문성 확보가 필수적이다.

현재 「아동복지법」 제14조는 시 · 군 · 구에 아동위원을 두도록 하고, 제13조에는 각 지자체에 아동복지전담공무원을 두도록 하고 있으나, 세부 배치와 운영에 관한 사항은 아동위원의 경우 조례에 위임되어 있다. 그리고 아동복지전담공무원은 시 · 도 및 시 · 군 · 구에 배치되어 아동에 대한 상담 및 보호조치, 가정환경에 대한 조사, 아동복지시설에 대한 지도감독, 아동범죄 예방을 위한 현장 확인 및 지도 · 감독 등 지역단위에서 아동의 복지 증진 업무를 수행토록 하고 있다. 하지만 아동복지전담공무원의 배치 및 운영에 관한 사항은 해당 시 · 군 · 구의 조례로 정하고 있어 운영의 실효를 확보하기 어려우므로 이들에 관한 사항을 보다 강화해 나가야 한다.

제3부
아동복지의 실천 분야

제 7 장 보육사업

제 8 장 장애아동복지사업

제 9 장 학대아동보호사업

제10장 가정위탁보호사업

제11장 입양사업

제12장 시설보호사업

아동복지의 실천 분야는 크게 보육사업, 장애아동복지사업, 학대아동보호사업, 가정위탁보호사업, 입양사업, 시설보호사업 등으로 구분할 수 있다. 보육사업은 본질적으로 사회적 이슈를 모두 다루어야 하는 복합적인 분야인 만큼, 정부의 보육사업에 대한 적극적 개입을 통해 아동의 복리 증진, 가족의 복지를 확대하기 위한 노력이 이루어져야 한다. 장애아동복지사업의 경우에도 아직까지 의료와 교육재활사업 등에서 여러 가지 해결해 나가야 할 많은 과제를 안고 있다. 학대아동보호사업은 아동학대로 인한 사회문제를 줄이고 아동학대의 세대 간 전이를 방지하기 위한 것으로서 아동학대의 예방, 발견, 치료는 국가 및 지역사회가 적극적으로 해결해야 한다. 가정위탁보호사업의 경우 위탁아동이 건전한 사회인으로 자랄 수 있도록 위탁아동 및 위탁부모에 대한 경제적 · 사회적 지원을 확대해야 할 필요가 있다. 입양사업의 경우 국내입양이 활성화되지 않고 있고, 입양아동의 양육을 지원하는 법과 제도가 많이 개선되기는 하였지만 아직도 입양아동의 복지 증진을 위해서는 개선되어야 할 점이 많다. 시설보호사업은 최근 들어 대규모시설보다는 소규모 가정단위의 보호방식으로 전환하여 가정적인 분위기에서 아동이 성장할 수 있도록 유도하고 있으나, 시설의 물리적 환경이나 시설아동의 양육여건 등을 개선해야 할 필요가 있다.

제3부에서는 아동복지의 구체적 실천 분야에 대해 살펴보고자 한다. 또한 보육사업, 장애아동복지사업, 학대아동보호사업, 가정위탁보호사업, 입양사업, 시설보호사업 등에서 구체적인 대상이 되는 아동들의 특성에 대해 살펴보고, 각 사업의 현황, 제공되는 서비스 및 개선방안에 대해 살펴보고자 한다.

제7장
보육사업

보육사업의 목적은 영유아의 건강한 발달을 도모함과 동시에 보호자의 복지를 증진시키는 데 있다. 따라서 우리나라의 보육사업은 빈곤가정의 아동을 구제하기 위한 목적에서 출발하였으나, 최근의 보육사업은 보다 보편주의적 관점에서 일반가정의 아동까지를 포함하는 것으로 발전해 왔다. 여성 취업인구의 증가로 인한 맞벌이가족의 양육부담을 감소시키고, 나아가 저출산율로 인한 인구학적 위기를 예방하는 차원으로 발전해 오고 있다.

저출산과 같은 사회적 여건에 의해 아동 수는 감소하고는 있으나 여성의 경제활동 증가로 인해 어린이집 수요는 증가할 것으로 전망하고 있다. 따라서 맞벌이 부모들의 자녀양육에 대한 부담을 줄이기 위한 어린이집 수요는 꾸준한 증가를 보일 것이며, 다문화가족, 한부모가족, 장애아동가족 등을 대상으로 한 다양한 형태의 보육서비스에 대한 욕구도 꾸준히 증가할 것으로 예상된다. 보육정책은 본질적으로 사회적 이슈를 모두 다루어야 하는 복합적인 분야인 만큼, 정부의 보육사업에 대한 적극적 개입을 통해 아동의 복리 증진, 가족의 복지를 확대하기 위한 노력을 계속해야 할 것이다.

이 장에서는 보육의 전반적인 개념과 보육사업의 현황에 대해 살펴보고, 우리나라 보육사업의 개선방안에 대해 논의하고자 한다.

CASE STUDY

보육사업

맞벌이가정 및 여성의 사회진출에 따른 저학년 방과후 보육 수요가 높아지고, 아동, 학부모 모두 어린이집 장소로서 초등학교를 희망하고 있다. 그러므로 사교육 욕구를 학교로 흡수하여 학부모의 사교육비 경감 및 학생의 전인성장을 도모할 필요가 있다. 방과후 안정되게 보호받지 못하는 아동들은 각종 안전사고의 위험에 노출되어 있으며, 과도한 TV 시청, 부적절한 비디오 프로그램 시청 등으로 청소년 비행이 유발될 가능성이 높아지고 있다.

이에 초월초등학교에서는 학교 내 보육 프로그램을 통해 아동들이 학교생활의 피곤을 풀고, 부모가 보호하지 못하는 동안 가정과 같은 분위기에서 자율적인 활동을 할 수 있게 하며, 질서를 배우고 자신의 생활 계획을 스스로 해 나갈 수 있도록 돕고자 한다. 궁극적으로는 맞벌이가정, 사회경제활동 여성인력의 효과적 활용 지원 및 실질적인 교육복지를 실현하고자 한다.

• 초월초등학교의 보육 프로그램에 대한 실태분석

첫째, 맞벌이가정과 시설 수용학생이 많아 학교교육에의 의존도가 높다.

둘째, 어린이 놀이시설 및 청소년 문화시설이 별로 없다.

셋째, 맞벌이가정의 자녀들은 저녁 늦게 부모님이 돌아올 때까지 혼자 집을 보거나, 사정이 좀 나은 가정의 자녀는 학원에서 시간을 보낸다.

넷째, 부모와 집에 있는 시간이 적어 스스로 학습에 대한 기본습관이 형성되어 있지 않다.

다섯째, 초등보육 프로그램 교육활동에 활용할 수 있는 시설로는 보육교실 1실, 과학실험실 1실, 미술실 1실, 컴퓨터실 1실, 도서실 1실이 있다.

• 세부 추진 내용

첫째, 보육중심의 방과후 학교를 운영한다.

- 방과후 아동 돌봄 수요를 충족하기 위한 보육중심 프로그램을 운영한다.
- 프로그램 운영: 과제지도, 휴식, 간식, 놀이, 수면
- 시간 운영: 학생들이 참여할 수 있는 시간에 자유롭게 참여할 수 있도록 운영한다.
- 시설 이용: 기존의 교실형 보육 교실과 온돌식 보육 교실을 이용한다.

둘째, 보육 프로그램 운영 기간을 2008년 5월에서 2009년 2월(주 5일)로 하고, 보육 프로그램 시간 운영은 학기 중에는 13:00부터 17:00까지로 정하고, 토요 휴업일에는 신나는 초월 틈새학교로 대치하며, 방학 중에는 09:00부터 13:00까지 운영한다.

수면실

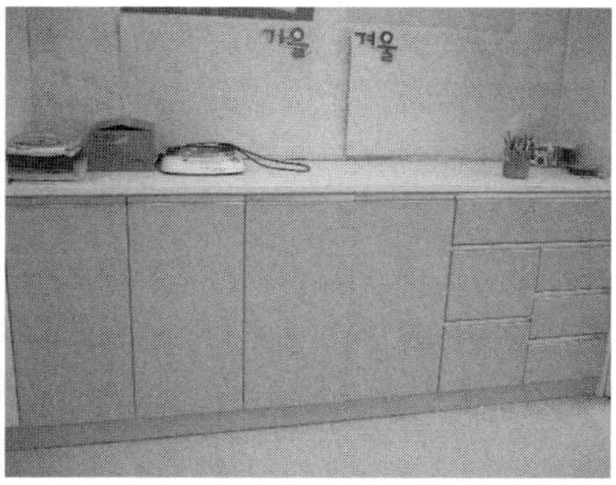

사물함

세면대

책상

셋째, 아동의 흥미를 유발할 수 있는 다양한 프로그램을 운영한다.

- 미술활동: 그리기, 종이접기, 만들기 등
- 신체활동: 학생들이 마음껏 뛰어놀 수 있는 신체활동 시간을 매일 1회, 30분씩 편성하고, 건전한 집단놀이를 통해 협동심과 양보심을 배양(민속놀이, 기구놀이)한다.
- 체험활동: 학생들의 정서함양에 도움이 되는 영화를 선정하여 주 1회 영화 감상의 날을 운영한다.
- 독서활동: 교사가 엄선된 그림책을 아동들에게 구연해주고, 아이들도 직접 동화구연에 참여함으로써 발표력과 표현력, 자신감을 향상시킨다. 바닥에 앉아 편안한 자세로 교사의 구연동화를 들려줌으로써 아동들이 가정과 같은 편안한 분위기를 느끼도록 유도한다.
- 컴퓨터활동: 컴퓨터의 기초를 배울 수 있는 기회 제공
- 창의력 학습
- 한자교육: 학교에서 실시하고 있는 '인증제' 평가항목 중 하나인 '한자'를 교육 내용에 도입함으로써 학교교육과의 연계성을 고려하여 지도한다.
- 요리활동: 주 1회 요리체험활동 실시

• 운영 효과

첫째, 방과후 부모의 도움을 받을 수 없는 아동의 방과후 생활을 안전하게 보장함으로써 가족 전체의 생활에 안정을 기한다.

둘째, 초등학생의 초등보육 프로그램 운영을 통해 사교육비를 절감한다.

휴식 시간에 카드 놀이

한자공부도 열심히

친구와 같이 문제 풀기

선생님과 함께

셋째, 학교교육의 미진한 부분을 보완하여, 아동의 흥미, 욕구를 충족시키는 활동을 증진시키고, 학습 및 생활지도 등을 통해 아동의 건전한 성장을 도모한다.

넷째, 아동들의 집단생활을 통해 사회성을 기르고 사고력 신장과 창의성 계발에 역점을 두어 도덕적 · 자율적 · 자주적 · 창의적 인간을 형성할 수 있다.

다섯째, 여성의 사회진출 급증에 따른 보육, 학습 수요 지원을 통하여 여성인력 활용 극대화 및 교육복지를 실현한다.

여섯째, 학부모의 요구에 따른 방과후 교육활동으로 사교육 대체 효과 및 공교육 신뢰를 구축한다.

출처: 보육보금자리 우수 사례-초월초등학교.

1. 보육의 이해

1) 보육의 개념

우리나라 초기의 보육은 빈민구제사업의 일환으로 부모가 맡긴 자녀를 보호한다는 탁아(託兒)의 의미가 강했으며, 탁아서비스의 대상은 요보호가정의 요보호아동이라는 선별적 개념이었다. 그러나 사회변화로 인해 여성취업이 보편화되면서 정부는 전통적인 탁아의 개념을 능가하는 보육서비스를 필요로 하게 되었다. 이러한 의미를 반영하여 현재는 보육이 아동과 취업여성을 위한 사회적 지원서비스로 개념화되고 있으며, 보육의 대상도 특별한 계층으로 제한하지 않는 보편주의적 관점에서 논의가 이루어지고 있다.

이러한 관점에서 우리나라의 「영유아보육법」은 보육이란 영유아를 건강하고 안전하게 보호 · 양육하고 영유아의 발달특성에 맞는 교육을 제공하는 어린이집 및 가정양육 지원에 관한 사회복지서비스라고 정의하고 있다. 보육은 영유아가 안전하고 쾌적한 환경에서 건강하게 성장할 수 있도록 영유아의 이익을 최우선적으로 고려하여 제공해야 하며, 영유아 자신이나 보호자의 성 · 연령 · 종교 · 사회적 신분 · 재산 · 장애 · 인종 및 출생지역 등에 따른 어떠한 종류의 차별도 받지 않는 것을 이념으로 한다(영유아보육법 제3조). 그리고 보육의 목적을 심신의 보호와 건전한 교육을 통하여 영유아를 건강한 사회구성원으로 육성함과 동시에 보호자의 경제적 · 사회적 활동을 원활하게 함으로써 가정복지 증진에 기여하는 것으로 삼고 있다.

보육은 현대사회로 올수록 사회적으로 매우 중요하고 민감한 문제가 되고 있다. 보육서비스를 받는 1차적인 대상은 영유아이다. 이들의 건강한 성장과 발달을 도모하기 위해서는 다양하면서도 질적으로도 우수한 경험을 포괄적으로 제공하는 것이 중요하다. 따라서 보호, 교육, 영양, 건강, 창조적 행위 등의 구체적인 내용들이 서비스의 내용에 포함되어 있어야 하는 것은 당연하다. 뿐만 아니라 보육서비스는 아동의 발달적 욕구를 충족시키기 위한 목적과 기능 외에도 부모와 가정, 지역사회의 욕구도 포괄하는 서비스가 되어야 할 것이다.

Decker와 Decker(2001)에 따르면, 보육서비스는 부모, 가족, 지역사회에 대한 체계적인 접근을 통해서 생태체계에 속해 있는 아동의 욕구를 충족시키는 것이다. 따라서 모든 아동에게 적합하고, 부모의 참여와 가족의 지지를 포함한 아동과 부모 양쪽 모두의 건강에 대해서 주의를 기울이는 포괄적 보육서비스이어야 한다. 또한 보육서비스는 아동 및 여성과 가족의 욕구를 해결함은 물론 국가와 사회의 유지 · 발전 및 통합, 그리고 이들의 정상적인 기능수행에 기여한다는 데 의의가 있다. 즉, 포괄적 보육서비스는 아동에 대한 보호와 교육의 단순 결합에서부터 아동의 복지를 위해 아동과 아동을 둘러싼 제반 환경에까지 개입하는 폭넓고 적극적인 의미까지를 포함하는 개념이라 할 수 있다(이창수, 2007). 그러므로 보육서비스는 영유아와 가정이 도움을 필요로 할 때 국가가 조직적으로 개입하여 보호와 교육의 합리적인 조화를 통해 영유아가 건전한 사회구성원으로 성장할 수 있도록 돕는 것이라고 할 수 있다(김덕성, 박노경, 이만수, 2006).

2) 보육의 의의

보육서비스의 의의를 아동, 부모, 사회의 입장에서 살펴보면 다음과 같다(김익균, 2001).

첫째, 보육서비스는 아동발달과 아동복지에 기여한다. 아동은 가정이 아닌 새로운 사회화 기관에서 다양한 발달영역의 성장과 변화를 경험하게 되고, 또래관계 및 교사와의 관계를 통해 사회적응 능력을 키울 수 있다. 빈곤계층이나 취업모의 자녀가 아닌 일반가정의 아동에게도 학령 전 보육의 기회를 제공함으로써 다양한 교육의 경험을 갖게 할 수 있다.

둘째, 부모 및 가족복지에 기여한다. 보육서비스는 취업 등의 여러 이유로 인한 여성의 자녀양육문제를 해결해주고 경제적 · 사회적 활동을 원활하게 함으로써 가정의 복지를 지원하여 가정의 경제적 안정과 긍정적인 변화를 도모할 수 있다.

셋째, 사회 및 국가에 기여한다. 보육서비스를 통한 건강한 아동의 성장과 건강한 가족생활을 유지하는 것은 사회와 국가의 안정을 위해 바람직하다. 또한 여성인력을 활용할 수 있을 뿐만 아니라 동시에 미래의 잠재인력을 보호하고 육성하는 데 기여할 수 있다.

3) 보육의 중요성

우리나라는 생산가능인구의 부족으로 여성의 경제활동에 대한 필요성이 더욱 증가함에 따라 자녀를 출산한 부모들이 마음 놓고 자녀를 맡길 수 있는 어린이집의 수요도 함께 증가할 것으로 전망된다(〈그림 7-1〉 참조).

국가가 어린이집을 확충하고 양질의 보육서비스를 제공하는 것은 미래를 위한 투자이다. OECD 국가들에서 영유아에 대한 재정지원과 관련된 주된 이슈는

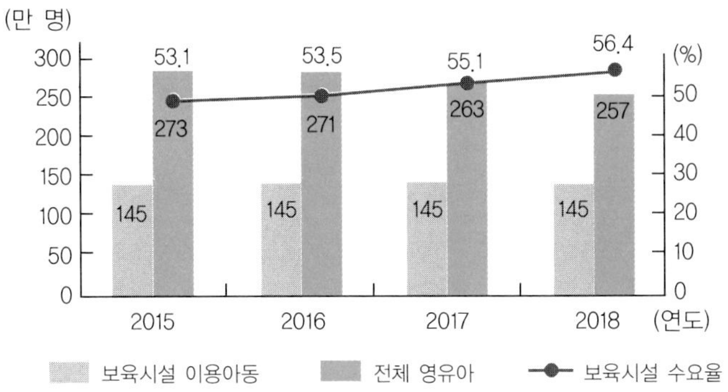

〈그림 7-1〉 **우리나라 보육시설 수요율**

출처: 보건복지부(2019f). 2018년 보육통계, p. 256.

보육에 투자할 것인지의 여부가 아니라, 어느 정도의 수준에서 투자할 것인지에 대한 것이다. 과거에 육아는 본질적으로 어머니에 의한 가정양육이었고, 다른 가족구성원이나 이웃을 통한 비공식적 육아가 주를 이루었다. 하지만 이러한 양육모형은 서비스 경제의 확대와 여성의 노동시장 유입, 여성의 입장에서 보다 평등한 기반 위에서 일과 가정의 책임을 조화시킬 필요성, 특히 출산율의 저하 및 이민 증가와 같은 인구문제, 영유아기에 시작되는 빈곤과 불평등의 악순환의 고리를 끊어야 할 필요성과 같은 커다란 환경변화에 직면하여 수정이 불가피하게 되었다(한국교육개발원, 교육인적자원부, 2003).

미국 니어(National Institute for Early Education Research: NIEER)재단은 인적 자본에 대한 투자수익률에 관한 연구를 통해 취학 전 아동에게 각 아동당 1달러를 투자했을 경우 4달러가량의 사회적 환원효과를 가져온다고 보고하고 있다(〈그림 7-2〉 참조). 사회적 환원효과로는 첫째, 어린 시절에 충분한 영양을 섭취하고 적절한 지적 자극을 주면 아동의 지능과 학업성적이 향상된다. 둘째, 유급생이나 특수학급을 운영할 필요가 적어져 예산을 절감하는 부수적인 효과를 기대할 수 있다. 셋째, 건강하게 자란 아이들은 흡연가능성이 감소하고, 이들이 자라서 사회적 지원을 받아야 할 필요도 줄어든다는 것이다. 넷째, 아이를 키우는 부담을 사회가 덜어주면 보호자의 경제활동이 활발해지고 가정 소득도 늘어난다는 것이다. 이것은 국가가 취학 전 아동을 대상으로 보육에 투자하는 것이 높은 수익으로 사회에 되돌아온다는 것을 의미한다(육아정책개발센터, 2008; NIEER, 2003).

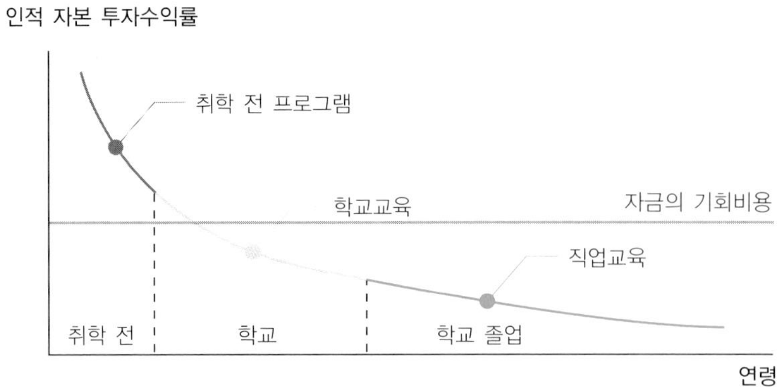

〈그림 7-2〉 **아동투자의 효과성**

출처: Cunha, F., Heckman, J., Lochner, L., & Masterov, D. V. (2005). *Interpreting the evidence of life-cycle skill formation*. IZA Discussion Paper Series, No. 1575. Institute for the Study of Labour. Bonn Germany, July.

4) 보육의 대상

보육의 대상은 주로 출생부터 초등학교 입학 전까지의 만 6세 미만 영유아를 원칙으로 하고 있다. 보건복지부 통계에 따르면, 우리나라 영유아 수는 2018년 12월 현재 총 290만 5,409명으로 남아가 여아보다 많다(〈표 7-1〉 참조). 이 중 가정에서 양육이 가능한 아동을 제외하고 보육서비스가 필요한 아동은 어린이집을 이용할 수 있다.

표 7-1 영유아의 인구통계 (단위: 명)

성별	계	0세	1세	2세	3세	4세	5세	6세
계	2,905,409	317,778	361,837	411,301	443,666	440,101	441,402	489,324
남	1,489,580	162,950	186,218	210,425	227,329	225,458	225,975	251,225
녀	1,415,829	154,828	175,619	200,876	216,337	214,643	215,427	238,099

출처: 보건복지부(2019f). 2018년 보육통계, p. 260.

보육대상의 입소 우선순위는 다음과 같다(「영유아보육법」 제28조, 「영유아보육법 시행규칙」 제29조).

- 「국민기초생활 보장법」에 따른 수급자
- 「한부모가족지원법」 제5조에 따른 보호대상자의 자녀
- 「국민기초생활 보장법」 제24조에 따른 차상위계층의 자녀
- 「장애인복지법」 제2조에 따른 장애인 중 보건복지부령으로 정하는 장애 정도에 해당하는 자의 자녀
- 「다문화가족지원법」 제2조제1호에 따른 다문화가족의 자녀
- 「국가유공자 등 예우 및 지원에 관한 법률」 제4조제1항에 따른 국가유공자 중 제3호의 전몰군경, 제4호 · 제6호 · 제12호 · 제15호 · 제17호의 상이자로서 보건복지부령으로 정하는 자, 제5호 · 제14호 · 제16호의 순직자의 자녀
- 제1형 당뇨를 가진 경우로서 의학적 조치가 용이하고 일상생활이 가능하여 보육에 지장이 없는 영유아
- 그 밖에 소득수준 및 보육수요 등을 고려하여 보건복지부령으로 정하는 자의 자녀

5) 보육의 유형

우리나라의 어린이집[1)]은 설립 및 운영주체에 따라 국공립어린이집, 법인어린이집, 민간어린이집, 가정어린이집, 직장어린이집, 협동어린이집으로 구분될 수 있다.

(1) 국공립어린이집

국공립어린이집은 국가 또는 지방자치단체가 설치 · 운영하는 시설로 인가절차 없이 설치하되 어린이집 수급계획 등을 포함한 보육계획을 사전에 수립해야 한다. 국공립어린이집은 지역주민의 자녀를 정원의 50% 이상 보육하고, 상시 영유아 11인 이상을 보육하여야 한다. 부모들은 저렴한 보육비, 보육기관에 대한 신뢰도 등으로 국공립어린이집을 선호하고 있으며, 공보육의 기반 조성 차원에서 국공립어린이집의 확보가 필요하다.

1) 「영유아보육법」 제25차 일부개정(2011. 6. 7.)에서는 보육시설을 '어린이집'으로, 보육시설종사자를 '보육교직원'으로, 보육시설의 장을 '어린이집 원장'으로 명칭 변경하였다. 이는 2011년 12월 8일부터 발효되어 적용되고 있다.

사진 설명 국공립 성심어린이집의 외부환경

보육의 공공성 확보는 국공립어린이집의 증설로 가능한 것만은 아니다. 보육서비스의 재정에서 공공재정의 몫을 증가시키는 것도 보육의 공공성을 확보하는 데 매우 필요한 부분이다. 특히 사회적 취약계층을 대상으로 한 보육서비스는 공공영역에서 제공해주는 것이 필요한데, 바로 이 부분이 국가가 책임지는 부분이라 할 수 있다. 보건복지부는 시장, 도지사 또는 시장 · 군수 · 구청장이 육아종합지원센터를 설치하고, 이 센터에서 보육에 관한 정보를 수집 및 제공, 상담할 수 있도록 하고 있는데, 특별히 관할 지역 내 어린이집과 보육수요자에 대해 지역특성에 맞는 서비스를 제공하도록 하고 있다.

(2) 법인어린이집

「사회복지사업법」에 의한 사회복지법인이 설립하여 운영할 수 있는 시설과 개인단체가 설립하여 운영하는 비영리시설로서 영유아 21인 이상을 보육하여야 한다. 법인어린이집은 지역보육수요와 어린이집 등의 공급현황 등을 감안하여 지역별로 균형 있게 배치해야 한다.

(3) 민간어린이집

민간어린이집은 국가 또는 지방자치단체 외의 사람이 설립하여 운영하는 시설로서 직장어린이집, 가정어린이집 또는 협동어린이집을 제외한 시설을 말한다. 상시 영유아 21인 이상을 보육하여야 한다.

민간어린이집은 전국어린이집 39,171개소 중 13,651개소로 어린이집의

표 7-2 어린이집의 영유아 현황

구분		계	국 · 공립 어린이집	사회복지법인 어린이집	법인 · 단체등 어린이집	민간 어린이집	가정 어린이집	협동 어린이집	직장 어린이집
어린이집 수	개소	39,171 (100%)	3,602 (9.2%)	1,377 (3.5%)	748 (1.9%)	13,518 (34.5%)	18,651 (47.6%)	164 (0.4%)	1,111 (2.8%)
아동 수	정원	1,732,324	230,508	128,810	54,900	886,818	344,412	5,451	81,425
	현원	1,415,742 (100%)	200,783 (14.2%)	92,787 (6.6%)	41,298 (2.9%)	711,209 (50.2%)	302,674 (21.4%)	4,360 (0.3%)	62,631 (4.4%)
	이용률	81.7%	87.1%	72.0%	75.2%	80.2%	87.9%	80.0%	76.9%

출처: 보건복지부(2019f). 2018년 보육통계, p. 17.

34.8%를 차지하고 있다(〈표 7-2〉 참조). 민간어린이집의 경우 정부의 지원이 정부지원 어린이집에 비해 현저하게 부족한 상황임에도 행정지도와 규제는 지원 여부와 상관없이 일괄적으로 적용하고 있다. 정부의 지원이 부족한 민간어린이집은 양질의 보육서비스 제공에 어려움이 많아 계속해서 보육서비스의 질적 저하가 문제시되고 있다. 이러한 상황에서 평가인증제도는 보육서비스의 질적 수준 저하라는 보육과제를 해결하기 위한 처방책의 하나라 할 수 있다. 어린이집의 민간 의존도가 높은 상황에서 평가인증제도를 통해 민간어린이집의 서비스 질을 향상시키고 민간어린이집을 이용하는 부모들과 국공립어린이집을 이용하는 부모 간의 형평성이 보장될 수 있는 제도와 관리시스템을 지원하는 것이 필요하다.

(4) 가정어린이집

가정어린이집은 영유아가 보육자의 집으로 가서 보육을 받는 시설이다. 개인적으로 또는 소수의 영아를 보육하는 시설로서 보육할 수 있는 유아의 수는 20인 미만이다. 가정어린이집의 경우는 원장이 보육교사 자격이 있는 경우 다른 보육교직원을 두지 않아도 된다.

가정어린이집에는 전체 보육아동의 21.4%인 302,674명이 재원하고 있다(〈표 7-2〉 참조). 이는 민간어린이집에 이어 두 번째이고, 법인어린이집이나 국공립어린이집보다 더 많다. 어린이집의 규모에서 보면, 가정어린이집은 어린이집의 48.9%로 전체 중 가장 많은 수이다. 그러나 이처럼 가정어린이집의 역할과 기능이 막중함에도 불구하고 사회 및 정부로부터 그에 상응하는 대우나 지원을 받지 못하고 있다.

외국에서는 영아보육 형태 중 가정어린이집이 가장 보편적이다. 매우 소규모라서 영아는 보육자의 개별적 관심을 받을 기회가 많다. 시설보육에 비해 덜 형식적이며 개별아동의 욕구를 쉽게 충족시킬 수 있는 탄력적 프로그램이 진행되는 장점이 있다. 아동 자신의 가족과 유사한 가정적 생활양식과 가치를 갖는 점도 소규모 가정보육의 장점이다. 그러나 이러한 가정보육의 장점은 보육교사의 자질과 가정보육의 질에 대한 관리감독이 철저할 때만 의미가 있다. 전문직으로서 보육교사의 의식결여나 가정보육 프로그램의 부족도 가정보육의 질을 떨어뜨리는 요인으로 작용하여 가정보육의 장점을 희석시킨다(Sissons, 1992). 따라서 보육선진국에서는 가정보육의 철저한 관리, 감독체계의 구축, 가정보육을 위한 질적 프로그램의 보급, 그리고 가정보육 담당교사의 자격 검증 방안들이 영아를 위한 가정보육의 중요 대책이 되고 있다(이옥, 2004).

(5) 직장어린이집

직장어린이집은 기혼 취업여성의 자녀양육과 관련하여 사업장의 사업주가 필요한 보육서비스를 시행하는 제도이다.

우리나라 직장어린이집의 설치와 관련된 법적인 근거는 「남녀고용평등과 일·가정 양립 지원에 관한 법률」과 「영유아보육법」에서 살펴볼 수 있다. 「남녀고용평등과 일·가정 양립 지원에 관한 법률」 제21조에서는 사업주는 근로자의 취업을 지원하기 위하여 수유·탁아 등 육아에 필요한 직장어린이집을 설치하여야 한다고 명시하고 있다. 그리고 근로자의 고용을 촉진하기 위하여 직장어린이집의 운영에 필요한 지원 및 지도를 하여야 한다고 명시하고 있다.

「영유아보육법」은 직장어린이집의 설치 및 운영 등의 내용을 명시하고 있다. 구체적인 내용으로 상시 여성근로자 300인 이상을 고용하고 있는 사업장의 사업주는 직장어린이집(사진 참조)을 설치하여야 한다고 명시하고 있으며, 다만 공해 등의 위험시설이 있거나 보육대상 아동 수의 부족 등 불가피한 사유로 직장어린이집을 설치할 수 없는 경우 공동 어린이집을 설치하거나 보육수당 등을 지급하도록 하고 있다(「영유아보육법 시행규칙」 제5조). 또한 보육수당을 지급하는 경우 사업장이 있는 곳의 어린이집을 이용하는 데 필요한 비용의 1/2 이상을 지

사진 설명 고려대학교 의료원 안암병원 어린이집

급하도록 규정하고 있다. 2016년부터는 직장어린이집 설치가 의무화됨에 따라 직장어린이집 설치의무 등에 대한 이행명령을 이행하지 않는 사업주에 대해 이행강제금 부과기준을 마련하였다.

(6) 협동어린이집

협동어린이집은 보육아동을 둔 보호자 또는 보호자와 보육교직원 11인 이상이 조합을 결성하여 어린이집을 설치 · 운영하는 시설이다. 상시 영유아 11인 이상을 보육하여야 하며, 관할 시장, 군수 또는 구청장에게 사전에 인가를 신청하여야 한다. 조합의 업무집행자는 조합계약 또는 조합원의 2/3 이상의 찬성으로 선임한다. 어린이집의 운영에 관한 통상 사무는 원장이 전담하며, 주요사항은 조합원 과반수 이상의 찬성으로 결정한다. 조합원은 최대한 보육과정 및 의사결정에 참여하여 소기의 설립 목적을 달성하도록 노력하여야 한다.

2. 보육사업의 현황

1) 보육사업의 역사

우리나라의 보육사업은 근대화 이후 빈민아동을 위한 구제사업의 일환으로 시작되었다. 1921년 태화기독교사회관에서 보육 프로그램을 개설하여 1950년대까지 임시구호적인 성격의 프로그램이 운영되었다. 1961년 「아동복리법」이 제정되면서 어린이집에 대한 설치근거가 마련되었고, 1968년 「아동복리법 시행령」이 공포되면서 빈곤층 아동을 대상으로 한 민간어린이집을 설치하여 '어린이집'이라 칭하였고, 보건복지부에서 일부 어린이집에 시설보조금과 인건비 등을 지원하기 시작하였다. 취업모의 증가로 빈곤층 아동뿐 아니라 일반가정의 아동이 어린이집에 입소하는 비율이 증가하게 되자 1978년 보건복지부는 탁아시설 운영개선방안을 발표하여 어린이집 입소대상을 일반아동으로 확대하고 수익자 부담 원칙을 제시하게 되었다.

1982년 「유아교육진흥법」이 공포되면서 어린이집, 농번기 탁아소, 새마을협동유아원, 유아원이 모두 '새마을 유아원'이라는 명칭으로 통합하여 운영되었다. 1991년 「영유아보육법」이 제정되면서 보육정책은 새로운 발전과 도약의 계기를 마련하게 되었다. 「영유아보육법」이 지향하는 보육정책의 기본이념은 전통적인 가정양육 원칙과 자유민주주의 이념으로, 이에 따라 보육대상을 보호자가 보호하기 어려운 영아 및 유아로 한정하였다. 이는 불필요한 국가 개입을 최소화하고 교육법에 의한 유아교육제도와의 구분을 명확히 한 것이다(정옥분 외, 2019).

우리나라의 보육관련 정책은 「영유아보육법」을 근거로 수립하고 있다. 2004년 개정된 「영유아보육법」에 의하면 보육기본계획은 5년마다 시행계획을 매년 수립하도록 되어 있다. 2006년에는 제1차 중장기 보육계획인 '새싹플랜(2006~2010)'을 마련하였고, 이를 수정·보완하여 '아이사랑플랜(2009~2012)'을 발표하였으며, 변화하는 보육환경과 새로운 정부의 정책을 반영하여 '제2차 중장기 보육계획(2013~2017)'을 발표하였다. 그리고 보육의 공공성과 서비스 품질향상에 중점을 둔 '제3차 중장기 보육기본계획(2018~2022)'이 2017년 12월에 수립되었다.

새싹플랜은 맞벌이가구의 증가와 핵가족화로 인하여 가정의 자녀양육 기능이 약화되어 정부와 지역사회의 지원이 필요하다는 점과 영아를 둔 여성이 자녀양육과 경제활동을 병행하기 위해서는 사회적 지원이 필요하다는 점을 주목하여 수립되었다. 새싹플랜에서는 보육의 공공성 강화와 양질의 보육서비스 제공을 정책목표로 하여 다섯 가지의 주요 정책과제를 제시하고 있다. 5개 영역의 정책과제는 공보육 기반조성, 부모의 육아부담 경감, 다양한 보육서비스의 제공, 아동중심 보육환경 조성, 보육서비스 관리체계 강화이다.

아이사랑플랜은 보육정책의 환경변화를 반영하여 영유아 중심으로 국가가 책임을 지고 보육을 실시하며 부모, 어린이집, 지자체가 신뢰를 구축하여 아이와 부모가 행복한 세상을 만든다는 것이 핵심이다(〈그림 7-3〉 참조). 아이사랑플랜은 새싹플랜을 수정·보완한 것으로 주요 추진방향은 첫째, 보육료 지원기준을 다양화하여 전액지원 대상의 확대, 둘째, 다문화·장애아동·맞벌이가구 등 부모 및 아동의 개별 특성에 맞는 양육지원서비스 제공, 셋째, 보육 프로그램 개선, 평가인증 활성화, 취약지역에 대한 국공립 및 소규모 어린이집 확충 추진, 넷째, 보육인력 양성·재교육 및 자격취득 요건 보완 등을 통한 종사자 전문성 강화, 다섯째, 아이사랑카드 정착, 보육통합정보시스템 기능 개선을 통해 보육 행정업무 부담 완화 및 부모의 체감도 제고, 여섯째, 어린이집 지도점검 방식을 개선하여 어린이집, 부모, 담당 공무원의 만족도를 향상시키는 것이다.

제2차 중장기 보육계획(2013~2017)은 보육정책의 핵심이자 주요 성과지표였

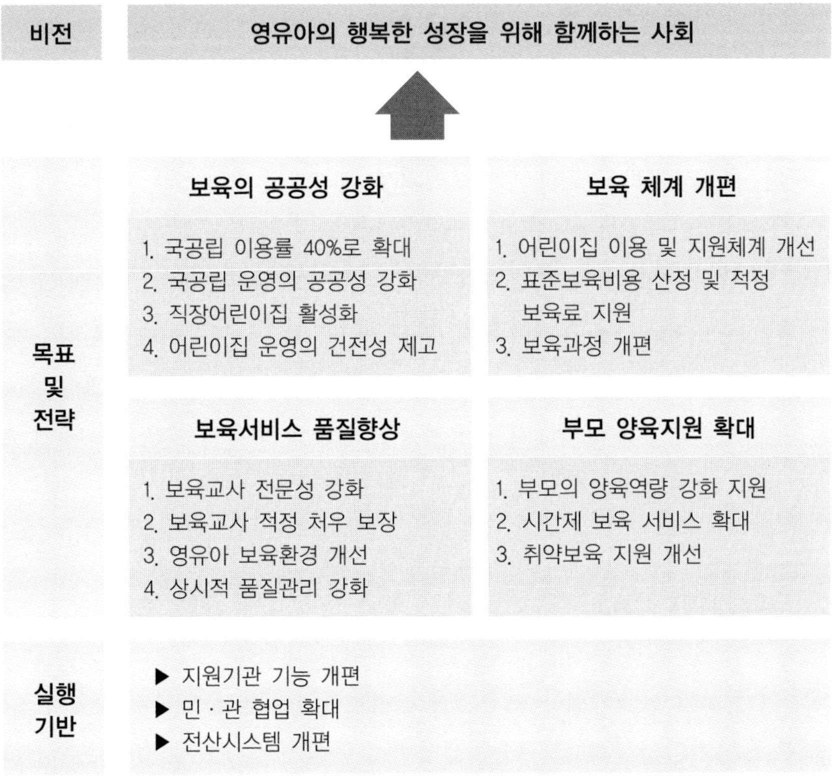

〈그림 7-3〉 **제3차 중장기 보육기본계획 비전 및 정책과제**

출처: 보건복지부(2017). 제3차 중장기 보육기본계획.

던 보육료 지원 확대가 2013년부터 모든 계층으로 달성된 시점에서 마련된 것으로서, '아이는 행복하고 부모는 안심할 수 있는 세상'을 실현하는 것에 목적을 둔다. 즉, 아이의 신체적 특성이나 부모의 사회적 · 경제적 여건 등에 상관없이 '아이'는 누구나 행복하게 자라고, '부모'는 안심하고 맡기고 양육하며, '교사'는 자긍심을 가지고 일하는 여건을 조성한다는 것에 초점을 두고 있다. 아이행복플랜의 6대 추진과제는 첫째, 부모의 보육 · 양육 부담 경감, 둘째, 수요자 맞춤형 보육지원, 셋째, 공공성 확대와 품질 관리 강화, 넷째, 양질의 안심 보육 여건 조성, 다섯째, 신뢰 있고 투명한 보육생태계 구축, 여섯째, 보육 재정 및 전달체계 개선이 포함된다.

제3차 중장기 보육기본계획은 '영유아의 행복한 성장을 위해 함께하는 사회'라는 비전을 설정하고, '보육 · 양육에 대한 사회적 책임 강화'를 실현하기 위한 4개 분야 17개 과제로 구성하였다(〈그림 7-3〉 참조). 첫째, 보육의 공공성 강화는 국공립어린이집을 확충하고 운영의 공공성이 보장될 수 있도록 사전 컨설팅, 현장평가 및 사후관리를 강화하고, 시간연장, 장애통합보육 등 취약 보육서비스 제공을 확대한다. 둘째, 보육체계 개편은 국가가 기본으로 보장하는 '표준보육시간' 제도를 도입하고, 부모가 어린이집 이용시간을 선택할 수 있도록 개선한다. 셋째, 보육서비스 품질향상은 보육교사 전문성 강화와 보육교사의 적정 처우보장, 교사 1인당 영유아 수 개선, 어린이집 시설 기준 강화, 상시적 품질관리 체계를 만든다. 넷째, 부모 양육지원 확대는 부모의 육아부담 경감을 위해 육아 관련 정보와 가정내 양육을 지원하기 위한 서비스를 확대하는 것으로 시간제 보육반을 단계적으로 확대하고, 가정양육 지원을 위해 육아정보지원센터를 거점으로 전국 시 · 군 · 구 단위에서 서비스가 제공될 수 있도록 확대하는 개선 계획 등을 포함하고 있다(보건복지부, 2017).

2) 보육사업의 현황

그동안 정부의 보육사업은 어린이집을 이용하는 아동에 국한되어 왔다. 그러나 최근 육아지원정책의 관점이 시설서비스 중심에서 수요자 중심으로 전환되면서, 정부는 어린이집 이외의 다양한 보육서비스에 대해서도 관심을 기울이고 있다.

정부는 저출산 · 고령화 문제에 대응하는 과정에서 장기적이고 포괄적인 보육정책을 추진하기 위해 2006년에 제1차 저출산 · 고령사회 기본계획인 '새로마지플랜 2010(2006~2010년)'을 발표하였고, 이어서 2010년에는 제2차 저출산 · 고령사회 기본계획으로 '새로마지플랜 2015(2011~2015년)'를 발표하였다. '새로마지'란 저출산 극복을 통해 희망이 가득하고 행복한 사회를 맞이한다는 의미를 갖는다.

새로마지플랜에는 임신 · 출산부터 자녀양육까지 아동 성장 · 발달에 따라 가정의 특성을 고려한 맞춤형 보육지원사업을 제시하고 있다. 첫째는 영유아기 건강에 대한 국가 책임 강화와 자녀양육의 경제적 · 사회적 부담의 경감, 학령기 이후 자녀교육 지원을 제공하는 것이다. 둘째는 가임기 및 임산부의 모성 건강 지원과 자녀양육 부모의 직업적 특성에 따른 고용환경 개선, 다자녀 가정 및 자녀 입양 가정 등 가구의 다양성을 고려한 사회경제적 지원을 확충하는 것이 포함된다.

새로마지플랜 2015(보건복지부, 2010)에서 발표한 보육지원사업의 구체적 내용은 다음과 같다. 첫째는 직장여성을 위한 출산장려사업으로 육아휴직급여를 평소 급여수준에 따라 차등 지급하는 정률제 실시, 육아기 근로시간 단축 청구권 및 근로시간 저축 휴가제 도입, 육아휴직 시 건강보험료 경감, 비정규직 여성 근로자 보호 강화, 가족친화기업 인증제 활성화, 산전후 휴가 분할 사용 등이 포함된다. 둘째는 보육 · 교육비 지원을 위한 사업으로 보육 · 교육비의 전액지원 대상을 소득 하위 50% 이하에서 소득 하위 70% 이하로 확대, 공공형 자율형 어린이집 도입(어린이집 평가인증 등급화와 연계하여 우수시설을 공공형 자율형 어린이집으로 전환해 서비스 품질 개선을 유도), 영아 돌봄시장 제도화(돌봄인력 자격 기준 설정 및 관리강화) 등이 포함된다. 셋째는 다자녀가정 지원사업으로 다자녀 추가 공제 확대(자녀 2인 100만 원, 2인 초과 200만 원), 셋째아 이상 가정에 대한 주택지원, 둘째아 이상 고등학교 수업료 지원 등이 포함된다.

2013년부터 3월부터 무상보육이 실시됨에 따라 0~5세의 자녀를 둔 가정은 소득이나 재산 수준에 상관없이 보육료를 지원받게 되었다. 보육료는 매달 어린이집에서는 아이사랑카드를 통해 지원받으며(보육료 지원 금액은 0세의 경우 39만 4천 원, 1세는 34만 7천 원, 2세는 28만 6천 원, 3~5세는 22만 원), 양육수당의 경우 매달 25일에 신청 계좌로 지급된다(양육수당 지원금액은 0~12개월 미만의 경우

20만 원, 12~24개월 미만은 15만 원, 24개월 이상은 10만 원).

또한 2013년 1월 21일 어린이집에 다니는 영유아의 보육과정을 담은 제3차 어린이집 표준보육과정을 개정 고시하였다. 2013년부터 확대 · 도입되는 만 3~5세 누리과정에 맞춰 기존 제2차 표준보육과정을 개편한 것으로, 고시 명칭을 '제2차 표준보육과정'에서 '제3차 어린이집 표준보육과정'으로 변경하였다. 이는 어린이집이 만 3~5세(누리과정)뿐만 아니라 만 0~2세(영아보육과정)까지 모든 영유아의 보육을 담당하고 있다는 점을 반영하는 것이다. 2019년에는 '2019 개정 누리과정'을 확정 · 발표하였고, 2020년부터 현장에 적용된다. 개정 누리과정은 유아중심 · 놀이중심 교육과정으로 유아의 전인적 발달과 행복을 추구하는 데 초점을 두고 있다. 또한 국가수준 공통 교육 교육과정으로 3~5세 유아 모두에게 적용되기 때문에 유치원과 어린이집 간의 교육 격차 완화에도 도움이 될 것으로 여겨진다.

3. 보육사업의 개선방안

지난 1991년 「영유아보육법」이 제정된 이래로 사회 전반적으로 영유아보육에 대한 사회적 관심이 증가하였고, 보육정책도 개선되고 있다. 하지만 현실적으로 영유아보육을 담당하고 있는 어린이집이 여성들의 보육에 대한 욕구를 충족시키기에는 미흡한 점이 많다. 그 원인은 대도시의 경우 서비스 비용과 질의 문제이며, 중소도시의 경우는 서비스 비용 및 질의 문제와 함께 시설로의 접근성의 문제이다(한국보건사회연구원, 2007). 이에 우리 사회가 해결해 나가야 할 보육정책의 개선방안을 OECD의 영유아보육정책(육아정책개발센터, 2008)의 제안을 토대로 논의하고자 한다.

1) 영유아 발달의 사회적 맥락에 대한 이해

보육정책 수립을 위해서는 근본적으로 사회적 · 경제적 맥락에 대한 이해가 필요하다. 사회통합, 가족복지, 양성평등과 같은 사회적 이슈들은 포괄적이고 탁월한 정책을 통해서 다루어야 할 것이다. 아동 및 가정의 빈곤 감소는 성공적인 영유아보육과 보육체계를 위한 선행조건이 된다. 정부는 가족빈곤을 감소시키고 영유아에게 인생에서의 공평한 출발을 보장하기 위해 국가의 재정, 사회 및 노동정책을 이용할 필요가 있다.

우리나라의 저소득층 가정 영유아를 위한 지원사업으로는 드림스타트사업, 교육복지우선지원사업 등이 있다. 첫째, 드림스타트사업은 보건복지부가 총괄하고 시 · 도 및 시 · 군 · 구와 드림스타트센터가 운영에 관여하고 있다. 이는 빈곤아동을 대상으로 하여 공평한 출발기회 보장을 위한 정책사업으로, 빈곤아동의 건강 및 영양 증진, 모성건강 증진, 학대 및 방임 아동보호와 포괄적인 돌봄서비스 제공, 인지발달 지원 및 학습능력 증진을 서비스 내용으로 하고 있다. 구체적으로 저소득 임산부와 12세 이하 아동이 있는 가구에 대해 아동에게는 건강, 복지, 보육의 맞춤형 통합서비스를 제공하고 부모들에게는 직업훈련 및 고용촉진서비스를 제공하는 것이다. 2009년 전국 75개소에서 실시되고 있으며, 각 센터의 인력은 공무원인 팀장, 보건분야 사례관리자, 보육분야 사례관리자, 복지분야 사례관리자로 구성되어 있다. 둘째, 교육복지우선지원사업은 교육소외를 해소하고, 맞춤형 교육복지 확대로 교육취약 학생의 삶의 질과 교육성취를 높이는 것이 목표이다. 지방자치단체, 공공기관, 학교 및 지역사회가 함께 사업을 추진함으로써 학교는 지역사회 핵심센터의 기능을 하며 학교 내에 교육복지전담부서가 설치되고 여기서는 학생 건강관리, 상담서비스 등을 제공하며 가정과 지역사회와의 연계를 강화한다. 또한 지역사회 교육전문가는 학교와 지역사회 기관과의 네트워크를 통해 지역의 물적 · 인적 자원을 연계해준다. 이들의 주된 사업 내용은 기초학력 확보, 학습결손 치유 및 예방 프로그램 지원, 정서발달을 위한 문화체험 및 심리 · 정서 프로그램 지원, 출발점 평등을 위한 보육 및 영유아교육 지원, 지역네트워크와 연계한 보건 · 의료 복지 프로그램 지원 등이 있다. 서울지역에서는 지역교육지원청 수준에서 민간 전문인력인 '유아교육복지전문가'를 고용하여 유치원에 배치하고 취약한 저소득층 영유아의 교육과 보육지원을 담당하고 있다.

2) 보육의 공공재로서의 인식

보육지원은 포괄적이고 보편적인 관점에 근거하여 국가의 책임하에 추진되

OECD 영유아보육정책 「Starting Strong II」

경제협력개발기구(OECD) 교육위원회는 영유아보육정책 「Starting Strong II」라는 연구보고서를 통해 OECD 국가의 정부와 ECEC(Early Childhood Education and Care) 영유아보육 관계자들이 고려해야 할 열 가지 정책선택을 제안하였다. 이 보고서는 국가가 영유아보육사업에 투자하는 이유, 영유아보육정책에 대한 통합적 접근, 교육체계와의 대등한 파트너십, 특수아동에 대한 관심과 영유아보육에 대한 보편주의적 접근, 서비스와 기반시설에 대한 실효성 있는 공공투자, 서비스 질의 향상과 보장을 위한 참여적 접근, 교직원 교육과 근로조건, 자료수집과 모니터링에 대한 체계적 관심, 안정적이고 장기적인 정책 연구와 평가 등의 중요 정책 과제를 심도 있게 검토하고, 영유아보육정책의 방향을 다음과 같이 제시하였다.

첫째, 영유아발달의 사회적 맥락에 주목할 것, 둘째, 아동의 관점과 자연스러운 학습 전략을 존중하며 아동의 복리, 생애 초기의 발달과 학습을 영유아보육의 중심에 놓을 것, 셋째, 제도의 책무성과 서비스의 질적 수준 보장에 필요한 거버넌스를 수립할 것, 넷째, 이해관계자들이 함께 영유아보육서비스를 위한 지침과 교육과정 기준을 개발할 것, 다섯째, 질적으로 우수한 교육목표를 달성하기 위하여 공공재원을 확보할 것, 여섯째, 재정 · 사회 및 노동정책을 통하여 아동의 빈곤과 소외를 감소시키고, 다양한 형태로 학습할 권리를 가진 아동을 위해 보편적 프로그램의 자원을 증가시킬 것, 일곱째, 영유아서비스에 가족과 지역사회의 참여를 장려할 것, 여덟째, 영유아보육을 담당하는 교직원의 근로조건을 향상시키고 전문적 교육을 실시할 것, 아홉째, 영유아서비스에 자율성을 부여하고 행 · 재정적 지원을 할 것, 마지막으로 나아가 폭넓은 학습과 참여, 민주주의를 지지하는 영유아보육 제도를 추구할 것을 제안하고 있다.

OECD는 영유아보육을 공공재로 인식하려는 경향이 있다. 영유아서비스는 직접적인 개인의 이익이나 소비의 효과를 넘어선 그 이상의 외부효과를 지닌다. 영유아보육은 공익, 즉 아동들의 일반적인 건강수준, 미래의 교육성취, 노동시장의 크기와 유연성, 사회적 결속에 기여한다. 이러한 점에서 정부의 개입은 질 높은 영유아서비스로 인해 사회가 얻을 수 있는 이득이 비용보다 크다는 사실로 인해 정당화되고 있다. 대부분의 OECD 국가는 영유아서비스 재원의 상당 부분이 공공재원이며, 서비스에 대한 정부의 집중적인 규제가 시행되고 있다. 영국은 적어도 4세 이상의 아동에 대해서는 매일 얼마간의 시간 동안 보편적인 무상 영유아교육이 제공된다. 하지만 공공재로서의 영유아교육이라는 개념이 광범위하게 받아들여지고 있음에도 불구하고 정부의 서비스 제공과 서비스 접근에 대한 권리는 OECD 국가들 간에도 많은 차이가 있다.

출처: 육아정책개발센터(2008). OECD 영유아교육 · 보육정책 II.

표 7-3 외국의 보육지원정책

구분	보육지원	세제지원	아동수당
영국	• 영유아보육 - 공립: 정부부담(저소득층) - 사립: 수익자부담 • 어린이집 이용료의 70%를 세제에서 상환(맞벌이)	• 아동세액공제 (Child Tax Credit: CTC) - 근로유무에 상관없이 일정 소득 이하 유자녀 가정지원	• 16세 이하 아동에 지급 - 첫째: 주당 16파운드 - 둘째: 주당 10파운드
프랑스	• 어린이집 운영비 - 지방정부부담: 약 50% 부담 - 부모: 약 25% 부담 • 무상 유치원 보육 - 방과후, 휴일, 방학 동안에는 보호자 부담	• 근로소득보전체제 (Prime Pour Emplo: PPE)	• 신생아 한 명당(0~3세): 월 160유로 • 출산 보너스: 800유로 • 자녀 수에 따라 차등지원(가족수당) - 2자녀: 월 113유로 - 3자녀: 월 258유로 - 4자녀: 월 403유로 등
독일	• 3~6세 보육: 부모 부담이 약 16~20% 부담 • 양육비 지원 - 근로시간과 소득에 따른 차등지원	• 자녀 세금공제 - 최대 3,648유로 지급	• 자녀 수에 따라 차등지원 - 셋째까지: 월 154유로 - 넷째 이상: 월 179유로
호주	• 아동보육 상환제 - 저소득층 가정을 대상으로 보육비용 청구 가능 • 아동보육 보조금 - 중산층 가정의 보육서비스 지원	• 근로소득보전세제 (Family Tax Benefirt: FTB) - 자녀 수에 따라 차등지원	• 16세 미만 아동에 지급 - 출산지원금: 842달러 - 13세 이하: 월 474달러(최소) - 13~15세: 월 257달러(최대) - 16~18세: 월 47.3달러(최대)
미국	• 보육료 지원 - 공립: 저소득층(무상) - 사립: 수익자 부담	• 근로소득보전세제(EITC) - 자녀 수에 따라 차등지원 - 아동세액공제 (Child Tax Credit: CTC)	미실시
일본	• 소득수준에 따른 보육료 차등지원	• 조세 및 연금제도 개선 - 아동 부양공제 제공 - 육아휴직 중 보험료	• 12세 이하까지 지원 - 둘째까지: 월 5천 엔 - 셋째 이상: 월 1만 엔

출처: 보건복지가족부(2009). 아이사랑플랜 2009-2012.

어야 한다는 인식이 제안되고 있다(OECD, 2006). OECD 회원국들의 영유아서비스에 대한 재원의 상당 부분은 공공재원이며, 서비스에 대한 정부의 집중적인 규제가 시행되고 있다(〈표 7-3〉 참조). 일례로, '보육과 육아가 교육의 뿌리이다.'라는 믿음으로 1999년 6월부터 영국 정부는 3세 이상 아동을 위한 무상교육재원을 확보하여 현재 이를 시행하고 있다. 프랑스는 '아이는 국가가 키운다'라는 생각으로 보육정책을 실시하고 있다.

OECD 교육위원회는 영유아서비스는 시장에서 실패를 경험하기 쉽다고 지적하고 있다. 영유아서비스는 소비자가 정확히 판단하기 어려운 특징을 지니며, 잘못된 구매는 영유아의 발달에 심각한 영향을 미친다. 교육은 반복할 수 없는 과정으로, 열악한 서비스를 지속적으로 이용하는 것이 실제로 아동발달에 해를 미칠 수 있다는 것이다. 질 높은 서비스로 인해 사회가 얻을 수 있는 이득이 비용보다 크다는 점을 고려해볼 때, 정부의 적극적인 개입이 필요하다.

우리나라의 보육시장은 국공립어린이집에 비해 민간어린이집의 비중이 현저하게 높은 편이다. 따라서 국공립어린이집을 확충하고 특수어린이집에 대한 지원도 병행해야 할 것이다. 또한 민간어린이집에 대한 지원 및 관리 방안을 도입하는 절차가 필요하다.

3) 수요자중심 보육정책의 제공

현 정부의 보육정책은 수요자중심 보육정책에 초점을 맞추고 있다. 현재까지 어린이집 중심의 지원에서 영유아와 부모 등 수요자의 욕구에 맞는 보육정책으로 개편하고, 보육료 전액지원 대상 및 지원비율을 단계적으로 확대하여 부모의 양육부담을 경감시키는 데 초점을 맞추고 있다. 그 결과, 2013년부터는 0~5세 자녀를 둔 가정은 소득이나 재산 수준에 상관없이 보육료를 지원받게 되었다. 그럼에도 불구하고 여전히 특별한 요구를 가진 가정에 대한 보육서비스는 개선되어야 할 점이 많다. 여성 결혼이민자의 경우 한국어 미숙으로 자녀와의 의사소통이 곤란하여 가정 내에서 적절한 양육이 힘든 상황이므로 다문화영유아는 어린이집을 통해 맞춤형 보육서비스를 제공해야 할 것이다. 또한 「장애인 차별금지 및 권리구제 등에 관한 법률」(2008. 4. 11.), 「장애인 등에 대한 특수교육법」(2008. 5. 26. 시행) 시행으로 장애아동 보육환경과 보육지원을 강화할 필요가 있다.

제8장

장애아동복지사업

현대사회에서는 선천적으로 타고난 요인 이외에 각종 사고나 약물남용, 공해 등 장애유발요인이 곳곳에 산재해 있고, 이로 인해 장애인구도 점차 증가하는 경향을 보이고 있다. 이러한 시대적 상황에 따라 장애아동에 대한 복지도 주로 가족 내에서 이루어져야 한다는 기존의 인식에서 벗어나 점차 국가적 · 사회적 차원에서 이루어져야 한다는 인식이 확산되고 있다.

이러한 분위기에 힘입어 1977년「특수교육진흥법」이 제정되어 1994년에 전부개정되었다. 1981년에는「심신장애자복지법」이 제정되고 보건사회부에 장애인복지전담부서인 재활과가 설치되었으며, 이후「심신장애자복지법」은 1989년「장애인복지법」으로 개정되었고, 2000년과 2007년 두 차례에 걸쳐 전부개정되었다. 또한 2007년에는「장애인 등에 대한 특수교육법」이 제정되어 장애인 및 특별한 교육적 요구가 있는 아동들을 대상으로 통합교육을 실시함으로써 사회통합을 위한 발판이 마련되었다. 또한 1998년부터 연차적으로 '제1차 장애인복지발전 5개년계획(1998~2002년)' '제2차 장애인복지발전 5개년계획(2003~2007년)'과 '제3차 장애인복지발전 5개년계획(2008~2012년)'이 수립되었고, 2011년에는「장애아동복지지원법」이, 2014년에는「발달장애인법」이 제정되어 2015년 11월 시행되기에 이르렀다. 이러한 노력을 통해 장애아동복지의 범주가 점차 확대되고 장애인에 대한 차별금지가 상당 부분 공론화되었다. 그러나 이러한 노력에도 불구하고 우리나라의 장애아동복지는 아직까지 의료와 교육재활사업 등에서 해결해 나가야 할 여러 가지 과제를 안고 있다.

이 장에서는 먼저 장애아동의 개념과 현황에 대해 살펴보고, 다음으로 우리나라에서 현재 시행되고 있는 장애아동을 위한 복지서비스와 그 개선방안에 대해 살펴보고자 한다.

CASE STUDY

장애아동복지사업 사례

• 인적사항
- 이름: ○○○
- 연령: 만 5세
- 성별: 남
- 장애: 발달지체

• 사례사

모가 임신 초기에 유산기가 있어 유산방지약을 복용하였고, 교통사고를 당한 적이 있으나 태아에게는 이상이 없다는 진단을 받았다. 출산 시 제왕절개하여 1.9kg으로 거꾸로 태어나 인큐베이터에서 50일간 지냈다. 삼성병원, 차병원에 입원하였으나 병명을 모른다고 하였고, MRI · 초음파 · CT 촬영 결과 이상이 없다고 하였다. 1997년 6월부터 물리치료, 작업치료를 받기 시작했으며, 2001년 10월 현재 본 복지관 부설 어린이집(오전)과 일반 어린이집 통합반(오후)을 병행하여 다니고 있다.

• 초기 상태

아동은 2000년 3월 13일부터 ○○복지관 언어치료실에서 언어치료(2000년 3월~7월: 주 2회, 8월~2001년 2월: 주 3회)를 받다가, 2000년 12월 18일부터 본 연구자에게 치료를 받게 되었고, 현재까지 치료가 이루어지고 있다(2001년 3월부터는 주 2회).

치료 전 전임자에 의해 실시된 사전평가(2000. 11. 25 실시, PLS 검사)에서 아동은 수용언어연령 2세 10$\frac{1}{2}$개월, 표현언어연령 1세 3개월, 통합 언어연령 2세 $\frac{3}{4}$개월로, 수용-표현 간의 격차가 1세 8개월이나 났다. 2000년 12월 18일 당시의 아동의 모습은 모음 위주의 발성은 하나 조음 명료도가 떨어져 알아들을 수 있는 말은 '엄마, 아빠, 빵빵, 우유' 등의 단어와 파열음 '파', 모음 '오' 등에 불과한 상태였다. 또한 아동은 바르게 말할 수 있는 단어가 없으므로 구어로 인한 의사소통은 포기한 채 주로 손짓을 사용하여 의사표현을 하려 했다. 치료실에 가는 것은 좋아했지만, 치료 시간에 치료사의 활동에 일일이 과다하게 참견하려는 편이었고 다소 산만하고 불필요하게 손을 많이 움직였다.

• 치료 기간 및 평가

본 연구의 치료 기간은 2000년 12월 18일부터 2001년 9월 30일까지 약 9개월이며, 이 기간 동안 본 복지관 언어치료실에서 주 2~3회의 개별 치료가 실시되었다(총 70회기).

치료 기간 중 3개월마다 1번씩 중간평가 및 최종평가가 실시되었다.

3번의 중간평가 결과, 다음과 같은 변화가 나타났다. 첫째, 대상 아동의 전체 언어력의 측면에서 고찰하면 다음과 같다. 아동은 통합 언어연령이 치료 전과 후에 각기 2세 $\frac{3}{4}$개월에서 3~6개월로 향상되었다. 더욱이 목표로 삼았던 표현언어뿐 아니라 수용언어에서도 언어연령은 물론 언어 지수가 67.6%에서 82.5%로 점진적으로 향상되었다.

둘째, 대상 아동의 표현 어휘력의 측면에서 고찰하면 아동은 표현언어연령이 1세 3개월에서 2세 10$\frac{1}{2}$개월로 점진적으로 향상되어 왔다. 또한 표현 어휘수에 있어서도 바르게 명명할 수 있는 단어가 10개 미만에서 90개 이상으로 늘어났다.

셋째, 대상 아동의 조음 명료도의 측면에서 고찰하면, 치료가 시작되기 전 사전평가 단계에서는 단모음을 비롯하여 전체적으로 발음이 매우 불명료하고 바르게 말할 수 있는 음이 거의 없어, 조음검사 자체를 생각도 할 수 없었던 상태였다. 그러나 9개월간의 치료가 종료되어 가는 3차 평가 시기에서는 자음 정확도 74.4%, 모음(단모음) 정확도 100%를 기록하고, 연구자가 제시하는 거의 모든 음소(2음절 정도)를 모방 조음할 수 있게 되었다.

최종평가 시, 대상 아동은 초기 상태에서 모음 위주의 발성을 하고 그나마 정확하게 조음할 수 있는 것은 단모음 '아, 오' '엄마, 아빠, 빵빵, 우유' 등 몇 개 음소와 단어뿐이어서 주로 손짓으로 의사소통하던 것이, 9개월간 치료 기간이 지난 현재에는 대부분의 음소를 모방 발성할 수 있고 모음과 양순음은 물론이고 치조음, 경구개음, 연구개음 등으로 구성된 단어(2음절 이내)도 모방 조음할 수 있게 되었다. 그리고 연령에 비해서는 비록 많은 어휘수가 아니지만 90가지가 넘는 일상 표현 어휘를 습득하여, 학습한 어휘에 한해서는 적극적으로 구어로 의사소통한다. 뿐만 아니라 치료 중 주의집중력과 과제수행력이 눈에 띄게 향상되었다.

출처: 표현언어지체 아동의 언어치료 사례연구. 부산장애인종합복지관 열린문 연구집.

1. 장애아동의 이해

1) 장애아동의 개념

우리나라의 「장애인복지법」 제2조에는 "장애인은 신체적 · 정신적 장애로 오랫동안 일상생활이나 사회생활에서 상당한 제약을 받는 자를 말한다. 그리고 신체적 장애란 주요 외부 신체기능의 장애, 내부기관의 장애 등을 말하며, 정신적 장애란 발달장애 또는 정신질환으로 발생하는 장애를 말한다"라고 정의하고 있다. 그리고 1975년 유엔총회에서 만장일치로 채택한 「유엔장애인권리선언」에는 장애인을 "선천적이든 후천적이든 신체적 · 정신적 능력의 결여 때문에 개인 혹은 사회생활에 필요한 것을 자기 스스로 완전히 혹은 부분적으로 확보할 수 없는 상태"라고 정의하고 있다. 이러한 개념정의에서는 장애인은 신체적 손상 및 정신적 결함 등으로 인해 자기 스스로 일상생활을 영위하는 데 있어서 상당한 제약을 받는 사람을 의미한다고 볼 수 있다.

그러나 1979년 유엔총회에서는 장애를 장애인 개인과 환경과의 관계로 파악해야 한다고 언급함으로써 장애의 개념에 기능상의 장애뿐만 아니라 사회적인 불리(handicap)도 포함시켜야 함을 명시하였다. 이러한 맥락에서 세계보건기구(WHO)에서는 1980년 국제장애분류(International Classification of Impairments, Disabilities and Handicaps: ICIDH) 기준을 제시함으로써 장애의 개념적 틀을 정립하고 이에 근거하여 장애를 분류할 것을 권장하였다. 이 분류기준에서는 장애를 손상(impairment), 불능(disability) 및 불리(handicap)의 세 가지 단계[1]로 구분하고 이를 모두 장애의 범주에 포함시켰다. 즉, 심신의 구조적 · 기능적 손상(impairment)과 손상으로 인해 개인적 차원에서 일상생활에서 나타나는 2차적 장애를 의미하는 불능(disability)뿐 아니라 손상과 불능으로 인해 사회적 차원에서 경험하는 편견이나 차별 등 불이익을 의미하는 불리(handicap)의 개념을 포

1) WHO에 의한 국제장애분류(ICIDH)에 의하면, 손상(impairment)은 심신의 구조적 · 기능적 손상 자체를 의미하고, 불능(disability)은 손상에 의해 개인적 차원에서 일상생활 활동에서 나타나는 2차적 장애를 의미하며, 불리(handicap)는 손상과 불능으로 인해 사회적 차원에서 경험하는 편견, 차별 등의 불이익을 의미한다.

함시킨 것이다. 이러한 장애에 대한 개념정의는 신체적 장애와 이로 인해 파생되는 일상생활에서의 2차적 장애만을 강조한 기존의 정의에서 탈피하여 장애로 인한 사회적 불이익을 포함시켜 장애의 범주를 보다 확장시킴으로써 장애인에 대한 국가적 · 사회적 차원의 의무를 강조한 것으로 볼 수 있다.

장애아동은 장애인 가운데 아동집단을 지칭한다. 우리나라의 「아동복지법」에는 아동을 18세 미만인 자로 규정하고 있고, 「장애아동복지지원법」에서는 장애아동을 18세 미만의 사람 중 「장애인복지법」에 따른 장애인등록을 마친 자이며, 장애인 등록을 마치지 않은 자라 하여도 6세 미만의 아동으로서 장애가 있다고 보건복지부장관이 별도로 인정하는 사람을 포함한다고 법적으로 규정하고 있다. 이상의 개념정의를 종합해보면 장애아동은 신체적 손상 및 정신적 결함 등으로 인해 일상생활에서 상당한 제약을 받을 뿐 아니라 사회적 불이익을 받는 18세 미만인 사람을 의미하는 것으로 개념화할 수 있다.

2) 장애의 유형

우리나라의 「장애인복지법 시행령」 제2조에는 다음과 같은 열다섯 가지 종류의 장애와 그 기준을 제시하고 있다(〈표 8-1〉 참조).

표 8-1 「장애인복지법」에 따른 장애유형 분류

대분류	중분류	소분류	세분류	확대예상 장애범주
신체적 장애	외부 신체 기능의 장애	지체장애	절단장애, 관절장애, 지체기능장애, 변형 등의 장애	
		뇌병변장애	중추신경의 손상으로 인한 복합적인 장애	
		시각장애	시력장애, 시야결손장애	
		청각장애	청력장애, 평형기능장애	
		언어장애	언어장애, 음성장애, 구어장애	
		안면장애	안면부의 추상, 함몰, 비후 등 변형으로 인한 장애	

	내부 기관의 장애	신장장애	투석치료 중이거나 신장을 이식받은 경우	소화기장애, 비뇨기장애, 만성통증, 기타 암
		심장장애	일상생활이 현저히 제한되는 심장기능 이상	
		간장애	일상생활이 현저히 제한되는 만성·중증의 간기능 이상	
		호흡기장애	일상생활이 현저히 제한되는 만성·중증의 호흡기기능 이상	
		장루·요루장애	일상생활이 현저히 제한되는 장루·요루	
		뇌전증장애	일상생활이 현저히 제한되는 만성·중증의 뇌전증	
정신적 장애	발달장애	지적장애	지능지수가 70 이하인 경우	
		자폐성장애	소아자폐 등 자폐성장애	기타 정신자폐성장애
	정신장애	정신장애	조현병, 분열형 정동장애, 양극성 정동장애, 반복성 우울장애	만성알코올·약물중독, 기질성뇌증후군, 치매

출처: 보건복지부(2018b). e-나라지표.

또한 「장애인 등에 대한 특수교육법」[2]에서는 특수교육의 대상이 되는 장애의 범주를 시각장애, 청각장애, 지적장애, 지체장애, 정서행동장애, 자폐성장애(이와 관련된 장애 포함), 의사소통장애, 학습장애, 건강장애, 발달지체 및 그 밖에 대통령령으로 정하는 장애로 구분한다. 이러한 장애를 가진 사람 중 특수교육을 필요로 하는 사람으로 진단·평가된 사람을 특수교육대상자로 선정한다고 규정하고 있다.

이상의 유형 분류를 비교해보면 「장애인복지법」의 분류기준은 보다 의학적 접근에 근거한 반면, 「장애인 등에 대한 특수교육법」의 분류기준은 학습장애, 건강장애, 발달장애 등의 항목이 포함되어 있는 것으로 보아 의학적 접근과 교육적 접근이 통합된 분류기준으로 볼 수 있다.

2) 「장애인 등에 대한 특수교육법」은 「교육기본법」 제18조에 근거한 것으로 2007년 5월 25일 제정되어 2008년 5월 26일부터 시행되고 있으며, 간략하게 「장애인 특수교육법」「장애인 교육법」이라고도 한다.

이들 장애유형 가운데 장애아동들에게서 나타나는 유형은 지적장애와 자폐성장애가 58% 정도이고, 지체장애와 뇌병변장애가 26%, 시각장애와 청각장애가 12% 정도이다. 생애주기별로는 지적장애와 자폐성장애가 상대적으로 학령기에 집중되어 있고, 지체장애와 정신장애, 시각장애는 연령이 높아질수록 증가하는 추세이다. 따라서 연령이 높아질수록 재활치료나 특수교육 등 양육비 외의 추가비용도 증가할 수밖에 없다(김소연, 배현아, 2013).

2. 장애아동의 현황

우리나라에서는 1990년부터 5년 주기로 장애인 실태조사를 실시해 왔다. 그러나 2007년 「장애인복지법」이 개정되면서 3년마다 장애인 실태조사를 실시하도록 규정하고 있어 1990년 1차 조사 이후 2017년까지 8번째로 장애인 실태조사가 실시되었다.[3)]

1) 장애아동의 출현율과 원인

2017년도 장애인실태조사에 의하면 우리나라의 장애인구수는 267만 명으로 추정되며, 이는 전체 인구의 5.39%를 차지하는 것으로 나타났다. 연령별로는 0~17세 장애아동 집단이 전체 장애의 3.3%를 차지하는 것으로 나타났다(〈표 8-2〉 참조).

또한 장애의 원인별로는 후천적 원인이 다소 감소하는 추세지만 지속적으로 높은 비율로 나타났다. 또한 선천적 원인과 출산의 원인은 낮은 비율이지만 지속적으로 증가하는 것으로 나타났다(〈표 8-3〉 참조). 이러한 사실은 장애아동에 대한 의료재활서비스 못지않게 장애의 예방을 위해 건강증진과 사고예방에 대한 정책적 관심이 높아져야 함을 말해주는 것이다.

3) 장애인 실태조사는 「장애인복지법」 제31조 및 「장애인복지법 시행령」 제18조에 근거하고 있다. 즉, 「장애인복지법」에서는 "보건복지부 장관은 장애인 복지정책의 수립에 필요한 기초자료로 활용하기 위하여 3년마다 장애 실태조사를 실시하여야 한다."라고 규정하고 있다.

표 8-2 연령별 장애인 분포 (단위: %)

구분	2005년도	2011년도	2014년도	2017년도
만 0~17세	3.9	3.5	2.7	3.3
만 18~29세	5.8	4.2	4.1	4.6
만 30~39세	9.7	7.2	6.7	4.8
만 40~49세	18.2	14.2	12.5	10.4
만 50~64세	29.9	32.1	30.7	30.3
만 65세 이상	32.5	38.8	43.3	46.6
계	100.0	100.0	100.0	100.0

출처: 보건복지부, 보건사회연구원(2018). 2017년 장애인실태조사 결과.

표 8-3 발생원인별 장애인 분포 (단위: %)

구분	2005년도	2011년도	2014년도	2017년도
선천적 원인	4.0	4.6	4.7	5.1
출산시 원인	0.7	0.9	1.3	1.4
후천적 원인	89.0	90.5	88.9	88.1
(질환)	52.4	55.1	56.2	56.0
(사고)	36.6	35.4	32.7	32.1
원인불명	6.3	4.0	5.1	5.4
계	100.0	100.0	100.0	100.0

출처: 보건복지부, 보건사회연구원(2018). 2017년 장애인실태조사 결과.

2) 장애아동 보육 및 교육 현황

장애아전문·통합보육시설 현황을 살펴보면 우리나라의 장애아전문어린이집[4)]과 장애아통합어린이집[5)]은 매년 점차적으로 증가하여 2018년 전체 1,177개소에 이르는 것으로 나타났다. 그러나 이들 시설을 이용하는 장애아동은 만여 명에 불과한 것으로 나타났는데, 이는 아직도 많은 장애아동이 부모나 가족

4)「장애아동복지지원법」 제32조에 따라 요건을 갖추고, 상시 12명 이상의 장애아(단, 미취학 장애아 9명 이상 포함)를 보육하는 시설 중 지방자치단체가 지정한 시설

5) 장애아 전담교사를 배치하고 정원의 20% 이내에서 장애아 종일반을 편성, 운영하거나 미취학 장애아를 3명 이상 통합 보육하고 있는 어린이집으로 시·군·구가 지정한 시설

의 돌봄을 받고 있거나 일반보육시설을 이용하는 것으로 나타났다(보건복지부, 2018a). 이는 앞으로 장애아동의 사회통합을 위해 보육분야에서 선결되어야 할 많은 과제를 안고 있음을 말해준다.

장애아동의 유치원 이용 현황에서도 전체의 87.6%가 유치원에 다니지 않는 것으로 응답하였는데, 이는 대부분 부모나 가족이 장애아동을 돌보고 있는 것을 의미한다. 유치원을 다니고 있는 장애아동의 유치원 이용 형태로는 일반유치원 5.5%, 일반유치원 내 특수학급 4.7%, 특수학교유치원 2.2%로 매우 낮게 나타났다. 또한 장애아동이 경험하는 학교생활에서의 문제점으로는 전반적인 수업 내용의 이해(34.6%)와 친구들의 이해부족(20.6%)이 가장 높은 비율을 차지하였으며, 그 외에도 전문교사의 부족(8.2%)과 교사의 이해부족(6.8%), 그리고 특수교육 보조원 미배치(3.6%) 순으로 나타났다(보건복지부, 2015b). 이처럼 친구들의 이해부족이나 교사의 이해부족이 높은 비율을 차지한다는 것은 일반아동과 교사들을 대상으로 장애에 대한 인식을 변화시키기 위한 교육이 필요함을 의미한다. 또한 전문교사의 배치를 통해 장애아동의 수업이해도를 높여가는 것이 장애아동복지의 주요 과제임을 말해주는 것이다.

또한 장애인의 재활치료서비스 이용률은 26.0%로 지속적으로 증가하는 추세이며, 장애아동에 대한 발달재활서비스의 지속적 확대 등에 따라 특히 19세 이하 장애아동의 재활치료서비스 이용률이 가장 높은 것으로 나타났다(〈표 8-4〉 참조). 향후 보육 · 교육에서 가장 필요한 것으로는 장애아전담보육시설 확대(20.8%), 장애아동 발달재활사업 확대(19.9%), 특수교육 보조인력 증원(12.4%), 교사의 전문성 확보(9.4%)의 순으로 나타났다(〈표 8-5〉 참조).

표 8-4 연령별 재활치료서비스 이용률 (단위: %)

구분		2011년도	2014년도	2017년도
연령별 재활치료서비스 이용률	전체	23.0	25.4	26.0
	1~19세	56.0	62.5	69.4
	20~44세	14.7	12.5	15.7
	45~64세	18.2	20.0	18.2
	65세 이상	28.1	31.8	31.4

출처: 보건복지부, 보건사회연구원(2018). 2017년 장애인실태조사 결과.

표 8-5 장애아동 보육 · 교육에서의 선결과제 (단위: %)

구분	2017년도
장애아 전문 보육시설 확대	20.8
장애아동 발달재활서비스 확대	19.9
교육도구나 기자재 사용시 편리성 확보	3.4
교사의 전문성 확보	9.4
특수교육 보조인력 증원	12.4
교사 및 교육기관의 확대	7.4
학교내 편의시설 확대	2.5
등하교 편리성 지원	3.8
교육에 대한 충분한 정보 제공	8.0
고등교육 지원 강화	3.0
부모교육 사담 지원 확대	1.1
교육비 부담 감소	8.4
기타	-
계	100.0

출처: 보건복지부, 보건사회연구원(2018). 2017년 장애인실태조사 결과.

3) 장애아동 가족의 특성

장애아동 가족의 전반적 특성에 대해서는 상반되는 두 가지 관점이 제시되고 있다. 먼저 장애아동 가족이 높은 스트레스와 갈등을 경험하는 것으로 간주하는 관점이다. 즉, 많은 가족들이 장애아동의 출생으로 인하여 상실감과 충격, 분노, 슬픔, 무기력감을 경험하게 된다는 것이다. 장애아동의 출생은 경제적인 어려움뿐 아니라 장애자녀의 특별한 욕구를 충족시켜주기 위한 육체적 · 시간적 부담, 지식 및 기술 부족, 친지나 이웃으로부터의 고립, 자신의 자녀가 장애아동이라는 사실로 인한 모욕감, 자녀의 미래에 대한 불안감 등으로 인해 가족원들에게 스트레스를 가중시키게 되며, 결과적으로 이는 가족 간 통합을 저해하는 요인으로 작용한다. 장애의 원인이 임신 및 출산 과정에서의 문제라고 생각하는 경우 자녀의 장애가 자신의 잘못 때문이라는 죄책감으로 인해 이러한 문제는 더욱 가중된다. 특히 부부관계가 취약한 경우 장애아동의 출생은 가족 내 갈등을 증폭시키는 원인이 된다. 실제로 장애아동 어머니의 과반수이상이 우울증상을 보이는 것으로 나타났다(박미숙, 2005). 장애아동을 대상으로 한 기존의 연구는 이 같은 장애자녀로 인한 부정적인 영향에 초점을 맞추고 이를 해소하기 위한 방안모색에 초점을 맞추고 있다.

또한 장애아동의 부모뿐 아니라 형제도 장애형제와의 상호작용에 대한 막연한 두려움과 자신이 건강하다는 사실에 대한 죄책감, 미래에 장애자녀를 출산할지도 모른다는 불안감을 가지고 있으며, 높은 수준의 스트레스와 갈등을 빈번하게 경험한다고 한다. 이러한 갈등은 주로 장애아동이 가족 내의 자원을 독점하는 것, 비장애형제로 하여금 부모의 역할을 수행하도록 기대하는 것에서 비롯되는 압박감, 장애형제에 대한 부정적인 감정표현을 억제하는 데서 오는 갈등에 기인한다. 그 결과 장애아동 형제자매가 싸움이나 거짓말, 도벽 등과 같은 문제행동을 일으키는 경우도 있지만 이와는 반대로 '모범생증후군(model child syndrome)'을 보이기도 한다(이자영, 2001).

그러나 이와는 상반되는 관점에서 장애아동 가족이 반드시 높은 수준의 스트레스와 갈등을 경험하는 것만은 아니며, 오히려 장애를 수용하고 이를 극복해 나가는 과정을 통해 더 강한 가족결속력과 유대감을 경험하게 된다고 한다. 실제로 장애아동으로 인해 비장애형제가 보다 빨리 성숙하고 가치 있는 인생관을 갖는다고도 하였다(신혜정, 강위영, 2001). 고위험에 처한 가족의 경우 가족해체가 일어나기도 하지만 그렇지 않은 가족에서는 보다 결속력이 강해져서 성공적인 적응이 가능하다는 것이다.

따라서 최근의 연구들은 가족으로 하여금 이러한 적응성을 높여주는 요인이 무엇인지에 초점을 맞추고 있다. 그 가운데 대표적인 개념이 가족탄력성(family resilience)이다. 따라서 복지 분야에서는 장애아동 가족에 대한 기존의 결점모델(deficit perspective)에서 강점모델(strength perspective)에 초점을 맞추는 경향이 있다. 강점모델에서는 장애아동 가족의 높은 스트레스 수준의 결점보다는 높은 가족탄력성의 강점에 초점을 맞추어 의사소통 기술이나 문제해결 능력을 훈련시킴으로써 장애아동이 자신의 역량을 발휘해 나가도록 돕는다(김미옥, 2001).

3. 장애아동복지서비스

우리나라의「장애인복지법」에는 장애인 거주시설, 장애인 지역사회재활시설, 장애인 직업재활시설, 장애인 의료재활시설 및 그 밖에 대통령령으로 정하는 시설 등의 장애인복지시설을 규정하고 있으며, 이러한 시설을 통해 장애아동에게 다양한 복지서비스를 제공하고 있다.「장애아동복지지원법」에서는 의료비지원, 보조기구지원, 발달재활서비스지원, 보육지원, 가족지원 등을 규정하고 있다.

1) 장애아동 거주서비스

장애아동 거주서비스는 주로 장애아동 거주시설을 통해 이루어진다. 장애아동 거주시설은 거주공간을 활용하여 일반가정에서 생활하기 어려운 장애인에게 일정 기간 동안 거주 · 요양 · 지원 등의 서비스를 제공하는 동시에 지역사회생활을 지원하는 시설을 말한다. 장애인 거주시설의 종류는 장애유형별 거주시설과 중증장애인 거주시설, 장애영유아 거주시설, 장애인 단기거주시설, 장애인 공동생활가정으로 구분할 수 있다.

장애유형별 거주시설은 장애유형이 같거나 유사한 장애를 가진 사람들을 대상으로 주거 · 일상생활 · 지역사회생활 등의 서비스를 제공하는 시설로서, 지체 · 뇌병변장애인 거주시설, 시각장애인 거주시설, 청각 · 언어 장애인 거주시설, 지적 · 자폐성장애인 거주시설이 있다. 중증장애인 거주시설은 장애 정도가 심해 항상 도움이 필요한 중증장애인에게 주거지원 · 요양서비스 · 일상생활지원 등의 서비스를 제공하는 것이다. 장애인 단기거주시설은 보호자의 일시적 부재 등으로 도움이 필요한 장애인에게 단기간 주거서비스, 일상생활지원서비스, 지역사회생활서비스를 제공하고 장애인을 돌보는 보호자에게 단기간 휴식을 제공하는 시설이다. 장애인 공동생활가정은 지역사회 내의 일반주택을 이용하여 장애인들이 스스로 사회에 적응하도록 가정생활 · 사회활동 등 자립생활을 지원하는 주거시설이다. 장애영유아 거주시설은 6세 미만의 장애영유아를 보호하고 재활에 필요한 주거 · 일상생활 · 지역사회생활 · 요양 등의 서비스를 제공하는 시설이다.

2) 장애아동 발달재활서비스

「장애인복지법」에 근거하여 2007년부터 지역사회서비스 혁신 사업의 일환으로 시작된 '장애아동재활치료사업'은 2009년부터 본격으로 시행되었으며, 2012년 「장애아동복지지원법」의 시행으로 법적 근거를 마련하고 명칭도 '장애아동 발달재활서비스'로 변경되어 시행되고 있다. 발달재활서비스는 성장기 장애아동의 인지, 의사소통, 적응행동, 감각 · 운동 등의 정신적 · 감각적 기능 향상과 행동발달을 위해 적절한 서비스를 지원하고 정보를 제공하는 것을 의미한다.

'장애아동재활치료사업'을 '장애아동발달재활서비스'로 명칭을 변경한 배경에는 두 가지 의도가 관련되어 있다. 하나는 새로운 용어를 통해 재활치료를 둘러싼 기존의 개념적 혼란을 피하고 장애아동 재활치료를 별도의 복지서비스영역으로 구축하고자 하는 의도이고, 다른 하나는 치료라는 용어에서 파생되는 의료계와의 갈등 요소를 해소하고자 하는 것이다. 재활치료는 재활(rehabilitation)과 치료(therapy)로 구성되어 있고, 치료는 일정한 처치와 돌봄을 통해 질환을 완치하거나 질환이 사라질 때까지 신체기능을 유지시키거나 불편함을 최소화하는 것까지를 포괄하는 것으로 개념화된다. 반면 재활은 장애를 중심으로 형성된 개념으로, 장애인으로 하여금 신체적, 심리적, 사회적 생활능력을 회복시켜 독립생활을 가능하게 하는 것을 의미한다. 즉, 신체적 기능장애의 회복뿐 아니라 이로 인해 유발되는 일상생활상의 장애도 제거하는 것을 의미한다. 따라서 넓은 의미의 재활치료는 장애인으로 하여금 최적의 신체적, 감각적, 지능적, 심리적, 사회적 수준을 성취하고 유지할 수 있도록 수행하는 모든 활동을 의미하며, 좁은 의미의 재활치료는 주로 약물이나 수술을 통해 이루어지는 의료중심적 치료와는 달리 신체기능을 회복하고 유지하기 위해 활동을 중재하고 물리적 자극을 통해 치료하는 것을 의미한다. 재활치료에는 운동치료, 작업치료, 언어치료 등이 포함되며, 넓게는 심리치료, 미술치료, 행동치료 등도 포함된다. 장애아동에게 제공되는 발달재활서비스를 치료내용과 방법 등에 따라 구분해보면 우리나라의 보건의료법 체계에 근거하여 의사의 지도가 필요한 물리치료와 작업치료는 의료적 재활에 해당하고, 운동치료, 심리치료, 미술치료, 행동치료 등은 비의료적 성격의 재활치료로 구분할 수 있다. '장애아동발달재활서비스'는 이 가운데 비의료적 재활서비스만을 대상으로 한다.

사진 설명 심리재활 프로그램에 참가한 장애아동들

발달재활서비스는 대상자에게 바우처를 발행하고 지정된 서비스 제공기관에서 바우처를 사용하여 재활치료를 받을 수 있도록 하고 있다. 서비스 이용 가능 대상은 전국가구 중위소득 180% 이하 가정의 만 18세 미만 장애아동이며, 소득별로 차등지원하고 있다. 발달재활서비스 제공기관 유형은 언어재활기관이 1,359개소로 가장 많았고, 서비스 이용은 지적장애유형이 가장 높은 비율을 차지하는 것으로 나타났다(김정희, 김경란, 강정배, 2015).

3) 장애아동 의료재활서비스

장애아동 의료재활서비스는 주로 장애아동 의료재활시설을 통해 이루어진다. 장애아동 의료재활서비스는 장애아동을 입원 또는 통원하게 하여 상담, 진단·판정, 치료 등 의료재활서비스를 제공하는 것으로, 장애아동에게 1차적으로 요구되는 필수불가결한 기초재활사업이다. 세계보건기구에서는 의료재활을 질병이나 사고로 인한 후유증, 만성질환 등 치료기간이 장기화되기 쉬운 환자의 치료를 적극적으로 촉진시키며, 치료와 더불어 물리적·심리적 수단을 보완하는 의료적 조치를 행하는 것으로 정의하고 있다. 이는 장애가 있는 개인이 신체적, 정신적, 경제적, 사회적으로 최대한 능력을 발휘할 수 있도록 회복시키기 위한 사회적 원조를 의미하는 것으로, 의학적으로는 예방의학, 치료의학에 이어 제3의 의학이라고도 한다(정민정, 서주은, 2010).

장애아동을 대상으로 한 의료재활서비스 지원 사업은 교육부에서 '치료지원'

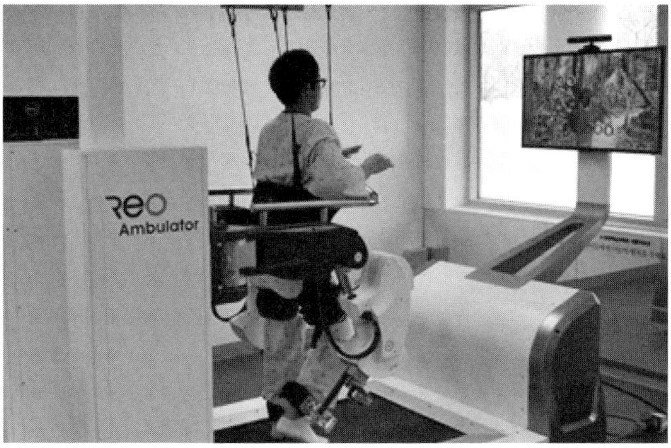

사진 설명 첨단 로봇재활치료기를 통해 재활치료를 받고 있는 모습

이라는 명칭으로 수행되고 있다. 치료지원은 2007년「특수교육진흥법」이「장애인 등에 대한 특수교육법」으로 변경되면서 특수교육의 범주로 이루어져 왔던 치료교육이 특수교육의 범주에서 제외되고 특수교육 관련 서비스의 한 부분으로 전환하게 된 것으로, 2013년부터는 '치료교육활동'이 특수교육에서 완전히 사라지고 '치료지원'으로 적용되고 있다. 의료재활서비스의 방법으로는 손상 부분을 치료함으로써 기본적인 기능장애를 개선하는 것, 기능장애의 개선에 한계가 있는 경우 다른 기능을 훈련시키거나 재활보조기구 등을 활용하여 기능장애를 대체하는 것, 장애인이 자립생활을 할 수 있도록 주변 환경 개선을 위한 의료적 자문을 하는 것과 같은 방법이 있다(사진 참조). 치료지원 유형별 대상자는 물리치료가 가장 많고, 다음으로 작업치료로 나타났다(김정희 외, 2015).

4) 장애아동 직업재활서비스

장애아동 직업재활서비스는 주로 장애아동 직업재활시설을 통해 이루어진다. 장애아동 직업재활시설은 일반 작업환경에서는 일하기 어려운 장애인이 특별히 준비된 작업환경에서 직업훈련을 받거나 직업 생활을 할 수 있도록 하는 시설을 말한다. 직업재활은 장애인이 자신의 능력에 맞는 직업을 얻고 이를 유지할 수 있도록 하기 위한 직업훈련과 직무지도, 취업알선 등과 같은 일련의 활동으로 이루어지며(사진 참조), 여기에는 자신의 능력과 적성에 맞는 직업을 갖도록 도와주는 직업상담에서부터 직업배치 후의 사후지도에 이르는 모든 과정

사진 설명 노동부 인증 지적장애인 직업재활시설인 사회적 기업 위캔센터의 재활서비스에 참가한 장애청소년

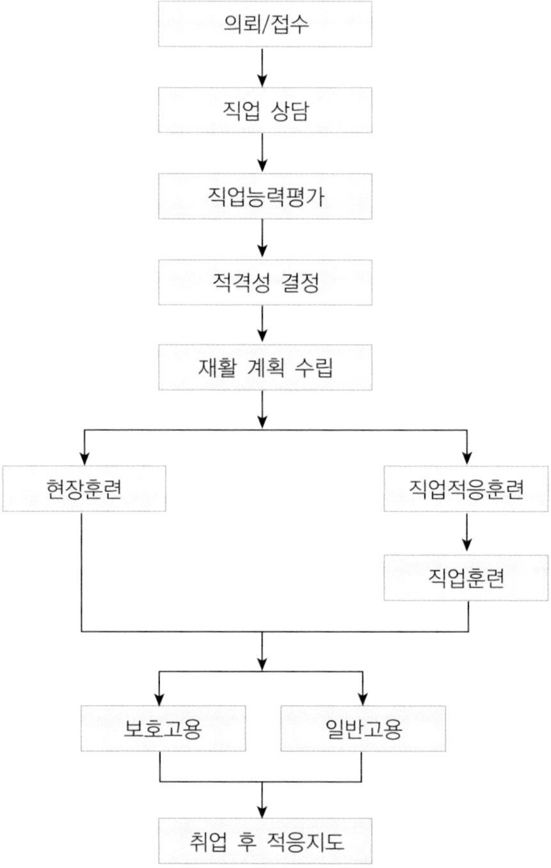

〈그림 8-1〉 **직업재활서비스의 과정**

출처: www.holtrehab.or.kr.

이 포함된다(〈그림 8-1〉 참조). 「장애인복지법」 제21조에는 국가와 지방자치단체가 장애인을 적성과 능력에 맞는 직업에 종사할 수 있도록 직업지도, 직업능력평가, 직업적응훈련, 직업훈련, 취업알선, 고용 및 취업 후 지도 등 필요한 정책을 강구하여야 함을 명시하고 있다.

교육재활서비스는 직업재활서비스의 기초가 되는 필수불가결한 기초재활사업이다. 교육재활은 일반학교에서 교육받기 어려운 장애아동들을 위해 특수학교나 특수학급을 마련해주고 각 장애의 특성에 맞는 교육과정에 따라 교육을 실시하는 것을 의미한다(사진 참조).

사진 설명 교육재활 치료캠프에 참가한 장애아동

「장애인복지법」 제20조에는 국가와 지방자치단체가 사회통합의 이념에 따라 장애인이 연령 · 능력 · 장애의 종류 및 정도에 따라 충분히 교육받을 수 있도록 교육내용과 방법을 개선하는 등 필요한 정책을 강구하여야 함을 명시하고 있다. 이에 따라 특수학교와 일반학교 내 특수학급의 수는 꾸준히 증가하여 2018년 특수학교의 수는 전국적으로 175개, 일반학교 내 특수학급의 수는 10,676개에 달하는 것으로 나타났다(교육부, 2019).

또한 2007년 「장애인 등에 대한 특수교육법」이 제정되면서 통합교육제도의 발판이 마련되었다. 특수아동 통합교육이란 특수아동이 특수학교가 아닌 일반학교에서 일반아동과 함께, 동일한 환경에서 동등하게 교육을 받을 수 있도록 하는 것을 의미한다. 통합교육을 통해 장애아동은 사회구성원으로서 동등한 교육을 받을 권리를 누리게 되며 일반아동과의 사회적 상호작용의 기회도 확대된다. 뿐만 아니라 일반아동도 어린 시절부터 장애에 대한 이해의 폭을 넓혀 나갈 수 있는 이점이 있다.

James M. Kauffman

Kauffman과 Hallahan(1981)은 진정한 의미의 통합교육은 장애아동을 일정 시간 동안 일반 교육환경에 물리적으로 통합하는 시간적 통합 외에도 일반 교육환경의 교수활동에 참여하는 교수활동적 통합과 학급의 교사와 또래들로부터 학급의 구성원으로 수용되는 사회적 통합을 포함하는 것이라고 하였다. 통합교육의 초기에는 장애아동과 일반아동을 2개의 분리된 집단으로 구분하고 주류인 일반아동집단에 장애아동을 포함시킨다는 '주류화(mainstreaming/integration)'라는 용어를 사용하였다. 그러나 최근의 통합교육에서는 처음부터 상호분리된 것이 아닌 하나의 집단으로 인식하고 함께 교육한다는 '통합(inclusion)'의 개념을 강조하고 있다(사진 참조).

또한 과거에는 특수아동이 일반학교에 입학하고자 할 경우 해당학교에서 거부를 하여도 이를 제지할 적절한 법규가 없었다. 그러나 2007년 「장애인 등에 대한 특수교육법」이 제정되면서 특별한 이유 없이 장애아동의 입학을 거부할 경우 해당 학교는 형사처벌을 받게 되었다.

사진 설명 통합교육을 받고 있는 아이들의 모습

5) 장애아동수당 및 양육수당 지원서비스

장애아동수당은 장애로 인하여 생활이 어려운 장애아동의 생활안정 지원과 복지 증진 및 사회통합을 도모하기 위하여 보호자의 경제적 수준 및 장애아동의 장애정도를 고려하여 매월 일정 금액을 수당으로 지급하는 제도이다. 정부에서는 2002년부터 장애아동의 보호자에게 장애아동수당을 지급하고 있다. 수급대상자는 만 18세 미만(단, 만 18세~만 20세로서 초 · 중등교육법 제2조에 따라 학교에 재학 중인 자는 포함)의 등록 장애인으로 국민기초생활보장 수급자 및 차상위계층이며, 다음과 같이 차등 지급된다(〈표 8-6〉 참조).

표 8-6 장애아동수당

	국민기초생활보장 생계 또는 의료급여수급자		국민기초생활보장 주거 또는 교육급여수급자, 차상위계층		보장시설수급자	
	중증	경증	중증	경증	중증	경증
지원금(1인/월)	20만 원	10만 원	15만 원	10만 원	7만 원	2만 원

* 중증장애인: 1~2급 장애인, 3급 중복장애인
* 경증장애인: 3~6급 장애인
출처: 보건복지부(2019a). 장애아동수당.

또한 장애아동 양육수당은 어린이집 및 유치원을 이용하지 않는 아동에 대한 부모의 양육비용 부담 경감을 통해 정부지원의 형평성 문제 해소 및 재가아동의 건강한 성장발달을 지원하기 위해 이루어지는 서비스이다. 장애인으로 등록된 미취학 아동 중 만 86개월 미만이 그 대상이며, 12개월 미만은 월 20만 원, 24개월 미만은 월 15만 원, 이후 86개월 미만은 월 10만 원의 양육수당이 지급된다.

6) 장애아동가족 양육지원서비스

장애아동가족 양육지원서비스는 이웃과 함께하는 가족 돌봄 문화를 정착시키고 장애아동에 대한 인식의 전환을 위해 지역사회의 자원봉사자가 장애아 돌봄 서비스를 제공하는 것을 말한다. 돌보미를 파견해 일시적인 돌봄 서비스를 제공하거나 장애아동가족 대상의 상담, 모임 등 휴식지원 프로그램을 제공함으로써 장애아동 가족의 돌봄 부담을 줄이고 보호자의 정상적인 사회활동을 돕기 위해 이루어지는 사업이다.

장애아동 돌봄 서비스는 만 18세 미만 장애아동을 양육하는 가정을 대상으로 한 가구당 연 600시간의 돌봄 서비스와 휴식지원 프로그램을 제공하며, 선정기준은 기준중위소득 120% 이하인 장애정도가 심한 아동을 대상으로 한다. 이에 따라 장애아 돌보미는 학습놀이 활동, 안전 신변보호 처리, 외출지원, 장애아가족에 대한 고충 상담, 건강관리 및 응급조치 등을 담당하게 된다. 휴식지원 프로그램은 가족관계 회복 및 돌봄 부담 경감을 위해 장애아가족 문화·교육 프로그램, 가족 캠프 등 휴식지원 프로그램을 운영하거나 돌보미를 통한 장애아가족 상담서비스, 생활지도 등을 제공하거나 자조모임 결성을 지원하는 것이다. 또한 가족상담(치료) 프로그램이나 가족교육 프로그램 등 가족역량강화를 위한 프로그램을 운영한다.

4. 장애아동복지사업의 개선방안

장애아동을 위한 복지서비스는 다양한 재활서비스를 중심으로 이루어지고 있으나 다음과 같은 점에서 개선이 필요하다.

1) 정부차원의 체계적 개입과 홍보

장애아동복지에서 우선적으로 개선되어야 할 과제 가운데 하나는 장애가 발생한 이후의 복지서비스도 중요하지만 이에 앞서 예방을 위한 노력이 강화되어야 한다는 점이다. 출산 전에는 모자보건사업의 강화와 임신부를 대상으로 하는 유전상담 등을 통해 장애의 원인이 되는 질병을 조기에 발견하고 치료하는 것이 필요하다. 또한 출생 이후에도 교통사고, 산업재해, 약물중독 및 환경오염 등에 의한 장애발생을 예방하기 위하여 필요한 조치가 강구되어야 한다. 미숙아나 조산아, 저소득층 자녀 등과 같이 장애로 발전될 수 있는 가능성이 높은 집단을 대상으로 이를 차단하기 위한 노력이 이루어져야 한다.

또한 우리나라에서 장애아동에 대한 양육책임은 전적으로 부모에게 있으며, 부모의 노력 여부에 따라 서비스의 수혜 여부도 달라진다. 부모들은 학교입학이나 복지서비스 이용 등의 다양한 문제 상황에 직면하게 되어, 자녀에게 적절한 서비스를 찾아다니며 여러 기관을 전전하게 된다. 즉, 부모의 정보력과 경제력에 의해 장애자녀에 대한 서비스의 질이 결정된다. 이처럼 부모가 찾아다니는 복지 전달체계는 부모의 능력에 따라 또 다른 사회적 불평등의 요인으로 작용하게 된다. 그러므로 정부차원에서 복지서비스제도 개선을 위한 체계적인 개입과 홍보가 필요하다.

이러한 문제점을 개선하기 위해서는 먼저, 장애아 출생 시 보건소나 동사무소에 장애등록을 할 때 복지전담공무원과의 상담을 통해서 이들에게 필요한 병원, 치료기관, 조기교육기관 등의 정보를 지속적으로 제공받을 수 있도록 One-

Stop 서비스체계를 구축하는 것이 필요하다. 또한 서비스 기관에서의 초기 면접으로 인한 시간과 인력 낭비를 막고 장애아동에 대한 정보를 공유할 수 있도록 관련기관 간의 네트워크 형성이 필수적이다. 그리고 정책에 대한 직접적인 홍보와 기관연계를 지원해야 한다. 지역사회나 기관에서 실시하는 복지서비스를 단순히 홈페이지에 공지하는 것으로만 그칠 것이 아니라, 공공기관이 정책에 대한 홍보의 주체가 되어서 적극적으로 우편발송, 전화, 가정방문을 통해서 직접 홍보해야 한다. 이를 통해 장애아동의 부모가 스스로 직접 기관에 서비스 대상 여부를 확인하지 않아도, 정보력이 없는 부모나 장애아동들이 서비스에서 제외되는 일이 없도록 해야 한다.

아동복지 전달체계란 아동복지서비스의 공급자와 소비자를 연결시키기 위한 조직적 장치라고 할 수 있다. 그러나 현행 복지 전달체계는 일원화되어 있지 않고 수직적 전달체계를 가지고 있기 때문에 서비스 전달자의 자율성이 인정되지 않을 뿐 아니라 복지대상자나 지역의 욕구에 능동적으로 대처하기 어려운 실정이다. 이러한 체계는 수요자보다 공급자중심 서비스 제공이 우선되므로, 실제로 서비스가 필요한 사람이 복지대상자로 선정되기보다는 상부에서 지시하는 예산에 맞게 수혜자 수가 미리 결정되고 그 수에 따라 대상자도 결정되는 문제가 있다.

따라서 장애상태, 근로능력, 서비스 욕구, 경제상태 등을 충분히 고려하여 복지서비스가 효율적으로 제공될 수 있도록 복지 전달체계를 일원화하고 수요자중심형으로 전환되어야 한다. 이를 위해서는 공적 전달체계의 개편이 이루어져야 하며, 필요한 경우 공적 전달체계와 민간 전달체계 간에 유기적인 협력이 필요할 것이다.

2) 발달재활서비스의 통합 및 전문성 강화

아동기에는 성인기에 비해 발달이 빠른 속도로 이루어지는 만큼 장애아동은 성인 장애인에 비해 성장과정에서 경험하는 환경이나 교육수준, 재활유무에 따라 장애정도나 기능에서 큰 변화를 기대할 수 있다. 따라서 장애아동에 대한 재활서비스는 사회적으로도 중요한 의미를 갖는다. 이에 따라 우리나라에서는 장애아동에 대한 재활서비스를 보다 체계적이고 종합적으로 지원하기 위해 '장애아동재활치료사업'을 2012년부터 '장애아동발달재활서비스'로 명칭을 변경하여 시행해오고 있다. 그러나 '장애아동발달재활서비스'에서는 물리치료나 작업치료를 의료서비스로 구분하고 있기 때문에 사업 대상에서 제외되어 있어 재활치료바우처는 비의료적 재활치료를 제공하는 사설치료실에서만 사용되고 있는 실정이다. 많은 장애아동의 부모들은 원하는 서비스를 통합적으로 받기를 희망하고 지속적으로 물리치료와 작업치료를 재활치료에 포함시킬 것을 요구하고 있으므로 이들의 요구를 반영한 정책 수정이 필요하다(김소연, 배현아, 2013).

장애아동재활서비스를 제공하는 인력의 전문성 강화와 치료서비스 공급기관의 관리도 필요하다. 발달재활서비스 이용자는 제공기관을 선택할 때 제공인력의 전문성과 제공기관의 서비스의 질을 가장 중요하게 고려하고 있다(강민희, 김지혜, 박지혜, 2011). 현재 장애아동재활서비스를 제공하는 인력은 국가자격증 소지자뿐 아니라 민간자격증 소지자, 일정 경력을 가진 관련 전공자에 이르기까지 다양할 뿐 아니라 검증되지 않은 자격증이 남발되고 있는 실정이어서 재활치료사의 전문성을 보장하기 어려운 실정이다. 재활치료사의 전문성은 서비스의 질적 보장 문제와 치료사 자신의 직무만족도와 직결되어 있다(박계신, 2014; 유영준, 최복천, 2012). 따라서 난립하고 있는 재활치료 관련 자격증을 국가인증자격증으로 대체해나가도록 하는 것이 필요하다. 또한 치료서비스 공급기관에 대한 자격인정이나 관리체계가 마련되어 있지 않아 치료의 효율성을 기대하기 어려운 실정이다. 치료서비스 공급기관의 질 관리는 재활치료의 질과 직결되는 문제이므로 정부 주도하에 재활치료사 양성과정을 구축하고, 재활서비스 제공 기관에 대한 정기적 평가를 통해 질적 수준을 향상시키기 위한 노력이 필요하다.

3) 의료재활서비스의 확대

장애인에 대한 의료재활에서 기존의 접근방법은 질병모델로 주로 문제요인의 진단과 제거에 초점을 두는 치료중심모델이었다. 질병모델은 전문가 중심의 병리지향적 관점을 강조하므로 상대적으로 장애아동과 그들 가족의 의료서비스 욕구를 충족시키기에는 미흡하다는 점이 문제로 지적되어 왔다. 따라서 그 대안으로 제시된 강점모델은 장애아동 자신이 자신의 강점을 발견하도록 하고 이를 강화하는 데 초점을 맞추었다. 이는 자연스럽게 장애아동의 문제를 해결할 뿐 아니라 이들의 삶의 질도 향상시킬 수 있는 방법으로 평가되고 있다(Saleebey, 1992). 만성정서장애인의 사례관리와 정서장애아동에 대해 강점모델을 적용한 예를 살펴본 결과, 강점모델의 경우 환자와 가족의 장점과 자원을 중심으로 해결방안을 모색함으로써 해결시점을 앞당길 수 있으며 그들에게 자율성과 희망을 갖고 역량을 강화할 수 있는 기회를 제공하는 등 의료사회복지에서 효과적으로 활용할 수 있는 모델로 평가된다(최현미, 2004). 특히 강점모델을 사례관리 방법과 접목하였을 때 그 효과가 높은 것으로 보고되었다. 이러한 관점에서 본다면 장애아동복지에서 의료재활과 동시에 심리재활이 병행되어 이루어질 때 그 효과가 극대화될 수 있을 것이다. 그러나 2012년부터 시행되고 있는 '장애아동발달재활서비스'에서는 물리치료나 작업치료를 의료서비스로 구분하고 있기 때문에 사업 대상에서 제외되어 있어 재활치료바우처는 비의료적 재활치료를 제공하는 사설치료실에서만 사용되고 있는 실정이다. 따라서 변화된 정책은 장애아동과 그들 부모들의 요구를 제대로 반영하지 못한다는 의견이 제기되었다. 이와 유사한 관점에서 보건복지부의 '발달재활서비스'와 교육부의 '치료지원'이라는 서비스의 이원화된 전달체계의 문제점이 지적되고 있다(김정희 외, 2015).

1988년부터 의학적 심사에 근거하여 1~6급으로 장애등급을 구분하여 장애등급에 따라 각종 지원을 차등적으로 제공해 온 기존의 방식은 장애인의 개별적 욕구를 고려하지 못한다는 비판이 제기됨에 따라 정부는 2019년 7월부터 장애등급제를 단계적으로 폐지하고, 수요자 중심의 장애인 지원체계를 구축하게 되었다. 기존 장애등급별 지원체계가 공급자 관점에서 정책개발과 집행이 용이한 체계였다면, 새로운 지원체계는 개개인의 욕구와 환경을 보다 세밀하게 고려해 서비스를 지원하는 것으로, 주요내용은 장애등급제의 단계적 폐지, 종합조사 도입, 전달체계 강화의 3개의 축으로 구성된다. 즉, 기존의 장애등급제를 단계적으로 폐지하고 이를 '장애정도가 심한 장애인'과 '심하지 않은 장애인'으로 구분하고, 서비스 지원 종합조사를 실시하여 장애인의 욕구나 환경 등을 종합적으로 고려하여 꼭 필요한 대상자를 지원하며, 장애인 전달체계를 강화하여 누락서비스의 발굴이나 찾아가는 상담 등을 확대하고자 하였다. 이처럼 장애등급이 장애정도로 변경됨에 따라 건강보험료 경감(1·2급 30%, 3·4급 20%, 5·6급 10% → 중증 30%, 경증 20%) 및 노인장기요양보험료 경감(1·2급 30% → 중증 30%)이 확대되고, 교통약자의 이동지원을 위해 휠체어 탑승설비 등을 장착한 특별교통수단 법정대수(200명당 1대, 3,179대 → 150명당 1대, 4,593대)도 단계적으로 확충되며, 건강보험 장애인보장구 및 장애인 보조기기 품목 등도 단계적으로 확대될 예정이다.

4) 장애아동가족지원서비스의 확대

도움을 필요로 하는 장애인의 주 도움제공자로서 가족구성원이 차지하는 비율은 2014년 81.5%, 2017년 81.9%로 여전히 가족의 부담이 높은 것으로 나타났으며, 활동보조인이나 요양보호사 등 공적 돌봄서비스 제공자가 주 도움제공자인 비율도 2014년 13.1%에서 2017년 13.9%로 점차 증가하는 것으로 나타났다(보건복지부, 보건사회연구원, 2018). 이처럼 공적 돌봄서비스 비율이 다소 증가하였으나 여전히 가족구성원이 차지하는 비중은 절대적이라고 말할 수 있다. 장애아동가족은 장애아동에 대한 1차적인 책임을 질 뿐 아니라, 장애아동에 대한 부정적인 사회적 인식으로 인해 독특한 어려움과 스트레스를 경험하게 되므로 이들 가족의 특별한 욕구를 해결해주기 위한 지원체계가 필요하다.

장애아동가족지원사업에서 무엇보다도 선행되어야 할 것은 장애에 대한 가족들의 부정적인 태도가 장애아동과 가족구성원들의 적응에 전혀 도움이 되지 않음을 인식시키는 것이다. 장애아동의 부모는 장애를 부모 탓으로 간주하고 죄책감을 갖는 경우가 많다. 그러나 이러한 부모의 태도는 장애아동의 발달에 부정적인 영향을 미치게 된다. 실제로 장애아동의 출생은 극소수를 제외하고는 부모의 잘못이라기보다는 원인을 알 수 없는 경우가 대다수를 차지한다. 또한 장애아동에 대해 가족이 어떠한 태도를 갖는가는 이후 자녀의 발달상의 예후를 가늠하는 데 매우 중요하다. 그러므로 장애에 대한 인식과 태도를 변화시키는 것이 중요하다(김미옥, 2001). 또한 장애아동으로 인한 스트레스를 가족 모두가 극복했을 때 이들은 일반 가족보다 강한 유대감과 독특한 결속력을 보일 수 있다. 그러므로 장애자녀에 대한 부모 자신의 감정을 솔직하게 수용하고 부부만의 시간 갖기를 통해 결속을 다지거나, 정서적으로 가장 편안하고 많은 정보를 쉽게 얻을 수 있는 장애아동 부모지원모임 등에 가입하는 것은 적응에 도움이 된다(김상용, 2005).

다음으로 장애관련 문제 상담 및 종합적인 정보 제공, 장애아동의 양육, 행동지도 및 교육방법 등 부모역할과 관련된 지원도 필요하다. 장애아동 가족이 직면하는 문제 가운데 특히 심리적 문제해결을 위한 지원방안으로 전문가에 의한 상담 및 치료보다는 부모모임, 가족모임 등과 같은 자조모임을 통해 도움을 얻는 것도 효과적인 방법이다. 그러므로 장애아동 부모들이 구체적인 관심사를 모아서 서로 모임을 갖고 이 연결망을 통해 개인과 집단이 함께 역량을 강화시키는 방법도 유용할 것이다.

5) 소득보장의 확대

우리나라의 전국가구 대비 장애인가구의 소득수준은 다소 상승하고 있으나 여전히 낮은 것으로 나타난다(〈그림 8-2〉 참조). 이를 반영하듯 2017년 장애인 실태조사에서도 장애인의 복지욕구에서도 국가 및 사회에 대해 가장 우선적으로 요구하는 사항은 '소득보장'(41.0%), '의료보장'(27.6%), '고용보장'(9.2%) 순으로, 소득보장이 가장 높은 비율을 차지하는 것으로 나타났다.

장애아동 · 청소년가족의 양육부담에 대한 연구에서도 마찬가지로 경제적 부담, 신체적 부담, 정서적 부담, 사회적 부담의 순으로, 경제적 부담이 가장 큰 어려움으로 나타났으며, 가족지원욕구에서도 장애유형에 관계없이 장애아동 수당지원과 장애아동 재활치료바우처 사업의 확대 등 경제적 지원에 대한 욕구가

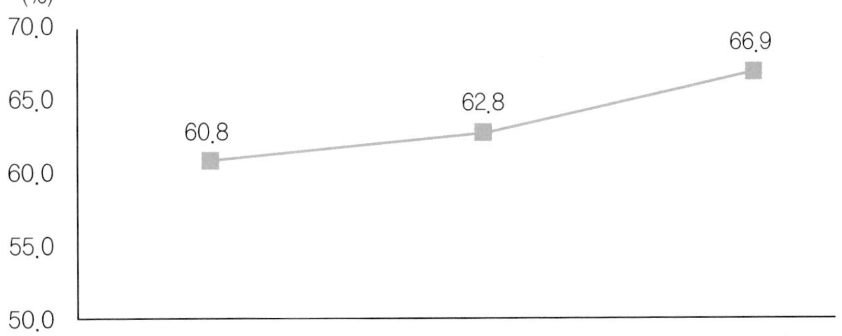

〈그림 8-2〉 **장애인가구 소득의 전국가구 소득 대비율(전국 1인 이상 가구)**

출처: 보건복지부, 보건사회연구원(2018). 2017년 장애인실태조사 결과.

가장 높게 나타났다. 그러나 연령별로는 만 6세 이하의 경우는 아동수당, 7~12세의 경우 아동수당과 재활치료바우처사업, 중·고등학생의 경우 경제적 지원뿐 아니라 평생교육에 대한 욕구가 높게 나타났다(유영준, 이명희, 백은령, 최복천, 2011). 또 다른 연구에서도 장애아동가족의 가장 큰 어려움은 자녀양육 및 교육과 교육비 부담으로 인한 경제적 어려움으로 나타났다(김종인, 2006). 장애아동복지의 선결과제에 대한 조사결과에서도, 부모의 노후 또는 사망 이후 남겨진 자녀의 생계대책(20.4%), 장애아동 재활치료서비스 확대(18.0%), 고등교육의 지원강화(15.8%) 등의 순으로 나타났다(보건복지부, 2012a).

최근 장애아동에 대한 복지서비스의 범주는 상당히 확대되고 있다. 그러나 아직까지 많은 수의 장애아동들이 적절한 관련서비스를 받지 못하고 있다. 장애아동은 아동이면서 동시에 장애인이라는 이중으로 사회적 불이익을 받는 취약한 대상이라고 볼 수 있다. 우리나라의 장애인 복지시설조차도 주로 성인 장애인을 중심으로 운영되고 있다. 그러나 아동기는 발달의 가소성이 가장 큰 시기인 만큼 조기개입을 통해 이후의 손상이나 불능, 불리를 최소화할 수 있다는 점에서 장애아동복지는 중요한 의미를 갖는다.

제9장

학대아동보호사업

아동은 건강한 삶을 누려야 할 권리가 있음에도 불구하고, 보호자나 성인에 의해 그 권리를 박탈당하거나 침해당하고 있다. 미국의 경우 2017년 기준 1990년도에 비해 아동학대 발생 비율이 상당히 낮아지기는 하였으나, 여전히 1,000명 중 9명 정도는 아동학대를 경험하고 있다. 2000년 이후 신체적, 성적, 정서적 학대의 비율은 낮아지고 있으나, 여전히 방임 비율은 줄어들지 않고 있다. 학대받은 아동들은 심각한 신체장애, 정서장애를 나타내거나 반사회적 행동이나 비행을 저지를 가능성이 높다. 또한 학대받은 아동이 성장해서 학대하는 부모가 되는 세대 간 악순환을 되풀이하게 된다. 아동학대의 세대 간 전이를 방지하고 아동학대로 인한 사회문제를 줄이기 위해 아동학대의 예방, 발견, 치료가 필수적이며, 국가 및 지역사회가 적극적으로 이에 개입해서 해결해야 한다.

우리나라에서도 아동학대의 심각성이 대두되면서 아동학대와 관련된 법규가 개정되고 아동학대를 예방하기 위한 아동보호기관이 상당수 증가하였다. 하지만 우리나라의 모든 아동이 학대의 위험으로부터 보호되기까지는 개선되어야 할 부분이 여전히 남아 있다.

이 장에서는 아동학대의 개념, 유형, 아동학대에 영향을 미치는 요인과 아동학대의 결과를 살펴봄으로써 아동학대에 대한 이해를 높이고, 국내 아동학대의 현황과 학대피해아동을 위한 보호서비스를 살펴본 후, 학대아동보호서비스의 개선방안에 대해 알아보고자 한다.

CASE STUDY

학대아동보호사업 사례

안동 성당에서 관리하는 텃밭의 토마토, 당근, 오이 등이 자주 없어졌다. 토끼가 와서 먹는 것이 목격되자 "한 번 더 토끼를 풀어 놓으면 토끼를 잡아먹겠음"이라고 경고문을 붙였다. 어느 날 토끼 대신 한 아동이 방울토마토를 따먹는 것이 목격되었다. "아이가 배고파서 먹었구나!" 하는 생각과 측은한 마음에 아동을 따라가 보니 쓰러져 가는 오두막집에서 정신질환을 앓고 있는 엄마와 함께 살고 있었다. 아동 모는 하루 종일 집 밖으로 모습을 내보이지 않았다. 3평 정도의 방 안에는 쓰레기가 가득하였으며 아동과 아동 모, 강아지 2마리, 토끼 1마리가 함께 생활하고 있었다. 소위 말하는 '쓰레기 집'이었다. 초등학교 4학년인 아동은 신체에 배어 있는 악취로 인해 같은 반 아동들로부터 따돌림을 당하여 수개월 전부터 학교에 나가지 않았다고 한다.

아동 가정의 상황을 목격한 분이 본 기관에 신고를 하였고, 본 기관에서 현장조사를 실시하였다. 현장조사 결과 아동 모의 정신질환과 아동에 대한 방임이 심각하여 아동 모에 의한 아동학대 사례로 판정하였다. 이에 아동의 문제해결을 위하여 친인척들과 10년 전 이혼한 친부에게 연락을 취하여 협조를 요청했다. 또한 지역사회의 사회복지 전담공무원과 정신과 전문의의 협조로 아동 모의 입원치료를 지원하기로 하였다. 아동 모는 정신병원에 입원을 시켰으며 아동은 일시보호쉼터에 입소 조치를 취하였다.

아동의 모는 남편의 성실하지 못한 생활과 외도에 대한 실망으로 이혼을 하였다. 부모의 이혼 후 아동 모에 의하여 양육되어 온 아동은 아동 모의 영향으로 '남자는 무조건 나쁜 사람, 믿을 수 없는 사람'이라는 강한 인식을 가지고 있었다. 사례개입 초기에는 남자 상담원에 대한 경계가 심하였으며 아동 부를 만나는 것도 거부하였다. 그러나 지속적인 상담과 관계개선을 위한 아동 부의 꾸준한 노력으로 아동과 아동 부의 관계가 호전되었으며 아동은 쉼터에서 퇴소를 하여 아동 부와 함께 생활하게 되었다. 병원에서 퇴원한 아동 모는 자립을 위하여 자활사업에 참여하여 재봉과 한복 만드는 분야에서 열심히 일하고 있다. 아동 부와 함께 아동을 공동양육하면서 좋은 관계를 유지하고 있다.

신고 당시 지능이 낮고, 일상생활 능력이 부족한 것으로 측정되었던 아동은 가정환경이 개선되면서 학교생활에 대한 적응능력도 향상되었다. 학업성적이 두드러지게 향상되었고, 교내외의 각종 상도 수상하였으며, 학급의 부반장도 역임하였다. 현재는 중학교 2학년에 재학 중이며, 자신의 꿈을 이루기 위한 명문 대학 진학을 목표로 열심히 생활하고 있다. 아동 모는 이혼 당시 받았던 마음의 상처가 호전되어 아동 부와 좋은 관계를 유지하고 있다. 또한 아동 모는 직무능력도 향상되어 향후 1~2년 이내에 독립된 가게를 운영할 희망도 키우고 있다. 많은 자원봉사자 분들이 지속적인 정신과 치료가 필요한 아동 모에게 도움을 주고 있기에 아동의 가정에 밝은 미래가 예상된다.

출처: 보건복지부, 중앙아동보호전문기관(2010). 토끼가 구한 아이. 2010 아동보호전문기관 10주년 기념 아동학대 우수사례 보고서.

1. 아동학대의 이해

1) 아동학대의 개념

아동학대에 대한 개념을 정의 내리기는 쉽지 않다. 사회문화적 배경에 따라서 아동학대에 대한 개념이 다를 수 있고, 아동학대를 어떻게 정의하느냐에 따라 발생 현황의 파악, 법적 조치, 사회복지서비스 등이 달라질 수 있기 때문이다. 과거의 아동학대는 보다 협의의 관점에서 주로 신체적 학대에 초점을 두었으나, 최근 들어서는 방임이나 정서적 학대 등이 포함되어 다루어지고 있다. 우리나라 「아동복지법」에 따르면 '아동학대란 보호자를 포함한 성인에 의해 아동의 건강 및 복지를 해치거나 정상적인 발달을 저해할 수 있는 신체적 · 정신적 · 성적 폭력 또는 가혹행위 및 아동의 보호자에 의하여 이루어지는 유기와 방임'을 말한다. 즉, 최근의 아동학대 개념은 아동의 복지나 아동의 잠재적 발달을 위협하는 보다 넓은 범위의 행동까지 확대되어 신체적 학대, 정서적 학대나 방임, 아동의 발달을 저해하는 행위나 환경뿐 아니라 아동의 권리보호 측면까지 아우르는 매우 포괄적인 경우를 포함한다.

2) 아동학대의 유형

학대에는 여러 가지 형태가 있다(Cicchetti & Toth, 2006). 아동에게 신체적으로 상해를 입히는 것, 성적으로 학대하는 것, 심리적으로 학대를 하는 것과 아동에게 적절한 음식을 주지 않는 것, 의학적 치료를 하지 않는 것 등이 포함된다. 아동학대의 유형은 크게 신체적 학대, 정서적 학대, 성적 학대, 방임 및 유기로 구분된다.

(1) 신체적 학대

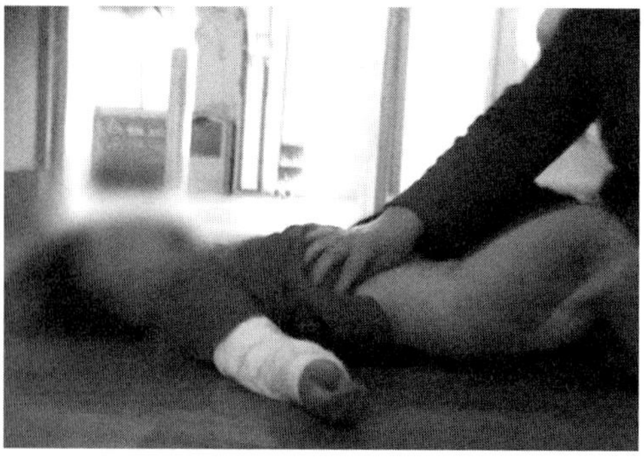

사진 설명 어린이집에서 발생한 영아를 대상으로 한 신체적 학대

「아동복지법」에 따르면, 신체적 학대란 아동의 신체에 손상을 주거나 신체의 건강 및 발달을 해치는 신체적 학대행위이다. 보호자를 포함한 성인이 우발적인 사고가 아닌 상황에서 아동에게 신체적 손상을 입히거나 또는 신체손상을 입도록 허용한 모든 행위를 말하며 생후 36개월 이하의 영아에게 가해진 체벌은 어떠한 상황에서도 심각한 신체학대에 해당된다. 즉, 부모 또는 보호자가 고의로 아동에게 신체적인 상해를 입히는 것이다. 구체적인 행위를 살펴보면 멍, 화상, 찢김, 골절, 장기파열, 기능 손상의 원인이 되는 행위로서 물건을 던지는 행위, 떠밀고 움켜잡는 행위, 뺨을 때리는 행위, 물건을 사용하여 때리는 행위, 발로 차거나 물어뜯고 주먹으로 치는 행위, 두들겨 패는 행위, 총칼 등의 흉기·화학물질 혹은 약물 등을 사용하여 신체에 상해를 입히는 행위, 반복적으로 꼬집는 행위, 전기충격, 물에 빠뜨리는 행위, 뾰족한 도구(바늘, 포크, 이쑤시개 등)를 이용하여 찌르는 행위, 할퀴는 행위, 몸을 거꾸로 매다는 행위 등이 포함된다(사진 참조).

Brenda A. Miller

이러한 신체적 학대는 겉으로 드러나기 때문에 발견하기가 가장 쉽다. 아동에게 지속적으로 이유 없이 상처가 발견되면 신체적 학대의 징조라고 볼 수 있다. 일반적으로 영아기와 학령기 아동들에게 신체적 학대가 빈번하게 일어난다(Miller, Maguin, & Downs, 1997). 아동의 상처가 경미하더라도 지속적으로 상처가 발견된다면 신체학대를 의심하여 초기부터 신체학대를 예방하는 것이 중요하다.

Rita Wicks-Nelson

(2) 정서적 학대

「아동복지법」에 따르면, 정서적 학대란 아동의 정신건강 및 발달에 해를 끼치는 학대 행위이다. 보호자를 포함한 성인이 아동에게 행하는 언어적 모욕, 정서적 위협, 감금이나 억제, 기타 가학적인 행위를 말하며 언어적·정신적·심리적 학대라고도 한다. 아동은 비웃고, 거부하고 창피를 주는 등의 심리적인 학대를 통해서도 해를 입을 수

출처: National Child Protection Authority (2010). *What is child abuse?*

있다(Wicks-Nelson & Israel, 2006). 이러한 정서적 학대는 눈에 두드러지게 보이는 것도 아니고 당장 그 결과가 심각하게 나타나지 않기 때문에 그냥 지나칠 수도 있다는 점에서 더욱 유의해야 한다. 따라서 성인과 아동의 상호작용을 주의 깊게 관찰하는 것이 중요하다.

구체적으로 살펴보면 원망적 · 거부적 · 적대적 또는 경멸적 언어폭력, 잠을 재우지 않는 것, 벌거벗겨 내쫓는 행위, 삭발을 시키거나 강제적으로 머리를 자르는 행위, 형제나 친구 등과 비교하는 행위, 차별, 편애, 가족 내에서 따돌리는 행위, 아동이 가정폭력을 목격하도록 하는 행위(아동이 보는 앞에서 자주 부부싸움을 하거나 배우자를 폭행하는 행위 등), 아동을 시설 등에 버리겠다고 반복적으로 위협하거나 짐을 싸서 내보내는 행위, 미성년자 출입금지 업소에 지속적으로 아동을 데리고 다니는 행위, 돈을 벌어 오라고 위협하거나 아동의 나이에 적절하지 않은 과도한 일을 시키는 행위, 보호자의 종교행위 강요, 다른 아동을 학대하도록 강요하는 행위, 아동으로 하여금 정서적인 불안이나 갈등상태에 놓이게 하는 행위들이 포함된다.

한편 정서적 방임 또한 정서적 학대의 한 유형이다. 정서적 방임은 부모나 보호자가 아동의 심리적 요구에 관심이 없거나 전혀 반응적이지 않은 것을 말한다. 이는 부모나 보호자가 아동의 요구를 무시하기 때문일 수도 있고, 다른 한편으로는 아동의 요구를 전혀 인식하지 못하기 때문일 수도 있다. 아동을 안아주거나 아동과 대화를 나누거나 감정을 나누는 것 등과 같은 정서적 자극이 결핍되면 아동의 발달지체를 초래할 수 있다. 일례로, 제2차 세계대전 이후 보육시설에서 자란 아동들이 양질의 물리적 환경에서 성장하였음에도 불구하고 발달지체를 보인 이유 중의 하나가 정서적 자극의 부족인 것으로 밝혀졌다.

(3) 성적 학대

「아동복지법」에 따르면, 성적 학대란 아동에게 음란한 행위를 시키거나 이를 매개하는 행위 또는 아동에게 성적 수치심을 주는 성희롱 등의 성적 학대행위이다. 성적 학대는 보호자를 포함한 성인이 자신의 성적 욕구 충족을 목적으로 18세 미만의 아동과 함께하는 모든 성적 행위를 말한다. 가족 내 성적 학대는 가족 및 친인척 사이에서 발생하는 형태를 말하며, 가족 외부의 성적 학대는 아동과 안면이 있는 사람 혹은 낯선 사람에게서 발생하는 형태를 말한다. 일반적으

Carol A. Plummer

로 강간은 두려움이나 강압적인 힘으로 성적 행위를 하는 것을 의미한다. 아동 성적 학대 역시 두려움이나 힘을 이용하지만 다른 방법도 사용한다. 놀이로 착각하게 하거나 아동을 사랑하는 사람들로부터 심리적으로 고립되도록 조정하고, 성인의 권위로 강요하며, 움직일 수 없도록 물리적인 억압을 하고, 위협이나 공포를 조성한다.

구체적으로 살펴보면 성적 유희, 성기 및 자위행위 장면의 노출, 포르노비디오를 아동에게 보여주거나 포르노물을 판매하는 행위, 관음증 등의 행위, 성기삽입, 성적 접촉, 강간 등과 같은 접촉 행위, 아동 매춘이나 아동매매 등의 행위, 보호자의 부부관계 및 자위행위 목격 등으로 아동이 부적절하게 성에 노출되는 것, 성매매 업소에 아동을 데리고 가는 행위 등이 포함된다. 이러한 행동은 아동이 동의하든 동의하지 않든 학대에 포함된다(Plummer, 1986). 성적 학대는 은밀하게 이루어지고, 특히 아동들은 학대행위자의 행동이 어떤 의미를 가지는지 모르기 때문에 오랫동안 감지되지 않을 수도 있다.

(4) 방임 및 유기

「아동복지법」에 따르면, 방임 및 유기는 자신의 보호 · 감독을 받는 아동을 유기하거나 의식주를 포함한 기본적 보호 · 양육 및 치료를 소홀히 하는 방임행위이다. 학대가 고의적으로 어떠한 행동을 가하는 것이라면 방임은 무엇인가를 제공하지 않는 것이다. 방임으로 인해 아동이 위험한 환경에 처하거나 충분한 영양을 공급받지 못해 발육부진이 되는 경우가 많으며, 나이 어린 아동에게는 치명적인 결과(장애)를 가져오거나 사망에까지 이르게 할 수 있다. 또한 방임으로 인해 파생적인 문제들이 발견될 수 있다. 예를 들면, 청결하지 않은 외모 때문에 집단 따돌림의 대상이 되기도 하고, 지속적인 정서적 피폐로 인해 사회문제행동의 피해자 혹은 학대행위자가 되기도 한다. 유기란 방임의 가장 극단적인 형태로, 보호자가 아동을 보호하지 않고 버리는 행위를 말한다.

사진 설명 부모의 맞벌이로 인해 아동이 방임되는 사례가 증가하고 있다.

방임의 유형은 물리적 방임, 교육적 방임, 의료적 방임으로 구분된다(Schilling & Christina, 2014). 물리적 방임이란 기본적인 의식주를 제공하지 않는 행위, 상해와 위험으로부터 아동을 보호하지 않는 행위, 불결한 환경이나 위험한 상태에 아동을 방치하는 행위, 아동의 출생신고를 하지 않는 행위, 보호자가 아동들을 가정 내에 두고 가출한 경우, 보호자가 아동을 병원에 입원시키고 사라진 경우, 보호자가 아동을 시설 근처에 두고 사라진 경우, 보호자가 친족에게 연락하지 않고 무작정 아동을 친족 집 근처에 두고 사라진 경우 등이 포함된다. 교육적 방임이란 보호자가 아동을 학교(의무교육)에 보내지 않거나 아동의 무단결석(정당한 사유 없이 연속적으로 7일 이상 결석을 하는 경우)을 허용하는 행위, 학교 준비물을 챙겨주지 않는 행위, 특별한 교육적 욕구를 소홀히 하는 행위 등이 포함된다. 의료적 방임이란 아동에게 필요한 의료적 처치를 하지 않는 행위, 예방접종이 필요한 아동에게 예방접종을 실시하지 않는 행위, 장애아동에 대한 치료적 개입을 거부하는 경우 등이 포함된다.

우리나라의 경우, 부모의 방임 및 유기로 인한 피해신고 건수가 해마다 증가하고 있다. 방임은 아동의 생명과 직접적으로 연결되기 때문에 더욱 심각하다. 2019년 기준 아동학대로 사망한 아동의 경우 신체학대 및 방임이 대다수인 것으로 나타났다(보건복지부, 중앙아동보호전문기관, 2019). 영아 방임 발생의 위험요인에 대해 살펴본 연구에 따르면, 학대행위자의 소득 수준이 낮고, 경제적 어려움을 경험하고 있고 양육지식이나 기술이 부족한 경우 아동에게 방임을 행할 가능성이 높은 것으로 나타났다(보건복지부, 2012b). 이처럼 방임은 빈곤, 부모의 스트레스와 관련이 깊고, 아동에 대한 무관심이나 인식부족으로 인해 발생되기도 한다. 빈곤가정에 대한 경제적 지지, 부모교육 등을 통해 방임을 예방하기 위한 노력이 필요하다.

3) 아동학대에 영향을 미치는 요인

어떤 부모가 어떠한 이유로 어떤 아동을 학대하는가? 아동학대의 원인은 어느 한 가지 요인으로만 설명하기는 어렵다. 아동학대는 아동의 까다로운 기질, 부모의 좌절 등과 같은 단순히 특정한 한 가지 요인에 의해 일어나기보다는 여러 복합적인 요인들 간의 상호작용을 통해 유발되므로(Cicchetti, Toth, Nilsen, &

Dante Cicchetti

Sheree Toth

Manley, 2014; Cicchetti & Toth, 2015) 발생요인을 구체적으로 규명하기는 어렵다. 일반적으로 아동학대는 부모의 특성, 아동의 특성, 그리고 사회문화적 특성이 복합적으로 작용하게 된다(Cicchetti & Toth, 2006). 아동학대의 사회적 상호모델에서는 아동학대나 방임을 아동, 가족, 사회의 맥락에서 본다. 이 모델에서는 아동학대를 자녀양육의 문제와 부모자녀관계의 질적인 문제점으로 여긴다(Wolfe, 1994). 부모역할의 수행이나 자녀양육이 적절한 수준에 도달하지 못한 것은 부모가 아동의 행동을 적절하게 관리하는 능력이 부족하거나 폭력적인 방법을 사용할 때 생기는 것으로 가정하고 있다. 게다가 아동학대는 실직이나 약물 의존증과 같은 가족문제가 있는 가정에서 자주 발생한다. 가족의 위기에 좌절한 부모는 가정 내 문제를 적절하게 다루는 능력이 부족하여 아동을 심하게 다루거나 학대하는 결과를 초래한다(Repucci, Britner, & Woolard, 1997).

(1) 학대하는 부모 및 성인의 특성

대부분의 부모들은 아동을 잘 보호한다. 그러나 자녀를 보호하고자 하는 부모의 본능적인 욕구가 실현되지 않거나 혹은 부모가 필요로 하는 지원이 이루어지지 않아 부모가 분노나 두려움, 좌절을 경험하게 되면, 아동은 학대와 방임의 위험에 처하게 된다. 실제로 학대행위자의 학대 동기를 살펴보면, '양육태도 및 훈육문제'(50.3%), '가해자 개인특성'(20.4%), '양육부담 및 스트레스'(9.3%), '부부문제'(7.2%), '경제적 문제'(5.5%)의 순으로 나타났다(한국형사정책연구원, 2016). 이와 유사하게 학대하는 부모의 특성에 대한 조사에서 부모가 아동을 관리하는 기술이 부족하고, 아동의 문제행동에 정서적으로 과민하게 반응하며, 아동의 행동에 대해 잘못된 기대를 하고, 충동적인 경향이 크고, 사회적인 문제해결능력이 떨어진다는 증거가 제시되고 있다(Burgess, 1985).

그리고 학대를 하는 부모들 중에는 아동기에 학대를 받았거나 학대가 빈번하게 일어났던 가정에서 성장한 경우가 많다. 학대받은 경험이 있는 사람들은 사랑받고 싶은 욕구를 충족시키기 위해 일찍 결혼하여 아기를 갖는 경향이 있는데

Diane E. Papalia

Ruth Duskin Feldman

Jack Pransky

(Papalia, Olds, & Feldman, 1999) 자신이 좋은 양육을 받지 못했기 때문에 자녀에게 어떻게 해야 좋은 부모가 되는지 방법을 몰라 체벌을 사용하여 훈육하는 경우가 많다(Pransky, 1991). 체벌을 빈번하게 사용하는 것은 아동의 행동을 일시적으로 억제할 수 있기 때문에 유지된다. 그러나 체벌로 아동을 다스리다 보면 더 심한 체벌을 할 수밖에 없고, 체벌에 과다하게 의존하다 보면 결과적으로 신체적으로 상처를 남기는 학대 수준에 이르게 된다.

또한 학대하는 부모들은 배우자와 관계가 좋지 않거나, 경제적으로 어려움을 겪고 있는 경우가 많다. 한부모가족, 이혼가족, 재혼가족 등의 경우 가족 내에서 경험하는 스트레스로 인해 아동을 학대하거나 방임하게 되는 경우가 종종 발견된다.

(2) 아동의 특성

아동은 태어나면서부터 부모가 자신을 대하는 방식에 영향을 미치기 시작한다. 특히 아동의 기질은 부모의 양육행동에 강력한 영향을 미친다(Brody & Ge, 2001). 부모의 요구에 잘 따르고 적절히 반응할 수 있는 순한 기질을 가진 아동에 비해 부모의 말에 순종하지 않고 반항적으로 대응하며 과하게 활동적인 까다로운 아동의 경우 부모와의 마찰이나 갈등이 일어나기 쉽다. 이로 인해 시간이 지남에 따라 부모는 까다로운 기질의 아동을 더 통제적으로 대하거나 거부적으로 대하게 된다. 아동의 행동은 부모가 아동에게 어떻게 대해야 하는지를 결정하는 데 영향을 미치게 되며, 동시에 부모의 행동은 아동의 행동에 상호적으로 영향을 미치게 된다(Stoolmiller, 2001).

이러한 측면에서 장애아동처럼 특별한 관심과 보호를 받아야 하는 아동들이 정상아동들보다 더 학대를 받기 쉽다. 자주 아픈 아동, 미숙아 및 기형아, 장애아동들의 경우 아동을 양육함에 있어 추가적으로 발생되는 비용과 노력이 상당히 많이 요구된다. 이들 부모는 경제적 · 심리적 부담을 느끼게 되는데 부모가 받는 스트레스가 가중되면 아동은 학대의 대상이 될 가능성이 높다.

한편 우리나라 학대피해아동의 특성을 크게 장애, 정서 · 정신건강, 적응 · 행동, 발달 · 신체건강으로 구분해 살펴본 결과, 반항, 충동, 공격성, 거짓말, 도벽 등과 같은 적응 · 행동적 특성을 지닌 경우가 가장 많았고, 그다음으로는 주의산만, 불안, 성격 및 기질문제와 같은 정서 · 정신건강 특성을 갖고 있는 것으로 나타났다(한국형사정책연구원, 2016). 이와 같은 학대피해아동의 특성이 학대후유증으로 인한 결과일 수 있으므로 학대피해아동에게 정서적 안정감을 되찾아줄 수 있는 심리 정서 프로그램 개발 및 치료가 필요하다고 볼 수 있다.

(3) 사회문화적 특성

사회문화적 특성 또한 아동학대에 영향을 미친다. 각 사회나 문화의 아동관, 아동의 체벌에 대한 태도는 아동학대에 직접적인 영향을 미친다. 일례로, 스웨덴에서는 아동을 때리는 어떤 행위도 법으로 강하게 금지하고 있다. 만약 부모가 아동의 엉덩이를 찰싹 때리면 아동은 경찰에게 부모를 신고할 수 있고 부모는 법으로 처벌받게 된다. 하지만 우리나라의 경우 아동의 훈육을 위해 체벌을 사용하는 것을 흔히 볼 수 있다. 특히 전통적 유교사회에서는 아동을 성인에 비해 어리석고 낮은 존재로 인식함과 동시에 아동의 특성을 무한정한 욕구상태로 가정함으로써 아동은 훈육의 대상이며 훈육함에 있어서는 결과적으로 엄격함이 필요한 덕목으로 여겨졌다(정옥분, 2003). 유교주의적 전통적 아동관은 훈육의 한 방법으로 체벌을 사용하는 것을 정당화함으로써 아동학대에 대한 인식을 저해하는 요인으로 작용하였다. 이러한 측면은 우리나라가 다른 나라에 비해 아동학대에 대한 관련법 제정이나 학대아동보호서비스가 늦어진 한 원인으로 볼 수 있다.

또한 저소득층의 경우 중산층에 비해 아동학대가 빈번하게 일어난다. 빈곤은 아동학대의 위험 요소 중 하나이다. 경제적 어려움은 일상생활의 스트레스를 가중시키기 때문에 빈곤가족의 경우 아동학대가 빈번하게 발생되는 것으

Greg J. Duncan

Jeanne Brooks-Gunn

로 보고되고 있다(Duncan & Brooks-Gunn, 2000). 빈곤가정 부모의 경우 사회적 지원이나 친척, 친구, 이웃 등의 지지체계가 부족하기 때문에 아동양육에 대한 스트레스가 높거나 무기력한 태도를 보임으로써 아동을 학대하거나 방임하게 되는 경우가 많다.

4) 아동학대의 결과

아동학대의 결과는 아동발달의 모든 측면, 즉 신체적 · 인지적 · 정서적 · 사회적 기능에 나쁜 영향을 주는 것으로 나타났다(이재연 외, 2000). 이러한 부정적인 영향은 심각하고 오래 지속되기 때문에 아동학대를 당했던 아동은 우울증, 공격성, 약물 의존과 같은 심각한 정서적인 문제, 성취부족 및 학교부적응과 같은 문제들을 지니기 쉽다(Cicchetti, 2013; Cicchetti & Banny, 2014; Muller & LeMieux, 2000). 학대는 일반적으로 아동에게 부정적인 영향을 미친다. 예를 들어, 방임에 대한 종단적인 연구에 의하면 학대의 가장 일반적인 형태의 후유증은 영아기의 경우 애착을 느껴야 하는 대상으로부터 회피하는 것, 그리고 유아기에는 사회적인 역량이 저하되는 것, 행동통제, 자아존중감이 낮아지는 것이다(Repucci, Britner, & Woolard, 1997). 아동기에는 이들이 너무 공격적이기 때문에 또래와 관계를 잘 맺지 못하는 것으로 나타났고(Bolger & Patterson, 2001), 인지발달과 학업성취도도 낮은 것으로 나타났다. 또한 학대를 받은 아동은 정서조절을 잘 못하기 때문에 학교관련 행동문제가 자주 발생한다(Maughan & Cicchetti, 2002). 아동학대는 아동의 안녕뿐만 아니라 아동복지, 교육과 보건과 같은 보호체계의 비용에 영향을 준다. 아동학대의 영향에 관한 청소년 연구에 의하면 아동학대는 학업성취도를 낮추고, 학교중퇴율을 높이며, 비행과 십대 임신비율을 증가시키는 것으로 나타났다. 미국의 경우 비행을 저지른 아동의 11%가 일반가정의 아동이었음에 비해, 20%는 학대나 방임가정의 아동이었다(Muller & LeMieux, 2000). 아동기에 학대나 유기를 경험한 청소년들은 18세 이전에 자살시도를 하는 비율도 높은 편이다(Johnson-Reid, Kohl, & Drake, 2012). 또한 아동기에 학대받은 성인은 우울이나 불안과 같은 정서적인 문제를 가지며 자신의 자녀와 배우자를 학대하는 경향이 있다(Malinosky-Rummell & Hansen, 1993).

이처럼 학대는 아동의 전생애 발달에 있어 지속적으로 부정적인 영향을 미치게 될 뿐 아니라 세대를 거쳐 전이될 수 있다는 점을 고려해볼 때, 아동학대를 예방하고 아동학대에 대처할 수 있는 서비스를 적극적으로 모색해야 할 필요가 있다.

David J. Hansen

2. 아동학대의 현황

우리나라에서는 1980년대 후반에 들어서야 아동학대에 대한 관심이 높아졌고 아동학대에 관한 연구가 조금씩 이루어지기 시작했다. 우리나라의 경우 아동학대는 주로 가정 내에서 일어나는 자녀훈육의 일부로 생각했기 때문에 사회적 관심을 받지 못했고, 그 심각성도 크게 고려되지 않았다. 하지만 아동보호라는 측면에서 아동학대에 대한 인식 수준이 높아지고 아동학대의 후유증이 보고되기 시작하면서 아동학대에 대한 관심이 높아지고 있다. 「아동복지법」에 근거하여 2000년부터 아동학대 전담기관인 아동학대예방센터가 전국적으로 설치되면서 학대신고건수가 증가하고 있다.

아동학대에 대한 효율적인 개입이 이루어지기 위해서는 아동학대의 실태를 정확하게 파악하는 것이 중요하다. 『2018 아동학대 주요통계』(보건복지부, 중앙아동보호전문기관, 2019)를 토대로, 아동학대의 상담신고 접수현황, 아동학대 사례유형, 피해아동의 일반적 배경, 학대행위자의 특성, 아동학대 발생 장소 및 빈도, 아동학대사례 조치결과, 아동학대서비스 제공 현황을 살펴보면 다음과 같다.

1) 아동학대 상담신고 접수 현황

우리나라의 아동보호전문기관의 연도별 상담신고 접수 현황과 아동학대 의심사례 건수는 〈그림 9-1〉에 제시된 바와 같이 꾸준한 증가추세를 보이고 있

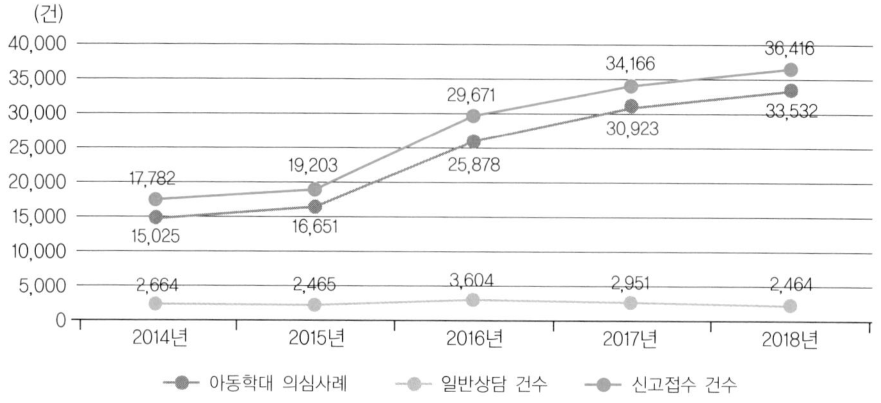

〈그림 9-1〉 **연도별 상담신고 접수 건수**

출처: 보건복지부, 중앙아동보호전문기관(2019). 2018 아동학대 주요 통계.

다. 아동학대 상담신고 접수 건수에서 아동학대 의심사례 건수가 차지하는 비율이 높은 것은 전국 아동보호전문기관의 적극적인 아동학대예방 교육 및 홍보사업으로 인해 아동보호전문기관의 역할과 아동학대예방사업에 대한 신고자들의 이해가 높아졌다는 것을 의미한다. 그리고 2014년 「아동학대처벌법」 시행으로 인해 국민들의 아동학대에 대한 인식이 높아졌기 때문일 수 있다. 일반 자녀양육 및 아동 문제행동에 대한 상담을 받을 수 있는 기관도 확충되어 아동보호전문기관의 일반상담 접수 건수가 줄어들고 전체 상담신고 건수에도 영향을 준 것으로 보인다.

2) 아동학대 사례유형

학대의 사례유형별로 살펴보면(〈표 9-1〉 참조), 여러 유형이 겹쳐서 발생하는 중복학대가 가장 많았고, 그다음으로는 정서학대, 신체학대, 방임, 성적 학대 순으로 나타났다. 연도별로 살펴보면, 2014년 이후 중복학대와 정서학대가 가장 빈번하게 발생하는 것으로 나타났다. 정서학대는 2014년부터 2018년까지 지속적으로 증가하고 있으며, 2018년 중복학대에 이어 두 번째로 높은 비율을 차지했다. 방임은 2014년 1,870건(18.6%) 이후 2018년 2,604건(10.6%)으로, 발생 비율이 지속적으로 감소하고 있다.

표 9-1 **연도별 아동학대 유형(중복학대 별도 분류)** (단위: 건)

학대 유형 / 연도	신체학대	정서학대	성적 학대	방임	중복학대	계
2014년	1,453(14.5%)	1,582(15.8%)	308(3.1%)	1,870(18.6%)	4,814(48.0%)	10,027(100.0%)
2015년	1,884(16.1%)	2,046(17.5%)	428(3.7%)	2,010(17.2%)	5,347(45.6%)	11,715(100.0%)
2016년	2,715(14.5%)	3,588(19.2%)	493(2.6%)	2,924(15.6%)	8,980(48.0%)	18,700(100.0%)
2017년	3,285(14.7%)	4,728(21.1%)	692(3.1%)	2,787(12.5%)	10,875(48.6%)	22,367(100.0%)
2018년	3,436(14.0%)	5,862(23.8%)	910(3.7%)	2,604(10.6%)	11,792(47.9%)	24,604(100.0%)

출처: 보건복지부, 중앙아동보호전문기관(2019). 2018 아동학대 주요 통계.

3) 학대피해아동의 인구학적 배경

학대피해아동의 성별분포를 살펴보면, 여아가 12,737건(51.8%), 남아가 11,867건(48.2%)으로 여아가 조금 더 많은 것으로 나타났다. 학대피해아동의 연령은 중학생에 해당하는 만 13~15세의 아동이 전체의 24.7%로 가장 큰 비중을 차지하였고, 그다음으로는 만 10~12세가 22.1%, 만 7~9세가 17.3%로 나타났다. 학대피해아동의 상당수가 학령기 이후 아동인 것으로 나타났다.

학대피해아동의 가족유형은 친부모가족이 13,546건(55.1%), 친부모가족 외 형태는 8,682건(35.3%), 대리양육형태는 258건(1.0%), 기타는 2,118건(8.6%) 순으로 나타났다. 피해아동 가족유형을 연도별로 살펴보면 2014년부터 2018년까지 친부모가족 형태는 지속적으로 증가하고 있으며, 2018년에는 13,546건(55.1%)까지 증가했다. 반면, 친부모 가족 외 형태의 경우 점차 감소하고 있다. 이러한 점을 고려해볼 때, 가정 내에서 이루어지는 아동학대에 좀 더 많은 관심을 가질 필요가 있다.

4) 아동학대행위자의 특성

아동학대행위자의 성별을 살펴보면, 남성은 14,404건(58.5%), 여성은 10,200건(41.5%)으로 남성이 좀 더 많은 것으로 나타났다. 아동학대행위자의 연령은 40대가 11,065건(45.0%), 30대가 6,520건(26.5%), 50대가 3,926건(16.0%)으로,

주로 초중등 학부모 나이에 해당하는 30~50대에 분포되어 있다.

학대행위자는 크게 부모와 대리양육자, 친인척, 기타로 구분하여 살펴볼 수 있는데, 학대행위자가 부모인 경우는 전체 아동학대 사례의 76.9%를 차지하였다. 특히 친부 43.7%, 친모 29.8%로 나타나 아동학대 사례가 주로 친부모에 의해 발생하고 있는 것으로 밝혀졌다.

학대행위자의 직업유형 중에서는 무직인 학대행위자가 3,169건(14.2%)으로 가장 많았으며, 다음은 서비스 및 판매직이 1,839건(8.2%)이었다. 무직과 단순노무직의 경우 고용상태가 불안정해 경제적으로 어려운 상황에 처할 수 있으며, 이러한 환경적 요인이 학대 유발 요인으로 작용할 수도 있다. 반면 상대적으로 고용상태가 안정되어 있다고 볼 수 있는 관리직, 전문직, 기술공 및 준전문직, 사무직의 학대행위자인 경우는 전체의 약 15%를 차지하였다. 최근 들어 상대적으로 고용상태가 안정된 직업을 가진 학대행위자가 증가하고 있다는 점을 고려해 볼 때, 아동학대는 경제적 요인뿐 아니라 다양한 요인들로 인해 발생됨을 알 수 있다.

5) 아동학대 발생장소 및 빈도

아동학대 발생장소를 살펴본 결과 가정 내에서 발생한 사례가 19,748건(80.3%)으로 가장 높게 나타났고 어린이집, 유치원, 학교와 같이 아동을 돌보고 교육하는 기관에서 발생한 아동학대는 각각 811건(3.3%), 187건(0.8%), 2,086건(8.5%)으로 파악되었다. 특히 아동을 보호하고, 교육하는 기관에서의 아동학대가 증가하고 있다는 점을 고려해볼 때, 보다 적극적인 예방교육이 필요하다.

6) 아동학대 사례조치 결과

학대피해아동에게 취한 초기조치 결과를 살펴보면, 학대피해아동을 원가정에 보호한 경우가 20,164건(82.0%)으로 가장 많았고, 분리조치 된 경우 3,287건(13.4%), 가정복귀 된 경우는 1,020건(4.1%)으로 나타났다. 학대피해아동에 대한 원가정보호비율이 높은 이유는 아동학대예방사업의 궁극적 목적인 가족 보존의 가치에 기반을 두었기 때문이다.

학대행위자에게 취한 조치 결과를 살펴보면, 2018년 전체 아동학대사례인

24,604건 중 학대행위자를 대상으로 고소 · 고발 등의 사건처리 조치를 취한 것은 7,988건(32.5%)이었다. 고소 · 고발이 진행된 경우는 7,449건(93.3%)이었고 고소 · 고발은 진행되지 않았으나, 아동학대처벌법에 따라 처분이 행해진 경우는 539건(6.7%)이었다.

7) 아동학대 사례서비스 제공

2018년 한 해 동안 학대피해아동에게 제공한 서비스 횟수는 총 461,891회로, 상담서비스가 가장 높았고(63.9%), 그다음으로는 심리치료지원서비스(11.4%), 가족기능강화서비스(7.3%) 등의 순으로 나타났다. 학대행위자에게 제공된 서비스는 총 206,419회로 집계되었으며, 상담서비스가 가장 높았고(69.7%), 그 다음으로는 심리치료지원서비스(9.1%), 행위자수탁프로그램(7.5%) 등의 순으로 나타났다. 피해아동의 비가해 부모 또는 가족대상 서비스는 총 137,127회였으며, 상담서비스(77.3%)가 가장 많았으며, 그다음으로는 가족기능강화서비스(8.9%), 심리치료지원서비스(7.7%)순으로 높게 나타났다. 전체적으로, 서비스 유형별 분포를 살펴보면, 상담서비스의 비율이 월등히 높았고 이에 반해 심리치료서비스와 가족기능강화서비스의 비중은 낮게 나타났다. 아동학대 사례관리의 목적이 원가정

표 9-2 피해아동, 학대행위자, 부모 및 가족에 대한 서비스 제공(중복포함) (단위: 회)

구분	아동	행위자	부모 및 가족
상담	295,312(63.9%)	143,896(69.7%)	105,996(77.3%)
의료지원	6,937(1.5%)	1,864(0.9%)	757(0.6%)
심리치료지원	52,661(11.4%)	18,859(9.1%)	10,594(7.7%)
가족기능강화	33,932(7.3%)	8,519(4.1%)	12,188(8.9%)
학습 및 보호지원	18,353(4.0%)	1,930(0.9%)	1,043(0.8%)
시간처리지원	31,977(6.9%)	10,961(5.3%)	1,982(1.4%)
행위자수탁프로그램	429(0.1%)	15,538(7.5%)	359(0.3%)
피해아동수탁프로그램	5(0.0%)	6(0.0%)	4(0.0%)
기타	22,285(4.8%)	4,846(2.3%)	4,204(3.1%)
계	461,891(100.0%)	206,419(100.0%)	137,127(100.0%)

출처: 보건복지부, 중앙아동보호전문기관(2019). 2018 아동학대 주요 통계.

의 기능을 회복하여 아동이 가정 내에서 더 이상 학대받지 않고 성장할 수 있도록 지원하는 것이므로 가족기능강화서비스에 대한 지원이 더욱더 필요하다.

3. 학대아동보호서비스

학대아동보호서비스의 목적은 학대피해아동의 부모를 처벌하기보다는 학대부모에 대한 교육과 상담, 가족치료, 민주적인 훈육방법과 효과적인 의사소통 방법의 학습 등을 통해 부모로서의 자질을 계발하게 하고, 학대피해아동에 대해서는 격리보호가 필요한 경우 임시보호를 제공함과 동시에 위기 개입, 개인심리치료와 집단치료 및 가족치료 등을 통해 아동의 손상된 자아를 회복시키고 잠재적인 아동학대의 상황에 대해 능동적으로 대처할 수 있도록 도와주는 것이다. 또한 가족에 대한 다양한 지원을 통해 아동양육의 생태학적 환경을 개선시키는 것이다. 즉, 효과적인 학대아동보호서비스는 아동의 발달적 욕구와 문제에 적절한 서비스, 부모의 역할수행 능력을 높이는 서비스, 아동을 포함한 가족이 적절히 기능할 수 있도록 가족 및 환경요인을 강화하는 서비스라고 볼 수 있다(Pecora, Whittaker, & Maluccio, 2000).

Peter J. Pecora

Antony Maluccio

1) 학대아동보호서비스의 역사

아동학대는 아동의 생존과 발달에 지대한 영향을 미친다. 하지만 우리나라에서 학대아동보호서비스가 공적인 아동복지체계로 편입된 것은 2000년 1월에 개정된 「아동복지법」에서 아동에 대한 학대와 방임이 정부의 개입을 필요로 하는 상황으로 규정되면서부터이다. 2000년 이전에는 아동학대 및 방임으로 의심되는 사례에 대한 신고나 학대행위자에 대한 처벌이 법적으로 의무화되어 있지 않았으며, 다만 민간기관과 아동복지단체에서 자발적으로 제공하는 몇몇 서비스가 제공되어 왔을 뿐이다. 학대받는 아동의 치료, 발견 및 예방을 위한 민간기구로 1985년 서울시립아동상담소에서 '아동권익보호신고소'를, 1989년 한국아동학대예방협회에서는 '아동학대 지역신고센터'를 설립하였다. 또한 1996년부터는 한국이웃사랑회가 16개소의 아동학대신고센터를 운영하였으며, 한국어린이보호재단이 1999년 2월부터 24시간 아동학대 신고 및 상담전화를 개설하고 학대피해아동 일시보호시설을 설치, 운영하였다. 이들 기관은 아동학대에 대한 조사 및 연구, 아동학대예방 및 치료 프로그램 개발, 관련교재 개발, 아동학대예방교육, 보호체계 구축 및 후원사업을 진행하였다. 이러한 민간단체에 의해 다루어지던 아동학대 문제는 1990년대 후반 몇몇 심각한 학대 및 방임 사건 사례들이 대중매체에 집중적으로 보도되면서 사회적 관심을 모으게 되었고, 이로 인해 국가의 공식적인 학대아동보호서비스 전달체계의 필요성이 더욱 증가되었다.

그 결과 2000년에 아동학대를 정의하고, 24시간 응급전화를 설치하며(전화번호: 1391), 아동학대 신고를 의무화하고, 아동학대를 전문적으로 다루는 아동보호전문기관의 설치를 명문화하는 「아동복지법」 개정을 이끌어냈다. 이렇게 개정된 「아동복지법」에 따라 2000년 10월부터 전국의 16개 시 · 도에 17개소의 아동보호전문기관이 설치되었고, 아동학대에 대한 신고와 접수, 학대피해아동에 대한 보호와 치료서비스를 제공하기 시작하였다. 사업이 도입된 지난 10년간 우리나라의 공적인 학대피해아동보호사업은 양적으로나 질적으로 상당히 발전한 것으로 나타나고 있다. 먼저 양적인 성장을 살펴보면, 2000년 10월 17개소로 출발한 광역자치단체 담당의 지역아동보호전문기관이 2개소가 추가되어 19개소로 확대되었고, 2001년에는 중앙아동보호전문기관이 개소하여 전국적인 아동학대에 대한 조사와 연구, 프로그램 개발과 보급 등의 사업을 전개하기 시작하였다. 또한 2004년에는 그간 학대아동보호서비스의 대표적인 취약점으로 지적된 지역적 접근성의 문제를 해결하기 위하여 소규모인 지역아동보호전문기관 18개소가 추가로 개소하였으며, 2019년 현재 63개소의 아동보호전문기관이 활동 중에 있다.

질적인 측면에 있어서도 초창기에 나타난 비체계적이고 비전문적인 서비스 개입의 문제가 많이 개선된 것으로 나타나고 있다. 2003년에 실시된 아동보호전문기관에 대한 운영평가 결과 대부분의 센터가 「아동복지법」과 보건복지부의 지침에 따라 아동학대와 관련된 업무를 적절히 수행하고 있는 것으로 평가되고 있다. 또한 2004년에는 복권기금을 지원받아 16개 광역자치단체 담당 지방 아

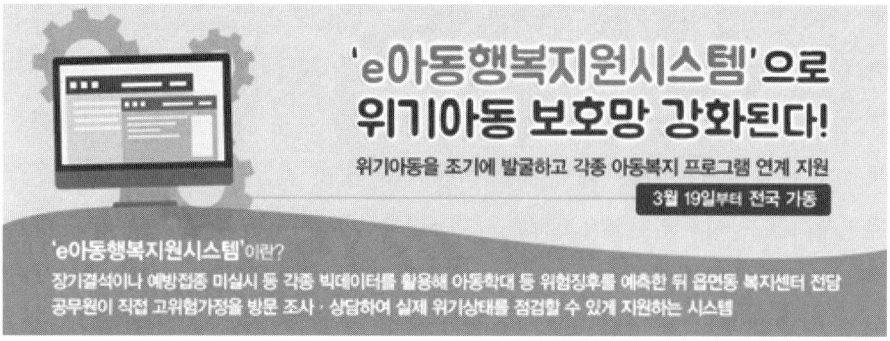

사진 설명 e아동행복지원시스템
출처: 복지로(2019). https://blog.bokjiro.go.kr/699

동보호전문기관으로 하여금 일시보호기능을 하는 쉼터뿐만 아니라 다양한 치료기능을 제공하는 아동보호종합센터의 기능을 담당하게 함으로써 학대피해아동을 위한 보다 전문적인 치료서비스를 제공할 수 있게 되었다. 중앙아동보호전문기관은 아동학대예방사업을 활성화하고 지역 간 연계를 구축하기 위한 기관으로 국가가 설치하며, 지역아동보호전문기관은 학대받은 아동의 발견, 보호, 치료에 대한 신속한 처리 및 아동학대예방을 담당하기 위한 기관으로 지방자치단체가 시 · 도 및 시 · 군 · 구에 설치한다.

2018년에는 위기아동 보호망을 강화하기 위해 e아동행복지원시스템을 구축하였다(사진 참조). 장기결석이나 예방접종 및 건강검진 미실시 등과 같은 각종 빅데이터를 활용해 아동학대 등 위험징후를 예측한 뒤 읍면동 복지센터에서 전담 공무원이 직접 해당 고위험가정을 방문해 조사와 상담으로 실제 가정위기상태를 점검하고 있다. 2019년에는 아동권리보장원을 설립하여 아동학대, 가정위탁사업, 지역 아동복지사업, 입양사업 등 아동복지 관련 사업이 효과적으로 추진될 수 있도록 지원하고 있다.

2) 아동학대 관련법

아동학대를 적극적으로 예방하고 발견하고 대처하기 위해서는 법적 장치가 필요하다. 1997년 아동학대 방지법안(가안)이 마련되었으나 법제화는 이루어지지 않았다. 현재 아동학대와 관련된 대표적인 법으로는 「아동복지법」을 들 수 있다. 2008년 개정된 「아동복지법」에는 아동학대 개념과 금지유형이 명확히 규정되었고, 학대아동보호서비스와 관련된 여러 조항이 신설되어 아동학대에 대한 법적 · 제도적 기틀을 마련하게 되었다. 2014년에는 아동학대 및 아동학대범죄의 정의, 피해아동응급조치, 피해아동명령, 학대행위자에 대한 긴급 · 임시조치, 보호사건처리, 신고의무자 확대 및 신고의무 강화 등의 내용을 포함한 아동학대범죄의 처벌 등에 관한 특례법과 아동복지법 개정안이 공포되었다. 아동학대와 관련된「아동복지법」규정을 살펴보면 다음과 같다.

(1) 아동학대 정의(제3조 7항)

"아동학대"란 보호자를 포함한 성인이 아동의 건강 또는 복지를 해치거나 정상적 발달을 저해할 수 있는 신체적 · 정신적 · 성적 폭력이나 가혹행위를 하는 것과 아동의 보호자가 아동을 유기하거나 방임하는 것을 말한다.

(2) 아동학대의 예방과 방지 의무(제22조)

① 국가와 지방자치단체는 아동학대의 예방과 방지를 위하여 다음 각 호의 조치를 취하여야 한다.

1. 아동학대의 예방과 방지를 위한 각종 정책의 수립 및 시행
2. 아동학대의 예방과 방지를 위한 연구 · 교육 · 홍보 및 아동학대 실태조사
3. 아동학대에 관한 신고체제의 구축 · 운영
4. 피해아동의 보호와 치료 및 피해아동의 가정에 대한 지원
5. 그 밖에 대통령령으로 정하는 아동학대의 예방과 방지를 위한 사항

② 지방자치단체는 아동학대를 예방하고 수시로 신고를 받을 수 있도록 긴급전화를 설치하여야 한다. 이 경우 그 설치 · 운영 등에 필요한 사항은 대통령령으로 정한다. 〈개정 2014. 1. 28.〉

③ 보장원은 아동학대예방사업의 활성화 등을 위하여 다음 각 호의 업무를 수행한다. 〈신설 2019. 1. 15.〉

1. 아동보호전문기관에 대한 지원
2. 아동학대예방사업과 관련된 연구 및 자료 발간
3. 효율적인 아동학대예방사업을 위한 연계체계 구축
4. 아동학대예방사업을 위한 프로그램 개발 및 평가

5. 아동보호전문기관 및 학대피해아동쉼터 직원 직무교육, 아동학대예방 관련 교육 및 홍보
6. 아동보호전문기관 전산시스템 구축 및 운영
7. 그 밖에 대통령령으로 정하는 아동학대예방사업과 관련된 업무

④ 보장원의 장은 제3항 각 호의 업무를 수행하기 위하여 필요한 경우 제28조의2에 따른 국가아동학대정보시스템의 아동학대 관련 정보 또는 자료를 활용할 수 있다. 〈신설 2019. 1. 15.〉

(3) 아동학대예방의 날(제23조)

① 아동의 건강한 성장을 도모하고, 범국민적으로 아동학대의 예방과 방지에 관한 관심을 높이기 위하여 매년 11월 19일을 아동학대예방의 날로 지정하고, 아동학대예방의 날부터 일주일을 아동학대예방주간으로 한다.

② 국가와 지방자치단체는 아동학대예방의 날의 취지에 맞는 행사와 홍보를 실시하도록 노력하여야 한다.

(4) 홍보영상의 제작 · 배포 · 송출(제24조)

① 보건복지부장관은 아동학대의 예방과 방지, 위반행위자의 계도를 위한 교육 등에 관한 홍보영상을 제작하여 「방송법」 제2조 제23호의 방송편성책임자에게 배포하여야 한다.

② 보건복지부장관은 「방송법」 제2조 제3호 가목의 지상파방송사업자에게 같은 법 제73조 제4항에 따라 대통령령으로 정하는 비상업적 공익광고 편성비율의 범위에서 제1항의 홍보영상을 채널별로 송출하도록 요청할 수 있다.

③ 제2항에 따른 지상파방송사업자는 제1항의 홍보영상 외에 독자적인 홍보영상을 제작하여 송출할 수 있다. 이 경우 보건복지부장관에게 필요한 협조 및 지원을 요청할 수 있다.

(5) 아동학대 신고의무자에 대한 교육(제26조)

① 관계 중앙행정기관의 장은 「아동학대범죄의 처벌 등에 관한 특례법」 제10조제2항 각 호의 어느 하나에 해당하는 사람(이하 "아동학대 신고의무자"

라 한다)의 자격 취득 과정이나 보수교육 과정에 아동학대 예방 및 신고의무와 관련된 교육 내용을 포함하도록 하여야 한다. 〈개정 2014. 1. 28., 2015. 3. 27.〉

② 관계 중앙행정기관의 장 및 시·도지사는 아동학대 신고의무자에게 본인이 아동학대 신고의무자라는 사실을 고지할 수 있고, 아동학대 예방 및 신고의무와 관련한 교육(이하 이 조에서 "신고의무 교육"이라 한다)을 실시할 수 있다. 〈신설 2015. 3. 27.〉

③ 아동학대 신고의무자가 소속된 기관·시설 등의 장은 소속 아동학대 신고의무자에게 신고의무 교육을 실시하고, 그 결과를 관계 중앙행정기관의 장에게 제출하여야 한다. 〈신설 2015. 3. 27., 2017. 10. 24.〉

④ 제1항부터 제3항까지에 따른 교육 내용·시간 및 방법 등 그 밖에 필요한 사항은 대통령령으로 정한다. 〈개정 2015. 3. 27.〉

(6) 아동학대 등의 통보(제27조의 2)

① 사법경찰관리는 아동 사망 및 상해사건, 가정폭력 사건 등에 관한 직무를 행하는 경우 아동학대가 있었다고 의심할 만한 사유가 있는 때에는 보장원 또는 아동보호전문기관에 그 사실을 통보하여야 한다. 〈개정 2019. 1. 15.〉

② 사법경찰관 또는 보호관찰관은 「아동학대범죄의 처벌 등에 관한 특례법」 제14조제1항에 따라 임시조치의 청구를 신청하였을 때에는 보장원 또는 아동보호전문기관에 그 사실을 통보하여야 한다. 〈개정 2019. 1. 15.〉

③ 제1항 및 제2항의 통보를 받은 보장원 또는 아동보호전문기관은 피해아동 보호조치 등 필요한 조치를 하여야 한다. 〈개정 2019. 1. 15.〉

[본조신설 2014. 1. 28.]

(7) 피해아동 응급조치에 대한 거부금지(제27조의 3)

「아동학대범죄의 처벌 등에 관한 특례법」 제12조제1항제3호 또는 제4호에 따라 사법경찰관리, 보장원 또는 아동보호전문기관의 직원이 피해아동을 인도하는 경우에는 아동학대 관련 보호시설이나 의료기관은 정당한 사유 없이 이를 거부하여서는 아니 된다. 〈개정 2019. 1. 15.〉

(8) 사후관리 등(제28조)

① 보장원의 장 또는 아동보호전문기관의 장은 아동학대가 종료된 이후에도 가정방문, 전화상담 등을 통하여 아동학대의 재발 여부를 확인하여야 한다. 〈개정 2019. 1. 15.〉

② 보장원의 장 또는 아동보호전문기관의 장은 아동학대가 종료된 이후에도 아동학대의 재발 방지 등을 위하여 필요하다고 인정하는 경우 피해아동 및 보호자를 포함한 피해아동의 가족에게 필요한 지원을 제공할 수 있다. 〈개정 2019. 1. 15.〉

③ 보장원 또는 아동보호전문기관이 제1항 및 제2항에 따라 업무를 수행하는 경우 보호자는 정당한 사유 없이 이를 거부하거나 방해하여서는 아니 된다. 〈신설 2016. 3. 22., 2019. 1. 15.〉

(9) 국가아동학대정보시스템(제28조의 2)

① 보건복지부장관은 아동학대 관련 정보를 공유하고 아동학대를 예방하기 위하여 대통령령으로 정하는 바에 따라 국가아동학대정보시스템을 구축 · 운영하여야 한다. 〈개정 2016. 3. 22.〉

② 보건복지부장관은 피해아동, 그 가족 및 아동학대행위자에 관한 정보와 아동학대예방사업에 관한 정보를 제1항에 따른 국가아동학대정보시스템에 입력 · 관리하여야 한다. 이 경우 보건복지부장관은 관계 중앙행정기관의 장, 시 · 도지사, 시장 · 군수 · 구청장, 보장원, 아동보호전문기관 등에 필요한 자료를 요청할 수 있다. 〈개정 2016. 3. 22., 2017. 10. 24., 2019. 1. 15.〉

③ 다음 각 호의 어느 하나에 해당하는 자는 아동의 보호 및 아동학대 발생 방지를 위하여 필요한 경우 국가아동학대정보시스템상의 피해아동, 그 가족 및 아동학대행위자에 관한 정보를 보건복지부장관에게 요청할 수 있다. 이 경우 대통령령으로 정하는 바에 따라 목적과 필요한 정보의 범위를 구체적으로 기재하여야 한다. 〈신설 2017. 10. 24., 2019. 1. 15.〉

1. 시 · 도지사 및 시장 · 군수 · 구청장
2. 판사, 검사 및 경찰관서의 장
3. 「초 · 중등교육법」에 따른 학교의 장
4. 제29조의7에 따른 아동학대 전담의료기관의 장

5. 제52조제1항제1호부터 제6호까지 및 제9호부터 제11호까지에 해당하는 아동복지시설의 장
6. 그 밖에 대통령령으로 정하는 피해아동의 보호 및 지원 관련 기관 또는 단체의 장

④ 보건복지부장관은 제3항에 따른 요청이 있는 경우 국가아동학대정보시스템상의 해당 정보를 제공할 수 있다. 다만, 피해아동의 보호를 위하여 필요한 경우로서 대통령령으로 정하는 경우에는 정보의 제공을 제한할 수 있다. 〈신설 2017. 10. 24.〉

⑤ 제3항 및 제4항에 따라 피해아동관련 정보를 취득한 사람은 제3항에 따른 요청 목적 외로 해당 정보를 사용하거나 다른 사람에게 제공 또는 누설하여서는 아니 된다. 〈신설 2017. 10. 24.〉

⑥ 보건복지부장관은「사회보장급여의 이용 · 제공 및 수급권자 발굴에 관한 법률」제29조에 따른 사회보장정보원에 제1항에 따른 국가아동학대정보시스템 운영을 위탁할 수 있다. 〈개정 2016. 3. 22., 2017. 10. 24., 2019. 1. 15.〉

[본조신설 2014. 1. 28.]

[제목개정 2016. 3. 22.]

(10) 피해아동 및 그 가족 등에 대한 지원(제29조)

① 보장원의 장 또는 아동보호전문기관의 장은 아동의 안전 확보와 재학대 방지, 건전한 가정기능의 유지 등을 위하여 피해아동 및 보호자를 포함한 피해아동의 가족에게 상담, 교육 및 의료적 · 심리적 치료 등의 필요한 지원을 제공하여야 한다. 〈개정 2019. 1. 15.〉

② 보장원의 장 또는 아동보호전문기관의 장은 제1항의 지원을 위하여 관계 기관에 협조를 요청할 수 있다. 〈개정 2019. 1. 15.〉

③ 보호자를 포함한 피해아동의 가족은 보장원 또는 아동보호전문기관이 제1항에 따라 제공하는 지원에 성실하게 참여하여야 한다. 〈개정 2019. 1. 15.〉

④ 보장원의 장 또는 아동보호전문기관의 장은 제1항의 지원 여부의 결정 및 지원의 제공 등 모든 과정에서 피해아동의 이익을 최우선으로 고려하여야 한다. 〈개정 2019. 1. 15.〉

⑤ 국가와 지방자치단체는「초 · 중등교육법」제2조 각 호의 학교에 재학 중

인 피해아동 및 피해아동의 가족이 주소지 외의 지역에서 취학(입학 · 재입학 · 전학 · 편입학을 포함한다. 이하 같다)할 필요가 있을 때에는 그 취학이 원활하게 이루어 질 수 있도록 지원하여야 한다. 〈신설 2014. 1. 28.〉

⑥ 제5항에 따른 취학에 필요한 사항은 대통령령으로 정한다. 〈신설 2014. 1. 28.〉

(11) 아동학대행위자에 대한 상담 · 교육 등의 권고(제29조의 2)

보장원의 장 또는 아동보호전문기관의 장은 아동학대행위자에 대하여 상담 · 교육 및 심리적 치료 등 필요한 지원을 받을 것을 권고할 수 있다. 이 경우 아동학대행위자는 정당한 사유가 없으면 상담 · 교육 및 심리적 치료 등에 성실히 참여하여야 한다. 〈개정 2016. 3. 22., 2019. 1. 15.〉

[본조신설 2014. 1. 28.]

(12) 아동관련기관의 취업제한 등(제29조의 3)

① 법원은 아동학대관련범죄로 형 또는 치료감호를 선고하는 경우에는 판결(약식명령을 포함한다. 이하 같다)로 그 형 또는 치료감호의 전부 또는 일부의 집행을 종료하거나 집행이 유예 · 면제된 날(벌금형을 선고받은 경우에는 그 형이 확정된 날을 말한다)부터 일정기간(이하 "취업제한기간"이라 한다) 동안 다음 각 호에 따른 시설 또는 기관(이하 "아동관련기관"이라 한다)을 운영하거나 아동관련기관에 취업 또는 사실상 노무를 제공할 수 없도록 하는 명령(이하 "취업제한명령"이라 한다)을 아동학대관련범죄 사건의 판결과 동시에 선고(약식명령의 경우에는 고지를 말한다)하여야 한다. 다만, 재범의 위험성이 현저히 낮은 경우나 그 밖에 취업을 제한하여서는 아니 되는 특별한 사정이 있다고 판단하는 경우에는 그러하지 아니하다. 〈개정 2016. 1. 19., 2016. 3. 22., 2016. 5. 29., 2017. 9. 19., 2017. 10. 24., 2018. 12. 11., 2019. 1. 15.〉

1. 보장원, 제37조에 따른 취약계층 아동 통합서비스 수행기관, 아동보호전문기관, 가정위탁지원센터 및 제52조의 아동복지시설
2. 「가정폭력방지 및 피해자보호 등에 관한 법률」 제4조의6의 긴급전화센터, 같은 법 제5조의 가정폭력 관련 상담소 및 같은 법 제7조의2의 가

정폭력피해자 보호시설
3. 「건강가정기본법」 제35조의 건강가정지원센터
4. 「다문화가족지원법」 제12조의 다문화가족지원센터
5. 「성매매방지 및 피해자보호 등에 관한 법률」 제5조의 성매매피해자등을 위한 지원시설 및 같은 법 제10조의 성매매피해상담소
6. 「성폭력방지 및 피해자보호 등에 관한 법률」 제10조의 성폭력피해상담소 및 같은 법 제12조의 성폭력피해자보호시설 및 같은 법 제18조의 성폭력피해자통합지원센터
7. 「영유아보육법」 제2조제3호의 어린이집
8. 「유아교육법」 제2조제2호의 유치원
9. 「의료법」 제3조의 의료기관(같은 법 제2조의 의료인에 한정한다)
10. 「장애인복지법」 제58조의 장애인복지시설
11. 「정신건강증진 및 정신질환자 복지서비스 지원에 관한 법률」 제3조에 따른 정신건강복지센터, 정신건강증진시설, 정신요양시설 및 정신재활시설
12. 「주택법」 제2조제3호의 공동주택의 관리사무소(경비업무 종사자에 한정한다)
13. 「청소년기본법」 제3조에 따른 청소년시설, 청소년단체
14. 「청소년활동진흥법」 제2조제2호의 청소년활동시설
15. 「청소년복지 지원법」 제29조제1항의 청소년상담복지센터, 같은 법 제30조의 이주배경청소년지원센터 및 같은 법 제31조 각 호의 청소년쉼터, 청소년자립지원관, 청소년치료재활센터
16. 「청소년 보호법」 제35조의 청소년 보호 · 재활센터
17. 「체육시설의 설치 · 이용에 관한 법률」 제2조제1호의 체육시설 중 아동의 이용이 제한되지 아니하는 체육시설로서 문화체육관광부장관이 지정하는 체육시설
18. 「초 · 중등교육법」 제2조 각 호의 학교 및 같은 법 제28조에 따라 학습부진아 등에 대한 교육을 실시하는 기관
19. 「학원의 설립 · 운영 및 과외교습에 관한 법률」 제2조제1호의 학원 및 같은 조 제2호의 교습소 중 아동의 이용이 제한되지 아니하는 학원과

교습소로서 교육부장관이 지정하는 학원 · 교습소

20. 「한부모가족지원법」 제19조의 한부모가족복지시설

21. 아동보호전문기관 또는 학대피해아동쉼터를 운영하는 법인

22. 「보호소년 등의 처우에 관한 법률」에 따른 소년원 및 소년분류심사원

23. 「민법」 제32조에 따라 보건복지부장관의 설립 허가를 받아 아동인권, 아동복지 등 아동을 위한 사업을 수행하는 비영리법인(대표자 및 아동을 직접 대면하는 업무에 종사하는 사람에 한정한다)

② 제1항에 따른 취업제한기간은 10년을 초과하지 못한다. 〈신설 2018. 12. 11.〉

③ 법원은 제1항에 따라 취업제한명령을 선고하려는 경우에는 정신건강의학과 의사, 심리학자, 사회복지학자, 아동학대 관련 전문가, 그 밖의 관련 전문가로부터 취업제한명령 대상자의 재범 위험성 등에 관한 의견을 들을 수 있다. 〈신설 2018. 12. 11.〉

④ 제1항 각 호(제12호 및 제22호는 제외한다)의 아동관련기관의 설치 또는 설립인가 · 허가 · 신고를 관할하는 중앙행정기관의 장, 지방자치단체의 장, 교육감 또는 교육장은 아동관련기관을 운영하려는 자에 대하여 본인의 동의를 받아 관계 기관의 장에게 아동학대관련범죄 전력 조회를 요청하여야 한다. 다만, 아동관련기관을 운영하려는 자가 아동학대관련범죄 전력 조회 회신서를 중앙행정기관의 장, 지방자치단체의 장, 교육감 또는 교육장에게 직접 제출한 경우에는 아동학대관련범죄 전력 조회를 한 것으로 본다. 〈개정 2017. 9. 19., 2018. 12. 11.〉

⑤ 아동관련기관의 장은 그 기관에 취업 중이거나 사실상 노무를 제공 중인 사람 또는 취업하려 하거나 사실상 노무를 제공하려는 사람(이하 "취업자등"이라 한다)에 대하여 아동학대관련범죄 전력을 확인하여야 하며, 이 경우 본인의 동의를 받아 관계 기관의 장에게 아동학대관련범죄 전력 조회를 요청하여야 한다. 다만, 취업자등이 아동학대관련범죄 전력 조회 회신서를 아동관련기관의 장에게 직접 제출한 경우에는 아동학대관련범죄 전력 조회를 한 것으로 본다. 〈개정 2018. 12. 11.〉

⑥ 제4항 및 제5항에 따라 아동학대관련범죄 전력 조회 요청을 받은 관계 기관의 장은 아동학대관련범죄 전력 조회 회신서를 발급하여야 한다. 〈개

정 2018. 12. 11.〉

⑦ 제4항부터 제6항까지의 규정에 따른 아동학대관련범죄 전력 조회의 요청 절차ㆍ범위 등에 관한 사항은 대통령령으로 정한다. 〈개정 2018. 12. 11.〉

[본조신설 2014. 1. 28.]

[2018. 12. 11. 법률 제15889호에 의하여 2018. 6. 28. 헌법재판소에서 위헌 결정된 이 조를 개정함.]

(13) 취업제한명령을 선고받은 자에 대한 취업 등의 점검ㆍ확인(제29조의 5)

① 보건복지부장관 또는 관계 중앙행정기관의 장은 아동학대관련범죄로 취업제한명령을 선고받은 자가 제29조의3제1항을 위반하여 다음 각 호의 아동관련기관을 운영하거나 아동관련기관에 취업 또는 사실상 노무를 제공하고 있는지를 직접 또는 관계 기관 조회 등의 방법으로 연 1회 이상 점검ㆍ확인하여야 한다. 〈개정 2017. 9. 19., 2018. 12. 11.〉

1. 교육부장관: 제29조의3제1항제8호ㆍ제18호ㆍ제19호에 따른 아동관련기관
2. 문화체육관광부장관: 제29조의3제1항제17호에 따른 아동관련기관
3. 보건복지부장관: 제29조의3제1항제1호ㆍ제7호ㆍ제9호ㆍ제10호ㆍ제11호ㆍ제23호에 따른 아동관련기관
4. 여성가족부장관: 제29조의3제1항제2호ㆍ제3호ㆍ제4호ㆍ제5호ㆍ제6호ㆍ제13호ㆍ제14호ㆍ제15호ㆍ제16호ㆍ제20호에 따른 아동관련기관
5. 국토교통부장관: 제29조의3제1항제12호에 따른 아동관련기관
6. 법무부장관: 제29조의3제1항제22호에 따른 아동관련기관

② 보건복지부장관 또는 관계 중앙행정기관의 장은 제1항에 따른 점검ㆍ확인을 위하여 필요한 경우에는 아동관련기관의 장 또는 그 감독기관에 관련 자료의 제출을 요구할 수 있다.

③ 보건복지부장관 또는 관계 중앙행정기관의 장은 제1항에 따른 점검ㆍ확인 결과를 대통령령으로 정하는 바에 따라 인터넷 홈페이지 등을 이용하여 공개하여야 한다.

[본조신설 2014. 1. 28.]

[제목개정 2018. 12. 11.]

(14) 아동학대에 대한 법률상담 등(제29조의 6)

① 국가는 피해아동을 위한 법률상담과 소송대리(訴訟代理) 등의 지원(이하 이 조에서 "법률상담등"이라 한다)을 할 수 있다.

② 보건복지부장관과 보장원의 장 및 아동보호전문기관의 장은 「법률구조법」 제8조에 따른 대한법률구조공단 또는 대통령령으로 정하는 그 밖의 기관에 법률상담등을 요청할 수 있다. 〈개정 2019. 1. 15.〉

③ 법률상담등에 소요되는 비용은 대통령령으로 정하는 바에 따라 국가가 부담할 수 있다. 다만, 법률상담등을 받는 자가 다른 법령에 의하여 법률상담등에 소요되는 비용을 지원받는 경우는 제외한다.

④ 법률상담등의 요건과 내용 및 절차 등은 대통령령으로 정한다.

[본조신설 2017. 10. 24.]

(15) 아동학대 전담의료기관의 지정(제29조의 7)

① 보건복지부장관, 시·도지사 및 시장·군수·구청장은 국·공립병원, 보건소 또는 민간의료기관을 피해아동의 치료를 위한 전담의료기관(이하 이 조에서 "전담의료기관"이라 한다)으로 지정할 수 있다.

② 전담의료기관은 피해아동·가족·친족, 보장원의 장, 아동보호전문기관 또는 아동복지시설의 장, 경찰관서의 장, 판사 또는 가정법원 등의 요청이 있는 경우 피해아동에 대하여 다음 각 호의 조치를 하여야 한다. 〈개정 2019. 1. 15.〉

1. 아동학대 피해에 대한 상담
2. 신체적·정신적 치료
3. 그 밖에 대통령령으로 정하는 의료에 관한 사항

③ 보건복지부장관, 시·도지사 및 시장·군수·구청장은 제1항에 따라 지정한 전담의료기관이 다음 각 호의 어느 하나에 해당하는 경우에는 그 지정을 취소할 수 있다. 다만, 제1호에 해당하는 경우에는 그 지정을 취소하여야 한다.

1. 거짓이나 그 밖의 부정한 방법으로 지정을 받은 경우
2. 정당한 사유 없이 제2항에 따른 의료 지원을 거부한 경우
3. 그 밖에 전담의료기관으로서 적합하지 아니하다고 대통령령으로 정하

는 경우

④ 제1항과 제3항에 따른 지정 및 지정 취소의 기준, 절차 등에 필요한 사항은 대통령령으로 정한다.

[본조신설 2017. 10. 24.]

3) 학대아동보호서비스 전달체계

개정된 「아동복지법」에 따르면 112 혹은 아동보호전문기관으로 아동학대 의심 신고가 접수되면 아동보호전문기관과 경찰이 함께 현장에 출동하여 조사를 진행한다(〈그림 9-2〉 참조). 아동학대라고 판별되면 사례개입 계획을 수립하고, 이에 따라 필요한 아동보호서비스를 제공하게 되며, 각 사례에 대한 평가를 통해 사례를 종결한 다음 사후관리를 하게 된다.

(1) 상담 및 신고접수

아동학대로 의심되거나 아동학대로 여겨질 경우 아동보호전문기관이나 경찰서, 파출소로 신고할 수 있다. 아동학대 신고전화는 112로 통합되었고, 24시간 운영된다. 신고 시에는 학대피해아동과 학대행위자의 인적사항 및 주소지, 학대의 정확한 내용(학대의 정도와 심각성, 발생빈도, 지속성, 방법, 학대유형 등), 학대피해아동의 현재 상황(아동의 위기상황, 긴급분리보호 여부, 현재 보호되고 있는 곳, 아동의 심신상태, 가정의 상황 등)을 파악하고 있는 것이 바람직하다.

(2) 현장조사 및 사례판단

학대피해아동에 대한 신변보장과 안전조치를 취하고, 학대 여부를 확인하기 위해 현장조사를 실시한다. 현장조사의 목적은 학대피해아동에 대한 신변을 보장하고 안전을 확보하며, 학대 사실 및 학대 위험정도를 파악하여, 사례 개입 및 서비스 제공 계획을 세우는 것을 말한다. 현장조사 결과 긴급격리가 필요하다고 판단될 경우에는 아동의 안전을 위한 긴급격리보호가 72시간 이내에 이루어져야 한다.

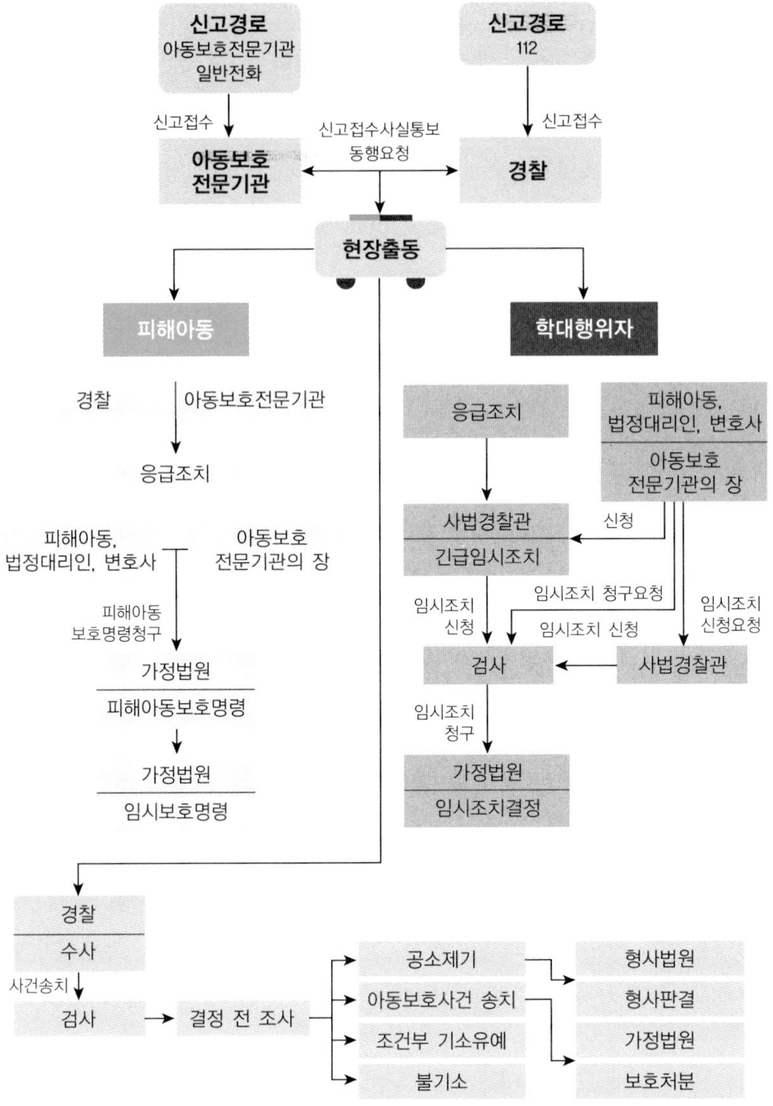

〈그림 9-2〉 **아동학대사례 개입과정**

출처: 중앙아동보호전문기관(2019a). http://www.korea1391.go.kr/new/page/work_system.php

(3) 조치결정

사례판정 결과를 근거로 학대피해아동 및 학대행위자에게 가장 적절한 조치를 취함으로써 학대피해아동의 안전 및 회복과 학대행위자의 재학대 방지를 도모한다. 아동의 학대 상황에 따라 원가정보호, 일시격리보호, 장기보호, 입원치료 등의 조치를 취한다. 아동의 성적 학대, 심각한 신체적 학대나 방임이 의심될 때는 수사의뢰를 할 수 있다.

(4) 서비스 제공

학대피해아동에게 적절한 서비스를 제공함으로써 학대로 인한 후유증을 극복하도록 돕고, 학대행위자에게 적절한 서비스를 제공함으로써 학대유발요인을 감소시켜 재학대 발생을 예방한다. 또한 학대가 발생한 가정에 적절한 서비스를 제공함으로써 가족기능을 강화하는 데 초점을 둔다.

학대피해아동에게 심리치료서비스를 제공함으로써 학대의 부정적인 영향을 완화시킨다. 아동이 자신의 감정을 자유롭게 표현하고, 지지받고 있다고 느낌으로써 긍정적인 자아존중감을 형성하게 하는 것이 중요하다. 그리고 학대행위자에게는 상담 및 치료를 제공한다. 학대행위자는 개인 및 집단상담을 통해 알코올 및 약물 의존과 같은 문제행동을 치료하고 자신의 감정을 조절하는 능력을 높이며 자아존중감을 높이게 된다. 또한 학대가족에게는 가족보존서비스, 부부상담, 가족상담 등의 서비스를 제공한다.

(5) 종결 및 사후관리

사례종결은 개입목표가 달성되어 피해아동 측면에서 아동의 안전이 보장되어 장기적인 조치(장기보호 그룹홈 및 장기보호시설 등으로의 입소, 가정위탁, 입양 등)가 이루어졌을 때, 문제행동이 현저히 감소되었거나 긍정적인 행동변화가 나타났으며 그 행동이 지속되었을 때, 아동 스스로 자기보호능력, 위기해결능력이 생겼을 때, 아동학대 재발 가능성이 낮다고 평가되거나 개입이 적절하지 않았다고 평가될 경우에 이루어진다. 가족의 안정 유지 및 학대의 재발을 방지하기 위해 종결된 사례에 대해 3개월 동안 전화상담이나 직접방문 등을 통해 문제의 재발생 여부를 확인한다. 다음은 학대아동보호서비스를 통해 개선된 사례이다.

CASE STUDY

학대아동보호서비스 사례

1. 인적사항
   1) 피해아동 : 김○○(남, 17세) 김 ◇◇ (여, 11세)
   2) 가해자 : 김△△ (남, 49세)

2. 신고접수
   - 피해아동들은 친부에게 신체적 학대를 당하거나, 집에서 쫓겨나 집 주위를 배회하면서 골목에서 자는 등, 반복적인 학대상황에 놓여 있으며, 이를 목격한 이웃주민이 신고하였음. 한부모 가정(친모 가출)에서 생활하고 있으며, 친부는 알코올 중독으로 시설에서 약 2개월 정도 치료를 받은 적이 있음.

3. 현장조사
   - 가정방문을 통해 아동 및 친부상담
   - 기존의 연계되어 있는 복지관 등, 관련기관 상담
   - 아동의 학교 담임교사와 상담
   - 관련기관과 사례회의 등

4. 아동학대 사항
   - 피해아동은 잘 먹지 못해 영양실조로 다리를 저는 등, 건강상태가 악화된 상태임.
   - 피해아동 중 남아는 도벽이 있으며, 둘 다 학습능력이 현저하게 낮고 자신의 생각을 표현하는 능력이 연령에 비해 낮았음.
   - 친부는 술을 마시면 아동의 팔, 등을 빗자루 등으로 심하게 때리고 집에서 쫓아내는 등, 학대를 가함.
   - 친부는 알코올 남용으로 치료받은 적이 있으나, 퇴원한 후로 적절한 치료를 받지 못해 알코올 중독으로 이어진 상태이며, 이로 인해 아동들을 돌봄에 있어 어려운 상황임.

5. 개입 및 상담과정
   1) 개입목표
      - 아동의 학대후유증 치료를 위해 격리보호
      - 친부상담 및 치료, 교육진행

   2) 개입과정
      - 1차 격리보호
      - 격리보호 후 원가정 보호
      - 재학대 발생으로 2차 격리보호 진행
      - 친부와의 지속적인 상담 및 교육 진행

6. 사후관리
   - 시설보호를 통한 아동치료 및 양육
   - 친부상담 및 치료
   - 아동 및 친부 모니터링 실시 등.

출처: http://korea1391.org.

4) 아동학대예방서비스

Gary B. Melton

Mary Fran Flood

미국아동학대예방위원회(US Advisory Board on Child Abuse and Neglect)에 따르면, 아동학대와 방임을 예방하기 위해서는 아동 중심적이고, 가정에 초점을 두며, 지역사회에 기반을 둔 프로그램이 시행되어야 한다(Melton & Flood, 1994; Repucci et al., 1997). 효율적인 아동학대예방이 이루어지기 위해서는 다음과 같은 여러 요소를 포함해야 한다. 첫째, 아동보호, 아동 가정복지, 법, 보건, 정신건강, 교육의 역할이 통합 조정되어야 한다. 둘째, 역동적이고 헌신적인 아동학대예방 프로그램 전문가가 필요하다. 셋째, 아동학대는 모두의 문제라는 인식하에 지역사회 전체에서 접근하고 지역사회와 전문가 간에 협력이 이루어져야 한다. 넷째, 심각한 가족역기능 상태에 놓이기 전에 아동과 가족에게 도움을 제공함으로써 아동과 가족의 힘을 강화한다. 다섯째, 긍정적인 변화를 이루기 위하여 아동과 가족이 가진 힘을 강화시키는 접근방법을 개발한다. 여섯째, 아동학대예방을 방해하는 사회적인 요인을 계속해서 제거해 나간다. 일곱째, 참여자에게 긍정적인 변화를 촉진하기 위해서는 전문가에 대한 부모의 수용과 신뢰가 필수적이다. 여덟째, 아동방임을 감소시키기 위해 빈곤가족을 대상으로 하는 기타 정책들도 실시되어야 한다. 위험에 놓인 아동이나 가족이 필요한 사회적인 지원을 파악하고 활용하도록 도와주는 것이 중요하다. 이와 관련하여, 직무상 아동학대범죄를 인지할 가능성이 높은 직군에게 아동학대범죄의 신고 의무를 부여함으로써 아동학대를 보다 적극적으로 예방하고자 노력하고 있다. 아동학대 신고의무자를 위한 아동학대 체크리스트는 〈표 9-3〉과 같다.

아동학대에 대한 사회적 개입은 사후 서비스보다는 예방적 측면이 강조되어야 한다. 예방적 접근은 문제가 발생하기 전에 위험요인을 줄이고 보호요인을 강화함으로써 아동학대의 발생을 낮추는 것이다. 현재 아동학대에 대한 세계적인 접근 경향도 예방이 최선의 치료라는 입장을 취하고 있다. WHO의 예방 프로그램 분류기준은 예방의 목적, 주요 대상 및 서비스 전달의 시기에 따라 1차 · 2차 · 3차 예방 프로그램으로 구분된다(윤혜미, 2003).

표 9-3 아동학대 신고의무자를 위한 아동학대 체크리스트

번호	내용	체크란
1	사고로 보이기에는 미심쩍은 멍이나 상처가 발생한다.	예 □ 아니요 □
2	상처 및 상흔에 대한 아동 혹은 보호자의 설명이 불명확하다.	예 □ 아니요 □
3	보호자가 아동이 매를 맞고 자라야 한다는 생각을 갖고 있거나 체벌을 사용한다.	예 □ 아니요 □
4	아동이 보호자에게 언어적, 정서적 위협을 당한다.	예 □ 아니요 □
5	아동이 보호자에게 감금, 억제, 기타 가학적인 행위를 당한다.	예 □ 아니요 □
6	기아, 영양실조, 적절하지 못한 영양섭취를 보인다.	예 □ 아니요 □
7	계절에 맞지 않는 옷, 청결하지 못한 외모를 보인다.	예 □ 아니요 □
8	불결한 환경이나 위험한 상태로부터 아동을 보호하지 않고 방치한다.	예 □ 아니요 □
9	성적 학대로 의심될 성 질환이 있거나 임신 등의 신체적 흔적이 있다.	예 □ 아니요 □
10	나이에 맞지 않는 성적 행동 및 해박하고 조숙한 성지식을 보인다.	예 □ 아니요 □
11	자주 결석하거나 결석에 대한 사유가 불명확하다.	예 □ 아니요 □
12	아동에게 필요한 의료적 처치 혹은 예방접종을 실시하지 않는다.	예 □ 아니요 □
13	보호자에 대한 거부감과 두려움을 보이고, 집(보호기관)으로 돌아가는 것에 대해 두려워 한다.	예 □ 아니요 □
14	아동이 매우 공격적이거나 위축된 모습 등의 극단적인 행동을 한다.	예 □ 아니요 □

※ "아동학대 체크리스트"는 아동학대 신고의무자가 직무 중에 학대로 의심되는 아동을 조기발견하기 위해 활용되도록 제작되었다. 1개 문항 이상 "예"라고 체크된 경우, 아동학대를 의심해 볼 수 있는 상황이다. 아동학대가 "의심"되면 아동학대 신고전화 112로 반드시 신고할 필요가 있다.

출처: 중앙아동보호전문기관(2019b). http://www.korea1391.go.kr/new/page/abs_report.php

1차 예방은 아직 문제가 발생하지 않은 일반가정과 아동을 대상으로 아동의 안정과 건강 및 복지를 지원하고 일반인들의 아동학대에 대한 인식을 높이기 위한 것이다(사진 참조). 일례로, 부모, 가족, 아동 또는 지역사회를 대상으로 가족기능 강화에 초점을 둔 아동양육 또는 부모교육 프로그램, 빈곤 감소를 위한 사회보장서비스, 일반인을 대상으로 하는 아동학대 심각성에 대한 홍보 및 교육,

사진 설명 2015 아동학대예방 국민인식개선 홍보 포스터
출처: 중앙아동보호전문기관(2015). http://korea1391.org.

아동학대예방 캠페인, 건전가정문화운동(서약식, 서명운동, 홍보자료 배부), 아동의 자기보호 능력 향상을 위한 능력강화 프로그램, 사이버 상담실의 운영 등이 포함된다. 〈표 9-4〉에 제시된 예방 프로그램은 1차 예방 프로그램의 예에 해당한다.

2차 예방은 아동학대와 방임의 위험요인이 많은 고위험집단을 선별하여 위험요인을 최소화하고 아동학대로의 발전을 차단하기 위한 것이다. 지역사회 내 사회복지전담공무원을 비롯한 보육시설과 학교 사회복지사, 병원과의 연계를 통해 고위험가정을 조기에 발견하여 체계적이고 장기적인 접근을 시도하는 것이 필요하다. 〈표 9-5〉에는 2차 학대예방 프로그램의 예가 제시되어 있다. 2차 예방은 빈곤가족이나 한부모가족 등과 같이 위기에 있는 아동 및 가족을 대상으로 아동학대에 대한 인식을 증진시키고, 문제가 되는 행동에 대한 태도나 행동을 개선시키며, 이들을 적절한 지역사회자원과 연계시킴으로써 환경을 개선하는 것을 포함한다.

3차 예방은 이미 아동학대가 이루어진 가족에 대한 치료와 재활 및 재발방지로 구성된다. 현재 아동보호전문기관의 주된 개입활동으로 볼 수 있다. 3차 예방은 학대행위자 및 학대피해아동에 대한 원조와 치료 제공, 치료중심의 재활(일시격리, 상담치료, 재활 프로그램)과 아동학대가정을 대상으로 재발이나 가족해체를 막기 위해 서비스를 제공하는 것이다. 여기에는 재발 확인을 위한 가정방문서비스, 가정지원서비스, 부모의 자녀양육법, 스트레스 관리법 훈련, 아동행동조절 훈련 등이 포함된다.

표 9-4 1차 학대예방 프로그램의 예

구분		대상	교육 내용
일반인 교육	아동 교육	• 보육시설 및 유아교육기관 원아 • 초 · 중 · 고등학생	• 아동학대로부터 자신을 보호할 수 있는 방법 교육 • 인형극, 교재활용을 통한 아동학대예방 프로그램 실시
	부모 교육	• 일반가정 부모 • 학대피해아동가정 부모	• 아동학대의 이해와 아동학대 상황 시 대처방안 • 아동발달과 부모역할에 대한 정보 제공
	성인 교육	• 대학생 • 직장인 • 예비부모	• 아동학대의 올바른 이해와 아동학대 발견요령 • 아동학대 신고요령 숙지를 통한 아동학대 감시자 역할
신고의무자 교육		• 유아 및 초등학교 교사 • 시설종사자 • 의사	• 아동학대의 올바른 이해와 아동학대 발견요령 • 아동학대 신고요령 숙지를 통한 아동학대예방 협조체계 구축 방안
경찰교육		• 경찰관	• 아동학대 상황 시 바람직한 대처요령 • 학대피해아동 조사 시 면접방법

출처: 제주도아동보호전문기관(2010). 예방교육사업.

표 9-5 2차 학대예방 프로그램의 예

문제 영역	예방 대상	예방 프로그램의 내용
인식증진	개인 및 가족	• 부모교육(아동발달특성, 올바른 양육) • 아동학대 피해의 심각성
태도개선		• 숙련된 사회기술 훈련 • 자긍심 강화 • 지역사회 소속감 강화 • 상담
행동개선		• 분노조절 • 부모역할훈련 • 효과적인 의사소통훈련 • 약물남용치료 • 정신건강치료 • 가정방문서비스
환경개선	환경	• 가정지원서비스 • 소득지원: 국민기초생활보장체계와의 연결, 후원자 발굴 • 직업훈련과 취업연계서비스 • 보육 및 방과후 보육서비스 연계 • 가정봉사원 지원 • 사회적 지지체계확보(자조집단 등 구성) • 의뢰체계와 보호체계구축

출처: 윤혜미(2003). 우리나라 아동학대예방센터 활동분석과 아동보호서비스 개선을 위한 논의. 한국아동복지학, 15, 7-38.

4. 학대아동보호사업의 개선방안

아동학대의 심각성이 대두되면서 최근 10여 년 동안 아동학대에 대한 사회적 · 학문적 관심이 높아졌다. 아동학대와 관련된 법규가 개정되고, 아동학대를 예방하기 위한 아동보호전문기관이 상당수 증가하였다. 하지만 이러한 양적 · 질적 발전에도 불구하고 우리나라의 학대아동보호사업이 '모든 아동을 학대의 위험으로부터 보호한다'라는 정책목표를 달성하기에는 아직 많은 과제를 지니고 있다. 지금까지의 우리나라 아동보호사업 및 체계에 대한 선행연구들에서 문제점으로 지적되어 온 항목들을 살펴보면, 아동학대 관련법의 부족, 아동학대에 대한 인식의 부족, 아동학대예방서비스의 미흡, 아동보호전문기관의 수와 인력의 부족, 상담원의 근무여건과 법적 지위의 미비, 신고의무 강제 및 학대행위자에 대한 강제적 서비스 제공 등의 각종 법적 규정의 미비, 전문서비스의 부족, 관계기관과의 연계 미비 등을 들 수 있다(공계순, 2004; 이종화, 2007; 이호균, 2004; 조윤영, 2005). 이러한 문제점들을 크게 분류해보면, 아동학대 제도상의 문제, 학대아동보호사업 운영상의 문제, 아동학대 인식의 문제로 나누어 볼 수 있다(이종화, 2007). 이 범주에 따라 학대아동보호사업의 문제점을 파악하고 개선해야 할 점을 살펴보면 다음과 같다.

1) 아동학대 관련법규 및 제도의 개정

첫째, 2014년 「아동복지법」이 개정됨에 따라 아동학대에 대한 신고는 112로 통합되었다. 신고의무자의 범위도 어린이집, 유치원, 초 · 중등학교의 장과 교직원도 포함함으로써 신고의무 규정을 강화하였다. 신고의무자는 전문적 · 객관적 입장에서 아동학대를 조기에 발견할 수 있는 사람들인 만큼 제도적 차원에서 신고의무자에 대한 체계적이고 집중적인 홍보와 교육이 이루어져야 한다. 정부는 아동학대 신고의무자에게 신고의무 교육을 실시해야 하며, 자격 취득 과정이나 보수교육 과정에 아동학대 예방 및 신고의무와 관련된 교육을 1시간 이상 포함시켜야 함을 법으로 명시하고 있다. 그러나 이러한 교육이 형식적으로 이루어지는 경우가 많은 것으로 지적되고 있다. 또한 아동학대 신고의무자 교육의무기관을 대상으로 '신고의무자 교육' 실시 여부를 점검한 결과, 이 교육을 받지 않아 과태료를 낸 기관이 있는 것으로 보고되었다. 이는 아동학대 신고의무제에 대한 의식이 아직 낮은 수준임을 반영하는 것이다.

아동학대에 대한 신고가 적극적으로 이루어지기 위해서는 아동학대 신고 후 부과될 수 있는 책임은 최소화하면서 신고된 아동의 조치나 사후관리 등에 대해 안내해줌으로써 아동학대 신고에 대한 보람이나 보상을 느낄 수 있게 해주는 것이 필요하다. 아동학대 신고의무제에 대한 적극적인 홍보를 통해 국민적 차원의 인식변화와 신고의무자에 대한 교육 및 신변 보호 등이 이루어질 때 신고가 더욱 활성화될 수 있을 것이다.

둘째, 아동학대 관련업무의 연계체계가 확립되어야 한다. 아동학대가 발생되면 전문상담원 외에 현장조사에 참여하는 경찰 및 사법기관, 행정적 조치를 취하는 행정기관의 공무원, 후속조치를 위한 사회복지담당자, 신체적 · 정서적 치료를 담당하는 의료인과 교사 간의 협력이 필요하다. 이들 중 어느 한 사람이라도 아동학대에 대한 명확한 지침을 가지고 있지 않으면 이들 간에 적극적인 협력이 이루어지기 어렵고, 학대피해아동에 대한 효율적인 보호서비스를 제공해 줄 수 없게 된다. 학대아동보호서비스를 통합적으로 수행할 수 있도록 관련기관 간의 지원체계가 제도적으로 수립될 필요가 있다.

2) 학대아동보호사업 운영상의 개선방안

첫째, 학대아동보호사업과 관련된 문제점 중에 최근에 주목을 받고 있는 것이 아동보호전문기관의 전문인력 확보 문제이다. 학대아동보호서비스의 질을 결정하는 중요한 요인이 서비스를 제공하는 인력의 질이라는 점이 인식되면서, 아동보호전문기관 상담원들의 업무능력에 영향을 미칠 수 있는 업무환경과 이들이 인식하는 업무만족도 그리고 소진의 정도를 파악하고, 업무에 영향을 미치는 요인을 규명함으로써 상담원들이 효과적으로 학대아동보호업무를 수행할 수 있도록 하는 여건을 만들어가는 데 관심이 높아지고 있다(공계순, 2004; 변귀연, 오승환, 2009). 아동학대 사례를 체계적으로 관리하기 위해서는 전문인력의 배치가 중요하다. 아동학대의 신고 접수 및 현장조사 그리고 아동보호서비스의 제공 등을 담당하는 지역아동보호전문기관의 지속적인 증설과 아동보호전문상담원의 지속적인 증원이 반드시 필요하다(김형모, 2014). 전문인력의 확보는 아동학대 문제를 해결하는 전 과정, 즉 아동학대 사례의 관리에도 영향을 미치는 매우 중요한 문제이다. 전문인력의 충분한 확보가 이루어지지 않는다면 아동학대 사례에 대한 체계적인 개입은 이루어지지 못하기 때문이다. 더불어 전문인력에 대한 신변이 보장되어야 한다. 현장조사 중인 상담원이 학대행위자로부터 신체적 손상을 입었을 경우 그 학대행위자를 처벌할 수 있는 조항이 마련되어야 하고, 학대행위자가 상담원의 신변에 위협을 주는 경우에 대비해 경찰의 적극적인 협조가 이루어져야 한다.

둘째, 효율적인 학대아동보호사업이 이루어지기 위해서는 다양한 서비스 프로그램의 개발과 아동보호전문기관과 지역사회 내의 서비스 연계가 필요하다. 학대피해아동에게는 신체적, 정신적으로 특별한 보호와 치료가 필요하다. 학대의 유형 및 학대피해아동의 연령에 따라 학대의 원인과 결과가 다를 수 있기 때문에 이를 고려하여 전문화된 맞춤식 프로그램을 제공하는 것이 바람직하다. 하지만 현재까지 이루어지고 있는 대부분의 서비스 프로그램은 학대피해아동을 위한 개인상담이 주를 이루고 있고 학대행위자에 대한 상담 및 교육 프로그램이 소수 제공되고 있다. 학대행위자의 경우 교육 및 치료가 반드시 이루어져야 함에도 불구하고, 본인이 원하지 않을 경우 강제로 행할 수 있는 법이 없기 때문에 학대피해아동은 아동학대가 재발할 수 있는 환경에 놓이게 된다. 학대행위자를 대상으로 상담 및 교육뿐 아니라 아동양육에 대한 부담을 덜어줄 수 있는 가족지원 프로그램을 제공해야 할 필요가 있다. 실제로 가족치료 및 가족지원 서비스와 같은 가족 자체의 기능을 강화할 수 있는 서비스는 거의 이루어지지 않고 있다. 아동학대 사례개입의 궁극적인 목적이 학대피해아동의 가정기능 회복이라는 점을 고려해볼 때, 가족기능을 강화시키기 위한 서비스 프로그램의 개발 및 시행이 절실하다.

또한 아동학대의 재발을 방지하기 위해서는 학대피해아동, 학대행위자, 학대가족을 대상으로 하는 적극적인 교육과 치료가 병행되어야 하고, 지역사회자원을 적극적으로 연결해야 할 필요가 있다. 후원자 발굴을 통한 소득지원서비스, 직업훈련과 취업연계서비스, 보육 및 방과후 보육서비스 연계 등과 같이 가족을 지원해줄 수 있는 서비스를 적극적으로 모색하는 것이 필요하다. 그리고 아동학대에 대한 효율적인 사후대처를 위하여 광역 시 · 도의 거점아동보호전문기관과 해당 광역 시 · 도 내의 시 · 군 · 구의 지역아동보호전문기관의 연계체계를 구축하고 이를 보다 적극적으로 활용하여야 한다(김형모, 2014).

3) 아동학대에 대한 인식 전환

아동학대의 심각성 및 부정적인 결과에 대한 적극적인 홍보를 통해 학대의 예방과 대책에 대한 관심을 불러일으킬 수 있는 사회적 분위기를 조성해야 한다. 그러나 여러 아동학대 사례들을 살펴보면, 학대피해 아동의 사생활, 가족사 등이 언론에 과하게 노출됨으로써 보호받아야 할 아동이 오히려 더 많은 피해를 입는 경우를 종종 볼 수 있다. 여러 언론 매체에서 아동학대 사례를 너무 자극적인 소재로 다루는 것에 대해서는 경계해야 할 필요가 있다. 아동학대의 피해자인 아동에 대한 보호가 다른 무엇보다 우선시 되어야 한다.

아동학대는 발생 후 개입도 중요하지만 무엇보다 학대가 일어나지 않도록 예방사업을 활성화하는 것이 더 중요하다. 또한 학대아동보호사업의 내용을 알리기 위한 각종 캠페인 및 사진전시회, 아동학대 사례집 발간 등을 통해 아동학대 예방치료사업을 홍보하고 아동학대에 대한 국민들의 의식 전환 및 아동학대 신고의무화의 정착을 도모하는 것이 필요하다. 일반부모를 대상으로 아동학대의 예방과 아동학대 신고에 대한 교육을 통해 아동학대에 대한 인식을 증진시킬 수 있다. 또한 전문가 및 현장에서 아동을 다루는 교육자, 시설종사자, 사회복지사 등에게 전문적인 교육을 이수하게 함으로써 아동학대의 조기발견 및 예방, 보호를 도와줄 수 있는 실질적인 지식을 갖게 하는 것도 필요하다. 무엇보다 아동이 건강하고 행복하게 자랄 권리를 가진 인격체라는 사실을 인식하는 것이 중요하다.

제10장
가정위탁보호사업

모든 아동은 친부모와 함께 행복하게 생활할 권리를 가지고 있다. 하지만 여러 가지 이유로 인해 친부모로부터 적절한 보호를 받지 못할 경우, 이들 아동의 신체적 · 정신적 건강을 증진시키기 위하여 보호대책을 마련해주어야 한다. 이러한 서비스의 한 예로 가정위탁보호사업을 들 수 있다. 가정위탁보호사업은 가정위탁아동이 건전한 사회인으로 자랄 수 있도록 위탁아동 및 위탁부모에 대하여 경제적 · 사회적 지원을 확대하는 데 초점을 맞추고 있다.

「유엔아동권리협약」(1991, 제20조)은 "당사국 정부는 가족과 분리된 아동을 특별히 보호하기 위하여 적절한 위탁가정이나 입양가정의 보호를 받을 수 있도록 하는 한편 필요한 경우 보호시설을 제공해야 한다. 이러한 아동보호에 있어 인종, 종교, 문화적인 배경을 충분히 고려해야 한다"라고 명시하고 있다. 또한 「유엔아동권리협약」 이행에 관한 제2차 보고서에 대하여 유엔아동권리위원회의 권고의견(유엔아동권리위원회 862차 회의, 2003. 1. 31.)에서는 "위원회는 위탁양육이 여전히 제한적으로 시행됨을 우려하며, 특히 위탁양육가정에 대한 재정지원과 상담지원제도를 증대함으로써 위탁양육을 확장할 것과 대안양육이 되고 있거나 취약가정에 있는 아동들을 지원하는 사회복지사의 역량강화를 권고한다"라고 하였다. 이는 보호를 필요로 하는 아동의 복지를 최대화하기 위한 조치라고 볼 수 있다.

이 장에서는 가정위탁보호사업의 개념 및 목적, 가정위탁보호사업의 현황, 가정위탁보호서비스와 가정위탁보호사업의 개선방안에 대해 알아보고자 한다.

CASE STUDY

가정위탁보호 사례

지난 2003년 태어난 성민(가명, 7세)이는 두 살이 되던 해 자신을 낳아준 엄마와 이별했다. 아직 엄마 품에 안겨 있을 나이였지만 아빠와 엄마의 불화는 아무것도 모르는 성민이를 엄마 품에서 떨어지게 했다. 이혼을 한 성민이의 아빠(40세)는 화물차 운전을 하면서 한 달에 20일 이상을 밖에서 지냈다. 성민이는 거동이 불편한 70대 할머니 손에 맡겨졌고, 부적절한 양육환경 속에서 피부병과 장염 등 잦은 질병으로 고생했다.

성민이가 다섯 살이 되던 지난 2007년, 아빠는 결국 주민센터 상담을 통해 가정위탁을 결심했다. 도저히 성민이를 키울 수 있는 여건이 안 됐기 때문이다. 이 소식을 전해들은 어린이재단 충북가정위탁지원센터는 신문에 위탁부모 모집 공고를 냈다. 얼마 뒤 성민이의 딱한 사정을 알게 된 김 모씨(42세, 청주시 흥덕구 봉명동)가 충북가정위탁지원센터에 위탁부모 신청을 했다. 이후 일주일간의 '친해지기 만남' '위탁가정 승인' '전입신고' 등의 절차를 거쳐 성민이는 김 씨의 집에서 1년간 생활하게 됐다.

"밤마다 울었어요. 아빠를 그리워했죠."

김 씨는 성민이와 처음 생활하던 때를 이렇게 떠올렸다. 낯선 환경에서 새 삶을 시작하기에는 성민이가 아직 너무 어렸던 까닭이다. 그렇게 한 달, 두 달이 지나면서 성민이는 마음의 문을 열기 시작했다. 위탁부모인 김 씨 부부를 '아빠' '엄마'라고 부르며 웃음을 되찾아갔다.

그리고 2년이 지난 지금, 성민이는 아빠와 새 보금자리에서 지낸다. 2년 동안 피땀 흘려 일한 아빠가 안정적인 새 직장을 구해 작은 전셋집 하나를 마련한 것이다.

아빠와 함께 김 씨 부부를 찾은 성민이는 또박또박 힘주어 말했다.

"그동안 돌봐주셔서 감사합니다. 꼭 훌륭한 사람이 될 거예요."

출처: 충북일보(2009. 8. 19.). NGO & 복지 기관탐방-어린이재단 충북가정위탁지원센터.

1. 가정위탁보호사업의 이해

1) 가정위탁보호사업의 개념

Alfred Kadushin

「아동복지법」 제3조에 따르면 '가정위탁'이란 보호대상아동의 보호를 위하여 성범죄, 가정폭력, 아동학대, 정신질환 등의 전력이 없는 보건복지부령으로 정하는 기준에 적합한 가정에 보호대상아동을 일정 기간 위탁하는 것을 말한다. 가정위탁보호사업은 아동이 부모의 학대, 방임, 질병, 수감, 경제적 이유 등 여러 가지 요인으로 원가정 내에서 양육될 수 없을 때, 일정 기간 동안 위탁가정을 제공하여 아동을 보호, 양육함으로써 아동이 적합한 가정 안에서 건전하게 성장할 수 있도록 도와주며 원가정이 가족기능을 회복할 수 있도록 지원하는 전문적인 아동복지서비스이다(Kadushin & Martin, 1988). 가정위탁보호서비스는 소년소녀가정세대와 기타 요보호아동들에게 부모로부터의 분리에서 오는 심리적 · 정서적 손상을 최소화하기 위해 성인으로서 독립적인 생활이 가능한 시기 혹은 원가정으로 복귀할 수 있을 때, 또는 영구적인 가정에 배치될 때까지 아동을 보호 · 양육할 수 있는 바람직한 방법 중 하나로 평가되고 있다. 가정위탁보호사업이 영구적인 양육을 하게 되는 입양과 달리 위탁가정의 부모는 일시적으로 정해진 기간 동안 아동을 양육하게 되며, 탁아와는 달리 정해진 기간 동안 아동양육에 관해 전적인 책임을 맡게 된다.

가정위탁보호사업을 구분하는 두 가지 방법은 요보호아동의 보호자나 그 연고자의 가정에서 보호양육하게 하는 대리양육서비스와 요보호아동의 보호를 희망하는 자의 가정에서 보호토록 하는 위탁보호서비스가 있다. 우리나라의 가정위탁은 크게 세 가지, 대리양육가정위탁, 친인척가정위탁, 일반가정위탁 등으로 구분된다. 대리양육가정위탁은 조부모에 의해 양육되는 것을 의미하며, 친인척가정위탁은 조부모를 제외한 친인척에 의해 양육되는 것, 일반가정위탁은 혈연관계가 없는 일반인에 의해 양육되는 것을 말한다(사진 참조). 이 외에 만2세 이하 아동 및 그 외 시 · 군 · 구청장이 전문적이고, 특별한 보살핌이 필요하다고 인정하는 아동들을 대상으로 하는 전문가정위탁, 시 · 군 · 구청장이 보호대상

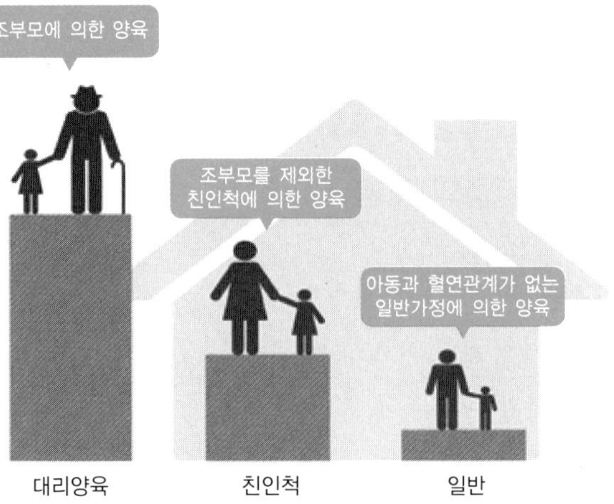

사진 설명 우리나라 가정위탁보호의 유형

출처: 보건복지부, 중앙가정위탁지원센터(2018). [공무원용] 가정위탁 업무 안내서.

아동에 대한 긴급보호조치로 15일 이내의 기간 동안 아동을 보호하는 일시가정위탁 등이 있다.

2) 가정위탁보호사업의 목적

가정위탁보호사업의 목표는 "보호대상아동(요보호아동)을 보호 · 양육하기를 희망하는 가정에 위탁 양육함으로써 가정적인 분위기에서 건전한 사회인으로 성장할 수 있도록 함"이다. 보호대상아동 발생 시 가정보호를 우선하도록 하며, 특히 만 2세 미만 영아의 경우 가정 보호를 우선시 한다(보건복지부, 중앙가정위탁지원센터, 2018). 즉, 법에서 제시하고 있는 가정위탁보호사업의 정의와 목표는 '가정적인 분위기'에서 요보호아동을 양육함으로써 '건전한 사회인'으로서 성장하는 데 초점을 둔다. 가정위탁보호사업의 궁극적인 목적은 무엇보다 아동의 권리를 보호하고 아동에게 사랑과 욕구를 충족시킬 수 있는 적합한 환경에서 성장할 수 있도록 도와주는 것이다. 또한 아동이 보호받는 동안 아동과 원가정 사이의 연결을 위해 친부모와의 안전한 접촉을 유지하게 하고, 위기에 처한 아동의 애착관계를 강화하기 위해서 위탁아동과 친부모의 방문을 지원하여 위탁아동이 조속한 시일에 친부모와 재결합할 수 있도록 한다. 즉, 아동과 친부모의 재결합을 통해 가정의 해체를 방지하고자 한다(사진 참조).

최근에 시설보호가 감소하고 가정위탁보호가 증가하는 이유는 시설보호의 경우 아동의 개별적 욕구를 충족시키기 어려워 아동의 적응에 부정적인 영향을 미친다는 연구결과를 반영한 것이기 때문이다. 과거에는 요보호아동이 공동으로 양육되는 시설에 입소하는 것이 일반적이었으나, 장기간의 시설보호는 아동에게 악영향을 미친다고 보기 때문에 시설보호보다는 가족보호가 권고되고 있는 것이다(김경민, 정익중, 2009). 「유엔아동권리협약」은 아동과 부모의 분리를 최대한 방지하고, 일시적으로 분리된 경우 아동의 보호방안으로 위탁양육을 명시하고 있다.

사진 설명 가정위탁 홍보대사 '하니'
하니가 이웃의 사랑과 관심 속에 보호되다 결국 원가정으로 복귀하는 가정위탁의 예를 보여준다.

이러한 가정위탁보호의 철학 및 실천원리를 살펴보면 다음과 같다(보건복지부, 중앙가정위탁지원센터, 2010). 가정위탁보호의 철학은 첫째, 아동은 건전한 가정에서 전인적 성장을 해야 할 권리가 있으며 부모와 국가가 이를 보장해야 한다는 것이다. 둘째, 아동의 생존권을 보장해야 한다. 즉, 아동이 신체적, 정신적으로 안전하게 성장할 수 있도록 보장해야 한다. 셋째, 가족이 재결합할 수 있는 사회적 지원체계를 구축함으로써 가족의 기능을 회복시켜야 한다.

이를 위한 실천원칙으로는 첫째, 아동중심의 원칙으로 아동의 건전한 인격형성을 최우선으로 고려해야 한다. 아동이 심리적, 신체적, 사회적으로 건강하게 자랄 수 있도록 지원함으로써 아동의 전인적 발달을 도모한다. 둘째, 가족보존의 원칙으로 원가정의 가족기능을 회복시켜 아동이 원가정으로 복귀하는 것을 돕고, 원가정 유지가 어려운 경우에는 대리가정을 발굴하여 건강한 위탁가정을 유지한다. 셋째, 친인척 가정 우선 배치의 원칙으로 아동에게 문화적 · 정서적 충격을 최소화하고자 아동의 의사를 고려하여 특별한 결격사유가 없는 한 친인척 가정에 우선적으로 배치한다. 넷째, 연계성의 원칙으로, 아동의 건강한 성장과 원가정의 가족기능 회복을 위해 지역 내 협력기관과 네트워크 체계를 구축하여 적절한 서비스를 제공한다. 다섯째, 적절성의 원칙으로 아동 및 위탁가정의 특성을 고려하여 아동을 적합한 위탁가정에 배치하고 아동에게 요구되는 적절한 서비스를 제공한다. 여섯째, 전문성의 원칙으로, 위탁보호 과정에서 발생하는 다양한 원인과 문제에 효과적으로 대처하기 위해 각 분야의 전문가에 의한 서비스를 제공하고 지속적인 교육을 통한 전문성을 향상시킨다.

요컨대, 가정위탁보호사업은 아동보호의 질적인 측면을 높이고 아동이 친가족과 결합하여 정상적인 가정생활을 할 수 있도록 하는 지원서비스이다.

3) 가정위탁아동의 특성

가정위탁아동은 생후 초기에는 친부모에게서 양육을 받다가 부모의 사망, 이혼, 가출, 경제적 이유 등으로 가족이 해체되거나 가족기능이 약화되어 가족과 함께 살 수 없게 된 아동을 말한다. 따라서 친부모 혹은 1차 양육자와의 관계를 형성한 경험이 있는 가정위탁아동에게는 새로운 환경 혹은 새로운 가정에 적응해야 하는 어려움이 있다.

위탁아동의 적응은 위탁배치가 이루어지기 전부터 위탁되어 생활하는 과정, 그리고 위탁이 종결된 후의 과정까지를 포함한다. 일반적으로 위탁아동은 위탁가정에 배치되기 전에 원가정에서 방임과 학대, 가정폭력 등을 많이 경험한 것으로 나타났다(Leathers, 2002). 부모의 이혼 혹은 사별, 경제적 어려움 등으로 인해 아동은 적절한 보호를 받지 못하고 방임된 상태에서 생활하였고, 친부모 자체의 스트레스로 인해 자녀에게 폭력을 행사하거나 부적절하게 대하는 경우가 많았으며, 주거환경이나 생활의 질이 낮은 것으로 보고되었다(정혜선, 김진숙, 2004). 이러한 불안정한 물리적 환경과 부모의 우울 혹은 스트레스는 친부모와의 안정된 애착형성에 어려움을 유발하고 이는 위탁부모와의 애착형성을 저해하는 요소로 작용할 수 있다(Kufeldt, Armstrong, & Dorosh, 1995). 일례로, 가정위탁아동의 내적 표상에 관한 연구결과에 따르면 가정위탁유아는 일반유아에 비해 양육자나 환경에 대한 회피/공격형의 표상과 조절되지 않는 공격성의 표상이 높게 나타났다(신혜원, 민성혜, 2008).

Sonya J. Leathers

Kathleen Kufeldt

배치 및 분리경험과 관련하여, 위탁아동은 자신이 위탁될 준비가 되지 않은 상태에서 위탁된 것에 대해 혼란스러워했고, 자신이 위탁된 이유에 대해 알고 싶어 하였다. 위탁아동을 대상으로 한 연구에서 위탁아동 중 40%는 자신이 무엇 때문에 위탁되었는지 모르거나 명확하게 알지 못한다고 답하였다(Johnson, Yoken, & Voss, 1995). 위탁될 준비가 되어 있지 않고 위탁된 이유에 대해 정확하게 알지 못한 상황에서 위탁이 되면 위탁아동의 상실감과 공포, 불안감은 높아질 수밖에 없다. 위탁아동의 심리적 안정감을 도모하기 위해서는 위탁되기 전부터 상담을 통해 친부모의 상황과 위탁의 이점(利點)에 대해 충분히 설명해줌으로써 위탁을 준비할 수 있는 시간을 주는 것이 필요하다. 그럼에도 친부모와의 분리는 위탁아동에게 다양한 감정을 유발한다. 분리과정에서 아동은 흔히 충격, 부정, 절망, 초월의 단계를 경험한다(Plumer, 1992). 친부모와 헤어질 수밖에 없다는 사실에 충격을 받고 그 사실을 부인하려 하지만 부인할 수 없는 사실이라는 것을 깨닫고 절망하게 된다. 이 과정에서 상당한 우울이나 불안을 느끼게 된다. 자신이 상황을 변화시킬 수 없다는 점을 깨달아 무기력감을 느끼고, 세상에 혼자라는 느낌에 공포와 불안을 느끼게 된다. 앞으로 누구와 살아야 하는지 혹은 어떻게 살아야 하는지에 대한 예측불가능성은 위탁아동들에게 불안감을 증폭시키는 요인으로 작용한다. 이와 유사하게 위탁유아에 대한 질적 연구결과 "아빠가 분명히 날 데리고 간다고 했어요." "두 밤 세 밤 자고 갈 거예요." "위탁된 걸 친구들이 알면 놀릴 거예요." "위탁유아가 온 뒤로 내가 여기서도 또 버림받지는 않을까 늘 불안해요. '또 내가 뭔가 잘못해서 이곳을 옮기나 보다'라고요." 등과 같이 자신의 현재 상황에 대해 불안해하고 있었다(정혜선, 김진숙, 2004). 또 다른 감정으로 위탁아동은 죄책감을 느끼기도 한다. 위탁의 원인을 자기 스스로에게 돌리면서 자신의 부족함 혹은 부정적인 측면 때문에 부모가 자신을 위탁 보냈다고 생각하기도 한다. 즉, 친부모와 분리되는 과정 속에서 아동은 거절당하는 느낌, 죄책감, 적개심, 거부에 대한 공포, 막연함에 대한 공포, 수치감을 느낀다(Kadushin & Martin, 1988).

Richard P. Barth

위탁 후 위탁가정에서의 적응은 원가정에서의 가족사와 관련이 깊다(Kerman, Wildfire, & Barth, 2002). 특히 친부모와의 애착의 질이 위탁가정의 적응에 상당한 영향을 미치는 것으로 나타났다(Milan & Pinderhughes, 2000). 원가정에서 안정애착을 형성하지 못했을 경우 위탁부모와의 관계에서 부적응을 하는 경우가 많으며 결국 계약해지에 이르는 것으로 나타났다(Penzerro & Lein, 1995; Stone & Stone, 1983). 위탁아동이 친부모와 애착을 형성하지 못했을 경우, 타인에 대한 신뢰감이 부족하고 대인관계를 형성하는 데도 상당한 어려움을 겪게 되는데 이는 위탁부모와의 관계형성에서도 그대로 반영된다. 또한 친부모와의 분리를 경험한 가정위탁아동은 친부모 혹은 친가족에 대해 양가감정을 가진다고 하였다(Martin, 2000). 친가족을 무척 그리워하고 함께 지내기를 원하면서도 한편 자신의 부모가 온전하지 않은 것에 대해 수치스러워하고, 자신을 안정된 가정에서 양육하지 못한 것에 대해 분노를 느낀다고 한다. 결국 이러한 분노가 위탁아동의 부적응 혹은 문제행동으로 연결될 수 있다. 원가정에서 경험한 학대와 방임과 같은 부적절한 양육은 이후 위탁가정에서의 정서적 · 행동적 문제를 야기한다(Allen, Combs-Orme, McCarter, & Grossman, 2000). 위탁아동은 새로운 환경에 적응해야 하는 상황에서 대처기술이 부족하고 친부모로부터 분리된 후 심리적 · 정서적 후유증으로 더욱 어려움을 경험할 가능성이 높다(Farruggia, Greenberger, Chen, & Heckhausen, 2006). 이러한 요인들로 인해 위탁아동은 일반아동에 비해 학업수행 능력이나 자아존중감이 낮고(Gil & Bogart, 1982), 현저히 낮은 학업성취도를 보이는 것으로 나타났다(Altshuler, 2003). 또 다른 연구에서 1999년부터 2002년까지 15,000명의 아동들을 상대로 실시한 조사에 따르면 가정불화 등을 이유로 다른 가정에 위탁양육된 아동은 같은 문제가 있음에도 가족과 함께 사는 아동보다 탈선 비율이 3배나 높은 것으로 나타났다. 위탁아동의 경우, 44%가 적어도 한 번 이상 경찰에 붙잡힌 적이 있었던 반면 심한 스트레스에 시달렸더라도 친부모 슬하에서 자란 아동들은 그 비율이 14%에 그쳤다. 또 친부모와 함께 사는 여자 청소년들이 십대 임신을 경험한 비율은 33%이지만 위탁된 경우는 56%에 달했다(Doyle, 2006).

Mirjam Oosterman

Carlo Schuengel

하지만 위탁부모가 안정된 양육환경을 제공하면 위탁아동의 부정적 정서는 감소하고 위탁부모와 안정된 관계를 형성할 수 있게 된다. 위탁모의 민감성은 안정애착과 관련이 있었고, 위탁모와 안정애착을 형성한 위탁아동일수록 외현적 문제행동을 보이지 않으며(Oosterman & Schuengel, 2008) 학교적응력도 높은 것으로 나타났다(선미정, 2018). 이와 유사하게, 위탁가정에서 학대피해아동들의 성공적인 적응 요인으로는 위탁모의 적극적인 부모역할인 것으로 나타났다(장윤영, 2005). 위탁아동은 원가정에서부터 여러 정서적 · 행동적 문제를 가지는 경우가 많으므로 위탁부모를 대상으로 위탁아동의 정서 · 행동 문제를 효율적으로 다룰 수 있는 교육 프로그램을 제공해줄 경우 위탁아동들에게 긍정적인 효과가 있는 것으로 나타났다(Price et al., 2008).

또한 위탁 후 친부모와의 관계는 위탁아동의 적응에 영향을 미친다. 하지만 친부모와의 접촉의 영향은 일관된 결과를 보이지 않는다. 위탁아동은 친부모와의 면접을 통해 자신의 잘못으로 친부모와 분리된 것이 아니라는 것을 인식하여 보다 편안함을 갖게 되고, 또한 친부모에게 돌아갈 수 있으리라는 기대감을 갖게 된다는 연구가 있다. 친부모와의 만남이 빈번하고 정기적일 경우 부모자녀 관계를 유지하는 데 도움이 되며(Haight, Doner-Kagle, & Black, 2003) 아동의 우울과 문제행동을 낮추게 되고(McWey, Acock, & Porter, 2010) 원가정으로의 복귀 가능성을 높이게 되어 가족의 재결합을 촉진시키는 것으로 나타났다(Cantos & Gries, 1997; Haight et al., 2003). 반면 친부모와의 접촉이 위탁아동과 위탁부모와의 관계를 어렵게 하는 요소로 작용하기도 한다는 연구도 있다. 위탁아동의 1/3 정도는 친부모와의 접촉과 관련된 스트레스를 경험하는 것으로 나타났고(Neil, Beek, & Schofield, 2003) 친부모뿐만 아니라 위탁부모와도 친밀한 관계를 형성한 위탁아동은 소속감에 대한 갈등(loyalty conflict)을 경험하는 것으로 나타났다. 위탁아동이 친부모에 대한 그리움과 애착을 가지는 동시에 위탁부모에게 고마움과 애착을 가지게 될 경우, 어느 한쪽에 마음이 쏠리는 것에 대해 상당히 불안해하거나 걱정하게 된다. 뿐만 아니라 위탁아동의 이러한 불편한 마음은 위탁부모와의 적응에도 영향을 미치게 된다. 이러한 점에서 위탁부모가 아동과 친부모가 자주 만나는 것을 선호하지 않을 경우, 기관에서 접촉 횟수를 줄이는 것으로 나타났다(Sanchirico & Jablonka, 2000). 요컨대, 가정위탁보호가 지향하는 효과가 원가정으로의 복귀라는 점을 고려해볼 때 무엇이 위탁아동의 복지를 증진시킬 수 있는 방법인지에 대해 진지하게 고민해보아야 할 필요가 있다.

2. 가정위탁보호사업의 현황

1) 가정위탁보호사업의 역사

가정위탁보호의 역사는 동서양을 막론하고 고대사회로 거슬러 올라간다. 서구의 가정위탁보호사업은 고아를 친척 집에서 양육하도록 한 고대 유대법과 관습법 및 빈곤아동을 위탁하는 교회 사업에서 그 유래를 찾아볼 수 있다. 우리나라의 가정위탁보호사업도 고대로부터 그 기록을 찾아볼 수 있다. 『삼국사기』에 의하면 신라 유리왕 때에 환과고독노병(鰥寡孤獨老病), 즉 홀아비, 홀어미, 고아, 늙고 자식 없는 이, 노인, 병든 이를 요보호대상자로 정해 왕명으로 무료 급식과 양육을 제공하였다. 고려시대에는 병란과 흉년으로 인해 발생한 기아, 빈민아동 등을 사원에서 양육하여 사역승으로 양성하였으며 민가에서도 고아 등을 양육한 후에는 대개 양자녀 또는 노비로 삼았다(김명남, 2001). 조선시대 초기 및 중엽에도 고아나 기아에 대하여 국가의 대책 또는 민가수양의 관습이 전래되어 왔으나, 특히 정조 7년(1783)에 기아와 걸식으로 굶어 죽는 아이들이 많았는데 이들을 보호하기 위한 목적으로 자휼전칙(字恤典則)[1]이 선포되어 기아나 부랑걸식아동이 법령에 의해 보호되었다(김명남, 2001).

현대적 의미에서 가정위탁보호사업은 「아동복리법」이 제정된 1961년 이후부터이다. 1961년 「아동복리법」의 제정, 1981년 「아동복지법」 개정, 2000년 전면개정된 「아동복지법」과 2005년 개정된 「아동복지법」에 그 시대적 상황과 아동의 욕구가 반영되었다. 1960년대에 들어서면서 전쟁 후 발생된 고아, 미아, 장애아, 부랑아들이 가장 큰 사회적 관심 대상이었다. 1961년 이들의 복지를 향상시키기 위해 「아동복리법」이 제정되면서 시설보호에 대한 대안으로 입양과 위탁 또는 탁아시설의 증가를 권장하는 탈시설정책이 제시되었다. 정부의 가정위탁에 대한 노력은 1962년부터 시작되었으나 가정위탁은 입양기관에서 입양 전에 위탁가정에 일시적으로 유료위탁을 실시하거나(전재일, 박영준, 2002) 입양기관에서 해외로 입양 보낼 아동들을 대상으로 실시되었다. 즉, 가정위탁은 홀트

1) 유기 및 부랑하는 아동을 국가에서 수용보호하거나 민가에서 수양하여 정황에 따라 양자녀 또는 노비로 삼는 것을 허가하였다.

아동복지회나 기독교양자회 등에서 근무하던 외국인 사회복지사들이 열악한 시설환경으로부터 아동을 보호하기 위해 입양대상아동을 위탁가정에 의뢰하고 아동이 입양되기 전까지 일시적으로 위탁보호를 하던 제도였다. 입양대상아동을 위한 가정위탁보호제도는 아직도 거의 모든 입양기관이 우선적으로 실시하고 있는 아동보호방법이다.

1981년 「아동복지법」이 전면개정되면서 요보호아동을 위해 가정위탁보호나 그룹홈을 장려하는 정책이 전개되었다. 위탁가정에 대한 양육보조금을 지원하여 위탁가정보호가 활성화되기를 꾀하였지만, 가정위탁보호서비스에 대한 법조항이 너무 간략하고 구체적이지 않으며 정부의 책임이 명확하게 규정되어 있지 않았다. 정부에서는 1988년 가정위탁보호제도의 활성화를 위하여 1988년 5월부터 인천과 광주에 가정위탁보호 시범사업을 실시하고 1991년부터는 이를 전국에 확대하고자 하였으나 위탁아동이나 위탁가정에 대한 지원 및 지도의 미비로 목적을 달성하지 못하고 중단한 상태이다(허남순, 2000). 한편으로는 시설보호가 필요한 아동 중 시설보호를 거부하거나 시설보호보다는 지역사회에서 보호하는 것을 더 바람직하다고 생각하는 아동을 대상으로 소년소녀가정세대라는 제도를 만들어 이들 아동을 보호하였다. 소년소녀가정세대의 아동은 부모의 사망, 이혼, 가출 등으로 부모가 없는 아동이며 대개 함께 거주하는 형제나 조부모가 있으나 경제적으로 열악한 환경에 있는 아동이다. 정부에서는 이들을 보호하기 위해 경제적인 지원을 제공하였으나, 이들은 부모의 보호와 양육을 받아야 하는 시기임에도 불구하고 가장으로서 또는 보호자가 없는 가족구성원으로서 학업생활과 더불어 가정생활을 해야 하는 많은 심리적 · 사회적 어려움을 안고 있다.

「유엔아동권리협약」의 가입 등과 같은 국제적인 여건 변화와 아동복지서비스에 대한 다양한 요구가 증가함에 따라 2000년 「아동복지법」이 개정되었다. 개정된 「아동복지법」은 특히 요보호아동들의 정서적 지원체계의 중요성에 대한 인식과 그 필요성이 강조되었다는 점에서 이전과 차이가 있다. 즉, 아동들을 위한 정서적 지원의 주 자원인 친부모와의 관계유지와 가정위탁보호의 중요성, 전문상담서비스의 활용 등에 관한 것이 법에 명시됨으로써 이러한 아동복지서비스가 제공될 수 있는 제도적 기반이 형성되었다(배태순, 1999). 이러한 국내외 요구에 의하여 가정위탁보호사업은 입양을 앞둔 일부 아동에 대한 중간 조치로서가 아니라 결손가정이나 극빈가정의 아동을 보호하기 위한 방향으로 전환되었다.

사진 설명 2006년 가정위탁 포스터. 가정위탁에 대한 보다 적극적인 홍보가 진행되고 있다.

사진 설명 가정위탁 소식지

2003년 가정위탁지원센터가 설치되어 사업을 수행하게 되었지만 설치에 대한 법적 근거 없이 사업을 수행하다가, 2005년 7월 13일 「아동복지법」을 일부개정하면서 가정위탁보호제도 및 가정위탁지원센터의 역할에 대한 법적 기반을 마련하였다. 2005년 개정된 「아동복지법」에서는 가정위탁을 보다 강조하여 단순히 보호를 필요로 하는 아동의 보호를 '위탁'하는 것에서 '가정위탁'하는 것으로 보다 구체적으로 수정되었다(사진 참조). 또한 이후 2012년 개정된 「아동복지법」에서는 가정위탁지원센터의 설치 등을 규정하는 항을 신설하였다. 국가는 가정위탁보호사업을 활성화하고 지역 간 연계체계를 구축하기 위하여 중앙가정위탁지원센터를 두고, 지방자치단체는 보호를 필요로 하는 아동에 대한 가정위탁보호사업을 활성화하기 위하여 지역가정위탁지원센터를 두며, 보건복지부 장관 및 시·도지사는 가정위탁지원을 목적으로 하는 비영리법인을 지정하여 중앙과 지역가정위탁지원센터의 운영을 위탁할 수 있도록 규정하고 있다. 이로써 가정위탁보호제도의 수행을 위한 전달체계 설치에 관한 법적 근거가 마련되었고, 중앙정부와 지자체의 역할을 규정하게 되었으며, 가정위탁지원센터는 비영리법인에 의하여 위탁·운영되었다(사진 참조). 또한 2016년 「아동

가정품안愛애
중앙가정위탁지원센터

사진 설명 중앙가정위탁지원센터의 로고. 요보호아동과 원가정을 위해 사회(가정위탁지원센터, 위탁부모, 지역사회)가 울타리가 되어 아동을 양육한다는 의미이다. '가정품안愛애'는 친부모의 사정으로 친가정에서 아동을 양육할 수 없는 경우, 일정 기간 위탁가정을 제공하여 우리 사회가 사랑으로 따뜻하게 품어 가정 내 보호를 통해 위탁아동이 건강하고 안정적인 가정 내에서 보호, 양육될 수 있도록 지원함을 표현한 것이다.

복지법」 개정을 통해 가정위탁지원센터가 아동복지시설에 포함되었다. 2020년부터는 통합적 아동서비스 체계를 구축하기 위해 중앙가정위탁지원센터가 아동권리보장원으로 통합되어 운영된다. 가정위탁보호를 활성화시키기 위해서는 정부가 보다 적극적으로 위탁아동에 대한 책임의식을 가져야 할 것이며, 민간기관과의 역할분담과 협력을 통해 사업의 효율성과 내실을 강화해야 한다.

2) 가정위탁보호사업의 현황

1994년에 5,023명이었던 보호필요아동은 IMF 경제위기 이후 급격히 증가하였다. 이러한 아동에 대한 대책으로 정부에서는 가정위탁보호, 시설보호 등 다양하게 개입하고 있다. 2018년 기준 보호필요아동은 4,538명 발생했고 그중 620명(13.7%)은 귀가 및 연고자 인도, 3,918명(86.3%)은 보호조치 되었다. 보호조치 내용 중 가정보호와 시설입소아동 수는 각각 1,469명(37.5%), 2,449명(62.5%)이다(〈그림 10-1〉 참조). 이는 정부에서 보호필요아동의 가정보호를 강화하고는 있으나 아직 활성화되지 못하고 있음을 반영한다.

〈그림 10-2〉는 2003년에서 2018년까지 가정위탁보호 유형별 아동 수를 나타낸다. 대리양육위탁, 친인척위탁, 일반위탁 아동의 수는 2010년 이후 전반적

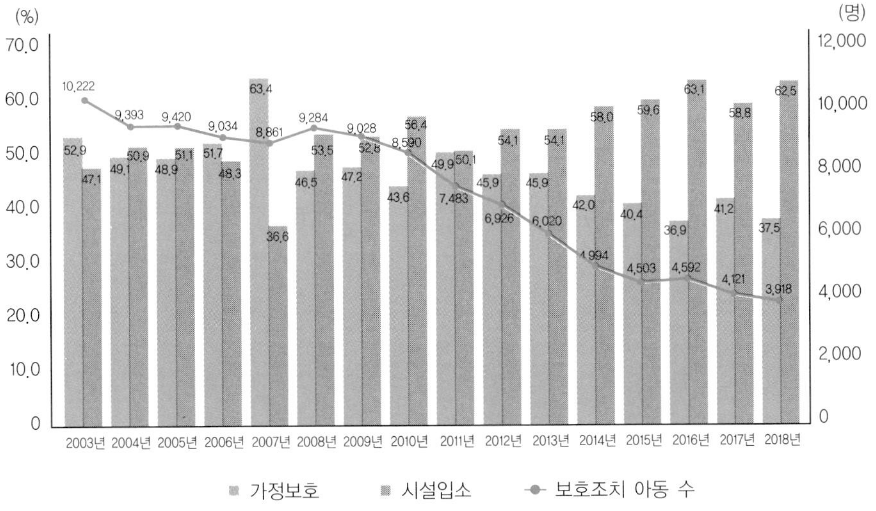

〈그림 10-1〉 **연도별 보호필요아동의 보호조치**

출처: 중앙가정위탁지원센터(2019). 2019년 가정위탁보호 현황보고서.

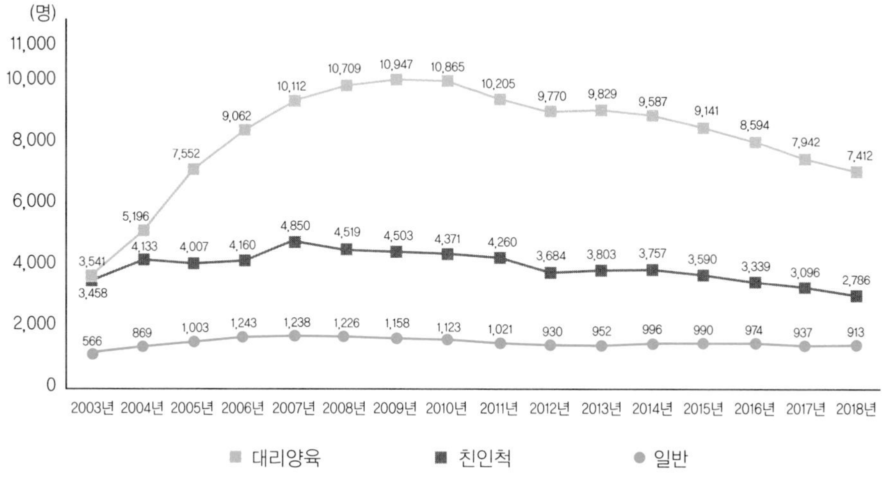

〈그림 10-2〉 **연도별 가정위탁보호 유형별 아동 수**

출처: 중앙가정위탁지원센터(2019). 2019년 가정위탁보호 현황보고서.

으로 감소 추세를 보이고 있으며 2014년 이후로는 매년 감소하고 있다. 2018년 기준 위탁유형별 위탁아동의 비율을 살펴보면, 대리양육위탁(66.7%)이 가장 많고, 그다음으로는 친인척위탁(25.1%), 일반위탁(8.2%) 순으로 나타났다.

2018년 기준 가정위탁아동의 성별 분포를 살펴보면 남아가 50.8%, 여아가 49.2%로 거의 차이가 없다. 위탁아동의 연령대 분포를 살펴보면 17~19세에 해당하는 고등학생이 36.4%로 가장 많았고, 그다음으로는 20세 이상 20.0%, 14~

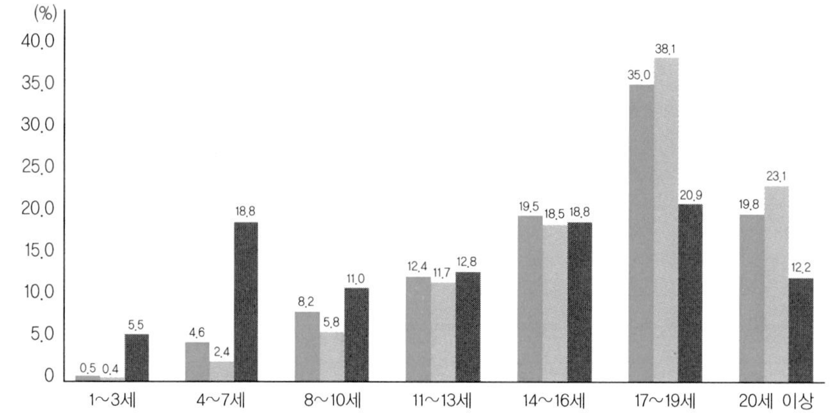

〈그림 10-3〉 **위탁아동 연령**

출처: 중앙가정위탁지원센터(2019). 2019년 가정위탁보호 현황보고서.

16세 19.2%, 11~13세 12.3% 순으로 나타났다. 전체 위탁아동 중 50.0% 이상이 자립지원의 주 대상인 고등학생 이상 연령(54.6%)으로 나타났다. 연령별 위탁보호를 살펴보면(〈그림 10-3〉 참조), 1~3세의 영유아기 아동의 가정위탁보호가 상당히 부족한 것으로 나타나고 있다. 이는 영유아의 가정보호 필요성을 강조하는 위탁보호의 목적과는 상치되는 것으로, 현실적으로 영유아 가정보호의 어려움을 보여주는 것으로 볼 수 있다.

Jill Duerr Berrick

Barbara Needle

가정위탁보호의 유형에 따른 위탁아동의 적응에 관한 연구에 따르면 일반가정에 배치된 아동들은 부모로부터 학대나 방임을 당한 경우가 많고, 친인척가정에 배치된 아동들은 친부모와 지속적인 접촉을 하는 경우가 많으며, 친부모와 지속적으로 접촉을 하는 아동은 친부모와 다시 합칠 가능성이 높다. 반면 일반가정에 위탁된 아동들은 친인척에게 위탁된 아동에 비해 입양될 가능성이 높다(허남순, 2004). 대리양육이나 친인척가정위탁은 우리나라의 전통적인 아동보호 방법으로서 앞으로도 중요한 아동보호 수단으로 지속될 것으로 예측된다. 하지만 위탁가정 유형에 따른 환경적 차이를 조사한 연구에 따르면, 대리양육위탁가정이나 친인척위탁가정은 일반위탁가정의 부모에 비해 연령은 높고 수입이나 학력이 낮고, 건강상태가 좋지 않으며 무주택자인 경우가 많았다. 특히 대리양육위탁가정의 환경은 친인척위탁가정보다 더 열악한 것으로 보고되고 있다(양심영, 2004; Berrick, Barth, & Needle, 1994). 대리양육위탁가정이나 친인척위탁가정의 위탁아동에 대한 교육 및 건강 등의 복지서비스가 제대로 이루어지기 위한 정책 마련이 시급하다.

2018년 기준 가정위탁보호 중인 아동에 대한 위탁보호 사유를 살펴보면(〈그림 10-4〉 참조) 이혼(30.6%)이 가장 많은 비중을 차지하고, 그다음으로는 별거/가출(25.6%), 부나 모의 사망(24.3%), 부모 모두 사망(5.4%) 등의 순으로 나타났다. 이러한 결과에 따르면 부모의 경제적인 빈곤이나 이혼 혹은 재혼 등으로 인해 아동을 위탁하는 경우가 대부분이다. 단순한 미아보다는 환경적 어려움으로 인한 기아가 늘고 있다. 생후 특정기간 동안 친부모에게 보호를 받던 아동들이 더 이상 부모의 보호를 받지 못하고 기관이나 다른 가정에서 보호를 받는 현상이 늘어나고 있음을 말한다. 가정위탁보호서비스의 궁극적인 목적이 원가정으

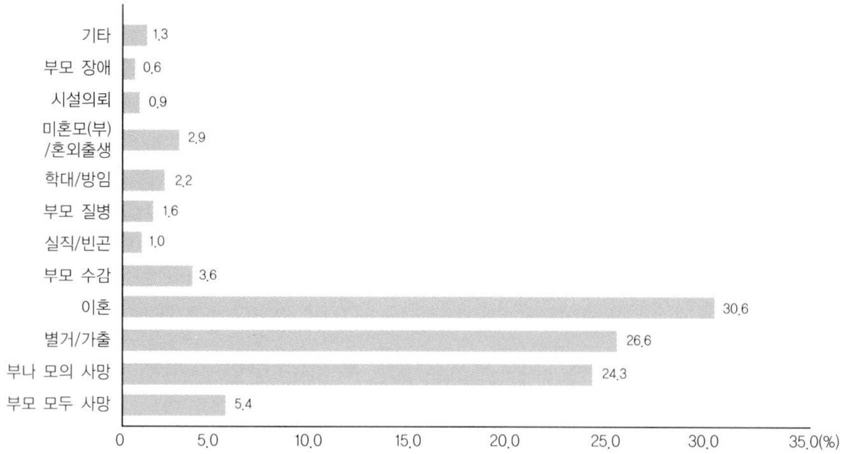

〈그림 10-4〉 **가정위탁 보호 사유**

출처: 중앙가정위탁지원센터(2019). 2019년 가정위탁보호 현황보고서.

로의 재배치라는 점을 고려해볼 때, 정부나 복지기관에서 가족보존 프로그램을 제공함으로써 아동이 되도록이면 원가정에서 성장할 수 있도록 도와야 한다. 아동이 가족의 빈곤이나 부모의 실직으로 인해 위탁대상이 된다면 위탁가정에 배치되기 전에 가정의 경제적 어려움에 대해 지원할 수 있는 방안을 모색해야 할 필요가 있다.

2018년 기준 가정위탁 아동의 주요 종결 사유는 만 18세 이상 종결(33.4%), 보

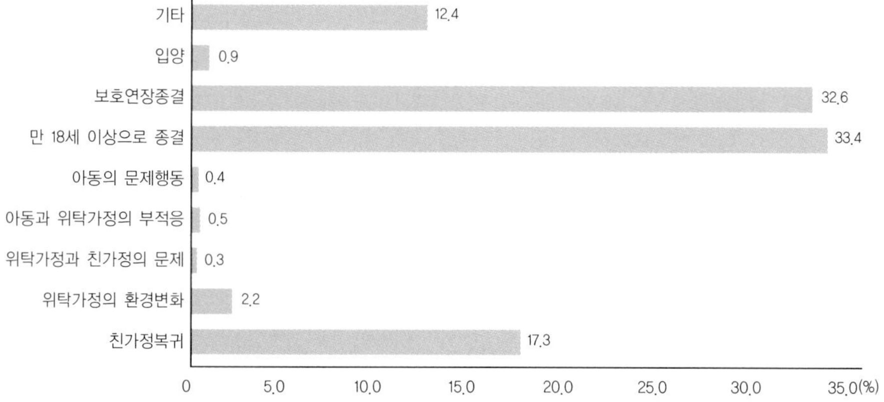

〈그림 10-5〉 **가정위탁 종결 사유**

출처: 중앙가정위탁지원센터(2019). 2019년 가정위탁보호 현황보고서.

호연장종결(32.6%), 친가정복귀(17.3%) 등으로 나타났다(〈그림 10-5〉 참조). 가정위탁아동의 반수 정도가 위탁가정에서 성장하다가 18세 이상이 되어서 종결되는데, 실제로 위탁아동의 자립지원정책은 여전히 미비하다. 대리양육이나 친인척위탁가정의 아동은 만 18세가 되어도 여전히 그 가정에 머물 수 있지만 일반가정에 위탁된 아동은 보호연장이 된다 할지라도 위탁가정과의 관계에 따라 그 가정에 더 이상 머물 수 없는 경우가 많다. 가정위탁이 종결되는 아동들을 위한 독립 준비와 학업을 지속하기를 원하는 위탁아동들을 위한 주거 및 학비 지원 등이 현실에 맞게 보강될 필요가 있다.

3. 가정위탁보호서비스

1) 가정위탁보호의 구성요소

가정위탁보호는 위탁아동, 원가정(친부모), 위탁가정과 가정위탁지원센터 등의 네 주체가 협력하여 참여함으로써 가정위탁보호사업의 효율성을 높일 수 있다. 위탁아동이란 보호자가 양육할 수 없다고 판단되어 보호를 필요로 하는 아동 중 위탁보호로 의뢰된 아동을 말한다. 위탁가정이란 일정 기간 동안 원가정의 역할을 대신해 위탁아동을 보호·양육하여 원가정 복귀를 돕는 가정을 말한다. 친부모(원가정)란 위탁아동의 친부모를 말하며, 아동의 정상적인 보호·양육이 불가능하여 일정 기간 위탁보호를 요청한 부모(가정)를 말한다. 가정위탁지원센터는 시·도(시·군·구)의 가정위탁보호업무를 지원함으로써 아동이 가정적인 분위기에서 보호·양육되고 건강한 성장 및 행복한 생활을 영위하도록 지원하는 역할을 담당한다.

(1) 위탁아동

위탁아동이란 18세 미만의 아동[2]으로 보호자가 양육할 수 없다고 판단되어 보

2) 보호기간의 연장으로, 18세 이상이더라도 아래 중 하나에 해당되면 위탁보호기간 연장이 가능하다.
  1. 20세 미만인 사람으로서 학원의 설립·운영 및 과외교습에 관한 법률에 따라 등록된 학원에서 교육을 받고 있는 경우

호를 필요로 하는 아동 중 위탁보호로 의뢰된 아동을 말한다. 가정위탁대상아동에는 보호를 필요로 하는 아동, 아동학대로 인해 격리보호가 필요한 아동, 소년소녀가정아동 등이 포함된다. 친부모나 보호자가 질병, 가출, 실직, 수감, 사망 등 그 밖의 사유로 인하여 자녀를 양육할 수 없는 상황이 발생할 경우, 일시적이나마 다른 가정에서 자신의 자녀를 안전하게 돌봐준다면, 자신의 문제를 수습하고 다시 자녀를 양육할 수 있는 능력을 찾을 수 있게 된다. 또한 아동학대 및 방임 등 친부모가 아동의 건전한 성장발달에 치명적인 해를 준다고 판단될 경우, 신속하게 아동을 친부모로부터 격리하고 아동에게 적절한 전문가의 치료를 제공한다. 이를 통해 아동과 친부모는 학대와 방임의 후유증을 줄이고, 심리적인 안정을 되찾게 된다. 독립적인 가구를 구성하면서 생활하고 있는 소년소녀가정세대의 경우, 아직 미성숙하여 경제적인 능력이 없고 보호자들의 보호가 필요하므로 이들 아동을 책임지고 양육하여 부담을 덜어주고 보살펴주어야 한다. 가정위탁보호는 무엇보다 가정의 양육이 필요한 영유아를 우선으로 선정하여야 한다.

(2) 위탁가정

위탁가정은 보호가 필요한 아동을 위탁하여 양육하면서 일시적으로 친부모의 역할을 대신하는 가정을 의미한다. 위탁가정에서는 일정 기간 동안 친부모를 대신해 위탁아동을 보호하고 양육하며 원가정으로의 복귀를 도와준다.

위탁가정의 유형은 크게 일반위탁가정, 대리양육위탁가정, 친인척위탁가정으로 구분된다. 일반위탁가정은 아동과 전혀 관련이 없는 일반가정에 의한 양육을 의미한다. 대리양육위탁가정은 친조부모, 외조부모에 의한 양육을 의미한다. 친인척위탁가정은 친조부모, 외조부모를 제외한 친인척에 의한 양육을 의미한다.

위탁가정의 기본요건은 친인척 또는 위탁받고자 하는 일반인으로서 범죄, 가정폭력, 아동학대, 알코올 · 약물 의존증 등의 전력이 없어야 한다. 위탁가정으로 적합한지 여부를 알기 위해 가정조사 시 이웃 등을 통해 확인한다. 또한 위탁부모는 아동위탁 전에 가정위탁에 필요한 교육을 이수해야 한다. 하지만 대리

2. 시 · 도지사 또는 시장 · 군수 · 구청장이 보호대상아동의 장애 · 질병 등을 이유로 보호기간 연장을 요청하는 경우
3. 25세 미만이고 지능지수가 71 이상 84 이하인 사람으로서 자립능력이 부족한 경우
4. 취업이나 취업 준비 등 그 밖의 사유를 이유로 보호대상 아동이 보호기간 연장을 요청하여 1년 이내의 범위에서 보호기간을 연장하는 경우 〈개정 2014. 9. 26.〉

양육가정 및 친인척에 의한 위탁가정의 경우에는 가정위탁 후 6개월 이내에 교육을 이수해야 한다.

일반인이 위탁보호를 하기 위해서는 우선 위탁아동을 부양함에 충분한 재산이 있어야 하고, 경제적인 목적이 아닌 선의의 동기로 위탁아동양육을 결정한 것인지에 대한 확인이 필요하다. 또한 위탁아동에 대하여 종교의 자유를 인정하고 사회의 일원으로서 그에 상응하는 양육과 교육을 할 수 있어야 한다. 가정이 화목하고 정신적, 신체적으로 위탁아동을 양육함에 현저한 장애가 없어야 한다. 공립아동상담소 또는 이웃 주민 2인 이상의 추천을 받아야 하고, 위탁받는 부모 모두의 나이가 25세 이상이어야 하며, 위탁가정의 아동은 자신의 자녀를 포함해 4인을 넘지 않아야 한다. 이때 18세 이상 친자녀는 자녀 수에서 제외된다. 가정에 성범죄, 가정폭력, 아동학대, 정신질환 등의 전력이 있을 경우, 위탁이 불가능하다. 결혼하여 아이를 키워본 경험이 있는 가정을 원칙으로 하지만, 시장, 군수, 구청장 및 가정위탁지원센터에서 가정환경이 위탁아동을 건전하게 양육하기에 특별히 적합하다고 인정하는 경우에는 위탁이 가능하다.

가정위탁보호사업을 신청, 접수한 위탁부모는 예비위탁부모 양성교육, 보수교육을 지속적으로 받음으로써 가정위탁보호에 대한 이해를 도모할 수 있고, 아동을 적절히 보호·양육할 수 있는 정보, 기술, 지식을 획득할 수 있게 된다.

(3) 원가정(친부모)

친부모는 여러 가지 사유로 자신의 아동을 직접 보호하거나 돌볼 수 없어 가정위탁을 의뢰한 아동의 부모이다. 가정위탁보호의 궁극적인 목표는 원가정으로의 복귀이므로, 원가정의 부모는 아동이 위탁된 지 6개월 이내에 위탁아동의 특성과 좋은 부모역할, 스트레스 대처기술, 심리검사, 부모의 역할훈련, 자립을 위한 준비 등 양육기술 습득을 통해 상실감 해소 및 심리적 안정을 위한 부모역할과 지침에 대하여 교육을 받아야 한다.

(4) 가정위탁지원센터

가정위탁지원센터는 보호가 필요한 아동들의 복지를 증진시키기 위해 아동들에게 위탁가정을 제공하여 아동이 건강하게 성장하고 자립할 수 있도록 도와주는 기관으로, 위탁아동뿐 아니라 원가정과 위탁가정이 필요로 하는 종합적인

사진 설명 지역가정위탁지원센터의 활동-경남가정위탁지원센터에서 실시한 〈함께해요, 신나는 래프팅!〉으로 위탁가정에게 여가문화체험활동을 제공하고 있다.

서비스를 제공하는 기관이다. 현재 우리나라에는 1곳의 중앙가정위탁지원센터와 17곳의 지역가정위탁지원센터가 있다. 중앙가정위탁지원센터에서는 지역가정위탁지원센터를 지원하고, 효과적인 가정위탁보호사업을 위한 연계체계를 구축하고, 가정위탁보호사업과 관련된 연구 및 자료를 발간하며, 가정위탁보호사업을 위한 프로그램의 개발 및 평가, 상담원 및 가정위탁에 대한 교육, 가정위탁에 대한 홍보, 가정위탁보호사업을 위한 통합전산망 구축 및 정보를 제공한다.

지역가정위탁지원센터의 역할은 가정위탁보호사업의 홍보, 위탁가정 발굴 및 가정조사, 가정위탁부모의 교육, 위탁아동 및 위탁가정 사례관리, 가정위탁관련 상담을 담당하는 것이다. 지역가정위탁지원센터에서는 요보호아동들의 안정적인 안식처를 찾을 수 있도록 꾸준히 위탁가정을 발굴하고, 이들의 복지를 증진시킬 수 있는 다양한 서비스를 제공하고 있다(사진 참조). 또한 정기적인 위탁부모교육, 원가정 및 아동 상담을 통해 아동이 원가정으로 복귀하도록 다양한 서비스를 제공하고 있다.

2) 가정위탁보호 절차

우리나라 가정위탁보호제도의 전달체계는 중앙정부(보건복지부)와 지방정부(시 · 도, 시 · 군 · 구 포함), 중앙가정위탁지원센터, 지역가정위탁지원센터 등으로 구성되어 있다(〈그림 10-6〉, 〈표 10-1〉 참조). 보건복지부는 가정위탁보호제도와 관련된 법이나 정책을 개발하고, 중앙가정위탁지원센터를 지정하거나 관리한다. 시 · 도에서는 가정위탁지원센터 운영지원, 가정위탁아동 지원예산 확보지원, 가정위탁보호사업 지도관리, 가정위탁관련 통계를 관리한다(보건복지

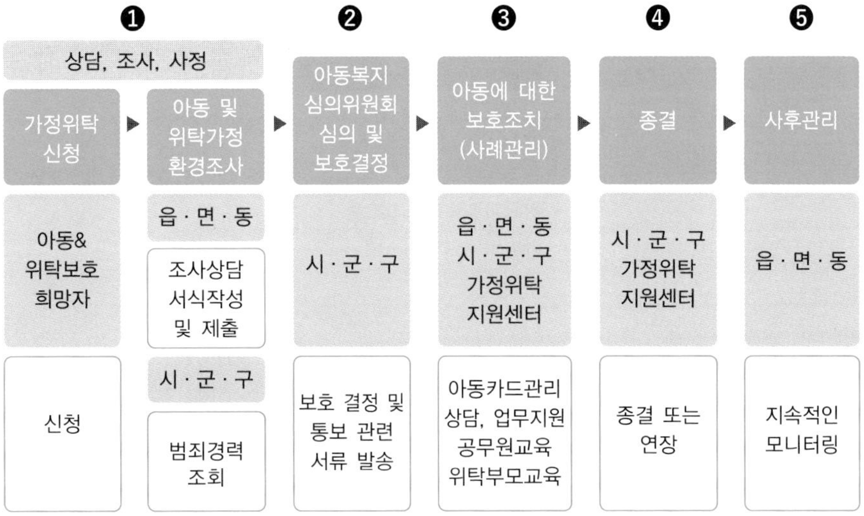

〈그림 10-6〉 **가정위탁보호 절차**

출처: 보건복지부, 중앙가정위탁지원센터(2018). [공무원용] 가정위탁 업무 안내서.

부, 중앙가정위탁지원센터, 2018).

시·군·구에서는 아동의 위탁보호조치를 결정하고, 위탁아동, 위탁가정의 변동사항(주소지 이전, 해지 등)을 관리하며, 위탁아동의 위탁기간 및 친부모 연락두절 또는 행방불명 시 위탁보호 관련사항에 대해 승인한다. 그리고 위탁부모교육 및 위탁가정 사례관리에 관한 업무에 협조하고, 「국민기초생활보장법」에 의한 수급자 선정 및 급여 지급 등에 관한 업무를 수행한다. 또한 보호를 필요로 하는 아동 발생 시 상담 지도 후 가정위탁지원센터에 의뢰하는 등 필요한 조치를 하고 적합하지 않은 사람에 대하여 아동복지시설 등의 보호조치를 하는 역할을 담당한다.

읍·면·동에서는 대상아동 상담 및 아동 가정조사를 실시하고, 시·군·구의 위탁보호 결정 후 「국민기초생활보장법」에 의한 수급자 선정, 아동의 주소지 이전, 전학 등에 관한 업무지원과 가정위탁지원센터의 위탁부모교육 및 위탁가정관리에 관한 업무 협조를 한다.

보다 구체적으로 가정위탁아동의 처리절차를 살펴보면, 가정위탁 대상아동은 18세 미만으로 부모의 질병, 가출, 학대 등으로 단기보호가 필요한 아동을 대상으로 하지만 부모의 사망, 행방불명 등으로 장기보호가 필요한 경우에도 해당

표 10-1 가정위탁보호 상세 절차

구분	읍 · 면 · 동	시 · 군 · 구	가정위탁지원센터
가정위탁 보호신청	- 보호대상아동의 발생 - 가정위탁보호의 신청 · 접수 · 상담 - 수급권 신청	- 가정위탁 보호의 신청 · 접수 - 위탁가정범죄경력조회 - 아동학대정보시스템 정보조회	- 가정위탁 아동 상담 - 위탁부모 발굴 및 교육
가정위탁 보호결정	일반위탁 - 보호대상아동 조사서, 가정위탁보호동의서, 아동카드를 작성하고 가족관계부를 첨부하여 시 · 군 · 구에 제출 친 · 인척/대리 양육 - 가정위탁보호(대리양육) 신청서, 아동카드, 가정위탁보호(대리양육) 신청인 가정조사서, 보호대상아동 조사서, 가정위탁보호동의서, 가정위탁가족동의서, 범죄경력조회동의서, 국가아동학대정보시스템 정보조회 동의서를 작성하여 시 · 군 · 구청에 제출	일반위탁 - 가정위탁 보호 결정 - 가정위탁지원센터 위탁가정 연계 의뢰 - 수급자 책정 - 가정위탁지원센터에 책정 및 통보 친 · 인척/대리양육 - 가정위탁 책정 및 통보 - 가정위탁 아동 지원	일반위탁 - 위탁가정을 상담하여 적합한 가정 연계 후 가정위탁보호(대리양육)신청서, 가정위탁보호(대리양육) 신청인 가정조사서, 가정위탁 가족동의서, 국가아동학대정보시스템 정보조회 동의서, 일반위탁 부모추천서를 작성 하여 시 · 군 · 구청 제출
사례관리	- 사례관리 및 복지 서비스 제공 등 업무 지원 • 위탁아동, 위탁가정, 친가정 상담	- 위탁 아동 지원	- 사례관리 • 위탁아동, 위탁가정, 친가정 관리 • 위탁 부모 교육 • 위탁아동 및 위탁가정 상담 지원
가정위탁 보호결정		- 위탁 종결 • 귀가조치(친가정 복귀 등) • 가정위탁 종결(해지), 가정위탁 지원센터 통보	• 재배치 사정 • 아동 보호조치의 종결(퇴소) 신청서 제출 (친가정 복귀 시에는 아동 가정복귀 신청서 제출) • 사후 관리

출처: 보건복지부(2019c). 2019년 아동분야 사업안내.

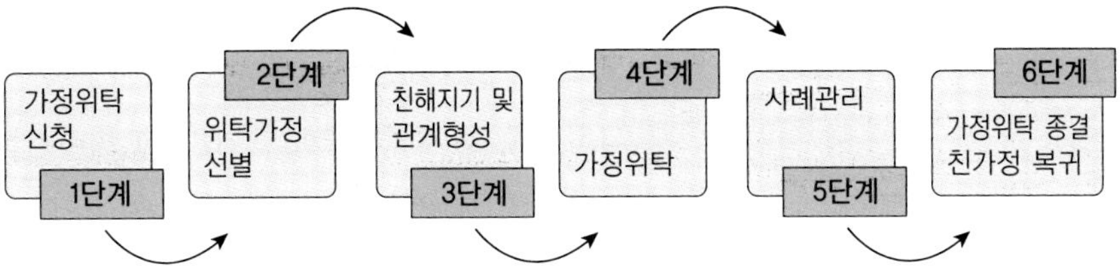

〈그림 10-7〉 **위탁아동의 가정위탁보호 절차**

된다. 그림에서 보는 바와 같이 가정위탁을 의뢰하면 위탁가정을 선별하고, 위탁가정과 친해지기 위한 관계형성 프로그램에 참여하게 된다. 가정에 위탁된 후 위탁아동과 위탁가정에 대한 사례관리가 이루어지고, 마지막으로 가정위탁이 종결되거나 원가정으로 복귀된다(〈그림 10-7〉 참조).

위탁부모의 처리절차를 살펴보면, 아동을 양육하기 원하는 위탁부모는 시 · 군 · 구의 아동복지담당자나 각 시 · 도에 있는 가정위탁지원센터에 위탁부모 신청을 접수하여야 한다. 가정위탁지원센터는 신청자를 교육하고 가정조사를 하게 되며 위탁가정으로서 적합한가를 조사하여 시 · 군 · 구에 위탁가정 승인을 요청한다. 시 · 군 · 구의 단체장은 가정위탁지원센터에서 조사한 가정조사서를 검토한 후 적합 여부를 결정하여 가정위탁지원센터에 통보하게 한다(〈그림 10-8〉 참조).

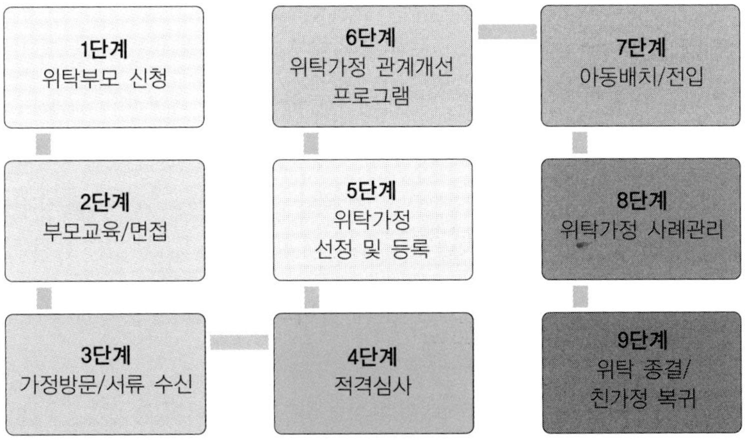

〈그림 10-8〉 **위탁가정 부모의 가정위탁보호 절차**

3) 가정위탁보호서비스를 위한 정부의 지원

위탁가정에 대한 국가의 지원은 위탁양육비 지원, 생계비 지원, 교육비 지원, 의료보호 등이 있으며 대리양육가정이나 친인척가정의 경우는 주거안정을 위해 전세자금을 지원하며, 상해보험을 지원하고, 위탁아동 및 가정을 위한 사회복지 서비스를 지원하고 있다(보건복지부, 2019c). 이를 구체적으로 살펴보면 다음과 같다.

첫째, 대리양육가정 및 위탁가정에는 매달 10만 원씩 양육보조금을 지원하고 있다. 월 10만 원에서 20만 원으로 인상되기는 하였으나, 한 아동을 양육하는데 드는 비용을 생각해보면 턱없이 부족하다고 볼 수 있다.

둘째, 위탁아동에게 생계비, 의료비 및 교육비를 지원하고 있다. 위탁아동은 「국민기초생활보장법」에 의해 수급자 선정기준에 따라 지원을 받게 된다. 특히 부모로부터 학대받은 아동의 경우 부양능력이 있는 부양의무자가 있더라도 부양을 거부하거나 기피한 것으로 인정하여 기초생활수급자로 보호한다.

셋째, 위탁아동의 주거안정을 도모하기 위해 대리양육과 친인척위탁가정에 전세자금을 지원하고 있다. 일반주택 전세자금 및 공공임대주택의 임대보증금을 지원하고 있다.

넷째, 2006년부터는 위탁아동이 다쳤을 경우, 위탁아동의 의료비를 지원하는 상해보험을 지원하고 있다.

다섯째, 위탁가정, 위탁아동 및 친부모에게 상담 및 양육을 위한 서비스를 지원하고 있다. 가정위탁아동들을 위한 심리정서치료비, 검사비, 교통비를 제공하고 있다. 가정위탁지원센터에서 가정복귀 프로그램, 정서지원 프로그램, 자조모임, 개별 · 집단상담 프로그램 등을 지원하고 있지만, 이런 비물질적인 서비스는 일반위탁가정 중심으로 이루어지고 있고 대리양육이나 친인척위탁가정에는 상담 및 아동양육에 필요한 조언 등의 서비스를 거의 제공하지 못하고 있다(노충래, 박은미, 강현아, 신혜령, 2007).

여섯째, 가정위탁아동에 대한 자립지원정착금을 지원하고 있고, 대학진학자금 지원을 권고하고 있다. 하지만 자립지원정착금과 대학진학자금도 '아동 1인당 5백만 원 이상 지급'으로만 명시되어 있어 실질적으로 가정위탁아동이 자립하기에는 턱없이 부족하다.

4) 가정위탁지원센터의 가정위탁보호서비스

(1) 위탁아동을 위한 서비스

보호대상아동이 발생하면, 30일 이내에 보호대상아동의 욕구영역별 개입목표를 설정하고, 보호 · 관리 계획(서비스제공 및 복귀계획)을 수립해야 한다. 의사소통이 가능한 보호대상아동에게는 서비스 제공계획을 충분하게 설명하여 생활환경 변화에 따른 부적응을 최소화하는 데 초점을 둔다. 단기적으로는 위탁가정에서의 적응 여부와 관련하여 1개월 내에 집중적으로 점검하고, 1년 단위로 수립된 목표에 따라 아동의 적응상태, 변화정도 등과 관련하여 상시 점검한다(보건복지부, 2019c).

위탁아동을 위한 서비스에는 다양한 교육 및 상담 서비스와 자조모임의 운영 등이 포함된다. 교육 및 상담 서비스와 관련하여, 위탁보호 초기에는 매월 위탁가정을 방문하여 아동의 적응상태 및 양육실태를 점검하고 아동에게 필요한 정서적 서비스를 제공한다. 양육아동이 경험하는 상실감, 분노 등을 다루는 집단상담 프로그램, 새로운 가정에 잘 적응할 수 있도록 신뢰감 증진 프로그램 등 위탁아동을 위한 상담 서비스를 제공한다. 친부모의 부득이한 사정으로 다른 가정에 위탁된 아동들은 심리적 · 정서적 문제를 겪고 있어 이들에 대한 지속적인 관심과 심리치료가 필요하다. 41명의 위탁아동과 친부모, 위탁부모에게 심리치료를 실시한 후 치료 전과 후의 심리검사를 비교한 결과, 위탁아동의 심리적 · 정서적 문제들이 전반적으로 개선되었고, 위탁부모의 양육 스트레스가 감소되어 심리치료의 효과성이 높은 것으로 나타났다(보건복지부, 중앙가정위탁지원센터, 2010). 이 외에도 위탁아동에게 다양한 문화체험의 기회를 제공함으로써 위탁아동의 학업 및 문화적 욕구를 충족시키고 정서적 안정을 도모할 수 있다. 경제적 어려움으로 문화체험의 기회가 적은 위탁아동에게 각종 공연, 영화, 콘서트, 전시 등 문화예술 프로그램을 다양하게 접할 수 있는 기회를 제공하기 위해 노력하고 있다.

또한 위탁아동들의 적응을 도모할 수 있는 자조모임을 운영하고 있다. 특히 위탁아동들은 18세가 되면 위탁보호가 종결되기 때문에 이들을 위한 자립 프로그램이 절실하다. 일례로, 인천가정위탁지원센터에서 운영하는 '세상 날개 달기' 프로그램은 성인이 되는 위탁청소년들의 자립을 돕기 위해 센터가 마련한 자립준비 교육과정이다. 이 교육과정을 통해 성격유형탐색검사, 진로탐색검사 및 교육, 성공한 직장인과의 만남, 약물예방교육 등을 진행하고, 위탁청소년들의 '홀로서기'를 돕고 있다. 교육이 끝난 뒤 참여하게 되는 '자조모임'은 '세상 날개 달기' 교육을 이수한 청소년들을 이끌어주는 멘토 역할을 하고 있다.

(2) 위탁가정을 위한 서비스

위탁가정을 위한 서비스에는 위탁부모교육서비스, 자조모임 구성 및 운영 지원, 가정방문 및 상담 서비스 등이 포함된다.

첫째, 가정위탁보호사업을 신청 · 접수한 위탁부모를 대상으로 예비위탁부모교육, 위탁부모보수교육을 지속적, 정기적으로 실시하여 가정위탁보호사업에 대한 이해를 높이고, 아동을 적절히 보호 · 양육할 수 있는 정보, 기술, 지식을 획득하도록 하는 데 초점을 둔다.

사진 설명 위탁부모를 위한 예비부모교육을 통해 위탁아동의 발달 및 양육에 대한 이해를 도모할 수 있다.

위탁가정을 위한 가정위탁부모교육의 유형은 위탁부모양성교육과 위탁부모보수교육으로 구분된다. 예비위탁부모교육은 위탁보호를 희망하는 일반위탁부모, 친인척 위탁부모를 대상으로 아동배치 이전에 실시된다(사진 참조). 가정위탁을 희망하는 사람은 반드시 기본 4시간의 교육을 받아야 한다. 단, 대리양육위탁가정 및 친인척에 의한 위탁가정의 경우에는 가정위탁 후 6개월 이내에 4시간의 교육을 이수해야 한다. 교육 내용에는 가정위탁사업의 이해, 위탁보호자의 역할과 의무, 위탁아동의 특성과 위탁양육의 실제, 문제행동의 원인과 대처방법, 효과적인 부모역할 실제, 집단 프로그램(위탁 사례발표, 질의응답) 등이 포함된다.

예비위탁부모교육을 이수한 뒤 현재 위탁보호를 하고 있는 부모들에게는 위탁부모보수교육이 실시된다. 연 1회로 4시간 동안 이루어지고, 위탁보호자의 역할과 의무, 아동문제행동의 대처방법 및 양육기술훈련, 효과적인 부모자녀관계 및 대화기술(친자녀 및 위탁아동), 원가정에 대한 이해, 양육 사례연구 등의 내용을 다루게 된다.

둘째, 위탁가정을 대상으로 위탁부모 자조모임을 조직하고 운영함으로써 위탁부모는 양육 스트레스를 해소하고 정서적 지지를 제공받을 수 있으며 아동양육에 대한 다양한 정보를 공유할 수 있다. 위탁가정들이 함께 모여서 이야기를 나눌 수 있는 간담회, 연수, 야유회, 캠프 등을 마련함으로써 이들 간에 아동양육의 경험과 정보를 나누며 상대방의 위탁보호 활동을 격려하고 친목을 다질 수 있게 된다. 이러한 자조모임은 위탁양육에 지속적으로 참여하게 되는 주요한 동기로 작용한다.

셋째, 위탁보호 초기에는 매월 위탁가정을 방문하고 이후 분기별로 1회 이상 방문 또는 전화통화를 통해 위탁아동의 적응상태 및 양육실태를 파악함으로써, 위탁아동에게 적절한 서비스를 제공한다. 이와 관련하여 가정위탁보호센터에서는 가정위탁아동의 효과적인 서비스 지원을 위해 지역사회 내 심리치료기관 및 법률, 행정기관과의 업무 협약을 지속적으로 도모하고 있다.

(3) 친부모를 위한 서비스

위탁아동의 친부모 및 부양의무자를 대상으로 부모교육이 실시된다. 아동위탁 후 6개월 이내에 6시간 동안 교육을 받게 되는데, 위탁아동의 특성과 좋은 부모역할, 스트레스 대처기술, 심리검사, 부모의 역할훈련, 자립을 위한 준비 등으로 구성되어 있다. 자녀위탁으로 인한 친부모의 상실감 해소 및 심리적 안정을 도모하고, 부모역할과 지침에 대하여 교육을 받게 된다.

또한 친부모가 경제적, 사회적으로 자립할 수 있도록 취업을 알선해주거나 직업교육을 안내해주고, 원가정의 정서적 안정 및 자립 계획, 생활상태 등을 파악하기 위해 연 1회 이상 가정방문을 실시한다. 이를 통해 위탁아동이 친부모에게로 복귀할 수 있는 기반을 마련하게 된다.

4. 가정위탁보호사업의 개선방안

가정위탁보호사업은 2005년 이후 법적 근거가 마련됨에 따라 아직은 이에 대한 법률 및 제도가 제대로 갖추어지지 못한 실정이라 앞으로 많은 개선이 필요하다. 여전히 가정위탁보호사업에 대한 인식이 부족하고, 가정위탁보호사업에 대한 정부의 지원도 부족하다. 요보호아동의 가장 바람직한 조치는 가정에서의 보호라는 점을 고려해볼 때, 가정위탁보호를 더욱 활성화시키기 위한 적극적인 홍보도 필요하다. 이에 현재 실시되고 있는 가정위탁보호사업의 문제점을 통해 개선방안을 알아보고자 한다.

1) 가정위탁보호사업에 대한 법률 및 제도의 개선

2005년 가정위탁보호에 관한 보호조치 조항과 가정위탁지원센터의 설치와 업무에 관한 조항이 신설되어 가정위탁보호제도의 법적 근거가 마련되었음에도 불구하고 세부적인 법률규정이 미비하다. 그나마 최근 들어 2012년 개정된 「아동복지법」에서 위탁가정의 기준을 설정하고, 위탁아동을 자립지원 대상자에 포함하여 가정위탁보호 중이거나 위탁종료 후 5년 이내 아동에게 주거, 생활, 교육, 취업, 자립정착금 지원이 이루어지도록 의무화하였다.

그럼에도 불구하고, 아동을 위탁보호하고 있는 위탁가정에 대한 제도적 지원이 불충분하다. 가정위탁제도를 관장할 수 있는 직접적인 법적 근거를 마련하고 이에 따른 실천정책을 제안할 수 있어야 한다. 일례로, 위탁아동을 누가, 언제까지 보호하고 양육할 것인가를 법적으로 규정하는 것은 매우 중요하다. 외국의 경우 가정위탁보호는 아동의 생명과 안전을 위협하는 학대 · 방임 부모들로부터 아동을 보호하기 위해 강제적으로 제공되는 서비스이지만 우리나라는 이와는 달리 친부모가 아동양육에 대한 책임을 자발적으로 의뢰한다. 이때 어느 상태에서 아동을 위탁 받으며 언제까지 정부가 아동의 양육과 보호를 대신할 것인지에 대한 명확한 법적 근거가 있어야 한다.

그리고 위탁가정에 대한 재정적 지원이 개선되어야 한다. 보건복지부의 위탁아동 양육보조금 · 국민기초생활보장 수급(생계비) · 아동발달지원계좌(디딤씨앗통장), 국토교통부의 전세임대 지원 등과 같이 위탁아동에 대한 국가의 지원이 이전에 비해 증가하였다. 그럼에도 불구하고, 위탁부모가 재정적 부담 없이 위탁아동을 양육할 수 있도록 재정적 지원이 현실화되어야 할 필요가 있다. 위탁가정에 지원되는 월 20만 원은 위탁아동을 양육하고 보호하는 데 턱없이 부족한 금액이다. 위탁가정에 대한 양육지원비를 보다 현실화해야 할 것이다.

2) 가정위탁보호서비스의 개선 및 강화

가정위탁아동, 위탁부모 및 친부모의 복지를 증진시킬 수 있는 다양한 서비스를 모색해야 할 필요가 있다. 위탁아동은 위탁가정에 배치되기 전 친부모로부터 학대나 방임 등을 받아 이미 마음의 상처가 깊은 경우가 많다. 따라서 이들이 건강한 위탁부모를 만나 좋은 환경에서 생활할 수 있도록 도와주는 것이 최우선이 되어야 한다. 이를 위해서는 위탁아동의 욕구에 기초한 철저한 위탁보호계획을 수립해야 하고, 아동에게 적합한 위탁가정을 연결하고, 아동과 위탁부모와의 사전 만남 프로그램, 친해지기 프로그램, 사전 예비부모교육, 아동을 대상으로 한 각종 심리검사 등을 통해 보다 전문화된 배치 절차를 마련해야 한다. 특히 위탁아동들 대부분이 위탁을 충분히 준비할 수 있는 과정을 거치지 못하는 것으로 나타났다. 위탁아동은 자신이 위탁되는 이유에 대해 정확하게 이해할 때 위탁가정에서 잘 적응한다는 점을 고려해볼 때, 위탁과정에서 아동의 연령과 상황에 맞게 위탁의 이유를 이해시켜 준비하는 과정이 필요하다. 그리고 아동의 친가족과의 분리 경험은 정서 및 행동 문제뿐 아니라 관계형성의 어려움을 유발할 가능성이 높기 때문에 이들의 적응력을 높이기 위해서는 위탁아동을 위한 전문적인 상담 및 치료 서비스에 대한 지원이 필요하다(정혜선, 김진숙, 2004).

또한 위탁아동은 위탁가정에 배치되는 순간 위탁가정의 문화에 적응해야 하는 어려움을 가진다. 특히 위탁부모 및 위탁가정 내의 친자들과의 적응은 기본적인 신뢰감 형성이 잘 되어 있지 않은 위탁아동들에게 불안감 및 혼란을 유발한다. 자신이 누구인지, 언제까지 이 가정에 있어야 하는지, 왜 친자들과 다른 대우를 받는지에 대해 고민하면서 위탁가정에 소속감을 갖지 못하는 경우도 많다. 따라서 위탁아동들을 위한 자조모임을 활성화시킴으로써 자신의 어려움을 함께 공유하고 지지받을 수 있는 장을 마련해주는 것이 필요하다.

위탁부모들 또한 위탁아동에게 적응해야 하는 어려움이 있다. 이미 심리적인 어려움을 가진 아동을 보호하고 양육해야 하기 때문에 이들의 적응 및 발달에 대한 이해가 필요하다. 위탁 배치 전에 위탁과 관련된 교육이 이루어지기는 하지만 위탁 배치 후에도 아동에게 적절한 사후서비스가 제공될 수 있도록 위탁부모와의 정기적인 상담, 지도, 방문 등에 관한 사후규정을 마련하고, 위탁부모들 간에 위탁양육에 대한 정보를 교류하고 서로 지지할 수 있는 자조모임을 조직하여 활성화할 수 있도록 해야 한다. 위탁부모의 양육의 질이 위탁아동의 성공적인 적응에 상당한 역할을 담당한다는 점을 고려해볼 때, 위탁부모들이 좀더 안정적이고 일관된 양육을 제공할 수 있는 체계적인 부모교육이 필요하다. 또한 위탁아동의 성공적인 적응에 가장 큰 영향을 미치는 것은 위탁부모의 질이다. 이러한 점을 고려해볼 때, 위탁부모 선정 시 위탁부모의 적합성을 평가할 수 있는 사전조사 평가틀을 세분화, 구체화할 필요가 있다.

다른 한편으로는 친부모의 문제가 해결되어 아동이 원가정으로 복귀할 수 있도록 친부모와의 상담, 친부모에 대한 자립지원서비스 등을 지원하고, 위탁보호 중에도 아동과 친부모와의 정기적인 만남 등의 프로그램을 통해 아동이 원가정으로 돌아가 적응하는 데 문제가 생기지 않도록 해야 한다. 친부모와 정기적으로 자주 만날 경우, 아동의 우울과 문제행동이 줄어들고 가족의 재결합이 촉진된다(Cantos & Gries, 1997; Haight et al., 2003)는 연구결과에 따르면, 가정위탁보호사업에서 친부모 역할의 중요성을 강조한다. 가정위탁보호사업의 가장 큰 효과는 위탁아동의 원가정 복귀라 할 수 있다. 하지만 친부모가 고의로 연락을 끊거나 무책임하게 양육을 회피하는 사례도 종종 있다. 위탁아동의 친부모가 위탁 후에도 아동에 대한 지속적인 책임의식을 가질 수 있도록 법적 제도의 마련과 함께 체계적인 관리와 적절한 개입이 이루어져야 한다. 친부모는 위탁아동과 정기적으로 접촉하고, 기관에 주소의 변경, 고용, 건강상태 등과 같이 중요한 생활의 변화를 공지해야 한다. 또한 아동이 원가정에 복귀했을 때 이전의 부정적인 양육이 되풀이되지 않기 위해서는 친부모들을 위한 양육 및 상담 서비스도 함께 이루어져야 한다.

3) 특수한 요구를 가진 아동들을 위한 전문가정위탁의 활성화

위탁아동들 중 1~3세 영유아, 학대피해아동, 장애아동은 특별한 보호가 필요한 아동으로 전문적인 돌봄과 보호가 필요하다. 특별한 보호가 필요한 아동에 대한 전문가정위탁보호의 중요성에 대해 지속적으로 언급되고 있으나, 특수한 욕구를 가진 아동들이 가정위탁보호를 받고 있는 비율은 상당히 낮은 편이다. 전문가정위탁보호를 활성화하기 위해서는 특수한 욕구를 가진 아동을 양육할 수 있는 전문적인 위탁부모를 발굴하여 인력풀을 확보하는 것이 중요하다.

또한 전문가정위탁보호에 대한 경제적 지원을 강화함으로써, 특수한 요구를 가진 아동들이 시설보호가 아닌 가정위탁보호를 받을 수 있는 더 많은 기회를 제공해주어야 한다.

4) 가정위탁보호사업의 적극적인 홍보

정부는 요보호아동들의 가정위탁보호사업을 활성화시키기 위해 2003년 전국에 17개의 지역가정위탁지원센터를 설립하였다. 또한 2004년에는 가정위탁을 담당하던 지역센터와의 협력을 통해 위탁부모의 교육과 지원을 위한 정책을 개발하고, 일반인들에게 가정위탁 개념을 널리 홍보하여 위탁에 참여시키기 위하여 중앙가정위탁지원센터를 설립하였다. 2007년에는 요보호아동의 가정위탁보호에 대한 사회적 관심을 촉구하고, 가정 내 보호의 중요성과 필요성에 대한 사회적 인식을 확산시키기 위해 2007년 5월 22일 제 1회 가정위탁의 날 및 가정위탁주간 행사를 개최한 이래 지속적으로 행사를 개최하고 있다(사진 참조). 5월 22일은 가정의 달 5월에 원가정과 위탁가정이 내 아이와 남의 아이를 함께 잘 키우자는 의미를 가진다(사진 참조).

사진 설명 가정위탁의 날 행사 홍보 포스터

사진 설명 가정위탁의 날 행사 홍보 포스터

가정위탁지원센터의 지속적인 노력에도 불구하고 일반가정위탁지원세대의 증가속도는 2006년 이후 거의 변하지 않고 있다. 일반인들의 위탁가정에 대한 인식이 낮기도 하지만 아동을 보호 배치하는 담당 공무원들의 가정위탁에 대한 이해가 부족하고 아동을 가정위탁보호하는 데 필요한 절차가 아동시설에 의뢰하는 것보다 시간이 걸리고 까다롭기 때문에 가정위탁보호가 활성화되지 못하고 있다. 이처럼 가정위탁보호사업을 담당하는 공무원의 인식 부족도 문제이지만, 가정위탁지원센터의 인력 및 재정 부족 또한 넘어야 할 과제이다. 각 지역가정위탁지원센터에서는 가정위탁보호사업의 홍보, 위탁가정 발굴 및 가정조사, 가정위탁부모의 교육, 위탁아동 및 위탁가정 사례관리, 가정위탁관련 상담 등과 같은 실질적인 업무를 담당하고 있는데, 가정위탁보호사업이 활성화되기 위해서는 가정위탁지원센터에 대한 재정적 · 정책적 지원이 충분히 이루어져야 한다.

무엇보다 가정위탁보호사업을 지속적으로 추진해 나가기 위해 필요한 것은 일반인들의 관심과 참여이다. 특히 요보호아동을 위해 봉사하고자 하는 위탁희망가정을 발굴하고 지속적으로 홍보해야 한다. 외국에서도 위탁가정을 발굴하고 교육하는 데 상당한 노력을 기울이고 있다. 대부분 요보호아동의 의뢰는 위기 상황에서 갑작스럽게 발생한다. 이러한 위기에 상시적으로 아동을 의뢰할 수 있는 준비된 위탁가정이 대기해야 하므로 위탁보호가정을 미리 선정하고 교육하는 노력이 무엇보다 절실하다(박현선, 2004). 일시적으로 보호가 필요한 아동과 한 가정에서 더불어 사는 환경을 조성함으로써 요보호아동은 정서적 안정감을 형성할 수 있고, 위탁부모는 나누는 기쁨을 누릴 수 있게 될 것이다.

제11장

입양사업

입양은 생물학적 과정이 아닌 법적·사회적 과정을 통해 부모자녀관계를 형성하는 것이다. 과거에는 주로 가계를 계승하기 위해 입양이 실시되었으나 제1차 세계대전 이후 전쟁고아가 급증함에 따라 보호가 필요한 아동들에게 건강한 가정을 제공하여 그 아동들이 건강하게 성장할 수 있도록 도와주기 위해 실시되고 있다. 즉, 입양의 궁극적인 목적은 모든 아동이 건강한 가정에서 행복하게 살 기본적인 권리를 제공해주는 것이다. 정부는 친부모를 대신해서 보호를 필요로 하는 아동들을 양육하고 보호해줄 수 있는 가정을 찾아줄 의무와 책임을 가진다는 점에서 입양사업은 더 큰 의미를 가진다. 하지만 우리나라의 경우 혈연중심 문화로 인해 입양에 대한 편견이 강하고, 아직 입양아동의 양육을 지원하는 법과 제도가 아동의 복지를 증진시키기에는 미흡한 점이 많다.

이 장에서는 입양의 개념 및 목적, 입양가족에 대한 이해를 통해 입양사업에 대한 이해를 높이고, 입양의 역사와 국내입양사업의 현황, 입양서비스에 대해 살펴보고, 국내입양사업의 개선방안에 대해 알아보고자 한다.

CASE STUDY

공개입양가족 사례

입양모 B씨는 난임을 삶의 희망까지 앗아가는 아주 고질적인 최악의 병, 자신의 존재가치조차 부정하게 되는 비참한 병이라고 표현하였다. 난임치료 과정에서 신체적인 고통뿐 아니라 정신적인 고통도 받아야 했다.

난임이라 아이를 입양하겠다고 하니 친정어머니가 굉장히 좋아하시고 시어머니도 좋아하셨다. 둘이서만 살면 어쩌나 걱정도 많이 하셨다고 한다.

"……."

"준희야, 우리 비밀 있다." 아이는 아이인지라 비밀유지가 어려울 것 같다는 생각이 스쳤다.

"뭐야, 오빠, 엄마." 하고 준희는 호기심 가득한 얼굴을 하고 나를 쳐다보았다.

"우리는 너를 사랑한다고." 나는 금세 말을 돌렸다.

"나도 알아, 나도 엄마 사랑해?" 준희는 돌아서서 안기며 뽀뽀를 하였다.

"아냐, 엄마가 너 안 낳았어, 너 딴 데서 데리고 왔대."

준기가 말했다. 아이는 금방 울상이 되더니 나에게 정말이냐고 다시 물었다. 차마 이 어린아이한테 이야기할 수 없어서 아니라고 했더니 금방 얼굴이 붉어졌다. 준희는 강아지처럼 눈길을 뛰면서 앞장서서 걸었다. 조금 가다가 또 준기가 나에게 다가오더니 "엄마, 거짓말이지?" 하고 물었다.

"진짜야, 그런 것을 어떻게 거짓말을 해, 네가 슬퍼하는데."

아이는 잠시 말없이 걷더니 말문을 열었다.

"그럼 난 내 엄마 꼭 찾을 거야, 궁금해."

"네가 크면 찾는 거 도와줄게."

"어떻게 찾아? 이름이라도 알아?"

"몰라."

"그런데 어떻게 찾아?"

"방법이 있을 거야, 그때 가서 꼭 도와줄게."

나는 아이의 손을 내 주머니에 넣었다.

"준희랑 나는 엄마가 다르겠네?"

"응."

우리는 택시를 타고 패밀리레스토랑에 도착했다. 자리에 인도되어 전망이 좋은 창가에 앉아 아빠를 기다렸다. 창밖을 보고 있던 아이들이 아빠가 온다고 밖으로 달음질쳐 나갔다. 아들의 행동에 아무런 변화는 없었다. 주문한 음식을 먹으며 이야기하고 떠들다가 준희가 잠시 화장실을 간 사이에 준기는 말문을 열었다.

"엄마, 말해봐."
아직도 믿어지지 않는지 아들은 아빠의 입을 통해서도 듣고 싶어했다.
"여보, 우리는 준희와 준기를 굉장히 사랑하지요?"
내가 말을 꺼냈다. 아빠는 준기의 손을 잡으며 말했다.
"엄마와 아빠는 결혼하고 13년 동안이나 아이가 없어서 심심하게 살았어. 그래서 하느님께 기도를 많이 했어. 준기, 준희처럼 예쁜 아기 주시라고. 그래서 너와 준희를 갖게 되었어. 아빠는 참 행복하다. 너같이 착한 아들이 있어서."
"……."
남편은 또 말했다.
"엄마란 낳은 엄마가 아니라 기른 엄마도 엄마인 거야. 그건 너도 알지?"
"응, 알아."
그러는 사이 준희가 제자리에 돌아오고 우리는 그 말을 그만두었다. 식사를 하는 동안 아이들은 전과 같이 풍선도 가지고 와서 놀고 카운터에 가서 그림판도 가지고 와서 색칠을 하며 잘 놀았다. 후식으로 아이스크림을 먹으며 만족한 미소를 짓기도 했다. 집에 오느라고 내가 갖고 있는 열쇠로 차 문을 열고 차에 들어가 아빠를 기다렸다.
아빠가 주차장에 맡겨 놓은 차 열쇠를 받아오는 동안 준기가 뒷자석에서 소리쳤다.
"엄마, 우린 똑같이 사는 거야."
"그럼, 우린 똑같이 사랑하며 행복하게 살 거야."
나는 큰 소리로 말했다.
"그럼, 나는 준기, 준희 덕분에 얼마나 행복한지 몰라."
아빠도 큰 소리로 대답했다.

출처: 공개입양가족 B씨의 입양일기.

1. 입양사업의 이해

1) 입양의 개념

경제위기에 따른 대량실업, 가치관의 변화에 따른 가족해체 및 미혼모의 증가 그리고 아동학대와 방임 등에 의해 요보호아동이 증가하고 있다. 요보호아동은 1994년 5,023명에서 IMF 경제위기 이후 급격히 증가하여 1998년 9,292명, 2005년 9,420명으로 증가했다가 그 후 2018년 3,918명으로 감소하고 있다(e-나라지표, 2019). 그러나 이 시기 전체 아동인구가 꾸준히 감소하고 있다는 사실을 고려해보면, 요보호아동의 비율은 크게 줄어들고 있지 않음을 보여준다. 현재 정부는 지속적으로 증가하는 요보호아동에 대한 대책으로 가정위탁보호, 시설보호, 입양 등 다양한 사업에 개입하고 있다. 그중 새로운 보호자를 필요로 하는 요보호아동에게 가장 바람직한 조치는 입양이라는 법적인 절차를 통해 새로운 건강한 가정을 제공하는 것이다. 개정된 「아동복지법」 제3조 2항에서는 아동복지의 개념을 '아동이 행복한 삶을 누릴 수 있는 기본적인 여건을 조성하고 조화롭게 성장 · 발달할 수 있도록 하기 위한 경제적 · 사회적 · 정서적 지원'이라고 규정함으로써, 아동은 가정에서 자라나야 한다는 아동복지의 원칙을 강조하고 있다.

Susan Bordo

입양은 생물학적 과정이 아닌 법적 · 사회적 과정을 통해 부모자녀관계를 형성하는 것이다(Kadushin, 1980; Sharkey, 1998). 이 과정에서 입양된 자녀에 대한 부모의 책임이 친부모에서 입양부모에게로 양도되며, 입양자녀는 입양가족 내에서 자녀로서의 모든 권리와 의무를 갖게 된다. 입양가족은 법적 · 사회적 과정을 통해 이루어지지만 가족으로 형성된 후에는 일반가족과 다름없이 정서적인 유대관계 속에서 하나의 가족으로 기능하게 된다. 입양가족은 아동을 한 인간으로서 사랑과 존중, 양육을 받아야 하는 존재로 인식하면서 자녀와의 일체감을 이루는 환상적인 경험을 통해 진정한 부모자녀관계를 형성하게 된다(Bordo, 2005). 이처럼 입양은 친부모로부터 분리될 수밖에 없는 아동에 대해 친부모가정과 유사한 환경에서 개별적이고 지속적인 보호를 받을 수 있게 함으로써 아동의 복지를 장기적으로 보장해줄 수 있다는 이점을 갖는다.

입양은 고대사회부터 이어져 온 오래된 제도이다. 입양제도의 의미는 시대적 · 사회적 배경에 따라 차이가 있으나 입양의 목적 및 방법에 따라 크게 전통적 입양과 현대적 입양, 비밀입양과 공개입양으로 구분될 수 있다.

전통적 의미에서 입양은 제사와 재산, 즉 가계계승을 목적으로 이루어졌다. 우리나라의 경우, 가문의 계승을 위해 일가친척들 사이에서 빈번하게 입양이 이루어져 왔다. 남자만이 대를 이을 수 있는 가부장제사회에서 종가에 대를 이을 종손이 없을 경우 둘째 혹은 셋째 형제의 아들을 입양하여 장자로 키우는 일은 흔히 있는 일이었다. 하지만 현대적 의미에서 입양은 사회적 도움이 필요한 요보호아동들을 입양하는 것이다. 서구에서는 제1차 세계대전 이후 부모의 사망,

사진 설명 해외로 입양되는 고아들(1962년 5월). 우리나라의 경우 한국전쟁 이후 생긴 고아들은 대부분 해외로 입양되었다.

가난, 기근 등으로 자신의 친부모로부터 보호를 받을 수 없는 아동들이 기하급수적으로 증가함에 따라 이들에게 새로운 가정을 찾아주어 가정의 보호 아래 정상적으로 성장할 수 있게 하기 위해 입양이 실시되었다. 우리나라의 경우 한국전쟁 이후 많은 고아들이 발생하였고, 이들이 정상적으로 성장할 수 있게 하기 위해 입양이 실시되었지만 대부분 해외로 입양되었다(사진 참조).

현재 우리나라의 경우 입양은 특례법상 입양, 친양자입양, 양자입양의 세 가지로 구분된다. 각각의 입양의 근거와 성립요건, 양자의 성, 친생부모와의 관계, 입양의 효력을 살펴보면, 〈표 11-1〉과 같다.

비밀입양은 아동을 입양하는 양부모가 입양아동과 타인에게 입양사실을 숨기며 입양모가 입양아동을 출산한 것처럼 가장하여 입양의 비밀을 계속 유지하는 것을 의미한다. 국내입양은 이러한 비밀입양이 주류를 이루어 왔으며 국내입양기관은 입양부모들의 입양비밀유지에 사실상 협조해주는 폐쇄적인 입양을

표 11-1 우리나라 입양의 종류

구분	입양특례법상 입양	친양자입양	양자입양
근거	「입양특례법」	「민법」 제908조의 2부터 제908조의 8까지	「민법」 제866조부터 제908조까지
성립요건	가정법원의 허가	재판으로 성립	협의로 성립
양자의 성(姓)·본(本)	양친의 성(姓)과 본(本)으로 변경	양친의 성(姓)과 본(本)으로 변경	친생부모의 성(姓)과 본(本)을 유지
친생부모와의 관계	종료	종료	유지
입양의 효력	재판이 확정된 때부터 혼인 중의 자로서의 신분을 취득하며, 친생부모와의 관계는 종료됨.	재판이 확정된 때부터 혼인 중의 자로서의 신분을 취득하며, 친생부모와의 관계는 종료됨.	입양한 때부터 혼인 중의 자로서의 신분을 취득하나, 친생부모와의 관계는 친권 이외는 유지됨.

출처: 아동권리보장원(2019a). 입양의 종류. https://www.kadoption.or.kr/adoption/adoption_mean.jsp

담당해 왔다(배태순, 1998). 이러한 비밀입양은 혈연의식에 근거한 가족주의 문화에 기반을 두고 있으며 난임입양부모들에 의해 강화되었다. 우리나라의 경우, 난임가족들이 자녀를 키우고자 하는 목적에서 주로 입양이 이루어져 왔기 때문에 비밀입양의 전통이 만연해 있다. 따라서 상당수의 입양가족들은 공식적인 입양 절차를 거치지 않고 불법적인 과정을 통해 입양을 해 왔다. 이러한 입양가족들은 가족 내에서 입양사실을 비밀로 해야 했기 때문에 개방적인 의사소통을 하는 데 어려움을 겪어 왔으며, 가족구성원들이 겪는 정서적인 어려움을 가족 내에서 나누거나 외부에 드러내기가 힘들었다. 이처럼 입양가족들이 어려움을 가지고 있다는 점은 여러 상담사례를 통해 알려져 왔으며, 이러한 입양에 대한 부정적 인식은 입양에 대한 사회적 편견으로 이어져 국내입양의 장애물로 작용하였다.

반면 공개입양이란 입양아동뿐 아니라 가족 외부의 사람들에게도 입양사실을 공개하는 것을 의미한다. 공개입양은 친가족과 입양가족 간의 출산 전 정보의 교환에서부터 지속적인 의사소통, 심지어는 정기적인 방문을 포함하는 개념이다(Bordo, 2005). 하지만 우리나라의 경우 서구와 같은 완전개방형의 공개입양이 아니라 단순히 입양사실을 외부에 알린다는 소극적인 의미로 사용되고 있다. 외국의 경우, 공개입양이 빈번히 이루어져 왔지만 우리나라의 경우 최근 들어서 조금씩 이루어지고 있다. 공개입양은 아이가 어려서부터 자신의 입양사실을 자연스럽게 받아들이고 수치심이나 부끄러움을 갖지 않게 되는 등 아이의 건전한 성장과 정체감 형성에 큰 도움이 된다. 공개입양을 지지하는 입장에서는 비밀입양이 입양아동으로 하여금 자신의 유전적 배경을 알 권리를 박탈할 뿐 아니라 자신을 입양부모의 친생자로 알고 있다가 후일 입양되었다는 사실을 알게 되었을 때 겪게 될 혼란이 너무 크다는 것을 지지 이유로 든다. 또한 입양부모도 입양아동을 키우면서 입양사실을 숨겼다는 죄책감과 비밀이 밝혀질까 하는 두려운 감정 속에서 생활하게 된다(Sullivan & Lathrop, 2004). 이러한 측면에서 볼 때, 공개입양은 입양아동의 근원과 혈통에 대해 알고자 하는 기본적인 욕구를 충족시키고 친부모와 지속적인 유대관계를 맺게 하는 이상적인 방안이다. 우리나라의 경우, 최근 공개입양 가족의 모습이 언론을 통해 자주 등장하면서 입양에 대한 사회적 인식이 조금씩 변화하고 있고 입양과 관련된 문제들도 입양가족 스스로 또는 입양기관과의 협력을 통해 해결해 나가려는 움직임을 보이

Richard Sullivan

고 있으며, 이들을 중심으로 입양아동과 그들의 가족에 대해 이해하려는 연구가 다수 이루어지고 있다.

또한 입양아동의 연령에 따라 신생아 입양아동, 연장아 입양아동으로 구분될 수 있다. 일반적으로 입양 실무에서 연장아동(Older child)은 신생아와 구별하여 사용된다. 우리나라의 경우, '연장아동 입양'이란 출생한 지 만 12개월이 지난 아동을 입양하는 것을 말한다(정익중, 권지성, 민성혜, 신혜원, 2011). 신생아 때 입양된 아동들에 비해 만 12개월이 지난 뒤 입양된 연장아 입양아동은 인지, 언어, 정서, 사회성 발달이 늦을 뿐만 아니라 입양부모와 애착을 형성하기 어렵고 따라서 심리사회적 부적응을 더 많이 경험한다(Smith & Brodzinsky, 2002). 최근 들어 신생아 입양아동에 비해 연장아 입양아동의 비율이 증가하고 있다는 점을 고려해 볼 때, 연장아 입양아동 및 가족의 적응을 높일 수 있는 사회적 지원체계가 강화되어야 할 것이다.

"나는 꽃이다. 가족들이 옆에 있지 않으면 힘없이 픽! 쓰러지는 나는 힘없고 연약한 꽃이다. 나는 정말 이쁜 꽃이다. 부모님 눈에는 아주 이쁜 꽃이다. 그 누구보다 마음이 예쁜 꽃이다."

– 입양아동 예란(14)의 글

2) 입양의 목적

우리나라 입양사업의 목적은 보호자가 없거나 보호자로부터 이탈된 아동 등의 권익과 복지를 증진하기 위한 가정을 영구적으로 제공하여 신체적, 정신적, 사회적으로 건강하게 성장할 수 있도록 지원하는 것이다(보건복지부, 2015d). 즉, 입양은 친부모의 가정에서 정상적으로 성장할 수 없는 아동들과 자녀를 갖고 싶어 하는 부모들을 연결시킴으로써 보호를 필요로 하는 아동의 복지를 증진시킴과 동시에 부모가 되고자 하는 입양부모의 욕구를 충족시킴으로써 가정의 복지를 도모할 수 있다.

National Council For Adoption

사진 설명 미국입양협회 로고

입양의 목적은 사회적 · 시대적 배경에 따라 변화해 왔다. 과거에는 가계계승을 위한 입양이 주를 이루었다면 현대사회에서는 아동의 복지를 증진시키기 위한 입양이 주를 이루고 있다. 미국입양협회(National Council for Adoption, 2019)에서도 입양사업의 가장 기본적인 목적으로 아동의 이익을 최우선으로 한다는 것을 들고 있다. 친부모가 여러 가지 사정으로 자녀를 직접 양육하지 못할 때, 법적으로 영구적인 부모가 그 아동을 입양하여 책임감을 갖고 양육하게 된다. 입양아동에게 영구적인 부모라는 의미는 친부모와 같이 '심리적인 영속성(psychological permanency)'과 '가족지속성(family continuity)'을 제공해야 한다는 것을 강조한다(Barth, 1999). 이와 관련하여 아동에게 입양서비스를 제공할 때에는 최소한 다음과 같은 원칙이 준수되어야 한다(박인선, 2001).

첫째, 아동에게 최선의 장소는 원가정으로, 원가정은 아동이 필요로 하는 보호를 해줄 수 없음이 분명할 때에만 입양이 고려되어야 한다. 즉, 입양서비스 이전에 가족복지서비스가 먼저 제공되어야 하며, 친부모와 확대가족의 아동양육 의무와 원가족 보호를 지원하는 정부의 의무가 강조되어야 한다.

둘째, 아동에게 장기대체보호가 필요함이 분명할 때, 입양은 대체보호방법 중 최선의 방법이다. 입양은 위탁보호나 시설보호에 비해 아동에게 훨씬 더 큰 안정감, 영속감, 친밀감, 소속감을 주기 때문이다.

셋째, 입양가정 선택 시 우선적으로 종교나 민족적 배경 등이 아동의 친부모와 동일한 가정으로 입양되도록 고려해야 한다. 이것이 불가능할 경우에 한하여 종교나 민족적 배경이 다른 가정이 고려되어야 하며, 그 가정은 아동의 종교적·민족적 배경을 인정하고 존중하여야 한다.

넷째, 입양은 친부모-아동-양부모 중에서 우선적으로 아동을 위한 것이어야 한다. 아동을 위해 가정이 제공되어야 하고, 친부모와 아동의 관계에서도 입양은 아동을 위한 것이어야 한다.

다섯째, 입양의 필요성 여부는 가능한 한 빨리 결정되어야 하며, 불필요하게 시간이 지체되어서는 안 된다.

3) 입양가족의 특성

혈연관계로 이루어진 전통적인 가족과는 달리 입양가족은 아동, 입양부모, 친부모가 전생애를 통해 유대관계를 맺는 비전통적인 가족형태를 취한다. 따라서 입양가정에는 전통적인 가정과 구별되는 독특한 도전과 즐거움뿐 아니라 다양한 스트레스와 갈등이 존재하기도 한다(O'Brien & Zamostny, 2003).

Karen M. O'Brien

입양가족의 적응은 전생애를 거쳐서 입양가족의 생활주기에 따른 발달과업의 수행과 연계되어 있다. 입양가족의 생활주기과업은 입양 전, 영아기, 걸음마기와 학령전기, 아동중기 그리고 청소년기에 이르기까지 입양아동의 연령주기에 따라 다르다. 입양 전기에 입양부모는 난임과 관련된 상실감을 극복하고 입양을 결정한 후에는 사회적 편견에 대처해야 한다. 입양을 선택하는 대부분의 부모들이 난임가정인 경우가 많다. 이들은 이미 난임이라는 고통 속에서 살아가고 있으며, 난임을 치료하는 과정 속에서 신체적인 고통뿐 아니라 정신적인 고통을 느낀다. 결국 난임을 해결하지 못하고 임신에 실패하게 되면 평생 동안 난임과 관련된 갈등을 경험하게 된다고 한다(권지성, 2004). 이러한 난임부부들에게는 입양이 어쩔 수 없는 대안으로 받아들여지고, 입양을 선택하는 것 역시 이들에게는 가족을 이루려는 열망과 부담감으로 작용한다. 입양을 하겠다고 결정하였어도 실제로는 확대가족들의 반대에 부딪히는 경우가 있다. 이렇듯 혈연관계를 중시하는 가족문화가 강할 경우에 이러한 전통문화에 도전해야 하는 어려움이 있다. 하지만 난임으로 인해 여러 어려움을 경험했기 때문에 입양을 긍정적이고 쉽게 받아들이는 경향도 있다.

영아기의 입양부모는 부모로서의 정체감을 형성해야 한다. 이때는 부모가 되었다는 것의 진정한 의미를 깨닫고 부모역할을 습득해 나가는 시기이다. 입양아동이 걸음마기와 학령전기에 도달하면 자녀와 부모는 입양에 관한 이야기를 나누고 그에 따른 불안에 대처해야 한다. 실제로 입양이 이루어진 후 양육과정에서 입양부모들은 입양아동에 대해 낯선 감정을 경험하게 되고 부모로서의 좌절감을 형성하는 등 다양한 감정을 경험하게 된다. 특히 친자녀가 있는 가정에서 입양을 하는 경우, 친자녀와 입양자녀가 동시에 아플 때 친자녀를 먼저 돌보게 된다든지 더 좋은 음식이나 물건을 보면 친자녀가 우선시되는 등의 경험을 통해 부모로서의 죄책감에 시달리게 된다고 한다.

아동이 인지적, 사회정서적으로 성숙하는 아동중기 부모의 발달과업은 아동이 새롭게 경험하는 상실감과 입양관련 낙인을 다루고 자녀가 발달적으로 성숙할 수 있도록 지원하는 것이 중요하다. 청소년기의 발달과업은 한 개인으로서

Devon Brooks

그리고 입양인으로서의 정체성을 확립하는 것이며 입양부모는 자녀의 정체성 발달을 도와주는 역할을 담당해야 한다(Frasch & Brooks, 2003). 특히 해외에 입양된 아동들의 경우 청년기가 되면 자신이 누구인지에 대해, 자신의 친부모가 누구인지에 대해 알고자 하는 욕구가 증가하며 한국을 찾게 되지만 친부모를 찾지 못할 경우 상당한 심리적 갈등을 겪는 것으로 보고되고 있다.

입양가족의 적응에 영향을 미치는 요인을 살펴보면, 크게 입양아동의 특성, 입양부모의 특성, 사회적 지원체계 등을 들 수 있다. 입양아동의 특성을 살펴보면 입양아동의 연령이 어릴수록, 입양아동의 행동문제가 적을수록 입양부모와 입양아동 상호 간의 적응수준이 높은 것으로 나타났다(Frasch & Brooks, 2003). 반면 장애아동이나 의료적 문제가 있는 아동을 입양했을 경우 입양부모의 스트레스 수준이 높은 것으로 나타났다(O'Brien & Zamostny, 2003).

입양부모의 특성을 살펴보면, 입양동기와 관련하여 난임으로 인해 자녀를 간절히 원했던 부모일수록 입양아동에 대한 애정이 많은 것으로 나타났고, 입양에 대한 의사소통이 원활한 가족일수록 입양에 대한 적응수준이 높은 것으로 나타났다. 또한 입양가정과 원가정 간의 개방성 수준이 높을수록 입양아동의 심리적 적응수준이 높다(이미선, 2001; O'Brien & Zamostny, 2003).

사회적 지원체계와 관련하여 입양에 대한 확대가족과 지역사회의 태도가 긍정적일수록 적응수준이 높다. 최근 이루어지고 있는 유명 연예인들의 공개입양은 일반인들의 입양에 대한 인식을 긍정적으로 변화시키고 있는데, 이는 입양아동의 적응에도 도움이 된다. 자조모임과 같은 입양가정의 어려움을 해결할 수 있는 정서적 지지체계를 갖는 것도 입양가정의 적응에 도움이 된다(권지성, 2004).

David Kirschner

4) 입양아동의 특성

입양아동신드롬(The adopted children syndrome)은 David Kirschner가 1984년 처음 사용한 용어로서 입양아동들이 정신건강 전문가에게 자주 의뢰되는 양상을 관찰한 결과로부터 유래되었다. 입양과 관련하여 갈등을 경험할 경우 입양아동은 환상에의 과도한 몰두, 학습문제, 충동통제결여, 절도, 거짓말, 권위에 대한 도전, 가출 등과 같은 행동문제, 정체감 형성의 어려움 등을 나타낸다(Smith, 2001).

"나는 2개의 삶이 있어. 한국에서의 삶, 그리고 미국에서의 삶. 모든 게 허공에 떠 있어. 입양인들의 삶은 모든 것이 허공에 떠 있는 것 같아."
〈제4회 입양의 날 기념 전시회: 이산과 귀환의 틈새〉 中 킴 스페를링

입양아동들이 겪는 가장 큰 어려움은 상실감과 관련된 것이다. 입양아동의 발달단계에 따른 적응을 살펴보면, 유아기 입양의 경우 아동의 1차적 애착이 입양가족에서 형성되고 입양이 무엇인지에 대해 인지할 수 있는 능력도 부족하기 때문에 초등학교 입학 전까지는 부적응이 거의 나타나지 않는다.

하지만 초등학교에 들어가면 입양아동의 적응에 영향을 미치는 주요한 변화들이 생기게 된다. 이 시기 아동들은 인지적인 성장을 통해 입양에 대한 의미를 재해석하게 된다. 아동은 출생과 입양 간의 차이를 구별하게 되고 입양된 것의 의미에 대한 새로운 통찰을 얻게 된다. 일례로, 학령 전 아동들은 가족을 함께 사는 사람들로 정의하지만 초등학생 아동들은 대부분 가족구성원을 혈연 관계로 이루어진 사람으로 본다(Pederson & Gilby, 1986). 이처럼 아동의 가족에 대한 새로운 관점은 입양아동과 입양부모 간의 생물학적 연결성이 없음을 인식하게 하고, 이로 인해 혼란과 스트레스가 유발되며 가족 내에서의 안정감을 잃게 된다(Brodzinsky, Singer, & Braff, 1984). 한편으로는 아동은 입양이라는 것이 친부모가 자신을 포기한 것이라는 인식을 갖게 된다. 입양이 되기 위해서는 우선 포기되거나 버려져야 한다는 것을 알게 된다. 따라서 초등학교 연령의 아동들은 입양을 가족형성의 의미뿐 아니라 가족상실의 의미로 받아들이게 된다. 이 시기 입양아동은 다양한 행동적 · 정서적 변화를 경험하게 된다. 입양아동은 분노, 공격성, 저항행동, 말 없음, 우울, 부정적 자아상 등 여러 부정적인 정서나 행동이 증가하게 된다(Brinich, 1980; Brodzinsky, 1987). 하지만 이 시기에 "나는 부모님이 나를 왜 보육원에 보냈는지 궁금할 때도 있다. 하지만 그런 이유를 지금 부모님께 물어보지 않는다. 지금은 양부모님을 만나 함께 살고 있어서 참 행복하다"라고 말하는 입양아동들도 있다.

David M. Brodzinsky

청소년기가 되면 자신의 정체성에 강한 의문을 갖기 시작한다. 따라서 이 시기에는 입양을 안정되고 확고한 정체성의 일부로 통합시키는 것이 중요하다. 입양으로 인한 친부모로부터의 상실에 대처하는 동시에 친부모에 대한 생각과 감정을 탐색해 나가고 다른 한편으로는 양부모와 입양에 대해 허심탄회하게 이야기를 나누는 것이 중

요하다(Brodzinsky, Smith, & Brodzinsky, 1998).

2. 입양사업의 역사 및 현황

1) 입양의 역사

입양의 역사는 동서양을 막론하고 고대사회로 거슬러 올라간다. 역사적으로 입양은 제사와 혈육의 결속, 가계계승, 노동력 확보 등을 도모하기 위한 양자제도에서 그 유래를 찾아볼 수 있다. 특히 전통적으로 친족중심의 문화권인 우리나라에서의 입양은 아동의 복지적인 측면보다는 가계를 계승하는 의미로 여겨져 왔다. 이러한 이유로 이 시기에는 주로 남아만이 입양되었다.

우리나라의 경우, 17세기 초 부계중심의 가족 · 친족 질서가 정착하면서 양반층은 입양을 적극적으로 수용하였고, 18세기가 되면서 입양이 보편화되었다(권내현, 2009). 일례로, 안동 권 씨의 족보를 보면 17세기 전반인 25세손 이전까지는 가계단절에도 불구하고 입양을 하지 않았지만, 17세기 후반에서 18세기 전반 사이에서는 입양을 적극적으로 수용하여 26세손의 8.8%가 양자였고, 그 비율은 점차적으로 증가하였다. 18세기 후반에서 19세기 전반의 인물들은 15.4%가 양자였으며 이때의 가계단절률은 1% 이내로 떨어졌다.

우리나라에서 현대적 의미에서 입양이 활성화된 배경은 한국전쟁으로 인해 급격히 증가한 고아와 혼혈아동들을 보호하기 위해 미국을 중심으로 해외입양 정책을 실시하면서부터이다. 1961년에는 「고아입양특례법」을 제정하면서 해외입양을 위한 법적 근거를 마련하였고, 1976년에는 「입양특례법」을 개정하여 국내입양의 부양책을 모색하였다. 정부에서는 전쟁고아 문제를 처리하기 위해 입양사업을 시작하게 되었지만 요보호아동의 대부분이 해외에 입양되었고 국내입양의 비율은 매우 낮았다. 그 후 급속한 산업화와 더불어 미혼모, 기아, 결손가정 등이 증가함에 따라 요보호아동의 수도 급격히 증가하였고 대부분의 아동들이 해

사진 설명 해외입양 관련 서류 및 자료

외로 입양되었다.

하지만 정부는 1988년 서울올림픽 개최를 계기로 '고아수출국'이라는 오명을 벗기 위해 해외입양을 금지시켰고, 이는 해외입양에서 국내입양으로 방향을 돌리는 결정적 계기가 되었다. 1985년과 1996년에는 해외입양 전면중단계획을 발표하여 해외입양을 단계적으로 축소하고 가정위탁제도의 도입을 포함하는 국내입양의 활성화를 모색하는 것에 중점을 두고 입양사업을 진행하고 있다.

특히 1999년과 2000년에 「입양촉진 및 절차에 관한 특례법」, 특례법 시행령, 그리고 특례법 시행규칙을 개정하여 해외입양관련 절차를 보완하고 국내입양을 활성화시킴으로써 우리나라 입양제도를 확립하고자 노력하고 있다. 2000년에 개정된 「입양촉진 및 절차에 관한 특례법」의 제1조에서는 요보호아동의 입양을 촉진하고 양자가 되는 자의 보호와 복지증진을 도모하는 데 특례법의 목적이 있음을 명시하고 있다. 2011년 「입양촉진 및 절차에 대한 특례법」이 전면 개정되었고 「입양특례법」으로 명칭이 변경되었다. 2015년 부분 개정된 「입양특례법」의 기본 원칙은 입양 대상 아동의 이익이 최우선될 수 있게 하는 데 있다.

사진 설명 입양가족의 모습

지난 10년간 국내입양 비율이 점차 증가추세를 보이고 있다. 여전히 50%대에 머무르고 있기는 하지만 이전에 비해 점점 증가하고 있는 것이다. 입양가정의 모습이 언론에 자주 보도되면서 입양에 대한 인식이 긍정적으로 변하고 있다.

2) 입양현황

우리나라에는 두 가지 형태의 입양이 존재한다. 하나는 친부모로부터 유기되거나 포기되어 요보호상태가 된 아동을 인수한 입양기관과 양부모 또는 양부모를 대신하는 입양기관 사이에서 이루어지는 「입양에 관한 특별법」에 의한 입양이다. 다른 하나는 호적이 있는 아동의 친부모와 양부모 사이에서 이루어지는 「민법」에 의한 입양이다. 「민법」에 의해 이루어지는 국내입양은 양부모가 친부모의 동의를 직접 받아 호적에 양자로 신고하는 경우로 대개 같은 성을 가진 확대가족 내에서 이루어진다. 1970년대 이전까지는 「민법」상의 입양이 절대적으로 많은 수를 차지하였으나, 1970년대 이후부터는 특례법상의 입양의 수가 「민법」상의 입양보다 많아졌다.

현재 우리나라에는 총 28개의 입양기관이 있다. 국내입양 활성화 및 입양에 대한 사후관리 등을 위하여 중앙입양원('아동권리보장원'으로 통합됨)을 설립·운영하고 있고, 2019년 설립된 아동권리보장원은 입양아동·가족정보 및 친가족 찾기에 필요한 통합데이터베이스 운영, 입양아동의 데이터베이스 구축 및 연계, 국내·외 입양정책 및 서비스에 관한 조사·연구, 입양 관련 국제협력 업무와 그 밖에 보건복지부장관으로부터 위탁받은 사업 등을 담당하고 있다(아동권리보장원, 2019a). 입양기관은 사회복지사업법에 따른 사회복지법인으로서 입양서비스를 제공하는 기관으로, 보건복지부장관의 허가를 받아야 한다.

우리나라의 경우 1954년 현대적 의미의 입양이 시작된 이래 입양법을 통해 공식적으로 국내외로 입양된 아동은 2018년 기준 248,024명이다. 그중 국내입양은 80,477(32.5%)이고 국외입양은 167,547(67.5%)로 보고되었다(아동권리보장원, 2019b). 2018년 기준 국내입양이 국외입양의 비율을 상회한다. 〈표 11-2〉는 연도별 국내외 입양현황을 나타낸 것이다. 국내입양과 해외입양의 비율을 살펴보면, 2008년 이전까지는 국외입양이 70% 정도였고, 국내입양은 30% 정도를 차지하였다. 2006년까지는 국외입양의 비율이 높았지만 2007년 이후부터는 국내입양의 비율이 국외입양의 비율과 거의 비슷해졌고 2010년 이후로는 국내입양의 비율이 월등히 높아졌다(〈표 11-2〉 참조). 보건복지부(2015a)의 요보호아동을 위한 입양정책에서 국내입양을 활성화하고 해외입양을 단계적으로 축소해 나가며, 입양아동 및 입양가정에 대한 사후지원을 지속적으로 강화하고자 하는 노력이 조금씩 반영되는 것으로 추론해볼 수 있다. 또한 대중매체를 통해 유명 연예인들의 공개입양이 보고되면서, 일반인들의 입양에 대한 인식 및 태도가 긍정적으로 변화하고 있다는 사실도 간과할 수 없는 요소이다. 하지만 2014년부터 국내입양의 비율과 해외입양의 비율이 비슷해졌고, 2013년부터는 입양건수도 줄었다. 이는 입양절차와 조건을 까다롭게 규정한 입양특례법 등의 영향으로 국내외 입양이 줄어든 것으로 볼 수 있다.

〈표 11-3〉과 〈그림 11-1〉에 나타난 바와 같이 입양아동의 대부분은 주로 미혼모의 자녀가 절대다수를 차지하고 있다. 1970년대 이전에는 주로 경제적인 문제로 인해 입양되는 경우가 많았으나, 이제는 미혼모의 자녀인 경우가 상당수

표 11-2 연도별 국내외 입양 현황 (단위: 명)

구분	계	2008년 이전	2009	2010	2011	2012	2013	2014	2015	2016	2017	2018
계	248,024	233,191	2,439	2,475	2,464	1,880	922	1,172	1,057	880	863	681
국내	80,477 (32.5%)	71,633 (30.2%)	1,314 (53.9%)	1,462 (59.1%)	1,548 (62.8%)	1,125 (59.8%)	686 (74.4%)	637 (54.4%)	683 (64.6%)	546 (62.0%)	465 (53.9%)	378 (55.5%)
국외	167,547 (67.5%)	161,558 (69.8%)	1,125 (46.1%)	1,013 (40.9%)	916 (37.2%)	755 (40.2%)	236 (25.6%)	535 (45.6%)	374 (35.4%)	334 (38.0%)	398 (46.1%)	303 (44.5%)

출처: 아동권리보장원(2019b). 2018년 입양 통계.

를 차지한다. 입양아동이 발생되는 원인이 자명한 만큼, 체계적인 성교육을 통해 입양대상 아동의 발생을 줄이기 위한 노력이 필요하다. 〈그림 11-2〉에 제시된 입양아동의 성별 및 연령별 현황을 살펴보면, 국내입양은 신생아나 영아의 비율이 65.1% 이상인 것으로 나타났다. 이는 입양사실을 숨기고 친생자인 것처럼 기르려 하거나 어려서부터 키우는 것이 정들기 쉽다고 생각하기 때문이다. 입양아의 성별을 살펴보면, 국내입양의 경우 여아의 비율이 높아지는 경향을 보였다(2018년 기준 71%). 최근 들어서는 입양의 목적이 대를 잇기 위한 경우보다는 가정생활의 쓸쓸함을 달래기 위해서가 더 많은 것으로 나타났고 친자녀의 형제가 필요해서, 또는 불쌍한 아동을 위해 입양해야 한다는 이유가 많은 것으로 나타났다(이갑숙, 손진현, 2008). 실제로 남아들의 입양 비율이 줄어듦에 따라 중앙입양원에서는 '남아입양 프로젝트'를 진행하며 남아입양을 유도하고 있다. 반

표 11-3 국내외 입양아동 유형 (단위: 명)

연도	국내입양				국외입양			
	계	미혼모아동	유기아동	결손가정등	계	미혼모아동	유기아동	결손가정
2016	546	481 (88.1%)	48 (8.8%)	17 (3.1%)	334	327 (97.9%)	2 (0.6%)	5 (1.5%)
2017	465	417 (89.7%)	35 (7.5%)	13 (2.8%)	398	397 (99.7%)	-	1 (0.3%)
2018	378	315 (83.3%)	47 (12.5%)	16 (4.2%)	303	302 (99.7%)	1 (0.3%)	-

출처: 아동권리보장원(2019b). 2018년 입양 통계.

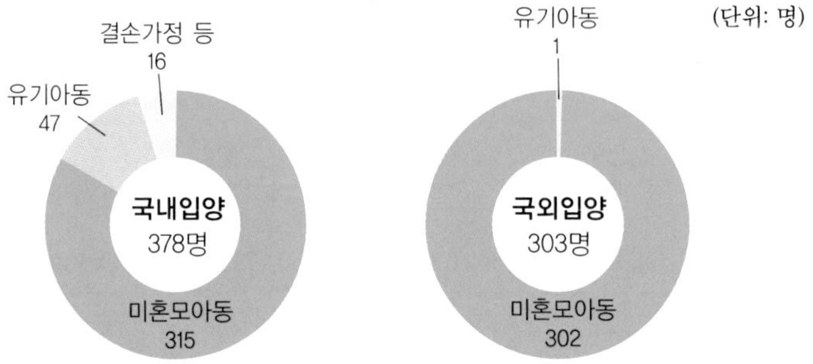

〈그림 11-1〉 **국내입양 및 국외입양 아동 유형**

출처: 아동권리보장원(2019b). 2018년 입양 통계.

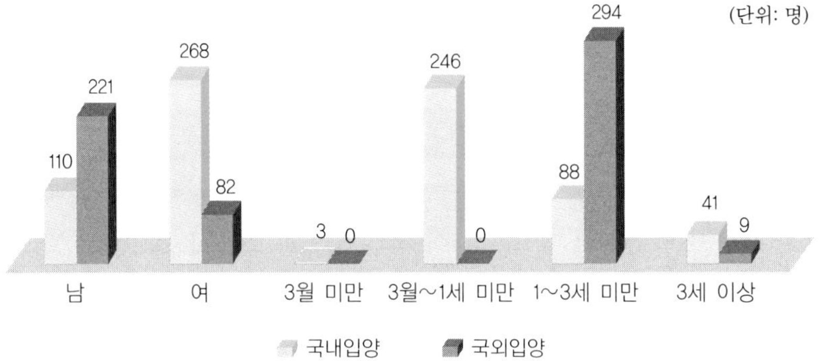

〈그림 11-2〉 **입양 아동의 성별 및 연령 현황**

출처: 아동권리보장원(2019b). 2018년 입양 통계.

면, 국외입양의 경우 남아가 70% 정도를 차지하는 것으로 나타났다. 아동의 건강상태와 관련하여 여전히 장애아동에 대한 입양은 상당히 낮은 것으로 나타났다. 이는 장애아동을 양육하는 데 소요되는 비용과 노력이 너무 많이 드는 반면, 정부의 지원은 너무 낮은 수준으로 이루어지기 때문이다.

한편 국내입양에서 공개입양이 차지하는 비율이 전체의 40%를 넘어서는 등 우리나라 입양 패턴이 20년 새 비밀입양에서 공개입양으로 변화하고 있는 것으로 나타났다(〈그림 11-3〉 참조). 전문가들은 공개입양이 입양에 대한 부정적인 인식을 없앨 뿐 아니라 입양아동의 정체성 혼란 극복과 국내입양 활성화에 꼭 필요한 요소라고 지적하고 있다.

국내 최대 입양기관인 홀트아동복지회는 2006년 기준 국내입양 360건 중 공

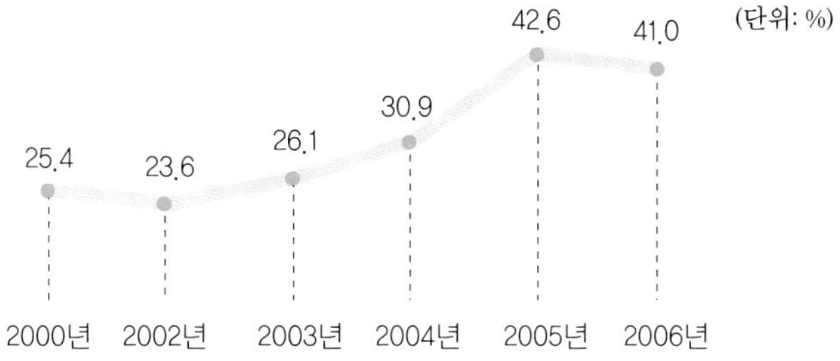

〈그림 11-3〉 **국내입양 중 공개입양 비율**

출처: http://www.holt.or.kr.

개입양은 절반에 육박하는 160건(41.0%)이라고 밝혔다. 홀트아동복지회에 따르면 1986년 전체 국내입양 중 공개입양 비율은 15.5%였고, 1990년대 들어 16%대를 유지하다가 2000년 25.4%로 10%가량 상승했다. 4년 뒤인 2004년 공개입양이 전체의 30%를 넘어섰고 1년 만인 2005년에는 처음으로 40%를 돌파했다. 전체 국내입양 중 공개입양 비율은 2000년 이후 급속히 늘고 있다. 전문가들은 우리나라의 공개입양 확산에 대해 긍정적인 반응을 보이고 있다. 비밀입양은 입양이 수치스러운 것이라는 생각을 가지게 할 뿐 아니라 사회적으로도 입양 확산에 장애가 된다는 것이다. 공개입양은 앞으로도 더욱 활성화될 것으로 전망된다.

2014년 입양 관련 인식 조사(마크로밀엠브레인, 2014)에 따르면, 입양 사실 공개 필요성에 대해 70.2%가 아이에게 입양 사실을 알려줘야 한다고 하였다. 미혼자(64.7%)보다 기혼자(74.2%)들이 아이에게 입양된 사실을 알려줄 필요가 있다는 데 공감을 많이 하였으며, 연령별로는 50대 이상(76.4%)의 동의율이 특히 높았다. 아이에게 입양 사실을 알려야 하는 이유에 대해 살펴보면(〈그림 11-4〉 참조) '어릴 때부터 입양 사실에 대해 긍정적인 생각을 갖게 하기 위해서'(68.7%, 중복 응답)가 가장 많았고, 그 다음으로 '혹시 있을지 모를 사회적 편견으로부터 당당할 수 있도록 하기 위해'(55.1%), '자신의 역사를 거짓 없이 알게 해야 해서'(52%), '나중에 입양되었다는 사실을 알게 될 경우 부모에게 배신감을 느낄 수 있기 때

사진 설명 공개입양에 관한 이야기가 담긴 책으로 입양아동들의 기쁨, 행복, 고민과 갈등을 다루고 있다.

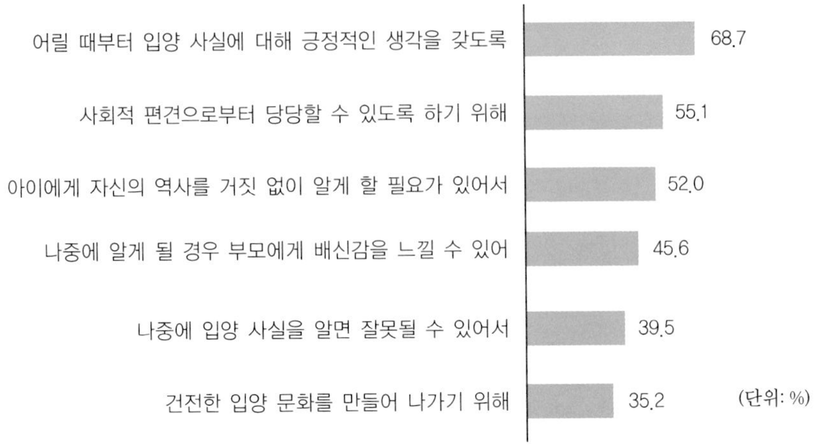

〈그림 11-4〉 **입양사실을 공개해야 하는 이유**

출처: 마크로밀엠브레인(2014). '입양문화의 활성화'에는 공감(80%), 그러나 한국 사회 시선은 부정적(73.4%). http://blog.naver.com/mkresearch/220007058013.

문'(45.6%)이라는 순으로 나타났다.

요컨대, 최근의 입양 경향에서는 상당한 변화가 나타나고 있다. 전체 입양아동 중 국내입양아동의 비율이 점차적으로 증가하고 있다는 점, 국내입양의 경우 난임가족뿐만 아니라 자녀가 있는 가정에서도 입양을 하는 비율이 증가한다는 점, 비밀입양이 줄어들고 공개입양이 점차 증가하고 있다는 점이다. 이러한 변화는 아동의 복지 증진이라는 측면에서는 상당히 고무적인 현상으로, 입양이 보다 활성화되기 위해서는 입양가족에 대한 사회적 지원이 보다 강화되어야 할 필요가 있다.

3. 입양서비스

1) 입양의 구성요인

입양사업은 입양되는 아동과 이 아동을 입양하는 입양부모, 그리고 입양아동의 친권 및 양육을 포기하는 친부모로 구성된다. 여기에서는 입양아동, 입양부모, 친부모의 자격 및 특성에 대해 살펴보고자 한다.

(1) 입양대상 아동

입양대상 아동은 만 18세 미만의 요보호아동으로, 「입양특례법」 제9조를 살펴보면 양자될 자격은 다음과 같다.

- 보호자로부터 이탈된 자로서 특별시장 · 광역시장 · 도지사 및 특별자치도지사(이하 시 · 도지사) 또는 시장 · 군수 · 구청장이 부양의무자를 확인할 수 없어 「국민기초생활보장법」에 따른 보장시설에 보호 의뢰한 사람
- 부모(부모가 사망이나 그 밖의 사유로 동의할 수 없는 경우에는 다른 직계존속) 또는 후견인이 입양에 동의하여 보장시설 또는 입양기관에 보호 의뢰한 사람
- 법원에 의하여 친권상실의 선고를 받은 사람의 자녀로서 시 · 도지사 또는 시장 · 군수 · 구청장이 보장시설에 보호 의뢰한 사람
- 그 밖에 부양의무자를 알 수 없는 경우로서 시 · 도지사 또는 시장 · 군수 · 구청장이 보장 시설에 보호 의뢰한 자

(2) 입양부모

입양부모는 사회적 · 법적 절차에 의해 부모가 된 자를 의미하는데, 우리나라 「입양특례법」 제10조에서는 입양부모의 자격을 다음과 같이 정하고 있다.

- 양자를 부양함에 충분한 재산이 있을 것
- 양자에 대하여 종교의 자유를 인정하고 사회의 구성원으로서 그에 상응한 양육과 교육을 할 수 있을 것
- 아동학대, 가정폭력, 성폭력, 마약 등의 범죄나 알코올 등 약물중독의 경력이 없어야 함
- 양자가 될 아동의 복리에 반하는 직업이나 그 밖에 인권침해의 우려가 있는 직업에 종사하지 아니할 것
- 대한민국 국민인 경우, 양친이 될 사람의 나이 범위는 25세 이상으로서 양자가 될 사람과의 나이 차이가 60세 이내여야 함. 대한민국 국민이 아닌 경우에는 25세 이상 45세 미만인 자이어야 함. 다만, 보건복지부 장관이 양친이 될 사람의 가정환경이 양자를 양육하기에 적합하다고 인정하는 경우 상기 양친 나이의 범위가 달리 적용될 수 있음

- 양친이 되려는 사람은 입양의 성립 전에 입양기관 등으로부터 보건복지부령으로 정하는 소정의 교육을 마쳐야 함

(3) 친부모

과거에는 친부모가 가정의 빈곤, 불화, 이혼 등으로 인해 더 이상 자녀를 양육하는 것이 어려워 입양을 의뢰하는 경우가 많았다. 1970년대까지는 부모가 합법적인 혼인상태에서 자녀를 양육하다가 주로 가정의 경제적인 어려움으로 인해 자녀를 보다 더 나은 가정으로 입양 보내는 경우가 많았다. 하지만 최근 들어서는 친부모의 상당수가 미혼모이다. 이들은 아동을 양육할 의사가 없거나 양육할 능력이 없기 때문에 입양을 의뢰하게 된다. 실제 우리나라의 경우, 가장 많은 비중을 차지하는 것이 십대 미혼 청소년 부모의 자녀로서 이들은 자녀양육이 거의 불가능하거나 자녀를 양육할 의사가 없기 때문에 친권을 포기한다(윤미현, 이재연, 2001). 개정된 「입양특례법」에서는 입양숙려제를 시행하여 친부모가 입양의 결정에 대해 고민해 볼 수 있는 기간(아동 출생일로부터 일주일)을 제공한다. 이 기간이 지나야 친부모는 자녀에 대한 입양동의를 할 수 있고, 이 시기 동안에는 친생부모가 아동을 보호하는 것을 원칙으로 하고 있다. 또한 친생부모가 입양을 결정하기 전, 입양에 관한 충분한 상담으로 양육 및 정부 지원 등에 관한 정보를 친생부모에게 제공함으로써, 입양 외 다른 양육 대안을 충분히 고려한 후 자발적인 입양결정이 이루어지도록 지원하고 있다. 그러나 선진국에 비해 미혼모에 대한 배려가 열악한 우리나라 환경에서는 어쩔 수 없이 자녀를 입양 보내야 하는 입장에 놓이게 된다. 무엇보다 십대 청소년들을 대상으로 하는 체계적인 성교육을 통해 미혼모 발생을 예방해야 하지만 미혼모의 자녀가 건강하게 성장할 수 있는 사회적 지원도 절실히 필요하다.

2) 입양절차

2011년 전면 개정되고, 그 후 2017년까지 부분 개정된 「입양특례법」에 따라 입양절차는 좀더 까다로워졌다. 입양부모의 자격 강화, 입양허가제 등 아동입양의 절차가 아동의 복리 증진을 중심으로 이루어질 수 있도록 국가의 관리와 감독을 강화하는 방향으로 변화하였다. 개정된 「입양특례법」에 따른 국내외 입

요보호 아동 발생
- 친생부모: 입양숙려기간(7일) 준수
  - 양육에 관한 정보, 사회적응서비스, 정부지원 정보 제공
  - 기아: 기아발견신고 및 조서 작성, 부양의무자공고, 후견인지정, 가족관계등록창설(가정법원 성 · 본 창설허가재판)

입양동의 및 아동인수
- 친생부모 및 양자될 사람(요보호아동)에게 입양의 동의, 입양의 효과 및 파양, 입양정보 공개청구 관련, 입양동의의 철회 등에 대한 충분한 상담 제공

입양대상 아동확인서 발급
- 보장시설의 장 또는 입양기관의 장이 작성 → 아동 거주지 관할 시 · 군 · 구청에 제출(별지 제5호)
- 입양정보통합관리시스템(ACMS) 등록

예비양부모 입양 신청
- 전화, 내방 등 개별 및 부부상담 진행(입양기관)
- 법 제10조(양친이 될 자격 등) 충족
- 양친가정조사신청서(별지 제6호) 제출

양친 가정조사
- 가정조사 실시(입양특례법 제10조, 같은 법 시행규칙 제8조제2항)
- 예비양부모 교육: 보건복지부령으로 정하는 소정의 교육 이수(별지 제1호 양친교육이수증명서 발급)
- 범죄경력조회 요청(경찰관서)

양친 가정조사서 발급
- 「입양특례법」시행규칙 제8조 제2항에 따른 양친 가정조사서(별지 7호) 발급

※ 국내에서 양친될 자를 찾지 못했을 경우

결연
- 국내입양우선추진(5개월/ACMS 활용)
- 양친될 자와 입양대상아동 결연

※ 법 제11조제1항에 따른 서류 구비

국외입양 예비양부모
- 법 제10조에 따르며, 해당국에서도 양친이 될 자격을 인정받아야 함
- 국외입양의 가정조사는 입양을 원하는 국가 또는 외국입양기관이 행한 가정조사서로 갈음함

해외이주허가(국외입양)
- 해외이주허가신청서(별지 제11호) 및 해외이주허가신청 제출서류 구비하여 보건복지부 장관에게 허가신청

법원허가제
- 양자가 될 사람의 등록기준지 또는 주소지 관할 가정법원에 신청
- 가정법원의 인용심판 확정
- ACMS 정보 입력
  - (입양조치일자) 심판확정문 확정일
  - 그 외: 조치구분에 따른 일자

〈법원의 추가보정 요청이 있을 시〉
- 구비서류 재정비 및 예비양부모 소환(가사조사관) 등

국내입양
- 친양자입양신고(가정법원의 허가서 첨부)
- 입양아동의 인도와 보고
- ACMS 정보 입력
  - (입양신고일) 친양자입양신고서상 신고일

국외입양
- 친양자입양신고(가정법원의 허가서 첨부)
- (입양아동) 여권 및 비자 신청 · 발급
- 입양아동의 인도와 보고

국외입양허가 시 ACMS 정보입력
- (조치일자) 심판확정문 확정일
- (출국일) 아동의 출국일자
- (국적취득일) 해당국에서의 국적취득일자

사후서비스 제공
- 입양성립 후, 1년 동안 사후관리 제공(입양기관)
- 입양정보공개청구 등(국내 · 외 입양인)
- 국외입양 사후관리
  - 국적취득보고(입양기관)
  - 모국방문사업, 모국어연수지원, 모국에 관한 자료 제공, 친생부모 찾기사업, 입양정보공개제도에 관한 홍보, 국적회복지원, 국외로 입양된 자를 위한 상담 등(입양기관)

〈그림 11-5〉 **국내외 입양의 전달체계**

출처: 보건복지부(2019c). 2019년 아동분야 사업안내.

입양동의

• 입양숙려기간 1주일 준수

친생부모 입양동의 전
• 양육에 관한 정보, 사회적응서비스 그 외 정부의 지원사항 등 정보 제공

친생부모 및 입양될 아동의 상담
• 법률적 효력 및 파양
• 입양동의의 요건 및 입양동의의 철회
• 입양의 절차
• 입양정보공개청구 관련
• 13세 이상 아동의 경우, 아동의 동의를 받아야 함

▼

입양대상아동확인

입양정보통합관리시스템(ACMS) 등록

시스템 등록사항(G번호 발급)
• 입양기관에 보호 의뢰된 아동의 성명, 주민등록번호, 주소, 출생일시 및 장소, 성별, 장애 또는 질환의 유무와 종류
• 아동의 친생부모의 성명, 주민등록번호, 주소, 연락처, 입입양사유와 입양동의

예비양부모 입양신청

• 전화, 내방 등 개별 및 부부상담 진행(입양기관)
• 법 제10조(양친이 될 자격 등) 충족
• 양친가정조사신청서(별지 제6호) 제출

▼

양친 가정조사

• 가정조사 실시(입양특례법 제10조, 동법 시행규칙 제8조제2항)
• 예비양부모 교육: 보건복지부령으로 정하는 소정의 교육 이수(별지 제1호 양친교육이수증명서 발급)
• 범죄경력조회 요청(경찰관서)

▼

양친가정조사서 발급

• 입양특례법 시행규칙 제8조제2항에 따른 양친가정조사서(별지 7호) 발급

▼

결연

• 국내입양우선추진(5개월/ACMS 활용)
• 양친될 자와 입양대상아동 결연
• 양친될 자의 성명, 생년월일, 국적, 연락처 정보 ACMS 입력

〈법원의 추가보정 요청이 있을 시〉
– 구비서류 재정비 및 예비양부모 소환(가사조사관) 등

입양허가

• 양자가 될 사람의 등록기준지 또는 주소지 관할 가정법원에 신청
• 가정법원의 인용심판 확정으로 입양효력발생
• ACMS 정보 입력
– (입양조치일자) 심판확정문 확정일 – 그 외: 조치구분에 따른 일자

구비서류(입양허가신청서, 신청관련사항목록 외)
• 양자될 사람: 기본증명서, 가족관계증명서, 주민등록등본, 입양대상아동 확인서
• 양친될 사람: 기본증명서, 혼인관계증명서, 가족관계증명서, 주민등록등본, 범죄경력조회회신서, 양친가정조사서, 양친교육이수증명서
• 친생부모: 입양동의서
※ 법원허가와 관련하여 추가자료[건강진단서, 범죄(수사)경력조회, 신용조회 등] 요청할 수 있음

▼

국내입양

• 입양아동의 인도와 보고
• 친양자입양신고(가정법원의 허가서 첨부)
• ACMS 정보 입력
– (입양신고일) 친양자입양신고서상 신고일

• 입양아동과 그에 대한 기록 및 그 소유물품을 양친될 사람에게 인도
• 가족관계등록 등에 관한 법률에 따라 친양자입양신고(친양자입양재판의 등본 및 확정증명서 첨부)
• 소재지 관할 시장, 군수, 구청장에게 아동인도보고
• 가정법원의 입양허가 결정이 확정된 시기 및 입양신고일 시스템에 등록

▼

국내사후관리

• 입양성립 후, 1년 동안 사후관리 제공(입양기관)
• 입양정보공개청구 등(입양인)

• 1년간 사후관리 실시(양친의 의사에 반하여 입양사실이 공개되지 않도록 유의)
• 입양인의 입양정보공개청구 등 친생부모찾기 지원

〈그림 11-6〉 **국내입양 과정**

출처: 아동권리보장원(2019c). 2019년 아동입양 실무 매뉴얼.

양절차는 크게 입양신청 접수, 양친가정조사 및 준비, 결연, 가정법원의 허가, 입양의 성립, 사후관리로 크게 나뉜다. 국내외 입양의 전달체계를 살펴보면 〈그림 11-5〉와 같다. 좀 더 구체적으로 국내입양의 절차가 〈그림 11-6〉에 제시되어 있다.

(1) 입양신청 접수

입양을 원하는 부모는 양친가정조사신청서, 가족관계증명서, 혼인관계증명서, 주민등록등본을 입양기관에 제출함으로 입양을 신청한다.

(2) 양친가정조사 및 준비

입양을 원하는 부모가 양친가정조사신청서를 접수하면 입양기관에서는 2회 이상 가정방문을 실시한다. 입양부모의 입양동기와 욕구를 파악하고, 입양하기에 적합한 자격을 갖추었는지 파악한다.

입양기관은 양친가정조사서를 작성해 입양신청인(입양부모)에게 발급한다. 양친가정조사서를 발급받은 입양신청인은 입양기관으로부터 입양에 대한 교육을 받아야 한다. 총 8시간 동안 입양에 대한 이해 및 부모의 역할, 입양아동의 특성과 입양아동의 양육에 도움이 되는 정보에 대한 교육을 이수하면 양친교육 이수증명서가 발급된다.

(3) 결연

입양에 대한 교육을 이수하면 입양대상 아동과 입양을 원하는 부모가 만나선을 보는 자리가 마련된다. 결연이 맺어지면 「입양특례법」에 따라 입양기관을 통해 양친이 될 부모의 성명, 생년월일, 국적, 연락처 정보 등이 입양정보통합관리시스템(ACMS)에 입력된다.

(4) 가정법원 허가

입양대상 아동과 입양을 원하는 부모 간에 결연이 맺어지면 입양기관은 가정법원에 입양허가를 신청한다. 법원은 자체 판단에 따라 추가자료(건강진단서, 범죄경력조회서 등)를 요청할 수 있고, 입양허가를 반려할 수도 있다. 이 경우 구비서류를 다시 갖춰야 하고 필요하면 예비양부모나 가사조사관 등이 법원에 참석해야 한다. 이런 과정을 거쳐 가정법원의 인용심판이 확정되고, 이를 통해 입양이 허가된다.

(5) 입양의 성립

가정법원의 입양허가가 결정되면 입양기관은 아동을 양부모에게 인도한다. 가정법원의 허가서를 첨부하여 가족관계등록 등에 관한 법률이 정하는 바에 따라 구청에 친양자신고를 하면 모든 입양절차가 마무리된다. 입양이 성립되면 입양아동과 친부모 사이에 존재했던 모든 법적 권리와 의무가 입양부모에게 이양된다.

(6) 사후관리

아동의 가정 배치 후 아동이 입양가정에 잘 적응하고 있는지를 1년 동안 입양가정을 방문하여 조사하고 아동이 입양가정의 법적인 자녀가 되었는지 확인한다. 사후관리의 목적은 입양아동이 성공적으로 새 가정에 적응할 수 있도록 하기 위하여 입양부모와 입양아동 간의 이해를 증진시키고 입양에 따르는 여러 문제들을 해결하는 데 도움을 주기 위해서이다. 입양기관에서 사후서비스 제공 시 입양가정의 의사를 존중하여 입양사실이 공개되지 않기를 원한다면 비밀을 유지하도록 지원하고 있고, 아동의 적응상태를 최대한 정확하게 파악하여 서비스를 제공한다.

아동권리보장원(2019c)에서는 국내입양 가족의 성공적인 적응을 돕기 위해 입양부모로서의 역할 확립, 입양아동에 대한 이해 증진, 입양아동의 건강한 자아정체감 형성 등을 돕기 위한 다양한 사업을 진행하고 있다. 더불어 해외입양인의 성공적인 적응과 긍정적 자아정체감 형성을 돕기 위해 다양한 사후 서비스를 제공하고 있는데, 모국방문사업, 모국어 연수사업, 모국에 관한 자료제공, 친생부모 찾기 사업과 입양정보공개제도에 관한 홍보, 국적회복지원, 국외로 입양된 아동을 위한 상담 사업 등을 진행하고 있다. 이러한 입양기관의 사회적 지지는 입양부모 및 입양아동의 적응에 중요한 역할을 한다(윤현선, 2001).

3) 국내입양 활성화를 위한 정부의 지원

정부에서는 2007년 국내입양 활성화 대책을 수립하여 발표하였고 2011년에는 「입양특례법」을 개정한 후, 부분적으로 개정하고 있다. 이와 관련된 내용을 살펴보면 다음과 같다.

첫째, 국내입양 우선 추진제이다. 이는 2007년 7월부터 해외입양을 방지하기 위해 아동을 인수한 후 5개월간 국내입양만을 추진한다는 것으로 국내입양을 활성화하기 위한 것이다. 또한 국내입양 진행기록지에 입양정보통합관리시스템의 구체적인 활용 내용, 타 입양기관과 연계하여 국내입양을 추진하려고 노력하였는지를 객관적으로 명시하게끔 하고 있다.

둘째, 입양가정에 대한 경제적 지원이다. 입양기관에 지급하는 입양 비용을 지원해주고, 2019년 기준 입양아동에게 16세까지 월 15만 원씩 입양양육수당을 지급하고 있다. 입양아동에 대한 의료급여 1종을 지원해주고 있으며, 심리치료비도 지원해주고 있다. 또한 장애아동의 경우 18세까지 매월 55만 천 원(경증장애인)~62만 7천 원(중증장애인)의 장애아동 입양양육 보조금 및 의료비(연 260만 원)를 별도로 지원한다.

셋째, 입양 가능 양부모 자격을 확대(2007년 시행규칙 개정)하여 독신자도 가능할 뿐 아니라 연령제한을 완화하여 아동과의 연령차를 45세에서 60세 미만으로 개정하고, 자녀 수 제한 규정을 삭제하였다. 하지만 아동의 건전한 양육을 위해 독신자 가정이 아동을 입양할 경우 일반적인 양부모 자격요건에 비해 보다 엄격한 양부모 가정에 대한 조사 및 입양추진 절차가 필요함을 제시하였다.

넷째, 2007년부터는 공무원이 아동을 입양할 경우 입양아동과 부모의 심리적 적응을 위해 14일의 입양휴가를 제공한다. 입양도 제2의 출산이라는 사회적 인식개선을 위해 출산휴가와 같은 입양휴가제 도입의 필요성이 지속적으로 제기됨에 따라 실시된 것이다.

다섯째, 지속적인 입양문화 개선운동을 추진하고 있다. 국내입양을 활성화시키기 위해서는 일반인들의 입양에 대한 인식개선이 중요한 만큼 TV, 인터넷 등의 다양한 홍보매체를 통한 홍보활동을 전개하고 있다. 입양에 대한 편견을 없애고 입양이 또 하나의 출산이라는 사회적 인식이 확산되도록 홍보를 진행하고 있다(사진 참조). 이와 관련하여 민간입양단체를 지원함으로써 입양에 대한 반

사진 설명 해외입양인들이 한국을 방문하여 한국의 문화를 접하고 있는 모습

사진 설명 해외입양인들의 뿌리 찾기 행사

편견 교육, 공개입양 장려, 입양홍보 등이 보다 적극적으로 이루어지게 하고 있다. 또한 종교계(기독교, 천주교 등)와 입양기관, 민간단체와의 간담회 등을 통해 국내입양을 활성화시키는 데 적극적으로 참여해줄 것을 요청하였다. 그리고 국내입양 가정위탁에 대한 청소년의 인식을 개선시키기 위해 교과과정에 이와 관련된 내용을 반영하고자 추진하고 있다.

보건복지가족부에서는 국내입양 관리와 지원체계 마련 및 입양인 사후서비스 제공, 원스톱 통합지원을 통한 입양 활성화를 도모하기 위하여 2009년 7월 중앙입양정보원을 설립한 후, 2012년 중앙입양원으로 명칭을 변경하였고, 2019년 아동권리보장원[1)]으로 다시 명칭을 변경하였다. 아동권리보장원은 국내입양 알선과 지원을 강화하기 위해 입양기관의 입양대상 아동과 예비양부모에 대한 정보를 제공받아 데이터베이스를 구축하고 이를 입양기관 및 예비양부모 등에게 제공한다. 2011년 입양정보통합관리시스템 서비스를, 2014년에는 사후서비스 이력관리시스템 서비스를 제공하기 시작했다. 입양인의 뿌리 찾기의 모든 출

사진 설명 입양에 대한 적극적인 홍보를 위해 열린 입양홍보를 위한 걷기 대회

1) 아동권리보장원은 2019년 설립된 기관으로, 아동정책에 대한 종합적인 수행과 아동복지 관련 사업의 효과적인 추진을 위해 필요한 정책의 수립을 지원하고 사업평가 등의 업무를 수행한다. 2019년 중앙입양원, 드림스타트 사업지원단, 아동자립지원단, 실종아동전문기관 등 4개 기관이 통합되었고, 2020년부터 추가적으로 디딤씨앗사업지원단, 중앙가정위탁지원센터, 중앙아동보호전문기관, 지역아동센터중앙지원단 등 4개 기관이 통합된다.

발점이 되는 국가차원의 중앙입양지원기관의 임무를 수행하고 있다. 입양인과 친부모가 친가족을 찾기 위해 아동권리보장원을 방문하게 되면 입양관련 자료를 축적하여 원스톱으로 처리해주고 있다. 또한 아동권리보장원은 입양인의 뿌리 찾기 및 입양대상 아동 정보 공유 등을 위해 입양기관에서 보존하고 있는 입양자료를 단계적으로 데이터베이스화하고 있다. 이로써 입양인이 친부모를 찾는 데 있어 불편을 줄일 수 있고, 입양대상 아동과 예비양부모의 정보가 공유되어 궁극적으로는 국내입양 활성화에 기여할 것으로 기대하고 있다.

4) 입양 후 복지서비스

입양 후 복지서비스란 보호가 필요한 아동에게 법적인 입양절차가 마무리된 후에 입양과 관련된 사람들(입양아동, 입양부모, 친부모)에게 제공되는 사회복지서비스를 의미한다. 우리나라의 경우 입양 후 복지서비스는 입양의 사후관리에만 국한[2)]되어 있었다. 즉, 입양 후 복지서비스라기보다는 입양이라는 법적인 절차를 마무리 짓는 사후절차에 가깝다고 볼 수 있다. 사후관리에 관한 규정에서도 국내입양의 경우 입양성립 후 1년까지, 그리고 해외입양의 경우 입양국가의 국적을 취득할 때까지로 제한함으로써 전문적인 입양 후 복지서비스를 제공하기가 힘들다. 「입양특례법」은 입양이 성립된 후 1년 동안 양친과 양자의 상호적응을 위하여 입양기관이 의무적으로 사후관리를 하도록 규정하고 있다. 「입양특례법」에서는 사후관리로서 세 가지 사업을 명시하고 있다. 첫째, 양부모와 입양아동의 상호적응상태에 관한 관찰 및 필요한 서비스의 제공, 둘째, 입양가정에서의 아동양육에 필요한 정보의 제공, 셋째, 입양기관에서는 입양가정이 수시로 상담할 수 있는 창구의 개설 및 상담요원을 배치하도록 규정하고 있다. 「입양특례법」에 따라 제공되는 국내 입양사후서비스는 크게 네 가지로 구분되는데 서비스 유형과 그 내용이 〈표 11-4〉에 제시되어 있다.

또한 우리나라의 입양관련법에서는 입양기관의 아동상담원이 사후관리를 담당하는 것으로 되어 있다. 아동상담원은 입양될 아동과 입양희망 가정과의 상

2) 입양특례법 25조에 따르면 입양기관의 의무 중 하나로서 입양기관의 장은 입양성립 후 1년까지 입양부모와 입양아동의 상호적응상태에 대하여 보건복지부령이 정하는 사후관리를 하고, 국외로 입양되는 아동의 사후관리는 그 국가의 국적을 취득할 때까지로 한다고 정하고 있다.

표 11-4 「입양특례법」에 제시된 국내 입양사후서비스의 주요 내용

서비스 유형	서비스 내용
입양후 가정조사 보고서	• 입양 후 1년 동안 입양기관의 담당자가 입양가정을 방문하여 조사보고서를 작성해야 하며, 양친과 양자의 상호적응 상태에 관하여 관찰하고 필요한 서비스를 제공 • 입양 후 1년 동안 매 3개월마다 총 4회의 가정조사를 실시하며, 4회의 가정조사 중 2회 이상은 아동의 교육시설, 근린시설 등 아동의 상태를 직접 관찰할 수 있는 장소에 직접 방문하여 실시
입양아동 및 부모교육	• 입양 후 아동과 부모의 안정적인 상호적응과 건전한 발달·양육을 촉진하고, 입양아동의 발달적 위기를 극복·예방하며, 입양가정의 건강성을 높이기 위한 다양한 교육 및 참여 프로그램을 실시
입양아동·친생 부모·입양부모 상담	• 입양 후 입양아동 친생부모 입양부모 등 입양삼자가 심리적 정서적 사회적 경제적으로 어려움과 위기에 처해 있을 때 상담 서비스를 제공 • 상담내용은 주로 아동의 적응문제, 부모-자녀 관계문제, 입양 후 가족 간의 관계문제 등이 포함되며, 전화상담, 온라인상담, 내방 상담 등으로 구분하여 진행함
입양아동 및 가족 사례관리	• 입양 후 입양아동과 입양부모가 건강하고, 행복하며, 안정된 삶을 유지할 수 있도록 지속적으로 사례관리를 실시 • 사례관리는 입양 후 사후관리 기간인 1년 이후에 시작하며, 입양아동이 18세가 될 때까지 지속하며, 필요한 경우 성인입양인도 사례관리를 제공할 수 있음. 일반 입양아동과 가족의 경우, 1년에 1~2회 정기적으로 전화, 내방을 통해 사례관리를 함 • 특별한 욕구가 있는 입양아동과 가족의 경우, 이들이 겪고 있는 문제나 어려움이 해결될 때까지 정기적이고, 지속적으로 사례관리를 하며, 입양기관에서 제공하기 어려운 서비스를 필요할 때는 지역사회 타 기관에 의뢰함

출처: 중앙입양원(2013). 국내입양 사후관리서비스 체계화를 위한 서비스 모형 개발 연구.

담, 가정 상황의 조사 및 입양된 아동과 그 가정에 대한 사후지도에 관한 업무를 담당한다. 하지만 대부분의 입양기관의 경우 아동상담원의 업무가 과다하여 전문적인 서비스를 제공하기가 쉽지 않다(김형모, 2001; 울산매일신문, 2014). 입양실무자들은 효율적인 사후관리를 위해 '기관 내의 사후관리 전담인력이 집중적으로 서비스를 제공'하는 것이 바람직하다고 밝히고 있다. 현재 국내의 대표적인 입양기관에서 제공하고 있는 사후관리서비스의 사례를 정리한 것이 〈표 11-5〉에 제시되어 있다.

최근 들어 입양 후 복지서비스 중 입양아동들의 친부모 찾기와 관련된 어려

표 11-5 국내 입양기관별 사후관리 프로그램 현황

기관명	프로그램명	세부 내용
A기관	입양부모 교육지원	• 입양부모들에게 입양 이후 꾸준한 교육 및 올바른 정보를 제공하여, 성공적인 입양이 될 수 있도록 입양부모 교육지원
	입양 자조모임 지원	• 입양부모 모임으로 입양에 대한 정보를 교환하며 아동 양육에 대해 온·오프라인 모임을 통하여 의견 나눔
	입양가족 나들이	• 매년 5월 가정의 달을 맞이하여 국내입양 한 가정들을 초청하여 입양가정의 진솔한 애기를 나누는 장을 마련하여 입양가족들이 유대감과 친목을 형성하고 성년입양인과 입양관련 전문가들을 초청하여 입양에 대해 이야기를 듣는 시간을 가짐으로써 입양아동 양육지원
B기관	국내입양가정 부모교육	• 국내입양부모의 부모역할훈련 및 교육(P.E.T. 부모교육)
	입양전문 도서관 운영	• 입양, 양육, 가족 등 각 분야별 도서대여를 통해 입양에 대한 이해증가
	입양가정 자조모임 운영	• 지역별 입양가정모임, 봄소풍, 가을운동회, 가족캠프
	2차 입양가정 물품지원	• 2차 이상 입양가정 아기들을 위한 분유와 기저귀 지원
	입양아동 프로그램	• 입양아동 심리·발달치료 지원 서비스 • 입양아동 자아성장 훈련 프로그램 및 공부모임 지원 • 입양아동의 '입양 여행(adoption journey)'
	기타	• 입양가정 1박 2일 캠프 여행 • 국내입양부모와 미혼모 만남의 행사 • 입양수기 & 사진 공모전
C기관	입양가정지원 프로그램	• 가정상담과 교육, 가족캠프 및 입양가족 자조모임 지원
	연장아동·발달지체아동 특수교육지원	• 만 1세 이상 연장아동인 신체 및 사회적 발달 도모와 발달지체아동의 지능운동능력 향상을 위해 외부 교육기관과 연계된 교육실시
D기관	입양홍보사업	• 각종 언론매체를 통한 언론 보도, 캠페인 활동, 입양정보 제공, 전국입양가족대회 개최
	입양가정지원사업	• 장학금 지원, 장애아동 의료비 지원
	교육 및 연구사업	• 입양아동 및 입양부모를 위한 교육 프로그램 운영 • 각종 교육기관 및 단체를 대상으로 반편견입양교육 실시 • 관련 연구 실시
	입양가족 자조모임 운영	• 각 지역별 입양부모 중심의 자조모임 운영
	상담	• 입양부모들을 위한 입양관련 상담 및 입양자녀 양육상담

출처: 중앙입양원(2013). 국내입양 사후관리서비스 체계화를 위한 서비스 모형 개발 연구.

움들이 지적되면서 2009년 8월 6일부로 입양사후관리지침을 시행하고 있다. 입양사후관리지침은 국내외 입양가족이 친가족 찾기를 의뢰할 때 아동권리보장원과 입양기관은 이들에게 입양기록을 공정하고 투명하게 공개함으로써 입양가족의 신뢰도를 높이고 입양가족의 권익을 보호하는 것을 목적으로 한다.

한편 미국에서는 입양관련 삼자(Adoption triangle)라는 용어를 사용하여 입양이 입양아동, 입양부모와 친부모 간의 관계로 구성되어 있음을 강조하고 있다. 이와 관련하여 미국의 입양 후 복지서비스는 입양아동, 입양부모, 친부모에게 제공되는 서비스로 구분된다. 입양아동에 대한 복지서비스는 친부모와 분리된 것과 관련된 문제와 새로운 입양가족과 사회에서 입양아동으로 살아가는 것과 관련된 문제들에 대한 개인상담 및 청소년기에 입양아동이라는 사실을 깨닫게 됨으로써 겪게 되는 문제들에 대한 위기중심 상담 등이 제공된다. 입양부모에게는 입양부모로서 경험하는 여러 문제들에 대해 개인상담과 위기중심 상담을 제공한다. 또한 입양부모들이 자조집단을 형성해서 필요한 정보를 교환하며 입양과 관련된 많은 활동을 하고 있다. 마지막으로 친부모에 대한 복지서비스는 아동을 입양시킨 후 겪게 되는 여러 가지 심리적 어려움 등에 관한 개인상담과 비슷한 처지의 다른 친부모들과 함께 모이는 지지집단 활동이 제공되고 있다.

성공적인 입양이 이루어지기 위해서는 성장하고 적응해가는 입양아동과 이 아동을 키우는 입양부모 및 자신의 자녀를 떠나보낸 친부모를 위한 심리적 · 사회적 지원이 지속적으로 요구된다. 또한 입양아동이 청년기에 접어들면서 자아정체감 혼란으로 인해 힘들어할 때 이들이 정체성을 찾을 수 있도록 지원해주는 시스템도 마련되어야 할 것이다.

4. 입양사업의 개선방안

입양에 대한 인식이 변화되고 있지만 여전히 국내입양이 활성화되지 않고 있는 것도 현실이다. 아직 우리나라에서는 혈연중심의 문화로 인해 입양에 대한 편견이 강하고 이로 인해 비밀입양이 주로 이루어지고 있기 때문이다. 또한 입양아동의 양육을 지원하는 법과 제도가 많이 개선되기는 하였지만 아직도 입양아동의 복지 증진 측면에서는 부족한 부분이 많이 있다. 이에 현재 실시되고 있는 입양사업의 문제점을 통해 개선방안을 알아보고자 한다.

1) 입양가족에 대한 정책적 · 제도적 지원 마련

입양가족과 입양아동에 대한 정책적 · 제도적 지원이 부족하다. 첫째, 입양아동에 대한 경제적 지원과 관련하여, 입양아동의 양육, 교육, 의료와 관련된 정부의 지원이 늘어나기는 했지만, 입양아동을 키우는 데 필요한 비용을 고려해보면 턱없이 부족한 실정이다. 특히 장애아동은 국내입양이 거의 이루어지지 않고 있는데, 이는 장애아동에 대한 편견 때문이기도 하지만 다른 한편으로는 장애아동을 키우는 데 재정적인 부담이 너무 크기 때문이다. 보건복지부에 따르면 2016~2018년에 국내에 입양된 장애아동은 같은 기간 해외로 입양된 장애아동에 비해 그 수가 상당히 적은 편이다(〈표 11-6〉 참조). 이는 부족한 정부 지원책과 부정적인 사회 인식 때문이다. 실제 국내입양가정은 양육보조금으로 월 55만여 원(중증 62만 7천 원, 경증 55만 천 원)과 연간 252만 원의 의료비를 받지만 양육비와 병원비로는 턱없이 부족한 실정이다. 이러한 재정적인 부담으로 특히 의료비가 상당히 많이 드는 장애아동은 입양되기가 어렵다.

둘째, 입양은 법적인 절차를 따르고 있으나 파양에 따른 아동의 보호에는 법적 보호조치가 미흡하다. 입양특례법에서 파양의 사유를 양친이 양자를 학대 또는 유기하거나 그 밖에 양자의 복리를 현저히 해하는 경우, 양자의 양친에 대한 패륜행위로 인하여 양자관계를 유지시킬 수 없게 된 경우로 제한하고 있고, 파양이 청구된 아동이 13세 이상인 경우 아동의 의견을 청취하고 존중해야 함을 제시하고 있다. 그러나 불법입양의 경우 이러한 법이 적용되지 못하는 사각

표 11-6 건강상태에 따른 국내외 입양 현황 (단위: 명)

연도	국내입양			국외입양		
	계	건강양호	건강이상	계	건강양호	건강이상*
2016	546	526(96.3%)	20(3.7%)	334	211(63.2%)	123(36.8%)
2017	465	439(94.4%)	26(5.6%)	398	287(72.1%)	111(27.9%)
2018	378	355(93.9%)	23(6.1%)	303	168(55.5%)	135(44.5%)

출처: 아동권리보장원(2019b). 2018년 입양 통계.

지대에 놓이게 된다. 현행법상 파양 이후 아동을 어떻게 보호하고 양육할 것인가에 대해서는 법적 규정이 전무한 상태이다. 파양 재판과정에서 아동의 입장을 충실히 반영하고, 파양 후 양육에 공백이 생기지 않도록 사회복지사나 변호사 등 아동을 대리할 수 있는 절차보조인을 선임하는 제도를 도입할 필요가 있다(김상용, 2009). 입양의 취소 및 파양을 예방하기 위해서는 이와 관련된 법을 개정하고, 입양에 대한 사회적 관념이나 인식을 변화시킬 수 있도록 국가적 차원에서 적극적인 홍보 및 교육이 필요하다.

셋째, 입양대상 아동과 관련하여 친권을 중시하는 제도 때문에 입양이 되지 않는 아동이 많다. 부모가 아동을 시설에 맡긴 후 연락 한 번 하지 않아도 이 아이는 법적으로 부모가 있다는 사실 때문에 입양될 기회를 전혀 갖지 못한다. 입양이 친부모가 직접 양육할 수 없는 아동의 보호와 양육을 위해 마련된 제도라는 점을 고려해보면, 친부모와 동일하게 자녀를 양육해줄 가정에 입양시킬 기회가 있다면 자녀의 복지가 부모의 이익(자녀와의 친족관계를 유지하는 이익)보다 우선해서 보호되어야 한다. 미국의 경우 6개월에서 1년 동안 부모가 자녀에 대한 책임을 지지 않으면 사회적으로 개입해서 친권을 제한할 수 있다. 아동의 복지증진 측면에서 볼 때, 자녀에 대한 책임을 다하지 않는 부모들의 친권에 대해 사회적으로 개입하는 것이 필요하다.

넷째, 입양기관에 대한 제도적 지원이 필요하다. 입양은 반드시 국가가 인정한 입양전문기관을 통해 이루어질 수 있도록 국가차원에서 홍보가 이루어져야 하며, 동시에 불법입양을 예방할 수 있는 시스템을 마련하고, 불법입양에 대해서는 엄격한 처벌이 이루어져야 한다. 입양기관의 입양서비스의 질을 개선하고 일관성 있는 입양절차수립 및 입양서류의 간소화, 기관 간의 유기적 협조체제가 구축되어야 한다(정맹진, 2002).

2) 국내입양사업의 활성화

2009년 11월 8일 『뉴욕타임스』에 실렸던 토픽 다섯 기사 중 한국 출신의 입양인들에 대한 기사 〈Adopted From Korea and in Search of Identify〉에서는 입양아동의 정체성에 대해 다루었다. 뉴욕 비영리 입양조사기관 에반스 도널드슨 입양협회의 보고서에 따르면 전체 한국 입양인의 약 78%가 어린 시절 자신이

사진 설명 해외로 입양되었던 김은미 씨는 어린 시절 자신을 늘 백인으로 생각했다고 말했다.

백인이라고 믿거나 백인이 되기를 소망해 왔고(사진 참조), 60%의 입양인들이 중학교 시절 이후부터 자신의 인종적 정체성을 인식하게 되었다고 한다. 또한 61%의 사람들이 자신의 고국문화와 뿌리를 찾기 위해 한국을 방문했던 경험이 있다고 한다. 해외에 입양된 입양인들은 입양에 관한 정책적 개선이 필요하며 한국 여성들이 자신의 아이들을 양육할 수 있는 환경이 조성되어야 한다며 관련정책 부재를 지적하였다(http://webzine.kcare.or.kr). 게다가 국외 입양아들의 파양 문제도 이슈화되고 있다. 인성이 검증되지 않은 입양 부모로부터 입양아동이 폭행을 당하거나 파양된 경우가 적지 않았다. 미국 시민권을 취득하지 못한 채 강제로 쫓겨나 불법체류자로 내몰린 입양아들이 2만 명에 달하는 것으로 보고되고 있다(2019년 6월 6일자). 국가적으로는 '고아 수출국'이라는 오명에서 벗어나기 위해서뿐만 아니라 보다 궁극적으로는 해외입양인들이 겪고 있는 정체성 문제를 고려해볼 때, 요보호아동의 국내입양을 보다 활성화시키는 것이 중요하다.

정부는 2005년 이후 다양한 국내입양지원제도를 실행하고 있다. 국내입양가족지원제도로서, 장애아동 양육보조금 및 의료비 지원, 입양아동 의료급여 실시, 입양된 장애아동에 대한 무료진료 등이 포함된다. 더불어 입양절차 및 구비서류가 보다 간소화되었고, 입양수수료를 면제시켰으며 입양부모가 아동입양수속기관에 납부하는 수수료를 정부가 부담하여 아동에 대한 사회적 책임을 강화하였다. 입양아동에게 무상보육을 실시하고 교육비를 지원함으로써 입양아동의 양육비용에 대한 국가지원이 보다 확대되었다. 또한 입양기관 운영지원, 입양정보센터 운영, 입양대상 아동 통합관리시스템 운영, 입양가족단체지원, 지방자치단체의 책임 명시를 통해 국내입양을 활성화하고자 노력하고 있다. 그럼에도 보건복지부의 2018년 입양현황 통계에 따르면 건강에 이상이 있는 아동의 해외입양은 135명으로 국내입양 23명보다 6배 정도 높았으며, 국내입양된 아동의 여아 대 남아 비율은 7 대 3인 것으로 나타났다. 장애아동과 남아의 경우 입양이 여전히 어려움을 보여주는 현실이다. 국내입양이 활성화되기 위해서는 이러한 정부의 지원이 일회성으로 끝나는 것이 아니라 보다 지속적으로 강화, 확대될 수 있도록 입양에 대한 법과 제도의 개선이 필요할 것이다.

3) 입양서비스의 강화

입양은 입양아동뿐 아니라 입양부모에게도 새로운 적응을 요구하기 때문에 이들 간의 원활한 적응을 도모하기 위해서는 예비입양부모에 대한 사전교육이 필요하다. 양부모와 입양아동 간에 정서적인 관계가 형성되어야 하고, 입양아동은 자신이 누구인지에 대한 정체감을 형성해야 하기 때문에 여러 어려움이 발생할 수 있다. 따라서 입양실무자들은 입양부모에게 필요한 지식과 기술을 갖추고 이를 예비입양부모와 입양부모에게 제공해주어야 한다. 입양부모와 입양아동 간의 '다름'에 대해 인지시켜야 하고, 입양아동을 받아들이기 전 심리적 임신기간에 대한 교육이 이루어져야 한다. 이러한 사전교육은 입양가정의 성공적인 적응에 도움이 되고, 파양으로 인해 입양아동들이 이중의 상처를 받는 것을 예방할 수 있다.

또한 입양이 성공적으로 이루어지기 위해서는 입양 후 지속적인 서비스가 필요하다. 입양 후 특히 사후서비스는 입양이 파양으로 진행되는 것을 막는 데 결정적인 역할을 담당한다. 입양 후 사후관리 제공에 대한 평가에서 입양기관 종사자의 대다수(95%)와 입양부모의 대다수(80%)가 입양가족의 적응에 도움이 된다고 응답한 것으로 나타나(정용주, 2011) 입양 후 사후관리는 성공적인 입양에 도움이 됨을 알 수 있다. 또한 입양부모와 입양기관 종사자들이 선호하는 입양아동의 사후관리 기간은 입양성립 후 36개월 이상으로 나타났는데 이는 입양 이후에도 지속적인 관리가 필요함을 강조하는 것이다. 우리나라의 경우 입양 후 서비스가 '사후관리'로만 국한되어 있어, 입양가족들에게 실질적인 도움을 제공하지 못하고 있는 실정이다. 입양기관의 재정 및 인력 부족 등으로 인해 전문적인 입양 후 복지서비스 프로그램을 개발하거나 실시하는 데 어려움을 겪고 있다. 입양아동은 성장하는 과정에서 여러 심리적인 어려움을 경험하게 되고, 입양부모 또한 자녀를 양육하는 동안 많은 어려움을 경험하기 때문에 이를 지지해줄 수 있는 전문적인 상담 및 교육 프로그램이 필요하다. 입양아동, 입양부모, 친부모에 대한 개인상담, 위기개입상담, 지지집단 활동, 자조집단 등을 포함한

다양한 입양 후 복지서비스를 개발하여 제공할 필요가 있다.

한편 국내외 입양인들을 위한 통합적이고 전문적인 사후서비스의 활성화가 시급하다는 공통된 인식하에 한국의 대표적인 입양기관인 대한사회복지회, 동방사회복지회, 한국사회봉사회, 홀트아동복지회는 1999년 7월에 공동으로 입양정보센터를 설립하여 운영하였다. 2005년 하나의 독립된 단체로 성장한 입양정보센터는 주요 입양기관 및 보건복지가족부의 지원 아래 양질의 입양정보 사후서비스 지원체계를 구축하여 국내외 입양인 및 입양가족은 물론 일반시민에게 보다 전문적인 서비스를 제공하고 있다. 해외입양인의 가족찾기와 국내체류 편의를 지원하고 국내입양 활성화를 위한 홍보 및 상담서비스를 제공하였다. 입양정보센터는 2009년 중앙입양정보원, 이후 2012년에는 중앙입양원으로 개칭하였고, 2019년 아동권리보장원으로 통합되었으며(사진 참조), 입양기관 및 관련단체들과의 협력체계를 통해 뿌리찾기를 포함하여 일원화된 입양정보통합관리시스템을 구축함으로써 입양관련 업무에 대한 총괄적인 지원 및 조정기능을 수행하고 있다. 이러한 입양서비스의 강화는 입양아동 및 입양부모의 적응을 도와줄 수 있고, 궁극적으로는 국내입양의 활성화에 기여할 수 있다.

아동권리보장원 National Center for the Rights of the Child

사진 설명 아동권리보장원 로고. 아동을 생각하는 마음을 '하트' 모양으로 표현, 아동을 감싸 안아 아동의 권리를 지켜주는 의미를 담음. 두 아동 사이의 '집'은 편안하고 친근하게 다가간다는 의미를 표현한다.

4) 바람직한 입양문화 정착화

우리나라의 경우 혈연중심의 가족주의 문화와 입양에 대한 부정적인 인식이 국내입양의 활성화를 저해하고 있다. 강한 혈연의식은 아버지와 혈연으로 맺어지지 않은 자녀에게 가계계승이나 자녀로서의 정당성에 의문을 제기한다. 입양사실이 밝혀지면 입양된 자녀는 자녀로서의 정당한 대우를 받지 못하는 경우가 많아 국내의 입양부모들은 대부분 비밀입양을 하게 되고, 입양사실을 밝히는 것을 더욱 꺼려하게 된다. 특히 난임여성의 경우 이름 모를 미혼모가 낳은 신생아를 자신이 출산한 것처럼 주변에 알리는 경우가 많다. 국내입양부모들의 95%가 생후 5개월 미만의 건강한 신생아만을 입양하고 있으며 입양아동을 자신이 낳은 친자로 호적에 입적시키는 것은 이러한 세태를 반영하는 것이라 볼 수 있다

(배태순, 1998).

이러한 비밀입양의 경우 공식적인 입양기관을 통한 입양이 아닌 불법입양인 경우가 많다. 불법입양은 개인적인 요구에 의해 입양을 하는 경우가 많아 입양을 공적 관계가 아닌 사적 관계의 변동으로 인식함으로써 파양도 쉽게 하는 경향이 있다. 또한 불법입양된 아동들은 유흥업소의 강제 출연, 앵벌이 이용 등 아동의 착취 및 학대와 연계될 수 있다. 이러한 불법입양은 아동의 안전과 복지를 보장할 수 없다. 「입양특례법」에서는 불법입양 알선에 대해 3년 이하의 징역 또는 2,000만 원 이하의 벌금에 처하도록 하고 있으나, 거의 사문화되어 있는 것이 현실이다(이삼식, 변용찬, 김유경, 2000).

최근 들어 공개입양이 증가되고 있기는 하지만 아직은 미미한 수준이다. 공개입양을 확대하기 위해서는 입양에 대한 개입과 홍보 활동을 적극적으로 수행해야 하고 입양가족과 접촉하는 모든 과정에서 입양가족의 입장을 고려한 개입과 서비스가 이루어져야 한다. 입양가족의 경우, 입양가족들 간의 자조모임을 활성화시키는 것이 중요하다. 입양가족에 있어 자조모임은 절대적 지지자원이다. 공개입양을 했던 가족들의 경우 입양가정에 대한 국가의 경제적 지원이나 보조가 부족하고 입양가정을 위한 자조모임과 입양 전후의 적응 및 교육 프로그램이 필요하다고 인식하고 있었으며 무엇보다 입양에 대한 사회적 편견을 깨는 것이 중요하다고 하였다(구미향, 2006).

사진 설명 서울 가톨릭사회복지회 성가정입양원이 입양홍보를 위해 펴낸 만화 〈다시 찾은 행복〉

이와 더불어 입양문화를 발전시키기 위한 홍보 및 의식개선사업을 지속적이면서 적극적으로 추진해야 한다(사진 참조). 2005년 보건복지부에서는 5월 11일을 입양의 날로 제정하였고 입양의 날부터 일주일간을 입양주간으로 정하여 2006년부터 시행하고 있어 국가적 차원에서 입양에 대한 인식을 전환시키기 위한 노력을 하고 있다. 5월 11일 입양의 날에는 가정의 달 5월에 한 가족(1)이 한 아동(1)을 입양해 건강한 새로운 가족(1+1)으로 거듭난다는 의미가 담겨 있다. 입양의 날에서는 모범적 입양가정에 대한 사례를 홍보하거나 이들에게 상을 수여함으로써 사회적 관심을 유도하고 있지만, 입양의 날 행사는 입양가족들만의 행사로 이루어지고 있고 일반인들의 입양의 날에 대한 인식도는 아직도 낮은 수준이다.

최근 입양에 관한 인식과 태도를 조사한 연구에서, 전체 응답자의 80%가 "부모 없는 아이들을 위해 입양문화는 활성화되어야 한다"고 응답해 아동중심적인 입양관을 갖고 있는 것으로 나타났다. 또한 입양이 "새로운 가족을 얻을 수 있는 기회"이며(82.8%), "불임 · 난임 부부에게 자녀를 키울 수 있는 기회"(89.4%)라고 응답함으로써 입양에 대한 의식이 변화하고 있음을 보여주고 있다(마크로밀엠브레인, 2014). 하지만 이러한 인식의 변화가 행동의 변화로 나타나기 위해서는 정부의 적극적인 정책적 지원이 뒤따라야 할 것이다.

요컨대, 입양은 입양아동의 복지를 증진시키기 위한 것이다. 가정이 없는 아동에게 새로운 가정을 제공하여 건강하게 자랄 수 있도록 지원하는 입양제도는 입양아동의 권리와 복지를 저해하는 요인들에서 자유로워야 한다. 요보호아동의 보호는 국가, 지방자치단체 및 일반인 모두의 책임이다. 입양에 대한 일반인들의 인식이 개선되지 않으면 아무리 법적 제도나 정부지원이 좋아진다고 해도 입양을 기피하게 될 것이고, 입양에 대한 인식이 변화되어도 입양에 대한 지원이 부족하면 입양을 망설이게 되는 것은 당연하기 때문이다. 요보호아동의 복지 증진 차원에서 입양이 이루어질 수 있도록 보다 적극적인 태도를 가져야 하고, 정부는 이를 위해 대국민 홍보와 계몽을 지속적으로 실시하여야 하며, 어려서부터 입양에 대한 긍정적인 인식을 키울 수 있도록 지원하는 것이 필요하다.

5) 입양대상 아동의 발생예방

입양 또한 아동의 복지를 증진시키기 위한 사업 중 하나이다. 요보호아동이 발생되지 않는다면 입양을 고려해야 할 필요가 없다. 무엇보다 요보호아동이 발생되지 않도록 예방하는 노력이 필요하다. 현재 입양대상 아동의 주요 발생원인이 미혼모의 자녀임을 고려해볼 때, 미혼모의 발생을 방지하기 위한 성교육 및 피임교육이 절실하다. 사회적으로 성에 대한 개방성이 높아지면서 십대 청소년들의 임신이 문제로 대두되고 있는 점을 고려해볼 때, 이들을 대상으로 한 구체적이고 실질적인 피임교육이 필요하다. 뿐만 아니라 청소년 대상 예비부모 교육을 통해 임신 및 출산, 미혼모 자녀를 위한 출생 신고 등과 같은 실제적인 정보를 알려주고 부모됨의 의미, 양육에 대한 책임 등에 대해 생각해볼 수 있는 기회를 제공해주어야 할 필요가 있다.

한편, 자녀를 입양보낸 후 많은 미혼모들이 '친모증후군(birth mother syndrom)'을 경험하는 것으로 나타났다. 친모가 갖는 슬픔의 감정은 자신의 상실이 다른 사람에게는 기쁨의 원천이 된다는 독특한 현실과 혼자 침묵하며 괴로워야 한다는 사실 때문에 더욱 복잡하다. 친권 포기 후 미혼모들은 식욕 상실, 수면장애 등과 같은 신체적 문제, 포기한 아동에 대한 비현실적 생각 또는 환상과 같은 부적절한 인지적 반응, 죄책감, 분노, 절망, 슬픔과 같은 정서적 반응, 냉담, 사회적 고립, 강박적인 과도한 활동과 같은 문제행동 등을 나타낸다. 시설거주 미혼모를 대상으로 입양 결정 요인에 대해 알아본 결과, 입양선택 미혼모 집단의 경우 유아 입양에 대한 긍정적 태도가 높게 나타난 반면 양육선택 미혼모 집단에서는 사회복지서비스 수혜 가능성에 대한 인식이 높은 것으로 나타났다(노충래, 김원희, 2004). 미혼모들이 자녀를 양육하는 데 필요한 사회복지서비스의 정보가 충분히 전달되고 이들에게 충분한 사회적 지원이 이루어진다면, 미혼모들이 직접 자녀를 키울 가능성이 높아진다는 것이다. 이러한 점을 고려해볼 때, 미혼모들이 스스로 자신의 자녀를 양육할 수 있도록 정부의 적극적 지원이 필요하다(사진 참조).

사진 설명 입양의 날 행사에서 입양아동과 입양을 보내는 어머니를 상징하는 인형탈을 쓴 채 무분별한 해외입양을 비판하고 아이를 기르려는 미혼모 지원을 강화할 것을 촉구하는 행위극을 하고 있다.

제12장

시설보호사업

한국의 아동복지는 해방과 한국전쟁이라는 역사를 통해 요보호아동을 긴급구호하기 위한 방안으로 가정보호보다는 시설보호를 중심으로 발전하였다. 시설보호사업은 부모의 이혼·학대·빈곤 등의 이유로 가정보호가 어려운 아동을 위한 서비스이다. 지금도 많은 아동들이 시설의 보호를 받으면서 성장하고 있다.

아동들은 자신의 잠재력을 최대로 발달시키면서 성장할 권리를 가지며, 사회나 성인은 이를 지원할 의무가 있다. 따라서 아동들이 가족만으로 이러한 환경을 충분히 제공받지 못하게 될 때 사회가 이를 보충, 지원하여 요보호아동의 발생을 예방할 수 있어야 한다. 아동이 복지적 삶을 영위할 수 있도록 하기 위해서는 정부, 민간이 협력하여 문제가 발생할 수 있는 아동집단을 체계적으로 발굴해내는 데 최선을 다하여야 하고, 이들의 상황을 정확히 진단한 후, 보호 방법을 모색하여 지원할 수 있도록 하여야 할 것이다.

이 장에서는 시설보호사업의 개념 및 목적, 시설보호사업의 현황 등을 살펴보고, 마지막으로 시설보호사업의 개선방안에 대해 살펴보고자 한다.

CASE STUDY

시설보호사업 프로그램 사례

시설아동은 자신의 의지와는 상관없이 사회구조적·가정적 원인으로 인해 사회적 적응의 취약성에 노출되어 있다. 그러므로 이들이 긍정적 자아개념을 형성하여 사회 현실에 잘 적응할 수 있도록 다양한 노력을 기울여야 한다. 이러한 노력의 한 형태로 서울시에 위치한 A시설의 5학년 남녀 아동 4명에게 총 16회기의 집단미술치료 프로그램을 실시하였다.

신체상 표현중심 집단미술치료 프로그램은 시설아동들이 자신의 신체를 표현하고 인식하며 정체성을 확립해 나가는 과정에서 자신의 부정적 자아개념을 긍정적으로 변화시키는 데 초점을 둔다. 자신의 정체성을 잘 드러내는 신체를 매개로 한 신체상 표현중심의 집단미술치료를 실시한 결과, 시설아동의 자아개념 형성에 효과가 있는 것으로 나타났다. 프로그램 실시 초기에는 아동들이 자신을 숨기거나 거짓된 모습을 보이며 자신의 욕구를 표현하는 것을 힘들어하였으나 중기, 종결 단계로 갈수록 서로에게 자신의 생각과 욕구들을 긍정적으로 표현하는 변화를 보였다.

A아동

초기	보호자가 전해준 사전 정보와는 반대로 산만한 모습을 보였고, 질문 시 대상 없이 허공 중에 이야기하는 등 불안한 모습과 작업에 소극적인 자세를 보였으며, 재료가 손과 옷에 묻는다며 투덜거렸다.
중기	산만하고 치료실 문을 발로 차는 모습을 보이나, 대상 없이 이야기하는 것이 줄고 다른 아동을 통해 연구자에게 질문을 하기도 하며 자신이 학교생활에서 우수하다는 것을 자랑하기 시작하였다.
후기	산만한 모습이 줄고 작업에 적극적이며, 아동 중 가장 늦게까지 작업하는 모습을 보였다. 초기 성우가 되고 싶었던 것은 자기 의사가 아니라며 자신은 아역 배우가 되고 싶다고 하면서, 연구자에게 자신이 되고 싶은 것에 대한 정보를 물어보는 모습을 보였다.

B아동

초기	초기 위축된 모습으로 손으로 가리고 작업을 하고 다른 아동과의 상호작용 없이 연구자에게 의지하는 모습을 보였다. 보호자가 자신과의 관계가 원활하지 못하다고 주 문제로 호소하였다.
중기	자신의 작업에 긍정적인 표현과 내적 갈등을 인식하고 수용하는 모습을 보였으며, A아동이 때리는 행동에 대해서 자신이 치료실 밖에서 하는 행동을 생각하며 이해하고 수용하는 모습을 보였다.
후기	자신의 욕구 표현에 "내가 한복을 입어도 예쁘고, 꽃이 되어도 어울리네!" 하며 긍정적인 자신의 모습을 형성하였고, 보호자와의 관계에서도 분노 표현이 줄었으며, 자신의 감정을 조절하는 모습을 보였다.

C아동

초기	자신에 대해 자신감 없는 태도를 보였고, 다른 아동과 상호작용 없이 혼자 작업을 하였다. 남자다운 모습이 보이지 않았으며 작업 시 예쁘게 꾸미려고 노력하는 모습을 보였다.
중기	작업에 장식이 줄고 자신의 이야기를 하기 시작하였다. 자화상 표현 시 자신에게 꽃을 주는 그림을 표현하면서 자신이 인기가 많다는 것을 간접적으로 표현했으며, 자신의 모습에 만족해하는 모습을 보였다. 자신이 태권도와 축구를 잘한다는 이야기를 하였다.
후기	D아동과 어울려 칼싸움 및 권투 놀이를 하는 모습을 보였고, 자신의 작업에 대한 애착을 보였으며, 자신이 생각한 표현을 하기 위해 매우 계획적으로 노력하는 모습을 보였다.

D아동

초기	말없이 작업을 하며 C아동의 그림을 보고 표현하는 모습을 보였다. 작업 시 보이는 모습과는 달리 언어적 표현에서는 자신이 힘이 세고 싸움도 잘한다는 등의 공격적 성향을 드러내었다.
중기	C아동의 그림과 상관없이 자신만의 표현을 하며 연구자에게도 반항적인 모습을 보이는 등 공격적인 면과 함께 수영, 달리기 등 자신이 잘하는 것 등도 함께 이야기하기 시작하였다.
후기	자신만의 작업 표현에 집중하는 모습과 마지막 신체 본뜨기 작업에서는 어울리는 색상을 생각해가며 작업하는 모습을 보였다. 반항적인 언어와 공격적인 표현이 줄어들었고, 자신의 작업에 긍정적인 표현과 다른 아동들과의 대화 속에서 자신도 그림을 잘 그린다며 연구자에게 나무를 표현하는 방법에 대해 설명하는 모습을 보였다.

출처: 전현선(2008). 시설보호아동의 자아개념에 대한 신체상(身體象) 표현중심의 집단미술치료 사례연구. 한국예술치료학회지, 8(1), 45-67.

1. 시설보호사업의 이해

아동은 가능한 한 자신이 태어난 가정에서 부모의 양육을 받으면서 성장해야 하지만 이러한 환경을 가질 수 없을 경우 시설보호를 필요로 한다. 시설보호사업의 개념과 목적은 다음과 같다.

1) 시설보호사업의 개념

아동의 성장과 발달에 있어 가장 중요한 것은 가정환경이다. 아동은 자신이 출생한 가정에서 친부모의 보호를 받으며 성장한다. 하지만 가정환경에서 보호가 어렵고 가정 내에서 아동의 욕구 충족이 불가능한 경우에 이러한 아동을 위한 시설보호가 필요하다.

일반적으로 시설보호란 아동의 부모가 그 자녀를 양육할 의사나 충분한 능력이 없을 때 혈연관계가 없는 타인이 부모역할을 대리하여 일정한 시설에서 일시적 혹은 장기적으로 집단으로 보호하는 사업을 의미한다(Kadushin & Martin, 1988).

시설보호는 도움이 필요한 아동 중에서도 입양, 대리양육, 가정위탁 및 소년소녀가정 지원 등 가정보호를 받을 수 없는 아동을 시설에 입소시켜 건전한 사회인으로 육성하는 데 목적을 두고 있다. 또한 시설 내에서도 소숙사제도 등 소규모 가정단위의 보호방식으로 전환함으로써 가정적인 분위기에서 성장을 유도하고 자립지원시책 추진을 기본방침으로 두고 있다.

「아동복지법」(제15조 제1항)에 따르면 시·도지사 또는 시장·군수·구청장은 관할구역 내에서 보호를 필요로 하는 아동을 발견하거나 보호자의 의뢰를 받은 때는 아동의 최상의 이익을 위하여 필요한 보호를 하여야 한다. 이때 시설보호는 아동과 보호자 상담·지도, 보호자 가정 복귀, 연고자 가정 대리양육, 가정위탁 등에 의해 가정보호가 어렵거나 적합하지 않다고 판단되는 경우에 한하여 마지막으로 실시하도록 하고 있다(〈그림 12-1〉 참조). Fredericksen은 시설보호가 필요한 아동의 예를 다음과 같이 들고 있다(성영혜, 김연진, 2002).

- 부모의 질병이나 가족의 파탄 혹은 이혼 등의 이유로 부모로부터 격리되어야 하는 상황이지만 부모 외의 타인과 유대를 이루지 못할 여러 이유로 위탁보호를 할 수 없는 아동
- 신체의 심한 장애가 있어 부모가 양육하기 어려운 아동
- 문화실조나 정서장애 등의 치료과정에서 집단적인 생활경험이 필요한 아동
- 성장과정에서 장애를 일으킨 아동으로서 특수학교 교육도 불가능하여 시설에서의 보호와 수용이 필요한 아동

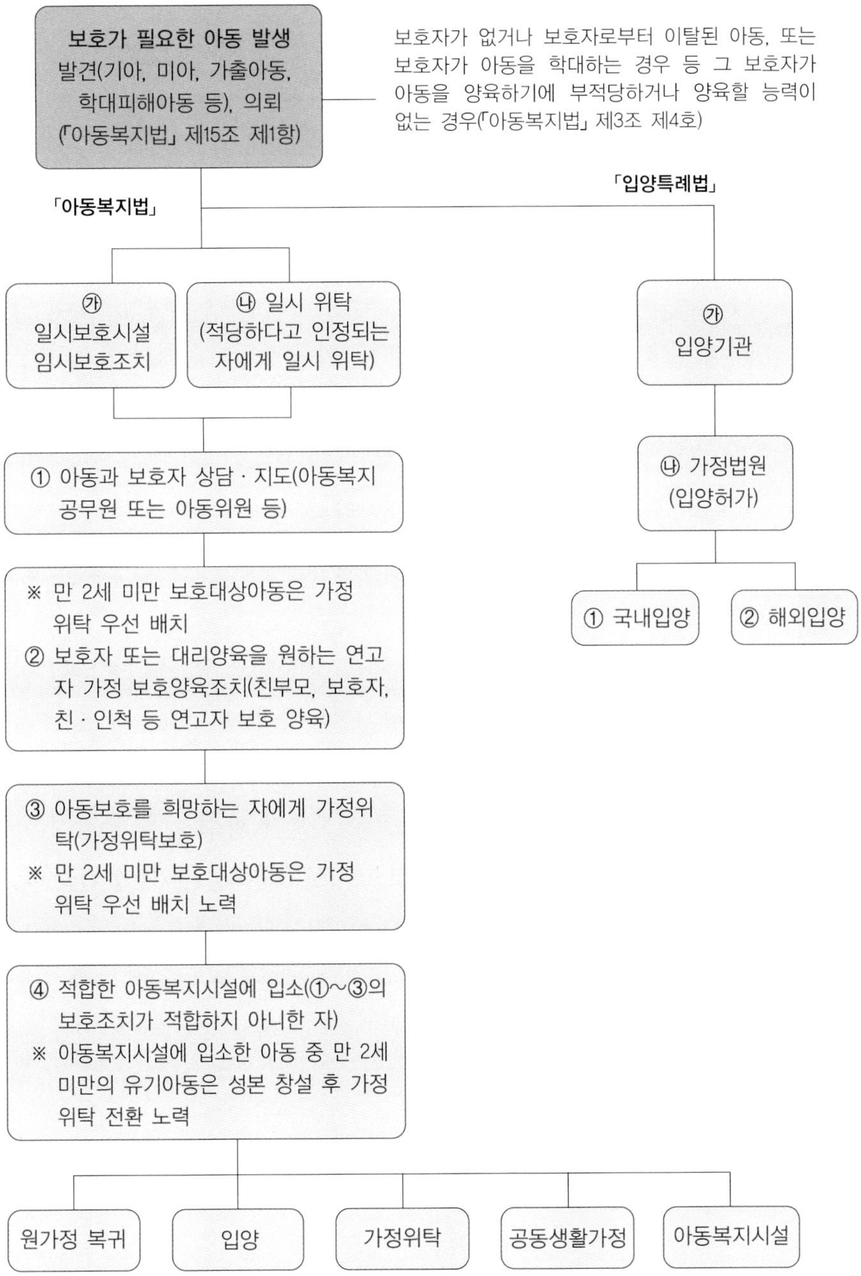

〈그림 12-1〉 **보호아동 발생 시 업무처리 흐름도**

출처: 보건복지부(2019c). 2019년 아동분야 사업안내, p. 12.

- 사회 전체에 나쁜 영향을 끼칠 비행아동이나 범죄아동
- 전에 생활하던 위탁가정으로부터 크게 실망하였거나 깊은 상처를 입어 가족생활이 적합하지 않은 아동
- 본래의 가족이나 위탁가정으로부터 이탈한 아동

미국은 1900년대부터 대규모 생활시설에서 아동을 보호하는 것에 대한 비판과 함께 아동은 가정과 같은 환경에서 양육되어야 한다는 관점이 주류를 이루었다. 초기 대규모 아동양육시설은 소규모화되거나 소숙사제도를 취하게 되었으며, 입소 대상 역시 친가정이나 위탁가정에서 양육하기 어려운 아동으로 제한하게 된 것이다. 1970년대 Miller와 같은 학자들은 아동에게 가족외 보호, 장기생활시설보호는 '본질적으로 사악'한 것이며 복원될 가능성이 없는 것이라고 정책가들을 설득하였고, '탈시설화'라는 명칭을 사용하여 '고아원'이 폐쇄되어야 한다는 점을 강조하였다(Peter, 1995).

Kathryn E. Hoff

Jonathan C. Huefner

그러나 현재까지 시설보호는 계속되어 오고 있으며, 분명히 어떤 아동들에게는 가정환경보다 생활시설환경이 더 필요한 것으로 이해되고 있다. 잘 고안된 시설보호는 아동의 사회적응에 긍정적인 영향을 미치며, 가정-중심 생활치료시설보호가 퇴소 이후 안정성 획득에 긍정적인 성과를 가져오는 것으로 보고되고 있다(Hoff, Dupaul, & Handwerk, 2003; Huefner, Oaters, & Thompson, 2004; Landsman, 2001).

오늘날 보호가 필요한 아동을 위한 시설보호는 단순한 수용보호의 차원을 넘어 아동들의 건전한 성장과 인격발달 및 사회적 치료를 목적으로 하여 아동문제를 근본적으로 해결하려고 하고 있다.

2) 시설보호사업의 목적

시설보호사업의 기본적인 목적은 특별한 발달상의 욕구, 치료적 욕구, 신체적 욕구, 정서적 욕구를 가진 아동들에게 구조화된 환경에서 전문적인 치료적 서비스를 제공하는 것이다. 그 외에도 시설보호는 다음과 같은 다양한 서비스를 제공한다(한국아동복지연합회, 2005).

첫째, 아동에게 교육적 · 사회적 · 행동적 · 발달적 · 의료적 · 정서적 욕구를 충족시키는 동시에, 문화적 · 인종적 정체성을 증진하며, 안전하고 양육적이며 보호적인 치료환경을 제공한다. 둘째, 성공적인 가정생활에 장애가 되어 온 부모와 자녀의 상황이나 행동을 수용 · 제거하고 아동과 가족의 강점을 찾아내도록 아동과 가족을 원조한다. 셋째, 아동과 가족이 가족관계를 향상시키고 유대관계를 강화하며 가능한 시점에서는 원가족복귀를 하도록 원조한다. 넷째, 아동과 가족이 가족원 중 누군가에게 정신보건이나 약물남용, 혹은 정신보건과 약물남용 모두에 문제가 있을 때, 이로 인한 부정적인 영향을 효과적으로 다루는 것을 배우도록 원조한다. 다섯째, 아동과 가족에게 휴식을 취할 기회를 제공하고 이를 통해서 자신들이 이용 가능한 방법이나 가능성 등을 분명히 하고 판단할 시간을 갖게 한다. 여섯째, 아동과 부모들이 원가족복귀가 가능하지 않거나, 원가족복귀가 아동에게 최상의 이익이 되지 못할 경우에, 원가족복귀에 대한 대안을 준비시킨다. 일곱째, 퇴소연령이 된 청소년들은 성인기로의 성공적인 전환을 할 수 있도록 향상된 기술과 가족과의 강화된 유대관계, 경제적 · 정서적 · 사회적 · 지역사회적 지지를 가지고 퇴소할 수 있도록 원조한다. 여덟째, 시설보호서비스 이후에 성공적인 생활을 하기 위해 필요한 장기적인 지역사회 지지망을 수립하도록 원조한다. 마지막으로 아동과 가족들이 서비스를 쉽게 많이 받을 수 있도록 전체 체제의 변화를 위한 옹호자의 역할을 수행한다.

3) 시설보호사업의 장단점

시설보호에 대해서는 많은 장단점이 논의되어 오고 있다. 여기서는 이러한 시설보호의 장점과 단점을 살펴보고자 한다(장인협, 오정수, 2004; 주수길, 주명국, 2007; 한성심, 송주미, 2003). 우선 시설보호사업은 다음과 같은 장점을 지닌다.

- 부모로부터 심리적, 감정적으로 결핍되거나 손상된 점을 집단생활에서 다른 양육자, 아동과의 상호작용을 통해서 보완할 수 있다.
- 시설보호기관에서의 집단통제와 감독은 아동을 보다 안전하게 보호해주고 자기 통제력이 떨어지는 아동에게 충동을 조절하고 자신을 통제하는 힘을 길러준다.

- 지역사회에서 수용하기 어렵고, 수용하지 못하는 아동의 행동특성을 보다 넓게 수용해준다.
- 아동의 생활경험을 면밀히 관찰하고 아동 개인에게 적합한 양육의 계획을 개별적으로 제공함으로써 치료의 기능을 담당할 수 있다.
- 시설보호기관에 적응하는 과정에서 다른 아동들과의 상호작용을 통해 사회성과 이타심을 기르고 사회에 적응하고 자립할 수 있는 능력을 기르도록 한다.
- 특별히 개인적인 치료가 필요한 아동의 욕구를 충족시켜주고, 문제를 해결해준다.

시설보호사업이 지니는 단점은 다음과 같다.

- 집단생활의 지나친 규정과 규율화가 아동에게 심리적인 부담을 주고, 개방적이고 따뜻한 인간관계의 형성을 저해한다.
- 사회와의 접촉이 결여되기 쉬우며 교우나 대인관계의 폭이 좁아질 수 있다.
- 고정되고 규칙적인 일과로 인해 개인의 자유와 창의적인 사고가 발휘되기 어렵다.
- 정서적인 욕구를 충분히 발산하고 표현할 기회가 부족해 공격적이고 부정적인 성격을 갖게 될 가능성이 있고, 대인관계의 기술이 부족할 수 있다.
- 시설보호의 아동은 경제적 경험, 문화적 경험, 사회와의 접촉 기회가 매우 제한된다.

2. 시설보호사업의 현황

우리나라의 아동복지정책은 특별히 보호가 필요한 아동뿐만 아니라 일반아동을 동일하게 권리의 주체로서 존중하며 건전하게 보호하고 육성하는 것을 기본방향으로 하여 세부적인 정책을 추진하고 있다. 보호대상아동은 시설보호보다는 입양이나 가정위탁을 통하여 가정에서 보살핌을 받도록 하는 것을 우선으로 하고 있으므로, 시설보호의 경우에도 공동생활가정과 같은 소숙사 설치를 통하여 아동이 가정적인 환경에서 자라도록 권장하고 있다.

우리나라는 이처럼 요보호아동에 대한 시설보호보다는 가정보호를 우선시하고 있을 뿐 아니라 저출산으로 인해 아동인구가 지속적으로 감소하고 있다(〈표 12-1〉 참조). 이러한 추세는 장기적으로 아동복지시설의 감소로도 이어질 전망이다.

「아동복지법」상 아동복지시설은 아동양육시설, 아동일시보호시설, 공동생활가정, 자립지원시설 등으로 구분된다. 아동양육시설은 보호대상아동을 입소시켜 보호, 양육 및 취업훈련, 자립지원 서비스 등을 제공하는 것을 목적으로 하며, 아동일시보호시설은 보호대상아동을 일시보호하고 아동에 대한 향후의 양육대책 수립 및 보호조치를 행하는 것을 목적으로 하는 시설이다. 공동생활가정은 보호대상아동에게 가정과 같은 주거여건과 보호, 양육, 자립지원 서비스를 제공하는 것을 목적으로 하며, 자립지원시설은 아동복지시설에서 퇴소한 사람에게 취업준비기간 또는 취업 후 일정 기간 동안 보호함으로써 자립을 지원하는 것을 목적으로 한다. 2018년 12월 기준 아동복지시설 279개소에 12,193명의 아동이 생활하고 있다(〈표 12-2〉 참조). 연도별 아동복지시설의 변화추이를 살펴보면 최근 10년간 보호아동 수는 1만 7천 명 수준에서 1만 2천 명 수준으로 감소하였다(〈표 12-3〉 참조).

과거 단순히 수용·구호만을 하던 아동복지시설은 최근 시설 생활아동은 물론 지역사회 아동에게까지도 아동복지종합서비스를 제공하는 데까지 그 영역을 확장하고 있다. 보호대상아동에 대한 정책방향이 시설보호보다 가정보호와 지역사회 보호에 중점을 두고 있어 시설의 변화가 요구된다. 급변하는 사회환경과 지역사회 및 아동의 욕구에 능동적으로 대처하기 위하여 생활아동에 대한 서비스의 질을 제고하는 한편, 시설을 지역사회의 종합아동복지시설로 전환할 필요가 있다.

표 12-1 **보호대상 아동의 수** (단위: 명)

연도	2009	2010	2011	2012	2013	2014	2015	2016	2017	2018
계	9,028	8,590	7,483	6,926	6,020	4,994	4,503	4,583	4,125	3,918

출처: 보건복지부(2018c). 보호대상아동 현황보고.

표 12-2 **아동복지시설 현황** (단위: 개소, 명)

구분	계	양육 시설	일시 보호	보호 치료	자립 지원	종합 시설	아동 상담소	전용 시설	개인 양육시설
시설수	279	241	12	11	12	3	7	7	14
현원	12,193	11,100	272	447	227	147	1	-	83

출처: 보건복지부(2019g). 2019년 아동복지시설현황.

표 12-3 **아동복지시설 및 보호아동 현황** (단위: 개소, 명)

연도	2009	2010	2011	2012	2013	2014	2015	2016	2017	2018
시설수	280	280	280	281	281	278	281	281	280	279
보호아동	17,586	17,119	16,523	15,916	15,239	14,630	14,001	13,689	12,789	12,193

출처: 보건복지부(2019g). 2019년 아동복지시설현황.

3. 시설아동의 자립지원서비스

시설에 입소한 아동이 퇴소 후 자신과 의미 있는 사람들과의 성공적인 상호 협조관계를 통해 안정적인 자립생활을 할 수 있도록 지원하는 일이 필요하다. 자립지원이란 독립 상태를 이끌기 위해 성인생활에 필요한 유·무형의 기술개발을 돕고 정서적 지지체계를 강화하는 일이다(보건복지부, 2019g).

아동이 시설에 입소한 후 제일 먼저 제공되어야 할 서비스는 원가족으로의 복귀를 지원하는 것이다. 이를 위해 시설에 입소하는 아동은 입소와 동시에 원가족복귀 계획서를 작성하여야 한다. 시설에서는 입소 후 3개월까지는 원가족복귀에 주력하고, 3개월이 경과한 후에도 원가족복귀가 이루어지지 않을 경우, 원가족복귀 및 자립지원 프로그램 서비스를 함께 제공한다.

아동복지시설의 시설퇴소아동의 자립실태 연구를 살펴보면, 비자발적 의지에 따라 퇴소하는 아동들의 외부적인 물리적 지지체계가 부족하다는 지적을 하고 있다. 개별적으로 취업준비 계획을 수립하고 학교 및 사설학원에서 교육을 받고 있지만 아동의 적성과 발달단계에 따른 보편적인 프로그램은 미흡하며, 시설과 훈련기관, 기업체 간의 프로그램 내용과 결과가 공유되지 못하고 있는 실정이다(이용환, 2003).

실제로 자립지원은 시설에 입소하면서부터 퇴소 후 일정 기간까지 아동발달단계에 따른 적정한 자립지원서비스를 제공하여 안정적인 자립생활의 정착을 지원해야 한다. 시설은 운영의 중심을 자립지원에 두고, 아동의 자립의지를 함양하는 일이 필요하다. 미취학 연령부터 연속적이고 체계적인 자립지원 프로그램을 조기에 실시하여 아동의 자립의지를 함양하고 퇴소 이후를 준비한다. 그리고 퇴소 후에도 자립생활에 정착하기까지 사례관리와 필요 서비스 연계를 통하여 안정적인 자립생활의 정착을 지원해야 한다(〈표 12-4〉 참조).

표 12-4 자립지원의 단계

단계별		서비스 내용
1단계	입소(위탁) 상담	• 원가족 복귀계획 수립
2단계	입소(위탁) 결정 후	• 건강, 지능, 사회성, 심리, 학습 관련 통합사정 실시 • 통합사정결과를 토대로 아동복지시설(위탁가정) 배치
3단계	시설(위탁가정)적응 기간	• 아동복지시설(위탁가정) 적응을 위한 프로그램 운영
4단계	적응기간 경과 후	• 아동복지시설(가정위탁센터) 내 사례관리회의 - 자립 · 건강 · 심리 · 학습 등 관계자 참석
5단계	사례관리 회의 후	• 아동별 자립지원서비스 계획 수립 - 1, 4단계의 내용을 반영 - 원가족 유대강화 서비스 포함 - 경계선지능 등 자립취약아동에 대한 별도의 서비스 개입계획 수립
6단계	자립지원통합관리 시스템 입력	• 5단계의 아동 자립지원서비스 계획을 사회복지시설정보시스템 [자립지원] 메뉴에 입력 * http://www.w4c.go.kr
7단계	자립지원프로그램 운영	• 연령 · 수요에 맞추어 자립지원을 위한 프로그램 운영
8단계	자립준비계획 수립 및 운영	• 만15세부터 보호종료 이후를 대비하여 매년 개인별 자립준비계획을 수립하여 운영 - 진로, 학습, 취업 계획 등 포함
9단계	보호종료 전 점검	• 보호종료가 예정된 아동에 대한 자립준비 점검 - 대학진학, 취업(예정)유무, 등록금조달, 주거 마련, 원가족 관계 등 • 경계선지능 등 자립취약아동의 자립준비기간이 필요할 시 아동복지법 시행령 제22조3호에 근거하여 연장보호 검토
10단계		보호종료
11단계	사후관리 및 상담	• 만 18세 이상 보호종료 후 5년까지 안정적 자립정착을 위한 사후관리 및 자립수준평가 실시 • 사후관리 및 자립수준평가 실시를 위한 기관내 업무지원체계 구축 필요

출처: 보건복지부(2019c). 2019년 아동분야 사업안내, p. 206.

보건복지부는 2011년부터 '레디? 액션!(Ready? Action!)' 자립지원표준화 프로그램을 운영하고 있다. '레디?(Ready?)'(〈표 12-5〉 참조)는 미취학부터 퇴소 전까지, 퇴소 후를 대비하는 자립준비 프로그램이며, '액션!(Action!)'(〈표 12-6〉 참조)은 퇴소 후 자립생활에 정착할 때까지 사례관리와 필요한 서비스를 지원하는 프로그램이다. 자립지원표준화 프로그램은 일상생활기술, 자기보호기술, 지역사회 자원 활용기술, 돈관리기술, 사회적 기술, 직업 찾기, 직장생활, 다시 집 떠나기 이상 8대 자립기술 영역별로 프로그램을 운영하도록 하고 있다(〈표 12-7〉 참조).

자립지원표준화 프로그램은 시설아동의 자립준비뿐만 아니라 시설퇴소 후 안정적인 자립생활의 정착이 이루어질 때까지 상담, 사례관리, 자립에 필요한 자원발굴을 연계하여 지원한다. 시설 내 '자립지원전담요원'은 단순한 정서적 지지 차원의 사례관리뿐만이 아니라 주거나 취업문제 등의 지원연계가 필요할 경우 시·도자립지원센터와 연계하여 필요한 자원을 연계해준다. 그리고 지원연계가 완료된 아동의 사례는 일반아동에 준하여 시·도자립지원센터에서 관리해 나간다.

표 12-5 '레디?(Ready?)' 자립지원표준화 프로그램

구분 \ 단계별	Level 1	Level 2	Level 3	Level 4
대상자 (미취학~퇴소 전)	미취학~초 2	초 3~6년	중 1~3	고 1~보호종료 전
해당 영역[1)]	1, 2, 3, 5	1, 2, 4, 5, 6	1, 2, 3, 4, 5, 6	8개 전 영역
중점 프로그램	기초학습지도, 독서지도, 원가족 유대강화 집단 프로그램	심리·정서지지 체계, 학습지도, 경제교육	진로적성검사, 자립 예비사정 및 계획, 체크리스트	자립사정, 취업 및 진학 상담, 체크리스트

1) 보호아동 자립준비 프로그램 매뉴얼의 8대 자립기술 영역을 말함.

출처: 보건복지부(2019c). 2019년 아동분야 사업안내, p. 214.

표 12-6 '액션!(Action!)' 자립지원표준화 프로그램

대상자	보호종료 후~자립생활 정착까지
서비스 지원	• 취업형과 진학형으로 구분 • 상담 및 사후관리 • 긴급생활자금 지원 및 의료지원 • 사회초기적응 및 자립기반구축 • 진로지도 및 인턴십 프로그램 • 심리정서 지원

출처: 보건복지부(2019c). 2019년 아동분야 사업안내, p. 214.

표 12-7 시설아동 자립준비 프로그램의 8대 자립기술 영역

영역	내용	
1. 일상생활 기술	의복 구입과 손질	• 옷장계획, 빨래하기
	집 관리	• 방청소, 욕실청소, 부엌청소, 전등 갈기
	음식준비, 요리하기	• 식단짜기, 장보기, 요리하기
2. 자기보호 기술	나 자신 돌보기	• 깔끔한 나, 개인위생, 응급처치, 의료적 도움 구하기(알코올, 담배)
	건강 유지하기	• 영양의 균형, 이럴 땐 이런 음식, 운동, 충분한 휴식, 여가시간
	어른 되기	• 어른이 되는 과정, 육체적 변화, 사춘기
	성(性)	• 성적인 행동, 성에 대한 신화들, 성적 관계는 언제? • NO라고 이야기하기, 언제 부모가 될까? • HIV 감염과 AIDS, 부모 되는 것 미루기
3. 지역사회 자원 활용기술	교통	• 대중교통 이용하기, 운전면허증 따기
	지역사회자원 활용	• 생태도(eco-map) 그리기, 여가활용, 사회복지서비스, 응급상황
4. 돈 관리기술	돈 관리	• 예산 세우기, 올바른 지출, 요금납부, 저축하기
	신용카드	• 신용카드 이해, 신용카드의 용도와 활용, 신용불량
5. 사회적 기술	나에 대한 탐색	• 나의 가치, 내가 느끼는 감정, 나의 의사결정 스타일
	현명한 선택	• 결과에 대하여 배우기, 현명한 선택하기, 결과 예측, 도움 얻기, 습관 바꾸기
	대처기술	• 갈등 해결, 스트레스 이해하기, 스트레스 다스리기
	대인관계	• 친구 들여다보기, 룸메이트 고르기, 또래와 압력에 맞서기, 잘못된 관계 정리하기
6. 직업 찾기	내게 맞는 직업 찾기	• 일에 대한 가치, Work-Job 게임
	취업 준비하기	• 이력서, 자기소개서, 면접 준비하기

7. 직장생활	즐겁게 일하기	• 출근 첫날, 사내규칙, 직장에서의 태도, 직장 내 갈등 다루기, 직장에서 이런 일이 생긴다면, 직장을 계속 다니거나 그만두는 이유
8. 다시 집 떠나기	새로운 시작을 향한 출발	• 인생 선배와의 인터뷰, 나의 목표 보물찾기 • 변화에 대처하는 법, 자립 후 필요한 기술 • 어려움이 생기면, 모든 것이 잘되고 있다면, 마지막 날 새로운 시작의 첫날
	혼자 살아가기	• 살 곳 결정하기, 집 찾기, 계약서 쓰기, 이사, 주택의 안전, 주택 관리, 계획하여 행동하기

출처: 보건복지부(2019c). 2019년 아동분야 사업안내, p. 215.

4. 시설보호사업의 개선방안

아동의 시설보호사업에 대한 개선방안을 시설의 발전을 위한 정책, 시설입소아동의 효율적 보호를 위한 정책, 시설퇴소아동의 사회적 적응을 위한 정책으로 나누어 살펴보고자 한다(한국아동복지연합회, 2005).

1) 시설의 발전을 위한 정책

아동보호시설의 소규모화를 통해 시설보호의 대형화와 지역사회와의 단절성에서 비롯되는 부정적인 결과를 막아야 한다. 시설의 소규모화가 가정과 유사한 형태의 보호를 제공하고 지역사회를 기반으로 가정생활습관을 습득하는 등 사회성을 발달시키는 데 보다 효율적이기 때문이다. 그러나 무엇보다 중요한 것은 아동복지생활시설 발전의 중심에는 아동이 있어야 하고 가정보호와 지역사회 보호가 우선하는 원칙이 세워져야 한다는 것이며, 이를 위해서는 아동복지생활시설 종사자의 역량강화를 위한 노력도 병행되어야 할 것이다.

아동복지시설의 운영을 개선하고 시설에서 생활하고 있는 아동에게 제공하고 있는 각종 서비스의 질적 수준을 제고하기 위해서 시설보호사업에 대한 성과평가가 제공되어야 한다. 성과평가는 시설보호서비스의 기준과 목표를 설정하고 집행부서가 제공하는 서비스가 그와 같은 기준과 목표를 충족하였는가를 평가하는 방식으로 신뢰성과 타당성을 고려한 서비스 기준을 마련하는 것이다.

그리고 평가결과에 대한 맞춤식 평가 사후관리가 이루어져야 한다(한국아동복지연합회, 2005).

2) 시설입소아동의 효율적 보호를 위한 정책

아동보호시설서비스는 요보호아동이 시설에서 생활하는 동안 안정된 삶을 영위할 수 있게 하는 것은 물론 본래의 가정으로 복귀하거나 경제사회적으로 독립적이고 건전한 사회인으로 살아갈 수 있도록 돕는 것이다.

아동의 학습과 성장을 돕는 과정에서 필요한 전제는 아동의 발달특성을 고려하는 것이다. 아동들이 각 시기별 발달과업을 성취할 수 있도록 시설아동 적응을 위한 프로그램, 학교생활적응을 위한 프로그램, 각 발달영역별로 건강, 인지, 정서, 사회성, 정체감, 자기보호 능력 등 시설아동의 학습과 성장을 지원할 수 있는 다양한 프로그램이 제공되어야 한다.

또한 시설아동을 위한 문화 · 예술 · 체육 활동 프로그램을 활성화하는 것도 필요한 부분이다. 한국아동복지연합회에서 시설아동을 위한 축구대회를 개최하고, 꿈나무 예술제를 개최하는 등의 활동은 아동의 신체적 건강뿐만 아니라 정신적인 건강도 향상시키기 위한 것이다. 실제로 한 시설에서는 아동들이 뮤지컬을 공연하여 지역사회에 놀라움을 주는 동시에 자신감을 갖게 된 사례도 있었다.

이와 같은 목적을 위해 기본적인 생활보장 외에 연령별로 특화된 프로그램 제공을 위한 전문인력이 필요하다. 즉, 전문인력의 양성에 더 많은 사회적 관심과 정책적 지원이 선행되어야 한다. 왜냐하면 이로써 변화하는 아동의 욕구 및 문제, 친가족과의 관계의 중요성, 자립생활준비, 지역사회와의 연계 등 다양한 생태학적 환경을 고려하여 아동들을 보다 세밀하게 지원할 수 있기 때문이다.

3) 시설퇴소아동의 사회적 적응을 위한 정책

아동양육시설에서 돌보는 아동들 가운데 부모가 있는 아동의 경우 조기퇴소 및 가족복귀율 제고를 목표로 하며, 부모가 없거나 복귀할 여건이 아닐 경우에는 개별아동에 대한 자립 교육 · 훈련을 통해 퇴소 후 개별적인 자립상태를 이루도록 지원해야 한다.

시설퇴소아동의 자립을 돕기 위해서는 먼저 시설퇴소아동의 능력과 적성에 맞는 진로계획을 수립하고 이러한 계획을 달성하는 데 필요한 체계적인 교육·훈련 프로그램과 이를 위한 재정적인 지원도 함께 마련하는 것이 좋다.

그리고 시설아동이 퇴소를 준비하는 동안 자립할 수 있는 기술을 습득할 수 있도록 하는 적절한 직업훈련을 병행하는 것이 필요하다. 이때 시설퇴소아동을 위한 직업훈련은 지역사회와의 실질적인 연계를 통하여 실효성을 갖도록 하여야 한다. 그러나 시설퇴소아동이 실제 취업을 하려고 할 때 사업장에서 요구되는 신원보증 등이 취업에 상당한 걸림돌이 되고 있는 것이 현실이다. 이러한 어려움을 극복하기 위해 시설퇴소아동을 위한 취업연계 프로그램을 운영할 때 보험 등을 통해 이를 지원할 수 있는 대책도 함께 고려하여 최선의 대안을 미리 마련해두는 것이 매우 필요하다.

우리나라의 시설퇴소아동을 위한 자립지원정책은 2006년까지도 체계적 자립 프로그램이나 정책은 부족한 실정이었으나, 2008년 「아동복지법」과 「청소년복지법」을 통합하면서 자립지원의 법적 근거를 마련하였다. 현재 보건복지부는 시설퇴소아동 자립지원을 위한 데이터베이스를 구축하고 있다. 이것이 완성되면 향후 시설퇴소아동의 실질적인 자립지원을 위한 다양한 정보 및 맞춤형 서비스를 제공할 수 있는 체계를 확립할 수 있을 것으로 기대한다.

그러나 이보다 더 중요한 것은 「아동복지법」 개정을 통해 시설퇴소아동의 자립지원 근거를 마련해주고, 자립지원 정책협의체 구성을 통하여 시설퇴소아동 자립지원에 대한 기능을 꾸준히 강화해 나가는 일관된 정책이 있어야 한다는 점이다.

제4부
상담치료와 아동복지의 방향 정립

제13장 아동상담 및 치료

제14장 아동복지의 과제와 방향 정립

인간에게는 누구나 심리적 성장을 위한 잠재력, 즉 보다 나은 자아를 형성하고자 하는 욕구가 있다. 하지만 학대나 유기, 방임, 장애 등의 여러 가지 이유로 이러한 욕구를 발현하는 건강한 성장과정을 밟지 못하는 아동들도 있다. 이들을 위해 자연스러운 성장이 가능하도록 환경 조성에 필요한 서비스 운영방법을 발견하는 일이 사회복지사의 역할이다. 특히 상담은 인간의 자기존중과 같은 심리적 특성을 다룸으로써, 내담자가 자신의 감정을 탐색하고 통찰하여 자신의 인생에 긍정적인 변화를 이룰 수 있도록 도움을 주는 것이다. 이런 측면에서 아동에 대한 심리치료적 개입은 초기 발달과정에서의 박탈을 보완해주고 후속적으로 아동의 발달적 욕구를 충족시켜줄 수 있다는 장점을 갖는다.

상담치료를 통해 아동 자신의 내면적 성장을 돕는 한편 복지정책을 통해 아동이 처해 있는 전반적인 생활환경을 향상시켜 나가는 것도 아동복지의 중요한 과제이다. 아동복지정책은 아동이 처한 시대적 상황이나 경제수준, 욕구 등이 전반적으로 반영되어 결정되는 주요한 사회적 지표로, 시대에 따라 조금씩 변화해 왔다. 지금까지 우리나라의 아동복지정책은 예방보다는 치료지향적이고, 가정보호보다는 시설보호 중심이며, 제도적 접근보다 보완적 접근이 우선시되었다. 최근 들어 아동복지정책 접근은 기존의 요보호아동 대상의 구호중심적 · 선별주의적 접근에서 점차 모든 아동을 대상으로 하는 포괄적 · 보편주의적 접근으로 변화하고 있다. 그러나 아직도 우리나라의 아동복지수준은 아동과 그들 가족의 다양한 욕구를 수용하기에는 미흡한 수준이다.

제4부에서는 아동복지에서 상담치료의 중요성 및 방법을 살펴보고 상담치료의 실례를 통해 아동의 복지를 도모하고자 하였다. 끝으로는 아동복지의 과제와 개선방안에 대해 살펴볼 것이다.

제13장

아동상담 및 치료

상담사업과 같은 임상개입은 사회정의를 추구하는 통합적 방법 중 하나이다(Wakefield, 1988). 사회복지는 사회정의를 구현하기 위해 심리적 개입을 한다는 점을 규명함으로써 사회복지전문직이 사회정의의 실천에 있어서 중요한 역할을 수행함을 강조하고 있다. 사회정의는 사회적 자원을 공평하게 배분하는 것이다. 사회정의가 제대로 실현되지 못할 경우 개인으로 하여금 현행 제도 내에서 필요한 자원을 얻을 수 있도록 도와주거나, 사회의 배분제도를 변화시킴으로써 실현시킬 수 있다. 사회복지사들은 상담을 통한 임상적 활동들이 '최소 배분정의'라고 하는 사회복지의 필수 목적을 수행하는 데 있어 매우 유용하다는 것을 발견하였다.

이 장에서는 아동상담의 중요성을 고찰하고, 상담과정과 상담치료의 실제 운영에 대해서 살펴보고자 한다.

CASE STUDY

아동상담 사례

• 인적사항
- 성명: 김민철(가명)
- 연령: 만 11세
- 학력: 초등학교 6학년 재학 중

• 가족사항

내담자는 2010년 4월 의뢰 당시 형과 함께 살고 있었으며, 할머니는 밤에 집에 오셔서 주무시고 아침이면 연남동으로 돌아가곤 하였다. 현재 형은 유흥업소에서 일을 하느라 거의 집에 들어오지 않고 있다. 내담자의 아버지는 초등학교 3학년 때 돌아가시고, 어머니는 초등학교 5학년 때 가출하였다. 형은 고등학교 2학년 때 폭력사건에 가담하여 고등학교 2학년을 중퇴하였다. 의뢰 당시에는 집에서 놀고 있었으나 현재는 친구소개로 유흥업소에서 DJ 일을 하고 있다. 동생의 결석과 가스 흡입에 대해 심하게 화를 내고 구타하였다. 매우 급하고 충동적인 성격으로 상담 중에도 책상을 치거나 동생을 윽박지르는 행동을 보였다.

• 학교생활

학교성적은 최하위로 한글을 겨우 읽고 쓰는 정도이고, 학교공부에는 전혀 흥미가 없다. 주 2~3회 지각을 하고 월 2~3회 무단결석을 한다. 학교에는 친한 친구가 없고 자퇴하였거나 퇴학당한 친구들이 있어, 학교에 가지 않고 공원 등을 배회하며 가끔씩 가스흡입을 하는 경우가 많다.

• 현재 문제

할머니가 오지 않는 날이나 일찍 가는 날에는 일어나지 못해 계속 지각을 하고, 많이 늦을 경우는 학교를 가지 않는다. 할머니가 오지 않는 날은 친구들과 어울려 밤늦게까지 놀기 때문에 그다음 날은 꼭 지각을 하거나 결석을 한다. 할머니는 7~8시가 넘어야 오기 때문에 집으로 바로 가지 않고 다른 친구 집이나 공원, 오락실 등에서 시간을 보낸다. 하루에 한 갑씩 담배를 피우고 친구들과 어울리면서 본드를 한다.

• 상담 장면

상담자: 지난 일주일 동안 어떻게 지냈니?

내담자: 예. 그냥 지냈어요.

상담자: 우리가 약속하기로는 일찍 자고 일찍 일어나기로 한 것 같은데, 얼굴을 보니 푸석해 보이네. 약속은 잘 지켰니?

내담자: 잘 안 되는 것 같아요. 변한 게 별로 없어요.

상담자: 무엇이 가장 어려웠는데?

내담자: 선생님과 약속한 대로 복지관에 가야 하는데요. 복지관에 가려니까 예전처럼 친구들이 학교 앞에서 기다리고 있고, 또 친구들한테는 복지관에 간단 얘기를 …… 처음에는 한 번 했어요. 아이들은 제가 교육을 받는 거라고 생각하거든요.

상담자: 아. 그랬구나.

내담자: 예, 첫날 복지관에 갔었는데 아이들이 이상하게 생각하는 것 같아요. 자기들이랑 놀다가 왜 복지관에 가는지, 또 어떤 친구는 배신감까지 느끼는 것 같아요. 복지관 가는 것도 쉽지 않아요.

상담자: 지난주에는 몇 번 갔었는데?

내담자: 한 번요.

상담자: 그곳에서는 무슨 프로그램을 하고 있었지?

내담자: 아이들이랑 어울려서 얘기도 하고, 선생님이 어려운 일이 있으면 상담도 해주시고, 첫날은 좋았어요. 선생님이 저한테 잘해주시고. 다른 것보다도 어렵게 생각했는데 선생님이 저한테 관심도 많이 가져 주시는 것 같았어요.

상담자: 학교 선생님은 싫다고 했는데 그곳 선생님은 좋아하는가봐?

내담자: 학교 선생님은 제게 관심이 없으세요.

상담자: 그런데 그곳 선생님은 잘해주시는 것 같아?

내담자: 예. 잘해주세요.

상담자: 그렇게 좋았는데 두 번째는 친구들 때문에 가기가 어려웠어?

내담자: 예. 문 앞에서 기다리거든요. 얘들이요.

상담자: 대개 친한 친구는 몇 명쯤 되니?

내담자: 계속 만나는 친구는 다섯 명쯤 돼요.

상담자: 그 가운데 민철이랑 말이 잘 통하는 친구가 있을 것 같은데.

내담자: 예. 친하다기보다는 말이 잘 통하는 아이가 한 명이 있어요.

상담자: 그 친구랑은 나와 만나고 복지관에 가는 것을 말해본 적이 있니?

내담자: 자세히 말하지는 않았어요. 그냥 복지관에 가는 것만 알고 있지요.

상담자: 그래도 그 친구는 다섯 명 중에서도 가장 마음을 편안하게 해주는 것 같아.

내담자: 예. 저를 이해해주는 것 같아요.

상담자: 그러면, 민철이가 처음 복지관에 갔을 때 느낌이 좋았던 것 같은데, 친구들 때문에 가는 게 힘들다고 생각하잖아. 친구들하고 놀기는 하는데, 다른 거를 할 수 있으면 바꾸고 싶어하는 것 같아. 단지 몇몇 친구 때문에 힘들어하는 것처럼 보이네. 그 마음에 맞는 친구랑 복지관에 함께 가보면 어떨까?

내담자: 아직 그 아이한테 말을 안 해봤는데, 말을 꺼내면 올지도 모르겠어요. 그날 재미있었던 이야기를 얘기하면 …… 반반이에요. 한번 말해볼게요.

> 상담자: 오늘은 월요일이고, 내일은 화요일이니까 그 프로그램이 있는 날이구나. 그러니까 학교에 가서 친구에게 한번 이야기해보고, 함께 갈 수 있으면 혼자 가는 것보다는 약속을 잡아서 둘이 함께 가는 것이 훨씬 마음이 편할 것 같아.
> 내담자: 예. 학교에 가서 친구에게 말해볼게요.
> 상담자: 그래, 둘이 프로그램에 다녀온 다음에 이틀 정도 있다가 선생님이랑 우리 셋이서 함께 만나보는 것은 어떨까?
> 내담자: 예.

1. 아동상담의 이해

1) 아동상담의 개념

아동상담은 아동의 건강한 성장과 발달을 위해 아동이 겪고 있는 심리적 문제를 잘 극복하도록 도울 수 있는 접근방법 중 하나이다. 상담이라는 용어는 본래 라틴어 'consulere'에서 유래된 것으로 '고려하다(to consider)' '반영하다(to reflect)' '조언을 받다(to take counsel)' 등의 의미가 포함되어 있다. 이와 같이 상담은 도움이 필요한 사람이 전문적인 훈련을 받은 사람과의 관계를 통해 심리적인 문제에 대한 조언을 받으며 생각, 감정, 행동 등의 측면에서 자기 이해와 자기존중(self-respect)을 느끼도록 유도하는 전문적인 활동이라 할 수 있다.

아동상담은 간혹 심리치료와 동일하게 사용될 때가 있다. 아동상담을 심리치료와 구별해서 정의한다면 아동상담은 전문적인 교육과 훈련을 받은 상담자가 아동이 직면하고 있는 현실적인 문제와 심리적 갈등에 대해 스스로 잘 대처해 나가도록 도와주는 과정이라 할 수 있다. 한편 아동을 위한 심리치료는 아동의 문제가 의식적인 수준을 넘어서 무의식적인 갈등이나 성격에 관한 내면적인 특성과 관련이 있기 때문에 의학적인 수준에서 아동의 문제를 다룬다고 할 수 있다. 즉, 심리치료는 아동이 지니고 있는 전반적인 성격의 변화를 일으켜 자아기능을 재정비하는 데 그 목적을 두고 있다(김춘경, 2004; 황성원, 김경희, 오승아, 조현주, 권정임, 2010).

아동상담의 대상은 문제를 가진 혹은 발달을 원하는 개인에게 국한하지 않고 그 개인이 속해 있는 관련 환경까지도 포함되어야 한다. 왜냐하면 아동상담에서 아동의 문제는 아동 자신의 발달과업상의 특징으로 인해 유발되는 경우도 있지만 환경과의 관계에서 발생하는 경우도 많기 때문이다. 아동 자신이 문제의 원인을 찾고 그것을 극복하려고 해도 주변 환경이 변하지 않으면 문제는 다시 재발할 가능성이 높다. 이러한 점에서 아동상담활동의 1차적 대상인 아동 외에 부모나 교사 등 관련된 사람과 관련 기관을 포함시키는 것이 중요하다.

2) 아동상담의 목적

상담은 사회복지의 핵심 영역이며 아울러 심리적 정의를 추구하고 있다. Rawls(1999)는 인간의 자기존중(self-respect[1])과 같은 심리적 특성을 사회정의와 관련된 가장 중요한 사회적 기본 재화로 규정하고 있다. 즉, 그는 인간의 자기존중을 경제적 의미와는 별개로 사회적 상호의존관계로 보았다.

John Rawls

아동의 심리적 발달은 상당 부분 가족 및 주변의 사회적 환경에 영향을 받는다. 아동발달에 필요한 심리적 경험의 배분은 사회정의의 영역에 포함된다. 정의로운 사회는 아동의 발달과정에서부터 최소한의 사회환경 및 심리적 재화를 배분하려는 속성을 갖고 있다. 아동상담 혹은 심리치료적 개입은 그 대표적인 예이다. 아동상담은 아동 개개인의 특성과 상황에 따른 문제를 도와주는 것뿐만 아니라 아동의 발달과정에서 무시되었던 심리적 성장을 보완해주고 후속적인 발달욕구를 충족시켜준다.

인간에게는 누구나 심리적 성장을 위한 잠재력, 즉 보다 나은 자아를 향한 충동이 있다. 아동의 잠재력을 실현하고 성장할 수 있도록 사회적 기본 재화를 배분하는 일은 사회복지 인식의 출발이면서 동시에 전문성이 요구되는 일이다. 아동상담은 성인을 대상으로 하는 상담과 달리 다음과 같은 내용을 고려하여야 한다(김순혜, 2003).

첫째, 아동발달과정을 충분히 숙지하고 이를 고려하여 상담하여야 한다. 아동은 인지적·언어적 기술이 미숙하기 때문에 자신의 생각과 느낌을 적절한 언

1) Rawls는 자기존중(self-respect) 개념의 하위에 자존감(self-esteem), 자신감(self-confidence)과 같은 여러 개념을 포함시키고 있다.

어로 표현하기가 어렵다. 따라서 아동상담은 비언어적 의사소통을 더 많이 강조할 필요가 있다. 아동 개개인의 독특한 문제를 탐색하고 해결하는 데 필요한 비언어적 매체를 활용하는 것이 중요하다. 또한 아동은 성인과 달리 자신이 문제가 있다는 것에 대한 인식조차 없는 경우가 대부분이다. 상담동기와 관련하여 상담이 의뢰될 때에도 아동은 부모, 교사 그리고 주변 사람들에 의해서 비자발적으로 상담에 참여하게 된다. 이 경우 상담에 대한 아동의 저항을 줄이고, 좋은 상담관계를 맺고, 변화의 필요성을 인식시켜 상담에 대한 긍정적 기대를 갖도록 하는 것은 아동상담자의 중요한 역할이다.

둘째, 부모의 참여가 필수적이다. 아동은 어려움을 가져오는 환경적 원인을 스스로 제거하거나 예방할 만한 힘이 없다. 아동은 부모를 변화시킬 수 없으며 단지 그들의 변화에 수동적으로 반응할 뿐이다. 이러한 이유에서 부모가 상담에 참여하는 것, 그리고 그 상담에 적극 협력하는 것은 중요한 일이다. 아동의 문제는 많은 경우 부모환경과 관련된다. 부모의 심리적 문제 혹은 양육태도로 인해 아동의 기본적인 발달욕구가 충족되지 못할 경우 아동문제가 유발될 수 있기 때문이다. 따라서 아동상담과정에서 부모 자신의 문제를 해결하기 위한 부모상담 또는 부모교육이 병행되어야 한다.

셋째, 다양한 형태의 전문적이고 체계적인 접근이 필요하다. 아동상담은 상담자와 아동이 독립적으로 작업하는 것만으로 아동의 문제를 해결하기 어렵기 때문에 상담자 이외에 아동, 부모, 교사가 함께 상담과정에 참여해야 한다. 또한 아동의 문제를 보다 효과적으로 다루기 위해서는 유치원 교사, 학교 교사, 청소년 상담사, 소아정신과 의사 등 다양한 배경을 가진 전문가들의 유기적인 협력체계가 필요하다.

2. 아동상담의 과정

아동상담은 아동을 대신해 가족구성원 중 한 사람이 요청하거나 기관에서 사회복지사, 보육교사 등 전문가가 의뢰하여 이루어진다. 아동상담의 일반적인 진행과정은 다음과 같다.

1) 접수 및 계약

(1) 상담신청

아동상담은 상담을 필요로 하는 아동과 그 아동이 속한 가정의 안정을 위해 중요한 역할을 한다. 아동상담은 가족이나 사회복지사, 그리고 아동과 밀접한 관계에 있던 교사 등이 신청(referral)하며, 그중에서도 대부분은 보호자인 가족 구성원이 신청하는 경우가 많다. 상담신청은 크게 두 가지 방법으로 이루어진다. 하나는 직접 상담기관에 찾아가서 예약 없이 상담을 신청하는 경우이고, 다른 하나는 전화로 상담을 신청하는 방법이다. 두 경우 모두 상담 전에 '상담신청서'나 '접수상담기록지'를 작성해야 한다.

그러나 대부분의 상담신청은 예약 없이 방문하여 직접 신청하는 것보다 전화를 통해 이루어진다. 이는 상담 의뢰자가 전화 문의로 사전 정보를 얻고, 그에 따라 대응(상담신청)을 하는 것을 선호하기 때문이다. 따라서 거의 모든 내담자들은 전화 문의를 통해 그 기관에 대한 첫인상을 받게 된다. 전화 상담 문의는 잠재적인 고객을 응대하는 일이기 때문에 이후 상담을 구체적으로 진행하는 과정에 중요한 역할을 하게 된다. 특히 상담을 통해 1차적으로 문제해결을 시도하는 상담 의뢰자 입장에서 볼 때, 전화를 건 시점은 상담을 통해 내담자가 변화 또는 성장할 수 있는 최적의 시기이므로 가능한 한 전화 문의가 실제 상담과 연결되도록 하는 것이 중요하다. 왜냐하면 전화로 상담을 하는 잠재 고객 상당수가 자신이 고민하고 있는 문제가 상담소에 갈 만한 문제인지, 그리고 상담을 통해 문제를 해결할 수 있는 것인지 등에 대해 구체적으로 묻기 때문이다. 이 경우, 만약 전문가가 잠재 고객과 전화 연결이 되었을 때에는 직접 답변할 수도 있지만, 그렇지 않은 경우(비전문가)에는 '잠시만 기다리시면 상담전문가 선생님을 바꿔드리겠습니다'라고 말한 뒤 적절한 조치를 취해야 한다.

전화로 연결되었을 때, 잠재 고객이 처음부터 자신의 고민을 계속 얘기하는 경우 그 전화가 상담용 전화라면 상관없으나 상담을 신청하는 전화라면 통화는 간략하게 하는 것이 필요하다. 그리고 전화가 필요 이상으로 길어질 경우 상대방이 불쾌하지 않도록 '죄송합니다. 이 전화로는 긴 상담을 할 수가 없습니다. 다른 분들의 상담신청 전화도 받아야 하니까요. 상담소에 직접 오셔서 전문상담 선생님께 직접 상담하지 않으시겠습니까?' 하고 사정을 설명한 뒤 통화를 끝내는 것이 좋다.

내담자가 많아서 상담 차례를 며칠 혹은 몇 주 동안 기다려야 하는 경우 내담자가 응급을 요하는 상태인지 확인할 필요가 있다. '○월 ○일까지 기다릴 수 있겠습니까?' '혹시 응급을 요하는 문제입니까?' 등의 질문을 할 수 있다. 강한 자살충동, 발작, 살인 등의 응급상담/조치를 요구하는 상담신청을 받았을 때에는 우선 그 기관의 다른 상담전문가에게 곧바로 알리고 적절한 조치를 취하는 것이 좋다. 그러나 응급상황이 아닌 경우 전화 신청을 받는 근무자는 내담자에게 접수 면접 혹은 첫 회 상담시간을 약속한다. 이때 상담시간을 변경해야 하는 상황이 발생할 때를 대비하여 신청자의 전화번호를 알아두는 것이 필요하다(김계현, 1999).

(2) 접수상담

접수상담은 내담자가 상담하기로 결정하고 '정식상담'을 받기 전에 하는 것으로, 일반적으로 규모가 큰 기관이나 내담자의 수가 많은 기관에서 실시한다. 규모가 작은 상담소에서는 접수면접자가 곧 상담자가 되기 때문에 접수상담이 필요 없는 경우가 많다.

접수면접이 필요한 경우는 다음과 같다. 내담자의 수가 많으면 그들의 문제유형, 문제의 심각도, 응급을 요하는 정도 등도 다양해지므로 접수과정에서 내담자의 문제유형을 빠르게 분류할 필요가 있을 때, 그리고 그 기관에서 종사하는 상담자들의 전문영역이 다양해 내담자의 문제영역에 따라 어떤 전문가에게 상담을 받을 것인지, 또는 어떠한 형태의 처치방법이 적절한지를 결정할 때 필요하다. 따라서 접수면접자는 이러한 몇 가지 의사결정과 적절한 조치를 취하는 목적을 인식하고 이에 필요한 관련 정보들을 내담자로부터 수집해야만 한다. 그러나 무엇보다 중요한 것은 접수면접에서 다루는 내용들이 상담신청서의 내용과 연계되어 이루어져야 한다는 점이다. 즉, 상담신청서 내용의 반복은 가능한 한 피하고 신청서에 기재된 내용 중에서 필요한 정보를 더 심층적으로 수집해야 한다. 이것을 접수면접이라고 한다.

(3) 첫 회 상담

접수면접이 끝나면 직접 내담자와 상담을 하게 되는데, 이때에도 처음부터 내담자가 직접 상담을 받게 될 수도 있지만, 접수면접자와 실제 상담자가 다를 수도 있다. 만약 후자의 경우라면, 첫 회 상담이 시작되기 전에 상담신청서를 상담자에게 전달하도록 한다. 다음은 첫 회 상담에서 주로 다루는 내용이다(김계현, 1999).

- 접수면접자의 진단과 평가에 대해 확인한다.
- 내담자에 대한 평가를 한다.
- 상담자는 내담자에 대해 자기가 미리 가졌던 가설들 중에서 중요한 몇 개를 확인 및 검토해본다.
- 상담기간에 대한 계획을 세운다.
- 상담에서 다룰 내담자의 문제를 치료의 목적과 치료 전략, 절차에 맞도록 재구성한다.

첫 회 상담에서는 상담에 대한 '구조화'를 한다. 상담과정과 상담자의 역할에 대해 설명하고, 내담자에 대한 기대 표명, 상담시간 안내, 상담비용과 지불방법에 대한 안내, 상담주기 설명, 상담시간에 못 올 경우를 대비한 안내 등을 미리 내담자에게 알려준다. 구조화는 상담 초기에만 하는 것이 아니다. 상담과정이 진행됨에 따라 상담관계에 대해 재조정할 필요를 느끼면 필요한 때에 다시 알려줌으로써 내담자가 이해하고 실천하도록 한다.

(4) 상담계약

상담계약에서 바람직한 것은 내담자와 특정의 계약을 체결하는 것이다. 왜냐하면 이러한 계약을 통해 상담자가 선택한 개입방법이 상담의 효율성을 높일 수도 있고, 내담자에게 일어나는 변화를 상담자가 사정하는 것은 물론, 내담자가 변화를 인식할 수 있는 판단의 기준이 될 수도 있기 때문이다. 무엇보다 계약을 통해 내담자와 함께 목표 설정을 사정할 수 있다는 점이 중요하다. 왜냐하면 목표 설정은 그 자체만으로도 일정한 치료효과를 볼 수 있고, 내담자 혹은 그 가족에게 문제의 핵심을 스스로 인지하도록 하는 효과도 있기 때문이다.

계약 체결 시에는 상담자와 내담자의 면담횟수와 상담시간, 상담에 대한 내담자의 기대와 관련한 다양한 문제, 상담주기, 참여자, 상담목표, 상담비용 등이 계약 협상 중에 결정되어야 한다. 이러한 과정을 통해 상담의 목적을 명확히 하고 아울러 상담에 필요한 많은 정보를 확보할 수 있다. 이것이 중요한 이유는 상담과 관련한 전체적인 일정과 상담목표를 설정함으로써 향후 언급될 문제를 구체화할 수 있고, 내담자의 수동적 태도를 보다 적극적으로 전환할 수도 있기 때문이다. 예를 들어, 면담횟수나 상담주기를 내담자와 상의하여 결정함으로써 상담이 일정한 시간이 지나면 끝난다는 것을 알려주고, 언젠가는 스스로 노력해서 문제를 극복해야 한다는 적극적인 인식을 갖게 해줄 수 있다.

이 외에 상담계약 과정에서 면담 시 알려진 내용을 외부로 누설하지 않는다는 것, 면담에 특별한 사유 때문에 참여하지 못할 때 등과 같은 예외적 상황에 대해서도 언급해야 한다. 이 모든 것이 치료를 위해 유용할 수 있기 때문이다. 내담자가 사전에 통고 없이 상담 약속을 지키지 않을 경우에도 상담비용을 부담해야 한다는 것을 이유와 함께 설명하고 이해시켜주어야 한다. 왜냐하면 그러한 계약을 통해 상담자의 시간이 얼마나 귀중한 것인지를 인식하는 것이 내담자 스스로가 치료에 적극성을 갖도록 해주기 때문이다.

그러나 계약에서 무엇보다 중요한 것은 내담자와 상담자가 면담을 통해 만들어 내는 변화를 명확히 서술하는 것이다. 내담자가 그 변화를 확인함으로써 자신감을 회복하고 치료에 더 적극적으로 임할 수 있기 때문이다. 즉, 내담자가 자신의 변화에 대해 명확히 이해하지 못하면 상담이 성공할 확률도 그만큼 줄어들 수 있다(김유숙, 2000).

2) 상담목표 설정 및 개입

상담과정에서 상담목표를 정하는 것은 무엇보다 중요한 일이다. 왜냐하면 목표설정이 정확하고, 또 풍부한 경험을 가진 전문 상담가라면 상담 초기단계에서부터 상담을 받는 아동의 문제를 정확하게 사정할 수 있기 때문이다. 이 경우 설정한 상담목표를 상담과정에서 신속하게 구체화할 수 있다. 상담목표 설정은 상담회기를 마감하는 것과도 밀접한 관련이 있기 때문에, 상담목표가 보다 구체적 · 세부적이고 실천가능하며 측정할 수 있는 형태로 진술되는 것이 특히 중요하다.

그러나 상담과정에서 초기에 설정한 상담목표가 수정되어야 할 경우도 있는데, 이러한 상황이 발생하면 빠르게 상담의 방향을 바꾸는 것이 필요하다. 또한 초기에 설정한 상담목표가 달성되었다 할지라도, 내담자가 자신의 다른 문제를 상담하고 싶어하거나, 상담과정에서 다른 문제가 발생하고, 초기 상담목표를 다시 확인해 상담목표가 달성되었다면, 그 사례를 종결하고 새로운 상담계약을 체결하는 것이 좋다.

상담목표를 설정하는 방법이나 상담과정, 목표를 진술할 때 사용하는 용어나 개념 등은 특정 상담이론이나 모델에 따라 다양하게 표현될 수 있다. 일반적으로 상담에서는 내담자가 호소하는 문제를 명확하게 정의하고, 상담목표를 구체화하며, 이슈를 명료화하고, 그에 따른 다양한 대안을 정리한 후, 마지막으로 내담자의 결정을 지지하는 순서로 진행된다.

여기에서는 내담자와 함께 상담목표를 설정하고 치료적으로 개입해 나가는 과정에 대해 살펴보기로 한다(이호선, 2005).

(1) 문제 정의하기

우선 상담자는 상담목표를 정하기 전에 내담자가 호소하는 문제를 명확하게 이해해야만 한다. 이를 위해서는 상담자가 내담자와의 초기 상담과정에서 핵심이 되는 문제가 무엇인지를 잘 듣는 것이 중요하다. 많은 경우 내담자들은 여러 가지 문제를 지니고 있다. 이럴 경우 그 문제들을 잘 다룰 수 있도록 몇 가지로 구분해서 어떤 문제를 먼저 이야기하고 싶은지 내담자에게 물어보아야 한다. 한 가지 문제 상황이 논의되고 정의되면, 상담자와 내담자는 문제에 포함된 논쟁거리를 명확히 하면서 다음 단계로 넘어갈 수 있다.

(2) 상담목표 설정하기

상담자와 내담자는 목적을 가지고 서로 동의한 사항을 성취하기 위해서 함께 노력해야만 한다. 우선 상담자는 상담목표를 구체화하기 위해 내담자의 호소 내용을 경청, 수용, 공감함으로써 상담자와 내담자가 다루어야 할 것을 그 자리에서 구체적으로 집어낼 수 있어야만 한다. 다시 말해서 상담자는 내담자가 무엇을 말하려고 하는지, 상담자에게 기대하는 것이 무엇인지도 파악해야 하고, 내담자가 오늘 상담을 의뢰하게 된 직접적인 계기가 무엇인지, 지금 내담자의 감정을 장악하고 있는 것이 무엇인지, 의뢰하는 그 일이 구체적으로 어떻게 되기를 바라는지, 그리고 그것을 위해 어떻게 하고 싶은 것인지를 파악해야 한다.

상담목표의 설정은 내담자가 갖고 있는 문제점을 기반으로 변화되기를 원하는 목표에 맞추어 설정되어야 하고, 내담자 자신의 관심사를 이행하도록 하는 데 집중되어야 한다. 왜냐하면 상담목표 설정의 주요 목적이 내담자가 바람직한 변화를 시도할 수 있도록 동기를 부여하고 구체적인 실행 범위를 정하는 것이기 때문이다.

만약 내담자의 목표가 상담자가 동의할 수 없는 것이라면 상담자는 내담자와 협상을 하고 서로의 동의를 이끌어낼 필요가 있다. 이것은 내담자로 하여금 설정한 문제 목표에 대한 책임을 분명하게 하며, 상담이 지연되는 것을 막는 역할을 한다.

만약 서로 동의할 수 없다면 상담자는 그런 문제가 있는 상담관계를 재정비하는 지혜를 발휘해야 할 것이다. 상담에서 목표를 설정하는 것은 상담의 기반을 형성하는 것이기 때문에 이 문제에 대한 상호 동의의 부족은 상담의 효율성을 떨어뜨리게 되며 상담자와 내담자의 관계에 해가 될 수 있다.

(3) 문제 명료화하기

내담자 자신이 지닌 문제를 명확하게 인식하는 것은 쉬운 과정은 아니지만, 상담치료에서 가장 중요하다. 그래서 상담목표가 상담자와 내담자 간의 합의를 통해 정해지면, 무엇보다 우선하여 내담자가 안고 있는 다양한 문제들을 분석하고 이를 명료화해야 한다. 요컨대, 사람들이 자신의 문제를 항상 명확하고 간단하게 파악할 수 있다면 문제해결을 위해 다른 사람의 도움을 얻을 필요가 거의 없을 것이다. 하지만 상담을 원하는 내담자는 자신의 본질적인 문제가 무엇인지 모르기 때문에 전문상담을 통해 그것을 알고, 해결하고 싶어한다. 따라서 문제를 명확히 하는 단계에서는 내담자의 문제를 구체화하고 재확인하며, 내담자의 문제해결을 방해하는 요인들을 분명하게 규명해야 한다.

(4) 대안 살피기

상담목표를 설정하고 문제를 명료화한 후에는 대안을 고려해야 한다. 그 대안은 내담자의 바람직한 변화를 유도할 수 있어야 하며, 결국에는 상담자의 조력에 힘입어 내담자 스스로 목표에 달성하는 과정 중 한 단계라고 할 수 있다. 이 단계에서는 상담자와 내담자의 협의하에 대안목록을 작성하고 이를 평가, 분석한다. 대안목록을 작성할 때는 다음과 같은 내용들을 고려하여야 한다.

- 상담목표 재확인: 상담자와 내담자 모두가 설정한 상담목표를 이해하고, 그 목표가 지금 상황에 적합하다는 것에 함께 동의하는지 확인한다.
- 대안 모색: 현재 설정한 목표를 달성하기 위해 내담자가 생각하고 있는 모든 종류의 대안을 살핀다. 여기에는 실행 가능한 대안, 가능하지 않은 대안 모두가 포함된다.
- 대안 제시 및 보완: 내담자가 생각하는 모든 대안을 기록한 후에는 상담자가 생각하고 있는 대안을 제시하고 부족한 부분을 상호 보완한다.

일단 상담자와 내담자가 대안을 작성한 이후의 다음 단계는 그 대안들을 탐구하는 것이다. 이러한 탐구는 내담자가 선택하고자 하는 각각의 대안이 가져올 결과에 대한 긍정적인 면 혹은 부정적인 면과 관계가 있다. 긍정적인 결과는 내담자의 기분이 좋아지게 하고, 그의 인생관과 조화를 이루는 실제적인 이익을 말한다. 부정적인 결과는 내담자가 나쁘게 느끼고, 그의 세계관과 대치되며, 실제적인 손해를 의미한다.

어떤 대안이든지 긍정적인 면과 부정적인 면을 가지고 있으므로 상담자는 대안 실행 결정을 내리기 전에 내담자와 그 결과들을 충분히 살펴보아야 한다. 긍정적인 결과와 부정적인 결과를 파악하기까지 다소 시간이 소요되지만, 이는 내담자가 자신이 제안한 대안들을 구체화하고 실효성을 검증하는 단계이므로 그만큼 상담목표를 구체화하는 데 도움을 줄 것이다. 이 시점에서 내담자와 감정이나 신념 차이로 인해 그 결과가 다르게 나타난다고 해도 상담자는 내담자의 대안들을 존중하고 끝까지 들어야 한다. 그리고 부정적인 결과에 대해서는 신중하게 검토해야 한다.

상담자는 내담자의 감정과 신념이 상담자와 아무리 다르더라도 그것을 존중하는 것이 매우 중요하다. 왜냐하면 문제해결의 열쇠는 언제나 내담자가 가지고 있으며, 능동적으로 문제해결에 참여할 수 있도록 지지해주는 것이 필요하기 때문이다. 상담자는 해결사가 아니라 내담자가 자신의 문제에 대해 정확히 보고 느끼며, 객관적인 인식을 통해 이성적이고 합리적인 방법을 통해 문제를 해결할 수 있도록 도와주는 조력자이다.

3) 상담의 종결

상담이 진행되면 목표에 도달하기 위해 최선을 다하고 순조롭게 상담이 진행될 경우 상담을 종결하기 위한 것도 함께 준비해야 한다. 상담목표가 달성되었는지에 대한 진단과 더불어 시의적절하고 책임감 있는 상담을 위해 공식적인 종결과정도 매우 중요하기 때문이다.

상담을 통해 내담자의 바람직한 변화가 현저히 관찰될 때(정서의 안정, 표적문제의 객관적 해결 등 포함), 또는 내담자 문제가 상담자의 능력 밖이라고 판단될 때에는 상담을 유지하는 것보다 마무리하는 것이 좋다. 특히 후자의 경우, 다른 기관이나 상담자에게 상담을 의뢰하게 되기도 하는데, 이때 바람직한 대응 중 하나는 내담자에게 그 이유를 충분히 설명하고 동의를 얻은 후, 전문적 관계의 종결을 의미하는 전환의식을 거치고 새로운 기관 혹은 상담자에게 의뢰하는 것이다(김선희 외, 2005). 즉, 상담종결의 필요한 지침 중 하나는 종결과정을 하나의 상담단계로 보는 것이며, 이를 통해 내담자로 하여금 종결문제 역시 중요한 상담과정으로 인식하도록 하여 상담의 전체 과정을 소중하게 하도록 돕는 것이다. 상담의 종결은 대개 구두로 이루어지지만, 상담계약 과정에서와 마찬가지로 사례 종결 평가서를 작성하는 것이 좋다.

3. 아동상담치료의 실제

우리나라의 아동상담사업은 1959년에 설립된 서울아동상담소가 최초이나, 일반아동을 포함한 모든 아동 및 청소년을 위한 종합적이고 포괄적인 상담사업은 1990년대 들어와 문화관광부와 청소년보호위원회 등의 국가기관에서 청소년에 대해서 관심을 가지고, 각 시 · 군 · 구별로 청소년상담실이 운영되면서 본격화되었다.

「아동복지법」 제16조에 따르면 아동상담소는 아동과 그 가족의 문제에 관한 상담, 치료, 예방 및 연구 등을 목적으로 하는 시설이다. 우리나라의 경우 국공립아동상담소는 시 · 도지사, 시장, 군수가 설치하나, 사립상담소는 사회복지법인 또는 재단법인, 연구소 등에서 시장 또는 도지사의 인가를 받아 설치할 수 있

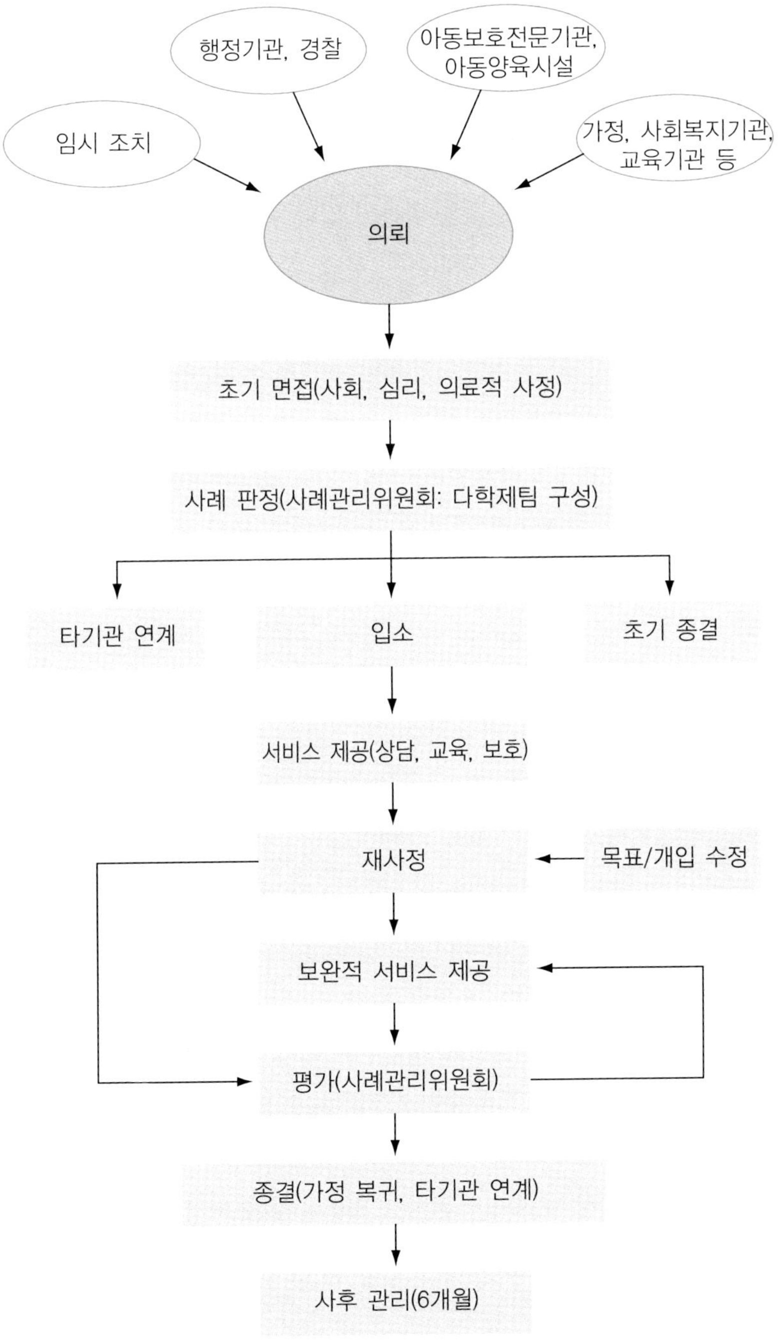

〈그림 13-1〉 **서울시립아동상담치료센터의 입소상담 절차**

출처: //sp.dbnawooi.seoul.kr.

다. 시 · 도에서 설치한 상담소는 상담조사, 판정지도, 일시보호의 세 가지 기능을 수행한다. 상담조사는 아동 또는 그 보호자에게 적절한 조치를 취하기 위한 전문적 판정과 더불어 심리요법, 사후지도, 위탁보호 등 보호지도를 행하는 것을 말한다.

사회복지법인이나 재단법인에서 설치한 경우는 일반적으로 상담, 조사의 기능에 치중하고 유료서비스의 형태를 취하고 있다. 아동상담소에서는 부모나 양육자로부터 학대받은 아동의 일시보호 및 상담, 학대부모 및 보호자 상담, 가족문제에 대한 교육 및 상담, 자녀양육에 도움이 필요한 일반부모에 대한 상담기능을 수행한다. 서울시립아동상담치료센터의 경우 가정, 학교, 사회복지관, 행정기관들로부터 비행문제가 있는 아동에 대해 입소상담을 의뢰받기도 하지만, 지하철 내, 유흥가 등에서 부랑생활을 하며 폭력, 절도, 약물남용의 복합비행성향을 보이는 부랑아들을 상담소 직원이 거리상담을 통해 입소시켜 상담하기도 한다. 또한 아동학대예방센터에서 학대에 대한 개입 후 아동상담을 의뢰할 경우 소정의 절차를 통해 입소상담을 진행한다(〈그림 13-1〉 참조). 일반적으로 문제아동을 위한 체계적이고 효과적인 상담서비스를 위해 개별상담, 집단상담, 심리검사 등을 운영하고 있으며, 상담치료기법으로는 놀이치료, 모래놀이치료, 음악치료, 미술치료, 독서치료, 가족치료 등 다양한 방법을 활용하여 아동의 감정이나 문제를 발산하게 하면서 치료를 진행한다.

1) 놀이치료

놀이치료는 상담자와 함께 놀이를 통하여 아동이 가지고 있는 심리적 문제나 발달상의 문제를 극복하도록 도와주는 심리치료의 한 방법이다. 놀이치료는 놀이가 아동의 자연스러운 자기표현 매체라는 사실에 기초를 두고 있다(사진 참조). 아동은 어른과 달리 자신의 어려움을 언어로 표현하기보다는 가장 편안하고 자연스러운 놀이를 통해 자신의 생각과 감정, 경험을 표현하는 것이 익숙하다. 놀이치료사는 아동이 안정된 관계 속에서 놀이가 가지고 있는 치료적인 힘을 사용하여 아동의 어려움을 해결해 나간다.

사진 설명 다양한 놀잇감을 활용할 수 있도록 꾸민 놀이치료실

2) 모래놀이치료

모래놀이치료는 인간은 적절한 조건이 주어질 때 스스로를 치유하려는 힘이 있다는 가정하에 출발하는 비언어적이고 비합리적인 치료양식이다. 모래상자와 소품을 통해 아동의 무의식에 있는 감정과 생각들을 창의적이고 자발적으로 표현하는 것이다. 아동은 모래상자에 표현되는 장면들을 직면하면서 치료사와 친밀한 경험을 나누게 되고, 또한 여러 가지 소품으로 창의적인 모래그림을 만드는 과정을 통해 자신의 감정세계를 표현할 기회를 가지게 된다(사진 참조).

모래놀이치료사는 내담자에 대한 깊은 공감과 존중의 자세로 내담자가 창의적인 모래그림을 자유롭게 즐길 수 있도록 자극하고, 이를 통해서 즐거움, 분노, 고통 등의 감정을 표현할 수 있도록 유도해야 한다.

사진 설명 모래놀이치료는 무의식에 있는 감정과 생각을 창의적이고 자발적으로 표현하도록 돕는다.

3) 음악치료

음악치료는 음악활동을 체계적으로 사용하여 아동의 신체적 · 심리적 기능을 향상시키고, 보다 나은 행동의 변화를 가져오게 하는 심리치료의 한 방법이다. 음악치료는 음악이나 음악과 관련된 활동들을 사용하여 상처 입은 사람을 긍정적으로 변화시키는 것이다. 수동적인 음악치료 방법인 음악감상은 내담자의 긴장이완을 돕거나, 심상을 촉진시키기 위해 사용한다. 반면에 적극적인 음악치료 방법은 내담자와 치료사 간의 즉흥연주, 노래 부르기, 노래 만들기 등과 같이 적극적으로 내담자의 반응을 끄집어낼 수 있는 음악적 활동을 더 많이 사용한다.

치료사의 상상력이나 이용 가능한 자원에 따라서 상담에 사용되는 음악은 달라지고, 상담받는 아동이나 집단에 따라서도 달라진다. 집단마다 그들만의 독특한 음악성을 가지며 어떤 아동이 그 집단에 합류하거나 떠나게 되면 그 집단의 음악성도 변화하게 된다. 음악치료는 상담자와 개인 또는 소집단의 아동들이 구조화되고 목표지향적인 치료기간 내에서 함께 상호작용함으로써 그 효과를 기대할 수 있다(사진 참조).

사진 설명 음악치료 시간에 상담자와 내담자가 상호작용을 하고 있다.

4) 미술치료

미술치료는 심신의 어려움을 겪고 있는 사람들을 대상으로 미술활동을 적용함으로써 그들의 태도와 행동에 영향을 주어 병을 치유하고 완화하는 것이다.

아동의 그림은 무의식적인 갈등이나 공상 등이 투사되어 있기도 하지만, 현재 아동의 홍미나 관심이 뚜렷하게 표현되어 나타나기도 한다.

미술치료는 다양한 미술매체를 통해 내담자의 심상을 표현함에 있어 다음과 같은 특징을 지닌다. 첫째, 미술은 심상의 표현이기 때문에 언어로 표현하기 어려운 꿈이나 환상, 경험을 표현한다. 둘째, 미술은 방어를 감소시킨다. 미술치료는 비언어적 수단이기 때문에 통제를 적게 받는다. 미술치료의 경우 의식수준에서 처리되기보다 전의식 수준에서 표현되는 경우가 많아 무의식적 내용이 통제를 덜 받는다. 셋째, 미술은 저항을 감소시킬 수 있다. 미술이라는 매체가 사용됨으로써 저항을 덜 받고 내담자에게 접근할 수 있으며 내담자의 자기표현이 용이하다. 넷째, 미술작품을 통해 내담자에게 새로운 통찰이 일어나기도 하고 치료사는 주관적인 왜곡을 방지할 수 있다. 작품변화를 통해 치료과정을 한눈에 이해할 수 있다. 다섯째, 미술을 통해 창조성 및 에너지를 발산시킬 수 있다. 미술치료는 미술매체와 재료를 통해 능동적 표현을 함으로써 의식과 무의식의 갈등을 다루어주며 통제와 충동, 자유와 질서 등을 전체성 안에서 통합시킨다. 이런 통합성은 양극적인 성질인 강약, 명암 등과 조화를 이루면서 통합된 작품을 만들어내며, 이런 작품은 자기 자신 그 자체이며, 자기이해, 자기지도, 자기성장을 촉진시킨다(사진 참조).

사진 설명 미술치료 시간에 아동이 벽에 그림을 그리고 있다.

5) 독서치료

독서치료는 도서를 매개체로 독서치료사와 아동 간에 상호작용을 이루면서 문학작품을 함께 이해하고 나누는 것이다. 독서치료에 사용되는 도서는 시, 단편소설, 자서전, 개인의 일기, 생활사 등에 이르기까지 모든 문학적 형태를 포함한다(Berry, 1978). 도서를 선택할 때는 아동의 연령, 성별, 문제의 종류, 독서 능력, 독서취향 등을 파악해야 하며, 아동에 대한 상담목표에 적절한 문학작품을 선정하는 것이 중요하다.

독서치료의 가치와 목표는 다음과 같다. 첫째, 장기적으로 아동의 정신상태를 건강하고 풍성하게 한다. 둘째, 단기적으로 상황적인 위기와 중요한 감정을 현실적으로 검토하도록 돕는다. 셋째, 자신을 보는 방법을 개선시키고, 조정되거나 변화시킬 수 없는 발달상의 상황에 창조적으로 대처하는 것을 배움으로써 문제를 예방한다. 넷째, 재교육과 통찰력을 발달시킴으로써 문제를 해결한다. 아동은 자신의 문제와 관련된 작품을 읽으면서 동일시와 전이를 경험하고, 작품으로부터 문제해결에 대한 암시를 받으며, 자신이 처한 상황과 자신의 문제에 대한 통찰력을 얻는다. 그리고 작품 속의 인물과 자신을 동일시하게 됨에 따라 감정적인 분출구를 찾게 되어 정화를 경험하게 된다(김나영, 이승희, 2006). 독서치료사는 항상 아동의 입장이 되어 반응을 해주고, 아동이 가졌던 이전의 생각이나 감정에 도전해봄으로써 아동의 무의식적인 면을 명료화해주는 역할을 해야 한다.

6) 가족치료

가족치료는 상담의 초점을 아동 개인에게만 맞추기보다는 아동이 속한 가족에게도 관심을 두고 체계적인 개입을 하는 방법이다. 그중에서도 경험적 가족치료의 핵심목표는 문제의 해결보다는 개인의 성장과 대인관계의 변화이므로, 개인의 감수성을 향상시키고 지각을 확장시키는 것을 중요하게 생각한다. 경험적 가족치료에서는 인간은 성장하고 자아를 성취하려는 본성을 갖고 태어났으므로 이들을 방해하는 방해물과 개인의 방어가 감소되면 성장과 자아성취가 자연스럽게 일어난다고 보았다(정문자, 2007). 아동에게 적용할 수 있는 경험적 가족치료기법으로는 가족조각기법, 나의 영향권 이해하기 등이 있다. 첫째, 가족조각기법은 조각을 통하여 아동은 자신의 내적 감정을 표면화하고 은밀한 생각과 느낌을 외현화할 수 있다. 조각기법에서 아동이 조각가가 되어 다른 가족원이나 집단 구성원에게 가족의 역할을 주면서 각각에 맞는 의사소통 유형(산만형, 비난형, 초이성형, 회유형, 일치형)을 몸짓으로 표현하도록 한다. 아동은 자신에게 가깝다고 생각되는 사람은 가깝게 배치하고, 멀다고 생각하는 사람은 멀게 배치할 수 있다. 조각이 완성되면 역할을 맡은 사람들이 각각 느끼는 감정과 이들이 바라는 조각을 다시 만들어볼 수 있다. 둘째, 나의 영향권 이해하기란 우리의 삶 속에서 우리에게 지적 · 사회정서적 · 신체적으로 영향을 준 사람이나 사건을 바퀴 모양의 그림으로 만드는 것이다. 이 그림을 통하여 미처 인식하지 못했거나 인정하고 싶지 않았던 경험과 관계를 재정리해볼 수 있다. 나의 영향권 이해 활동을 하기 위해 나와 관계를 맺고 있는 가족, 환경 등을 생각해본 후, 나를 종이의 중심에 그리고, 이들을 나의 주변에 배치한다. 나와 영향을 주고받는 정도에 따라 나와의 거리를 가깝게 또는 멀리 조정하며 이들 각각과의 친밀도를 선으로 표시한다. 각자 작업이 끝나면 팀을 만들어 나와 관계가 좋은 경우 그 관계를 유지하거나 향상하기 위한 방법에 대해 이야기를 나누며, 나와 관계가 좋지 않은 경우 그 관계를 호전시키고 싶은지 여부에 따라 각자가 할 수 있는 방법에 대해 토론한다.

제14장

아동복지의 과제와 방향 정립

아동복지정책은 아동이 처한 시대적 상황이나 경제수준, 욕구 등이 전반적으로 반영되어 결정되는 주요한 사회적 지표이다. 최근 심각한 사회문제로 대두되고 있는 낮은 출산율과 증가하는 가족해체 등의 여러 사회현상은 아동복지에 대한 기존의 접근방법에 한계가 있음을 의미하며 따라서 기존의 복지 패러다임의 변화를 필요로 하고 있다.

아동복지정책은 지향하는 목표에 따라 예방지향적 복지와 치료지향적 복지, 가정보호복지와 시설보호복지, 보완적 복지와 제도적 복지 등 여러 가지 기준으로 분류할 수 있다. 지금까지 우리나라의 아동복지정책은 이러한 접근방법 중 어디까지나 예방보다는 치료지향적이고, 가정보호보다는 시설보호중심이며, 제도적 접근보다 보완적 접근이 우선시되었다고 볼 수 있다. 국민의 복지의식이 향상되고 복지욕구가 증대함에 따라 기존의 구호중심적 · 선별주의적 접근 원칙은 점차 포괄적 · 보편주의적 원칙으로 변화하고 있고, 따라서 우리나라의 아동복지정책도 예방지향적 복지와 가정보호복지, 제도적 복지를 강조하는 방향으로 나아가고 있다. 2019년 아동정책에 대한 종합적인 수행과 아동복지 관련 사업의 효과적인 수행을 위해 아동권리보장원이 설립되었고, 2020년부터는 보호가 필요한 아동지원(중앙입양원, 중앙가정위탁지원센터), 보호가 필요한 아동

자립지원(아동자립지원단, 디딤씨앗지원단), 아동돌봄(지역아동센터, 드림스타트사업지원단), 아동학대 대응 및 예방(중앙아동보호전문기관), 아동실종대응(실종아동전문기관) 등 민간에 분산되어 운영 중인 8개 기관을 통합하여 업무를 수행하게 된다. 그러나 아직도 우리나라의 아동복지수준은 아동과 그들 가족의 다양한 욕구를 수용하기에는 미흡한 수준이며, 복지의 다양한 영역에 걸쳐 체계적이고 전문적인 서비스와 이를 뒷받침하는 정책이 수립되어야 할 것이다.

이 장에서는 앞서 살펴본 아동복지의 세부 영역별로 현재 우리나라 아동복지의 주요 과제와 논쟁점을 살펴보고, 이에 기초하여 앞으로 지향해야 할 방향을 제시해보고자 한다.

1. 아동복지의 과제

앞서 살펴본 우리나라 아동복지의 영역별로 해결해야 할 주요 과제를 살펴보면 다음과 같다.

1) 보육사업의 과제

여성의 사회참여가 증가하면서 영유아보육사업은 아동복지서비스의 보편주의를 실천하는 가장 대표적인 방법 가운데 하나로 인식되고 있다. 1921년 서울에 처음으로 탁아소가 설립되면서 시작된 우리나라의 보육사업은 1989년 「영유아보육법」의 제정, 2004년 보육시설 평가인증제의 도입, 2012년 누리과정의 도입 등 양적·질적 차원에서 많은 발전이 이루어졌다. 그러나 다음과 같은 여러 가지 과제를 안고 있다(정옥분 외, 2019).

첫째, 보육정책에 대한 국가적 책임인식이 미흡하다. 최근 심각한 사회문제로 대두되고 있는 저출산율의 부정적인 파급효과를 차단하기 위해서 국공립어린이집의 확충, 보육비용 지원확대, 다양한 보육서비스 제공 등 국가주도적인 보육정책이 수립되고 있으나 아직까지 전체 보육시설에서 국공립어린이집이 차지하는 비율이 현저하게 낮은 실정이다. 그러나 우리나라의 저출산 문제를 타개하기 위해서는 '아이는 국가가 키운다'는 형식적인 구호에 그치지 않고 내실있게 국가적 차원에서 모든 아동들이 최소한의 부담으로 안전하게 보호와 교육을 받을 수 있도록 하는 공공재로서의 보육에 대한 인식 전환이 무엇보다도 우선적인 과제이다.

둘째, 발달에서 영유아기의 중요성에 대한 인식과 이에 따른 보육의 질적 수준을 향상시키는 것도 시급한 과제이다. 우리나라의 보육사업은 초기에 양적인 확대에 초점을 맞춘 나머지 질적인 측면은 상대적으로 등한시되어 왔다. 영유아기의 경험이 이후의 발달에 미치는 영향을 감안할 때 앞으로는 보육의 질적인 향상, 특히 보육교직원들의 자질 향상을 위한 자격기준의 강화나 재교육이 필요하다. 또한 보육교사의 자질 못지않게 어린이집의 전반적인 환경 개선과 내실있는 보육 프로그램의 제공, 영유아의 건강 · 영양관리 및 안전관리 기준이 강화되어야 한다. 잘 준비된 보육환경은 영유아의 발달을 촉진시키며 교사와 영유아 간 상호작용을 촉진시키는 기능을 한다. 그러므로 어린이집에서의 사고를 최소화하고, 안전하고 균형 잡힌 급식이 가능하도록 환경 개선과 관리가 이루어져야 한다.

셋째, 부모와 아동의 다양한 욕구에 근거한 수요자 중심 보육서비스가 제공되어야 한다. 아무리 질적, 양적으로 우수한 보육서비스가 제공된다 하더라도 그 대상이 되는 보육수요자의 욕구를 간과한 것이라면 효과를 기대하기 어려울 것이다. 그러므로 영유아의 연령과 발달, 지역적 특성, 다양한 문화적 배경이나 개인적 특성에 근거하여 시간제보육이나 시간연장형보육 등 맞춤형 보육서비스가 제공되어야 할 것이다(사진 참조).

사진 설명 시간제보육이 가능한 육아지원센터의 내부 놀이 공간

2) 장애아동복지사업의 과제

정부는 1981년에 「심신장애자복지법」을 제정하고 보건사회부에 장애인복지 전담부서인 재활과를 설치함으로써 장애아동복지사업의 법적인 기틀을 마련한 이후 각종 법령과 제도개선을 통해 장애아동복지를 위해 노력해 왔다. 2007

년에는 「장애인 등에 대한 특수교육법」이 제정됨으로써 사회통합을 위한 발판을 마련하였다. 현재 우리나라에서는 장애인활동지원제도, 장애아동수당, 발달장애인지원법 등 다양한 제도가 지속적으로 마련되었으나 장애아동복지는 여러 가지 해결해 나가야 할 많은 과제를 안고 있다(강민희 외, 2011; 김소연, 배현아, 2013; 김유경, 류정희, 변용찬, 2016; 김정희 외, 2015; 박계신, 2014; 유영준 외, 2011).

첫째, 장애아동의 욕구에 능동적으로 대처하기 위한 복지전달체계를 구축함으로써 국가적 차원에서 장애아동복지사업에 대한 체계적 접근이 필요하다. 정부에서도 2019년부터 장애등급제의 단계적 폐지와 '수요자 중심의 장애인 지원체계'를 구축하고자 표방하고 있는 만큼 일원화된 복지전달체계 구축을 통해 장애의 원인이 되는 질병의 조기 발견 및 치료를 통한 장애예방사업을 강화하고, 현재 시행하고 있는 복지서비스 혜택을 모든 장애아동이 받을 수 있도록 홍보체계와 인프라를 구축해 나가야 할 것이다.

둘째, 장애아동 복지관련 종사자의 질과 복지시설의 질은 장애아동 복지의 질과 직결되는 중요한 문제이다. 따라서 국가적 차원에서 현재 남발되고 있는 관련 자격증을 국가인증자격증으로 대체해나가도록 장애아동복지 관련종사자 양성과정을 구축하고, 제공기관에 대한 정기적 평가를 통해 종사자의 전문성 강화와 기관의 질적 수준을 향상시키기 위한 노력이 필요하다.

셋째, 장애아동에 대한 재활치료서비스의 확대와 통합이 필요하다. 장애아동에 대한 재활치료서비스는 조기개입의 효과를 극대화시킨다는 점에서 사회적으로도 중요한 의미를 갖는다. 이러한 취지에서 2012년부터 '장애아동발달재활서비스'가 시행되고 있으나 물리치료와 작업치료가 제외되어 있어 장애아동의 요구를 제대로 반영하지 못하고 있고, 보건복지부의 '발달재활서비스'와 교육부의 '치료지원'이라는 서비스의 이원화된 전달체계의 문제점이 지적되고 있다. 그러므로 장애아동의 욕구를 종합적으로 고려한 실질적이고 차별화된 다양한 '장애아동발달재활서비스'가 확대 · 실시될 수 있도록 실질적인 지원방안이 마련되어야 할 것이다.

넷째, 장애아동 가족에 대한 정서적, 교육적, 경제적 지원을 확대해나가는 것이다. 장애아동에 대한 공적 돌봄서비스 비율이 점차 증가하고 있으나 아직도 가족구성원이 차지하는 비중은 절대적이다. 장애아동의 가족들은 장애아동에 대한 부정적인 사회적 인식이나 교육방법에 대한 정보부족, 특수교육을 위한 경제적 부담 등으로 인해 많은 어려움을 경험하고 있다. 따라서 장애아동 가족의 특별한 욕구를 해결해주기 위한 정서적 지원뿐 아니라 장애아동의 행동지도 및 교육방법 등 부모역할과 관련된 지원도 필요하다. 무엇보다도 장애아동 가족의 양육부담에서도 경제적 부담이 가장 큰 어려움으로 지적되고 있는 만큼, 장애유형에 관계없이 장애아동 수당지원과 장애아동 재활치료바우처 사업의 확대 등 경제적 지원을 확대하고, 직업재활을 통해 장애아동의 소득보장서비스를 보다 강화하는 것이 우선적인 과제이다.

3) 학대아동보호사업의 과제

1991년 우리나라가 「유엔아동권리협약」에 가입한 이래 아동학대방지를 위한「아동복지법」 개정의 필요성은 지속적으로 제기되어 왔다. 2000년 전부 개정된 「아동복지법」은 그 핵심 내용이 아동학대 관련규정의 신설 등 아동학대의 예방과 조치에 집중되어 있다. 이를 통해 아동학대와 방임에 대한 법률적 개입의 기반이 마련되었고, 전담기관으로 아동학대예방센터가 개설 · 운영되고 있다. 2014년 「아동학대범죄처벌법」의 제정과 더불어 2016년 「아동복지법」의 개정은 아동학대의 예방과 피해아동의 보호를 위한 부분에서 대폭적인 변화를 가져왔으며 아동을 학대와 방임으로부터 보호하기 위한 제도로 점차 정착되고 있으나 다음과 같은 과제를 안고 있다(강미경, 2009; 고주애, 2010; 김유경 외, 2016; 김현옥, 2013; 김형모, 2011; 문영희, 2016).

첫째, 아동학대에 대한 사회적 인식의 전환이 무엇보다도 선결과제이다. '귀한 자식 매 한 대 더 때리고 미운 자식 떡 한 개 더 준다'는 속담처럼 전통적으로 우리나라는 체벌에 대해 관대한 문화이며, 이는 결과적으로 아동학대는 어디까지나 가정 내 문제라는 인식을 초래하였다. 2014년 「아동복지법」 개정에 따라 아동학대 신고가 112로 통합되고, 신고의무자의 범위도 어린이집, 유치원, 초 · 중등학교의 장과 교직원을 포함시킴으로써 신고의무 규정을 강화하였으며, 신고의무 교육 실시를 법으로 명시하였다. 그러나 이러한 교육이 형식적으로 이루어지는 경우가 많아 교육을 받지 않고 과태료로 대신하는 기관이 다수 보고되었으며, 이는 아직도 아동학대 신고의무에 대한 의식이 낮은 수준임을 반영하는 것이다. 따라서 아동학대의 심각성에 대한 적극적인 홍보를 통해 아동학대 예방을 위한 국민적 인식 전환과 신고의무자에 대한 교육 및 신변 보호 등을 통해 신고를 활성화시켜 나가는 것이 필요하다.

둘째, 우리나라의 아동학대 관련 법률은 2014년 「아동학대범죄처벌법」 제정과 2016년 「아동복지법」의 개정을 통해 상당 부분 진전을 이루었으나 아직도 상당 부분 보완이 필요하다. 「아동복지법」에서는 아동학대를 방지하기 위한 친권 제한이나 친권상실의 조치를 적시한 반면, 「민법」에서는 아동의 당사자적격[1]을 인정하지 않고 있어 아동의 법적 권리가 제한되고 있다(고주애, 2010; 문영희, 2016). 따라서 「민법」에서 아동학대 관련 소송에서 아동의 발달 상태를 고려한 아동의 당사자적격을 인정해야 한다. 우리나라에서 아동은 자신을 학대하는 상대자를 대상으로 소송을 할 수 있는 자격을 인정받지 못하고 있으며, 아동 자신이 후견인을 지정할 수도 없고, 심지어 부모가 학대자인 경우에도, 아동의 소송 후견인을 부모가 지정하도록 법제화되어 있다. 2016년 개정된 「아동복지법」에서 아동학대행위자의 아동관련기관의 취업제한이나 학대아동쉼터의 법적 근거를 마련한 것은 고무적이다. 또한 학대피해아동에 대한 사후관리나 지도에 대한 보호자의 협조를 의무화한 것이나 아동학대행위자가 아동보호전문기관의 장으로부터 상담·교육 및 심리적 치료 등 필요한 지원을 받을 것을 권고 받은 경우 이에 성실히 참여하도록 의무화한 것은 매우 바람직하다. 그러나 보호자에게 사후관리나 지원에 대한 협조의무만을 부과하고 있을 뿐 이를 거부하거나 방해하는 경우나 학대행위자의 참여거부나 불성실한 참여에 대한 제재규정이 없어서 선언적 효과에 그치게 될 우려가 있으므로 이에 대한 보완이 필요하다.

셋째, 아동보호를 위한 안정적인 국가예산의 확보가 필요하다. 2014년 아동학대 관련 업무의 국고환수 이후 아동학대 예방예산은 보건복지부 예산항목으로 편성되지 못하고 '범죄피해자보호기금'과 '복권기금'에서 충당되고 있다. 아동학대의 수는 증가하고 있고, 그 정도의 심각성은 깊어지고 있지만 2016년 아동학대 관련 예산은 185억 6,200만 원으로 이는 보건복지부가 기획재정부에 요구한 503억 8,800만 원의 36.8%에 불과한 수준이다(문영희, 2016). 최근 빈번하게 발생하는 아동학대사건에 대한 범정부 종합대책이 마련되고 있지만, 이러한 정책을 실천력을 가지고 추진해나가기 위해서는 적정한 예산을 필요로 한다.

1) 민사 소송법에서, 특정한 권리관계에 관하여 원고 또는 피고, 곧 소송 당사자로서 소송을 수행하고 판결을 받을 수 있는 자격

넷째, 아동보호전문기관과 이에 종사하는 전문인력의 양적 확충뿐 아니라 아동복지 관련 공무원의 전문성 확보가 필요하다. 아동보호전문기관의 주요 업무는 아동학대 신고접수, 현장조사 및 응급보호조치, 학대피해아동 및 학대행위자에 대한 서비스 제공, 지역사회주민과 신고의무자를 대상으로 한 예방교육으로 규정되어 있으나 현재의 인력으로는 이를 수행하기가 어려운 실정이다. 매년 지속적으로 증가하고 있는 아동학대 신고건수에 비추어 볼 때에 아동보호전문기관과 전문인력의 확충이 시급하다. 또한 아동보호전담공무원의 업무과중과 순환보직에 따른 잦은 인사이동은 아동복지 전담 공무원의 전문성 확보를 어렵게 하여 업무효율성을 저하시키는 요인으로 작용한다.

다섯째, 학대피해아동에 대한 우리나라의 상담 및 보호서비스는 개입시기가 사후적인 성격이 강하다. 일단 아동학대가 발생하게 되면 이는 아동 개인뿐 아니라 가족이나 사회 전체에 미치는 부정적 파급효과나 비용부담이 지대하다. 그러므로 이미 발생한 학대피해아동에 대한 복지서비스 못지않게 아동학대의 발생을 사전에 예방하기 위한 방향으로 제도적 개선이 필요하다. 현재 시행 중인 '영유아건강검진'제도는 미국과 일본의 경우에도 아동방임 및 학대의 조기개입 및 예방효과가 검증된 바 있으므로 이를 통해 고위험군을 선발하고 이들을 가정방문하는 등 적극적인 사전개입이 이루어져야 할 것이며, 나아가 국가적 차원에서 대중매체를 이용한 예방활동이나 아동학대 신고의무교육을 확대해나가야 할 것이다.

여섯째, 학대피해아동뿐 아니라 이들의 가족과 학대행위자를 지원하기 위한 복지서비스도 필요하다. 아동학대는 가정에서 부모에 의해 이루어지는 경우가 상당 비율을 차지하며, 특히 한부모가족에서는 그 비율이 더욱 높은 것으로 나타난다. 아동 상담 및 보호 서비스는 학대피해아동을 부모로부터 분리시키는 것이 궁극적인 목적이 아니라 가족을 지원함으로써 아동이 가족에 다시 복귀할 수 있도록 돕는 것이 주 목적이다. 그러므로 아동보호서비스가 효과적으로 이루어지기 위해서는 아동뿐 아니라 가족 및 학대행위자 지원서비스가 확대되어야 한다.

4) 가정위탁보호사업의 과제

가정위탁보호란 부모의 학대, 방임, 질병, 기타 사정으로 원가족 내에서 아동이 양육을 받을 수 없는 경우, 아동의 성장발달을 위해 다른 가정에서 일정 기간 동안 양육하도록 지원하는 아동복지서비스이다. 가정위탁보호가 일찍부터 제도화된 미국에서는 가정위탁보호가 단순히 아동에게 부모역할을 대신해주는 대리양육서비스를 제공해주는 것에서 나아가 아동의 원가족 복귀를 돕기 위한 가족지원서비스로 정착되었다. 시설보호중심의 아동복지사업으로부터 가정위탁보호로의 전환은 모든 아동에게 안정되고 화목한 가정에서 살 권리를 보장해 주고자 하는 정부의 의지를 반영함과 동시에 아동의 욕구와 권리를 중시한 아동복지서비스라는 점에서 의미가 있다. 현재 우리나라의 가정위탁서비스는 다음과 같은 과제를 안고 있다(허남순, 이혜원, 2006; 장윤영, 2012, 2014).

첫째, 정부차원에서 가정위탁보호사업의 운영기준이나 인력관리 등에 대한 표준화된 기준을 체계적으로 마련하고, 제도적 · 재정적 · 행정적 지원을 위한 법적인 근거가 보완되어야 한다. 현행법상으로는 가정위탁보호사업에 대한 구체적이고 체계적인 개입이 어려운 실정이다. 그러므로 가정위탁에 대한 세부적인 법률 규정과 아울러 위탁가정이 지역 내의 행정기관이나 복지기관, 교육기관, 의료기관 등과 아동의 문제를 상호 간에 공유하도록 연계하여 아동의 성장발달을 위한 다양한 자원들을 활용할 수 있도록 지역 네트워크를 구축하는 것이 필요하다.

둘째, 가정위탁보호사업은 그 시작이 시설보호보다 가정보호가 아동의 발달에 긍정적인 영향을 미친다는 전제하에 시작된 만큼, 위탁아동의 욕구를 우선적으로 고려한 위탁보호계획이 수립되어야 한다. 가정위탁보호서비스가 요보호아동을 지속적으로 보호하고 양육할 수 있는 효율적인 방법으로 정착되기 위해서는 위탁아동의 연령에 따라 위탁 이유를 이해시키기 위한 준비과정이나 위탁아동들의 자조모임을 활성화시켜 위탁가정에서의 어려움을 함께 공유하고 지지받을 수 있는 장을 마련해주는 것이 필요할 것이다. 또한 정부에서 위탁가정에 지급하는 지원금을 받기 위해 아무런 교육도 받지 않고 자질도 없는 상황에서 아동을 위탁받는 것은 문제점으로 지적할 수 있다. 그러므로 위탁부모를 대상으로 전문적인 소양과 양육기술에 대한 사전교육과 지속적인 사후교육 및 관

사진 설명 가정위탁부모를 대상으로 교육을 실시하는 모습

리가 필요하다(사진 참조). 특히 위탁가정에서 아동학대가 일어나지 않도록 전문운영기관을 통한 지도, 감독과 관리가 이루어져야 한다.

셋째, 가정위탁보호는 아동의 원가족 복귀를 돕기 위한 목적에서 이루어지고 있지만 실제 복귀율은 미미한 수준이다. 이러한 낮은 복귀율에는 친부모의 책임 회피와 소극적 태도, 친부모에 대한 낮은 경제적 지원과 부모역할 수행에 대한 강제성 결여, 친부모의 개입을 위한 교육 및 훈련 기회의 부족, 상담원의 낮은 개입수준이나 개입능력 결여 등 여러 요인이 영향을 미친다. 따라서 위탁아동의 친부모가 위탁 후에도 위탁아동과 정기적으로 접촉하고, 기관에 주소의 변경이나 고용 및 건강상태 등을 공지하고 아동에 대한 지속적인 책임의식을 가질 수 있도록 체계적인 관리와 동시에 아동이 원가정에 복귀했을 때 이전의 부정적인 양육이 되풀이되지 않도록 친부모들을 위한 양육 및 상담 서비스도 필요하다.

넷째, 특수한 요구를 가진 아동들을 위한 전문가정위탁의 활성화가 필요하다. 위탁아동들 중 영유아나 학대피해아동, 장애아동은 전문적인 돌봄과 보호가 필요하다. 그러나 이들 아동들이 가정위탁보호를 받고 있는 비율은 상당히 낮은 실정이다. 연구결과, 가정위탁보호를 받은 아동의 발육지수가 시설아동에 비해 양호한 것으로 나타났으며, 이러한 사실은 가정위탁보호가 시설보호보다 아동의 신체발달에 긍정적인 영향을 미친다는 것을 의미한다(김경희, 반정호, 2005). 따라서 전문가정위탁보호에 대한 경제적 지원을 강화함으로써, 특수한 요구를 가진 아동들이 시설보호가 아닌 가정위탁보호를 받을 수 있는 기회를 제공해주는 것이 필요하다.

5) 입양사업의 과제

입양은 혈연관계가 없는 개인들끼리 부모자녀관계를 형성하는 것이다. 입양은 출산을 통해 부모가 될 수 없는 사람에게 부모가 될 수 있는 기회를 제공해줄 뿐만 아니라, 자녀를 출산하였으나 키우기 어려운 미혼모나 극빈가정의 아동을 위한 바람직한 해결책이라는 점에서 사회적으로도 긍정적인 것으로 평가할 수 있다. 또한 아동유기를 미연에 방지할 수 있는 합법적인 방법이기도 하다. 우리나라는 전통적으로 양자제도를 통해 입양의 방법을 발전시켜 왔으며, 최근에는 친부모와의 법적 관계를 소멸시키고 성(姓)과 본까지도 바꿀 수 있게 하는 친양자제도를 도입하였다. 이는 아동에게 시설보호보다 따뜻한 가정의 품을 느낄 수 있게 도와준다는 점에서 긍정적으로 평가할 수 있다. 그러나 입양사업이 긍정적인 아동복지제도로 정착되기 위해서는 다음과 같은 과제를 안고 있다(윤은영, 2013; 정용주, 2011).

첫째, 입양대상 아동의 발생을 사전에 예방하기 위한 노력이 무엇보다 중요하다. 이를 위해 미혼모 발생을 방지하기 위해 청소년을 대상으로 예비부모교육을 통해 성교육이나 피임교육, 임신 및 출산, 자녀양육에 대한 책임 등에 대해 생각해볼 수 있는 기회를 제공해주는 것이 필요하다. 또한 미혼모들이 스스로 자신의 자녀를 양육할 수 있도록 미혼모에 대한 편견과 차별을 없애고 자녀양육 의지가 있는 미혼모에 대한 정부의 적극적 지원이 강화되어야 한다.

둘째, 2012년 「입양특례법」의 개정으로 입양이 법원허가제로 바뀌면서 공개입양을 주저하는 가정과 출생기록을 남기기 꺼려하는 미혼모들의 비공식적 입양이 증가할 우려를 낳고 있다. 또한 입양 후 복지서비스가 성공적인 입양의 중요 요인임에도 불구하고 우리나라의 「입양특례법」에는 사후관리에 대한 법조항이 제시되어 있으나 입양이라는 법적 절차를 마무리 짓는 사후절차에 가깝고 입양이 대부분 비밀로 이루어지고 있어 입양된 아동의 복지를 확인할 방법이 없다. 따라서 아동의 최상의 이익을 실현하기 위한 제도적 보완이 필요하다.

셋째, 입양에 대한 인식의 전환이 필요하다. 우리 사회에는 아직도 혈연중심적인 가치관이 우세하며 입양을 꺼려하는 사회적 분위기가 팽배하다. 또한, 계부모에 대한 편견과 유사한 편견이 입양부모에게도 적용되고 있다. 우리나라에서 국내 입양이 과반수 정도에 머무르고 있고, 비밀입양이 높은 비율을 차지하는 것은 바로 이러한 사회적 편견의 결과이기도 하다. 그러므로 입양에 대한 인식개선 교육이나 중앙입양정보센터에 대한 홍보활동 등을 통해 입양에 대한 부정적 시각을 극복하는 것이 선결과제이다.

넷째, 입양아동과 입양부모의 성공적 적응을 위해 입양부모를 위한 사전 및 사후교육이 필요하다. 부모의 온정적이고 수용적인 양육태도는 자녀의 적응능력을 높여주는 중요한 요인이다. 불임기간 동안의 우울이나 입양과정에서의 불확실성, 불임과 입양에 대한 사회적 낙인으로 인해 양부모는 여러 가지 어려움을 경험하게 된다. 또한 입양아들도 자신의 혈통에 대해 관심을 가지고 있고, 자신의 뿌리를 찾고자 하는 욕구를 가지고 있다. 입양아동이 친부모를 찾는 것은 양부모에 대한 불만보다는 친부모를 모르는 데서 오는 정체감의 혼란을 해결하기 위한 욕구에서 비롯된 것이다(Pacheco & Eme, 1993). 실제로 입양아동은 친부모와의 재회를 통해 자아개념이나 대인관계 등이 보다 향상되는 것으로 나타났다. 그러므로 입양부모로 하여금 입양으로 파생되는 결혼생활이나 가족관계, 아동발달에 대한 지식 및 입양아동들이 보일 수 있는 행동 특성 등에 대한 사전교육과 더불어 입양 이후 발생하는 여러 가지 문제를 지원하기 위한 교육이 필요하다.

Robert Eme

6) 시설보호사업의 과제

아동양육의 1차적인 책임은 가정에 있으며, 아동의 건강한 성장발달에 최적의 장소가 가정이라는 사실에 많은 사람들은 동의한다. 그러나 부모의 사망이나 이혼, 유기, 학대 등과 같은 여러 가지 이유로 가정에서 양육이 불가능한 경우 가정의 기능을 대체하는 시설보호를 받게 된다. 시설보호사업은 점차 위탁가정사업으로 전환되고 있으나 아직까지도 시설보호사업은 아동복지에서 상당한 비율을 차지하고 있다. 우리나라의 시설보호사업은 그 질적 수준이나 운영면에서 다음과 같은 과제를 안고 있다(강철희, 윤혜미, 2001).

첫째, 아동복지의 국가적 책임을 인식하여 국공립시설을 확충하고, 쾌적한 시설환경을 제공함과 동시에 보육시설 평가인증제와 유사한 평가체계를 도입함으로써 지속적인 지도와 관리가 필요하다. 또한 시설아동의 비율이 점차 감소하고 있는 현실을 감안하여 현재 수용중심의 복지시설을 전문적이고 특수한 치료와 재활이 필요한 정서장애나 행동장애아동중심의 전문치료시설 또는 지역사회 아동복지센터로 전환하여 아동복지시설의 기능을 다양화함으로써 그 효용가치를 높이는 것이 필요하다.

둘째, 시설아동의 경우 부모로부터 버려지거나 부모를 상실한 경험을 가지고 있는 경우가 상당수를 차지하므로 이들 아동을 대상으로 물질적 지원뿐 아니라 사회정서적 발달을 지원해주기 위한 프로그램을 강화할 필요가 있다. 시설보호에서 제기되는 가장 심각한 문제 가운데 하나가 바로 가족원 간의 유대감을 경험할 수 없다는 점이며, 이로 인해 시설보호보다는 가정위탁으로 전환하는 비율이 점차 증가하고 있다. 그러므로 사회정서적 지원은 시설보호에서 보완되어야 할 가장 중요한 영역이다. 또한 부모가 생존해 있는 경우 시설아동 가운데 일부는 자신의 원가정으로 복귀하는 경우가 있으므로 이를 위한 가족연계 프로그램의 시행도 필요하다.

셋째, 아동복지시설종사자의 처우개선과 지속적인 보수교육을 통한 아동복지 전문인력의 확보는 지속적으로 제기되는 문제이다. 이와 아울러 자원봉사자를 활용하는 방안도 고려해야 할 것이다.

넷째, 시설보호가 단순히 수용보호에서 끝나는 것이 아니라 퇴소 이후의 자립을 위한 지원과 함께 시설아동이 독립적인 삶을 준비하는 데 있어서 경험하게 되는 정서적인 측면, 생활기술 측면, 경제적인 측면, 주거의 측면에 대한 체계적인 준비교육이 필요하다. 이를 위해서는 발달단계에 따라 전문화되고 개별화된 프로그램의 지원이 필요하다.

Gerald P. Mallon

Peg Hess

2. 아동복지의 쟁점

앞서 살펴본 아동복지의 각 영역별 과제 외에도 아동복지 전반에서 다음과 같은 여러 가지 측면에서 논쟁이 계속되고 있다(Mallon & Hess, 2005).

- 부모의 권리 대 아동의 요구(parents rights vs. children's needs)
- 아동구호 대 가족지원(saving children vs. supporting families)
- 정부주도 대 지방자치단체주도(federal vs. state vs. local responsibility)
- 공공서비스 대 민간자원봉사자(public vs. voluntary financing and service provision)
- 발달서비스 대 보호서비스(develop-mental vs. protective services)
- 가정내보호 대 위탁가정보호 대 시설보호(in-home vs. foster family vs. institutional care)
- 전문적 서비스 대 비공식적 자연적 지원망(specialized professional services vs. informal, natural helping networks)

이러한 대립되는 관점이 공존하는 가운데 지금까지 우리나라의 아동복지제도는 아동의 요구와 권리를 최우선적으로 고려한 것으로 보기는 어렵다. 보편주의 아동복지정책의 근간을 이루는 영유아보육정책도 그 출발점은 여성의 사회참여와 여성노동력의 활용이 우선적인 목표였고, 2004년 제정된 「저출산고령화사회기본법」 또한 어디까지나 출산율 증가 자체가 목적이지 아동의 요구나 권리와는 거리가 먼 것이었다. 최근 이러한 사회적 인식은 변화하고 있는 상황이지만 앞으로의 아동복지정책에서는 아동의 욕구와 권리를 최우선으로 고려해야 할 것이다. 또 아동복지의 대상이 18세 미만의 자로 규정되어 있으나 이들뿐 아니라 그들의 부모를 지원함으로써 아동의 건강한 성장발달을 도모하게 하는 지원서비스의 중요성도 강조되고 있다.

해방과 한국전쟁을 전후하여 시행된 초기 우리나라의 아동복지정책은 복지재정 문제로 인해 외국의 원조나 민간차원의 복지서비스가 주를 이루었고, 결과적으로 아동의 발달보다는 보호를 위주로 하는 것이었다. 따라서 예방보다 치료적 사업, 가정중심보다 시설보호중심, 제도적 접근보다 잔여적 접근을 우선시하였다. 이는 한국전쟁이라는 역사적 사건으로 인한 불가피성에 기인하는 것으로 볼 수 있다. 그러나 이러한 시설보호 위주의 아동복지정책은 아동복지서비스의 중요 이념인 개별화와 정상화에 역행하는 것이며(김석산, 2002), 앞으로의 복지정책은 예방중심적 · 가정중심적 · 제도적 모델을 중시하는 방향으로 발전되어야 할 것이다. 이를 위해 아동복지서비스는 복지수요자의 요구를 보다 충실하게 반영할 수 있도록 해당 지자체로 이전할 필요가 있고, 동시에 전반적인 아동복지정책의 수립은 정부주도하에 체계적으로 수립 · 관리되어야 할 것이다. 그리고 전문적 서비스도 중요하지만 이와 아울러 비공식적 지원망도 적극적으로 활용하는 방향으로 인프라를 구축해 나가야 할 것이다. 2016년 개정된 「아동복지법」이 아동복지의 실현을 아동을 '원가정보호'에 두면서, 아동보호를 위한 조치의 마련과 제도개선에 중점을 두고 개정이 이루어진 것은 매우 바람직하다. 그러나 아동보호를 위한 형식적인 처우나 제도의 마련으로 만족할 것이 아니라 아동이 진정으로 안전하고 행복하게 성장할 수 있는 실질적인 수정 · 보완이 이루어질 것을 기대해 본다.

3. 21세기의 아동복지

현재 세계 각국의 복지정책은 비생산적인 복지비용을 축소시키려는 방향으로 이루어지고 있으며, 복지개혁의 일반적인 방향은 급여를 축소하고 근로연계를 강화하는 방향으로 나아갈 것이다. 이러한 복지개혁은 근로활동이 개인의 자아존중감, 동기유발, 개인적 통제력을 향상시키고 이것이 더 나은 양육행동으로 이어지며 아동의 발달에도 긍정적인 영향을 미칠 수 있다는 사실에 기초하고 있다(정익중, 2004). 그러나 발달의 가소성이 큰 아동을 대상으로 한 복지는 개입의 효과를 최대화할 수 있다는 점에서 그 어떤 사회복지의 영역보다 효율성을 기대할 수 있을 것이다. 아동의 미래를 위한 효율적인 자원으로서 아동복지서비스가 향후 지향해야 할 방향을 제시해 보면 다음과 같다(김유경, 류정희, 변용찬, 2016; 양정하, 2014).

Lyndon B. Johnson 미국 전 대통령

첫째, 요보호아동중심의 복지에서 일반아동을 포함하는 보편적 복지로 대상이 확대되어야 한다. 서구에서 시작된 조기교육은 가정에서 제대로 보살핌을 받지 못하고 방치된 아동을 위한 보상교육의 한 부분으로 시작되었다. 미국의 헤드스타트(Head Start) 프로그램도 Lyndon Johnson 전 미국 대통령이 빈곤과의 전쟁(War on Poverty)을 선포하면서 저소득층 아동을 위한 보상교육의 차원에서 통합 프로그램으로 실행되었다. 이러한 이유로 아직까지는 요보호아동중심의 복지정책이 주를 이루고 있는 것은 부인할 수 없는 현실이다. 지금까지 우리나라의 아동복지도 요보호아동에 초점을 맞추었고, 따라서 가정위탁보호제도와 시설보호제도, 입양제도 등을 중심으로 이루어져 왔다. 일반아동에 대한 복지정책은 아동애호 사상의 함양을 중심으로 이루어져 오다가 최근 아동학대 및 안전사고에 초점을 맞춘 아동보호 및 상담 서비스의 실시와 아동의 권리를 증진시키기 위한 활동으로 확대되고 있다. 2015년 '아동정책 기본계획의 수립' 등을 계기로 아동복지정책은 사회적 보호를 필요로 하는 아동을 위한 선별적인 아동정책으로부터 보다 보편적인 방향으로 확대되고 있다. 보편적 복지정책을 통해 요보호아동뿐 아니라 일반아동 모두를 권리의 주체로서 존중하고 건전하게 보호, 육성하는 것을 기본방향으로 하여 복지사각지대에 놓인 아동을 포함한 모든 아동을 대상으로 정책을 입안하고 시행해야 할 것이다.

둘째, 아동복지예산의 확충 및 취약계층 아동을 위한 전략적인 예산방안이 확립되어야 한다. UN아동권리위원회도 한국의 높은 경제발전 정도에 상응하는 아동복지예산의 확충 및 빈곤 혹은 취약계층 아동을 위한 전략적인 예산방안 수립을 권고한 바 있다. 그러나 아동 · 가족 공공부분 예산 중 보육을 제외한 아동복지예산은 전체 GDP대비 0.1%에 불과한 현실이다.

정부는 유엔아동권리위원회의 권고에 따라 취약계층 아동의 기회 균등과 빈곤의 대물림을 방지하기 위한 드림스타트 사업을 지속적으로 추진하고, 지역사회 아동의 보호 · 육성을 위해 지역아동센터에 대한 지원을 강화하고 있다. 아동복지시설은 거의 정부지원에 의존하여 운영되며, 정부지원은 「국민기초생활보장법」과 「아동복지법」에 근거하여 지원되고 있으나 지방자치제 시행으로 해당 자치단체의 재정상황에 따라 지원폭이 달라지며, 취약계층 아동의 경우 그 편차는 더욱 커지게 된다. 최근 빈번하게 발생하는 아동학대사건에 대해서도 범정부 차원의 종합대책이 마련되고 있지만, 아동보호를 위한 안정적인 국가예산의 확보 없이는 그 실효성을 기대하기 어렵다.

셋째, 체계적이고 통합적인 아동복지서비스 전달체계의 확립이 필요하다. 산발적으로 운영되고 있는 아동보호체계 및 양육체계들을 총괄 기획 · 조정할 수 있는 컨트롤타워를 구축함으로써 아동보호의 사각지대를 최소화하고 지속적인 모니터링체계를 확보해 나가야 한다. 이를 위해서는 무엇보다도 아동의 복지구현이나 권익보호를 국가적 과제로 인정하는 인식전환이 전제되어야 할 것이다.

우리나라의 복지담당부서는 정권이 바뀔 때마다 빈번하게 교체되었고, 따라서 체계적이고 전문적인 복지행정이 이루어지기 어려운 실정이었다. 2008년 2월 보건복지부와 국가청소년위원회, 여성가족부의 일부가 보건복지가족부로 통합되었고, 보건복지가족부 내에 신설된 아동청소년정책실이 종전에 보건복지부에서 관장하던 아동업무, 국가청소년위원회에서 관장하던 청소년업무, 여성가족부에서 관장하던 영유아보육업무를 총괄하게 되었다(이혜원, 김성천, 오승환, 이태수, 정익중, 2009). 그러나 이후 여성부가 다시 여성가족부로 명칭이 변경되면서 청소년업무는 여성가족부에서, 아동업무와 영유아보육업무는 보건복지부에서 담당하고 있다. 이러한 사실은 아동복지행정을 등한시하는 정부의 인식을 반영하는 것이라고 볼 수 있다.

아동은 우리의 미래이다. 그리고 우리나라의 저출산율 문제 또한 상당 부분 영유아보육에서 그 해답을 찾을 수 있다. 이러한 사실에 비추어볼 때 아동복지를 전담하는 주무부처가 변동 없이, 그리고 아동과 관련된 모든 복지서비스체계가 하나로 통합되어 운영된다면 복지업무의 일관성과 효율성을 기대할 수 있을 것이다. 복지예산의 증가속도에 비례하여 복지체감도가 증가하지 않는 이유는 제도적 인프라가 이에 미치지 못하기 때문이며, 그 근본 원인은 아동복지를 부차적인 것으로 간주하고 등한시하는 정부의 인식에서 비롯된다.

넷째, 앞으로의 아동복지는 과거와 같은 경제적인 지원이나 구호만으로는 불충분하며, 가족 및 사회변화와 연계한 다양하고 내실 있는 아동복지서비스가 이루어져야 할 것이다. 가족의 변화 가운데 여성취업으로 인한 저출산과 양육자 부재문제는 당분간 지속될 것으로 보인다. 핵가족화로 인해 자녀양육과 관련된 지식이나 기술의 부족문제도 전반적으로 가중될 것이다. 그러므로 어린이집의 질적 · 양적 확충뿐 아니라 아동이 부모의 보호와 양육을 받지 못하는 데서 오는 정서적인 문제를 지원하기 위한 상담서비스가 강화되어야 할 것이다. 특히 현행 「아동복지법」이나 아동보호체계가 현대사회에서 급증하고 있는 정신장애를 예방하고 대처하기에는 미흡한 수준이므로 아동의 정신병리나 부적응 문제를 차단하고 해결하기 위한 정책 및 제도의 도입이 필요하다(이호근, 2008). 또한 부모를 지원해주기 위한 부모상담이나 교육활동도 확충되어야 할 것이며, 아울러 육아와 고용의 양립을 위하여 유급 육아휴직제의 확대, 부모휴가제, 보육료 차등지원 확대 등의 정책도입이 필요하다.

아울러 내실 있는 아동복지서비스가 이루어지기 위해서는 복지담당 공무원이나 기관 관계자들의 전문성 확보가 필요하다. 장애복지서비스를 제공하는 인력의 전문성 강화는 복지의 질과 직결되는 요인이므로 재교육이나 정기적 평가를 통해 복지제공인력의 전문성을 높이기 위한 지속적 관리가 필요하다.

다섯째, 무엇보다도 아동의 욕구와 권리를 최우선으로 고려하는 복지정책이 실행되어야 할 것이다. 아동복지정책의 목표는 아동이 독립된 인격체로서 권리를 존중받으며, 사회적, 정신적으로 건강한 성인으로 자랄 수 있는 환경을 조성하는 데 있다. 실제 연구결과에서도 4대 권리지수의 평균값인 종합지수가 높을수록 아동의 긍정적 발달 수준은 증가하고 부정적 발달 수준은 감소하는 것으로 나타났다(이봉주, 장희선, 2019). 이에 반해 우리나라의 아동권리에 대한 인식 수준은 상당히 낮은 편이며, 대한민국 헌법에도 아예 아동이라는 용어가 포함되어 있지 않다. 그러나 헌법 내에 단순히 '아동'이라는 용어만을 편입하기보다 아동 지위 혹은 권리를 향상할 수 있도록 아동권리와 보호의 구체적인 내용을 포함시켜야 할 것이다(황옥경, 2017).

우리나라는 1991년 「유엔아동권리협약」에 비준하고 당사국이 되었으나 아동권리에 대한 사회적 인식은 미흡한 실정이다. 유엔아동권리위원회에서는 한국의 입시, 조기교육을 아동의 권리를 침해하는 대표적인 사회환경으로 규정하고 개선을 요구하였다. 또한 아동과 관련된 일을 결정하는 과정에서 아동이 철저히 배제된다는 점을 아동권리 침해 사례로 지적하였다. 현재와 같이 인지지상주의(認知至上主義)가 강하게 지배하고 있는 상황에서 우리는 어린이에게 완전한 인격적 예우를 허하고, 그들이 고요히 배우고 즐거이 놀 만한 가정 또는 사회적 시설을 행할 것을 명시한 1923년 어린이 권리공약의 내용이 과연 보장되고 있는가를 반문해보아야 할 것이다. 2003년과 2008년 두 차례에 걸친 유엔아동권리위원회의 권고에 의해 우리나라에서도 아동권리교육 프로그램의 개발과 효과성에 대한 연구가 이루어지기 시작하였으며, 실제로 아동권리교육 프로그램에 참여한 아동집단이 비참여 아동집단보다 높은 권리의식을 가지고 있었고, 권리향상을 위한 활동에서도 더 적극적이었을 뿐 아니라 리더십기술, 문제해결능력, 자아존중감과 책임감 등이 향상된 것으로 나타났다(허남순, 고윤순, 이정남, 장선아, 2015). 또한 정부는 2015년 경제개발협력기구(OECD) 최하위 수준인 아동의 행복도를 높이기 위한 중장기 계획으로 '제1차 아동정책 기본계획'을 발표하고, '행복한 아동, 존중받는 아동'이라는 비전하에 아동들이 학업과 놀이 불균형을 해소할 수 있도록 '놀권리 헌장'을 선포하고 놀이정책도 마련한다는 계획을 수립하였다(아시아경제, 2015). 이러한 기본계획이 잘 이행됨으로써 아동의 행복에 대한 욕구와 권리가 보장될 수 있기를 기대해본다.

Laird와 Hartman(1985)이 어떤 사회나 시대를 불문하고 마땅히 아동의 욕구를 충족시킬 수 있는 법규의 필요성을 강조한 것처럼 전반적인 사회복지의 한 범주가 아니라 진정으로 아동의 요구를 반영한 복지가 이루어져야 할 것이다.

사진 설명 Helen Keller와 교사 Anne Sullivan

아동기는 다른 시기와 달리 많은 변화의 가능성을 가지고 있으며, 따라서 복지서비스의 효과를 극대화할 수 있는 이점이 있다. 비록 여러 가지 장애를 가지고 있었음에도 Helen Keller가 재능을 발휘할 수 있었던 것은 바로 한 인간으로서의 Helen Keller의 요구에 주목했던 Anne Sullivan이라는 교사가 있었기 때문이다(사진 참조). 이처럼 대한민국에 태어난 아이들이 「유엔아동권리협약」에 명시된 바와 같이 그들 부모의 신분이나 사회계층을 불문하고 자신의 재능을 최대한으로 발휘할 수 있도록 아동의 요구에 귀 기울이는 아동복지서비스를 기대해본다.

부록

유엔아동권리협약
(CRC: Convention on the Rights of the Child)

1989년 11월 20일 유엔총회에서 채택

서 론

이 협약의 당사국은,
유엔헌장에 선언된 원칙에 따라 인류사회의 모든 구성원의 고유한 존엄성 및 평등하고 양도할 수 없는 권리를 인정하는 것이 세계의 자유, 정의 및 평화의 기초가 됨을 고려하고,

유엔체제 하의 모든 국민들은 기본적인 인권과 인간의 존엄성 및 가치에 대한 신념을 유엔헌장에서 재확인하고, 확대된 자유 속에서 사회발전과 생활수준의 향상을 촉진하기로 결의하였음에 유념하며,

유엔은 세계인권선언과 국제인권협약을 통해 모든 사람은 인종, 피부색, 성별, 언어, 종교, 정치적 또는 기타의 의견, 민족적 또는 사회적 출신, 재산, 출생 또는 기타의 신분 등 어떠한 종류 구분에 의한 차별 없이 동 선언 및 협약에 규정된 모든 권리와 자유를 향유할 자격이 있음을 선언하고 동의하였음을 인정하고,

유엔은 세계인권선언을 통해 모든 사람은 유년기에 특별한 보호와 도움을 받을 권리가 있다고 선언하였음을 상기하며,
가족은 사회의 기초집단이며 모든 구성원 특히 아동의 성장과 복지를 위한 자연적 환경으로서 공동체 내에서 그 책임을 충분히 감당할 수 있도록 필요한 보호와 지원이 부여되어야 함을 확신하며,

아동은 완전하고 조화로운 인격 발달을 위하여 가족적 환경과 행복, 사랑 및 이해의 분위기 속에서 성장하여야 함을 인정하고,

아동은 사회에서 한 개인으로서의 삶을 위할 수 있도록 충분히 준비되어야 하며 유엔헌장을 통해 선언한 이상주의 정신과 특히 평화, 존엄, 관용, 자유, 평등, 연대의 정신 속에서 양육되어야 함을 고려하고,

아동에게 각별한 보호를 제공하여야 할 필요성은 1924년 아동권리에 관한 제네바선언과 1959년 11월 20일 유엔총회에 의하여 채택된 아동권리선언에 명시되어 있으며, 세계인권선언, 시민적 · 정치적 · 권리에 관한 국제협약(특히 제23조와 제24조), 경제적 · 사회적 · 문화적 권리에 관한 국제협약(특히 제10조) 및 아동의 복지와 관련된 전문기구와 국제기구의 규정 및 관련문서에서 인정되었음을 유념하고,

아동권리선언문에 나타나 있는 바와 같이, "아동은 신체적, 정신적 미성숙으로 인하여 출생 전후를 막론하고 적절한 법적 보호를 포함한 특별한 보호와 배려를 필요로 한다"는 점에 유념하고,

"국내외 양육위탁과 입양을 별도로 규정하는 아동의 보호와 복지에 관한 사회적 · 법적 원칙에 관한 선언"의 제규정, "소년법 집행을 위한 유엔 최소표준규정"(베이징규정) 및 "비상시 · 무력충돌 시 부녀자와 아동의 보호에 관한 선언"을 상기하고, 세계 모든 국가에 예외적으로 어려운 여건 하에 생활하고 있는 아동들이 있으며, 이 아동들은 특별한 배려를 필요로 함을 인정하고, 아동의 보호와 조화로운 발전을 위하여 각 민족의 전통과 문화적 가치의 중요성을 충분히 고려하고 모든 국가, 특히 개발도상국가 아동의 생활여건을 향상시키기 위한 국제협력의 중요성을 인정하면서, 다음과 같이 합의하였다.

제1부

제1조

이 협약의 목적상 아동이라 함은 해당 아동법규에 의하여 미리 성년에 달하지 아니하는 한, 18세 미만의 모든 사람을 의미한다.

제2조

1. 당사국은 자국의 관할권 내에서 아동 또는 그의 부모나 법정 후견인의 인종, 피부색, 성별, 언어, 종교, 정치적 또는 기타의 의견, 민족적, 인종적 또는 사회적 출신, 재산, 장애, 출생 또는 기타의 신분에 관계없이 그리고 어떠한 종류의 차별이 없이 이 협약에 규정된 권리를 존중하고, 각 아동에게 보장하여야 한다.
2. 당사국은 아동이 그의 부모나 법정 후견인 또는 가족 구성원의 신분, 활동, 표명된 의견을 이유로 받게 되는 모든 형태의 차별이나 처벌로부터 보호되도록 보장하는 모든 적절한 조치를 취하여야 한다.

제3조

1. 공공 또는 민간 사회복지기관, 법원, 행정당국, 또는 입법기관 등에 의하여 실시되는 아동에 관한 모든 활동에 있어서 아동의 최상의 이익이 최우선적으로 고려되어야 한다.
2. 당사국은, 아동의 부모, 법정 후견인, 또는 여타 아동에 대하여 법적 책임이 있는 자의 권리와 의무를 고려하여, 아동복지에 필요한 보호와 배려를 아동에게 보장하고, 이를 위하여 모든 적절한 입법적, 행정적 조치를 취하여야 한다.
3. 당사국은 아동을 보살피고 보호하기 위한 책임을 지고 있는 기관과 시설에서 관계당국이 설정한 기준—특히 안전, 건강, 직원의 숫자, 직원의 적격성 및 충분한 감독—을 지켜나가도록 조치를 취해야 한다.

제4조

당사국은 이 협약에서 인정된 권리를 실현하기 위한 모든 적절한 입법적, 행정적 및 여타의 조치를 취하여야 한다. 경제적 · 사회적 · 문화적 권리에 관하여 당사국은, 가용자원의 최대한도까지 그리고 필요한 경우에는 국제협력의 테두리 내에서 이러한 조치를 취하여야 한다.

제5조

아동이 이 협약에서 인정된 권리를 행사함에 있어서, 당사국은 부모 또는 적용 가능한 경우, 현지 관습에 의하여 인정되는 확대가족이나 공동체의 구성원 법정 후견인 또는 기타 아동에 대한 법적 책임자들이 아동의 능력발달에 상응하는 방법으로 적절한 감독과 지도를 행할 책임과 권리 및 의무를 가지고 있음을 존중하여야 한다.

제6조

1. 당사국은 모든 아동이 고유의 생명권을 가지고 있음을 인정한다.
2. 당사국은 가능한 최대한도로 아동의 생존과 발달을 보장하여야 한다.

제7조

1. 아동은 출생 후 즉시 등록되어야 하며, 출생 시부터 성명권과 국적 취득권을 가지며, 가능한 한 자신의 부모를 알고 부모에 의하여 양육 받을 권리를 가진다.
2. 당사국은 이 분야의 국내법 및 관련국제문서 상의 의무에 따라 이러한 권리가 실행되도록 보장하여야 하며, 권리가 실행되지 아니하여 아동이 무국적으로 되는 경우에는 특히 그러하다.

제8조

1. 당사국은 법률에 의해 인정되는 아동의 국적, 성명 및 가족관계를 포함하여 아동의 정체성을 유지할 권리를 존중하되 이를 불법적으로 방해하지 않는다.
2. 아동이 그의 신분요소 중 일부 또는 전부를 불법적으로 박탈당한 경우, 당사국은 그의 신분을 신속하게 회복하기 위하여 적절한 지원과 보호를 제공하여야 한다.

제9조

1. 당사국은, 사법적 심사의 구속을 받는 관계당국이 해당 법률 및 절차에 따라서 부모와의 이별이 아동의 최상의 이익을 위하여 필요하다고 결정하는 경우 이외에는, 아동이 그의 의사에 반하여 부모로부터 헤어지지 아니하도록 보장하여야 한다. 위의 결정은 부모에 의한 아동 학대 또는 유기의 경우나 부모의 별거로 인하여 아동의 거처에 관한 결정이 내려져야 하는 등 특별한 경우에 필요할 수 있다.
2. 제1항에 따른 모든 절차와 관련하여 모든 이해당사자는 그 절차에 참가하여 자신의 견해를 표시할 기회가 부여되어야 한다.
3. 당사국은 아동의 최상의 이익에 반하는 경우 이외에는 한쪽 부모 혹은 양쪽 부모로부터 헤어진 아동이 정기적으로 부모와 개인적 관계를 유지하고 직접적인 면접교섭을 유지할 권리를 가짐을 존중하여야 한다.
4. 부모와의 이별이 국가에 의한 한쪽 부모 혹은 양부모의 감금, 투옥, 망명, 강제 퇴거 또는 사망(국가가 억류하고 있는 동안 발생한 모든 원인에 기인한 사망을 포함하여) 때문인 경우에는, 당사국은 그 정보의 제공이 아동의 복지에 해롭지 아니하는 한, 부모·아동 또는 적절한 경우 여타 가족구성원에게 부재중인 가족구성원의 소재에 관해 본질적인 정보를 제공하여야 한다. 또한 당사국은 그러한 정보의 제공이 관련자에게

불리한 결과를 초래하지 아니하도록 조치를 취해야 한다.

제10조

1. 제9조 1항에 규정된 당사국의 의무에 따라서, 가족의 재결합을 위하여 아동 또는 그 부모가 당사국에 입국하거나 출국하기 위한 신청은 당사국에 의하여 긍정적이며 인도적인 방법으로 그리고 신속하게 취급되어야 한다. 또한 당사국은 이러한 신청에 대한 처리로 인해 신청자와 그의 가족구성원들에게 불리한 결과를 초래하지 아니하도록 조치를 취해야 한다.
2. 부모가 타국에 거주하는 아동은 예외적 상황 이외에는 정기적으로 부모와 개인적 관계 및 직접적인 면접교섭을 유지할 권리를 갖는다. 이러한 목적에 비추어 그리고 제9조 제1항에 규정된 당사국의 의무에 따라서 당사국은 아동과 그의 부모가 본국을 포함하여 어떠한 국가로부터 출국할 수 있고 또한 본국으로 입국할 수 있는 권리를 존중하여야 한다. 어떠한 국가로부터 출국할 수 있는 권리는 국가안보, 공공질서, 공중보건, 타인의 권리와 자유를 보호하기 위해 필요하기 때문에 법으로 출국을 금하고 있는 경우가 아닌 경우에만 제약을 받으며, 이 협약이 인정하고 있는 다른 권리와 일치한다.

제11조

1. 당사국은 아동의 불법 해외이송 및 미(未)귀환을 금지하기 위한 조치를 취하여야 한다.
2. 이 목적을 위해 당사국은 해당 국가와 양자 또는 다자 협정의 체결이나 기존 협정에의 가입을 위해 노력해야 한다.

제12조

1. 당사국은 자신의 견해를 형성할 능력이 있는 아동에 대하여 본인에게 영향을 미치는 모든 문제에 있어서 자신의 견해를 자유스럽게 표시할 권리를 보장하며, 아동의 견해에 대하여는 아동의 연령과 성숙 정도에 따라 정당한 비중이 부여되어야 한다.
2. 이러한 목적을 위하여, 특히 아동에게 영향을 미치는 어떠한 사법적, 행정적 절차에 있어 아동이 직접 또는 대리인이나 적절한 기관을 통하여 진술할 기회가 국내법의 절차에 따라 주어져야 한다.

제13조

1. 아동은 표현의 자유를 갖는다. 이 권리는 구두, 필기 또는 인쇄, 예술의 형태 또는 아

동이 선택하는 기타의 매체를 통하여 모든 종류의 정보와 사상을 국경에 관계없이 추구하고 접수하며 전달하는 자유를 포함한다.

2. 이 권리의 행사는 일정한 제한을 받을 수 있다. 다만 이 제한은 오직 법률에 의하여 규정되고 다음 경우에 해당된다.
   가. 타인의 권리 혹은 명예를 존중해야 하는 경우
   나. 국가안보, 공공질서, 공중보건 또는 윤리상 필요한 경우

제14조

1. 당사국은 아동의 사상, 양심 및 종교의 자유에 대한 권리를 존중하여야 한다.
2. 당사국은 아동의 능력발달에 맞게 권리를 행사할 수 있도록 지도할 수 있는 부모 혹은 법적 후견인의 권리와 의무를 존중해야 한다.
3. 종교와 신념을 표현하는 자유는 오직 법률에 의하여 규정되고 공공의 안정, 질서, 보건, 윤리 또는 타인의 기본권적 권리와 자유를 보호하기 위하여 필요한 경우에만 제한될 수 있다.

제15조

1. 당사국은 아동에게 결사의 자유와 평화적 집회의 자유에 대한 권리가 있음을 인정한다.
2. 이 권리의 행사에 대하여는 법률에 따라 부과되고 국가안보 또는 공공의 안전, 공공질서, 공중보건, 윤리, 보호 또는 타인의 권리와 자유의 보호를 위하여 민주사회에서 필요한 것 이외의 어떠한 제한도 과하여져서는 안 된다.

제16조

1. 어떠한 아동도 사생활, 가족, 가정 또는 서신 왕래에 대하여 독단적이거나 불법적인 간섭을 받지 아니하며 또한 명예나 신망에 대한 불법적인 공격을 받지 아니한다.
2. 아동은 이러한 간섭 또는 비난으로부터 법률의 보호를 받을 권리를 갖는다.

제17조

당사국은 대중매체가 수행하는 중요한 기능을 인정하며, 아동이 국내외의 다양한 소식통으로부터 정보와 자료, 특히 아동의 사회적 · 정신적 · 윤리적 복지와 신체적 · 정신적 건강의 향상을 목적으로 하는 정보와 자료를 접할 수 있도록 해야 한다. 이 목적을 위하여 당사국은,

가. 대중매체가 아동에게 사회적, 문화적으로 유익하고 제29조의 정신에 부합되는 정보와 자료를 보급하도록 장려하여야 한다.
나. 다양한 문화와 국내외의 소식통에 의한 정보와 자료의 제작, 교환 및 보급을 위한 국제협력을 장려하여야 한다.
다. 아동도서의 보급과 제작을 장려하여야 한다.
라. 대중매체로 하여금 소수집단의 아동 혹은 원주민 아동이 언어상 겪는 곤란에 특별한 관심을 기울이도록 장려하여야 한다.
마. 제13조와 제18조의 규정을 유념하며 아동 복지에 해로운 정보와 자료로부터 아동을 보호하기 위한 적절한 지침을 개발하도록 권장해야 한다.

제18조

1. 당사국은 양부모, 즉 아버지와 어머니가 아동의 양육과 발전에 공동책임을 진다는 원칙이 인정받을 수 있도록 최선의 노력을 기울여야 한다. 부모 또는 경우에 따라서 법정 후견인은 아동의 양육과 발전에 일차적 책임을 진다. 아동의 최상의 이익이 그들의 기본적 관심이 된다.
2. 이 협약에 규정된 권리를 보장하고 촉진시키기 위하여, 당사국은 아동의 양육책임 이행에 있어서 부모와 법정 후견인에게 적절한 지원을 제공하여야 하며, 아동보호를 위한 기관, 시설 및 편의의 개발을 보장하여야 한다.
3. 당사국은 취업부모의 아동들이 이용할 수 있는 아동보호를 위한 편의 및 시설사용에 대한 권리가 있음을 보장하기 위하여 모든 적절한 조치를 취하여야 한다.

제19조

1. 당사국은 아동이 부모, 법정 후견인 또는 기타 아동양육자의 양육을 받고 있는 동안 모든 형태의 신체적 · 정신적 폭력, 상해, 학대, 유기, 방임적 대우, 성적 학대를 포함한 혹사나 착취로부터 아동을 보호하기 위하여 모든 적절한 입법적 · 행정적 · 사회적 · 교육적 조치를 취하여야 한다.
2. 이러한 보호조치는 아동과 아동 양육자에게 필요한 지원을 제공하기 위한 사회 계획의 수립은 물론, 상기된 바와 같은 아동학대 사례를 여러 방법으로 방지하거나 확인, 보고, 조회, 조사, 처리 및 추적하고 또한 적절한 경우에는 사법적 개입을 가능하게 하는 효과적 절차를 적절히 포함하여야 한다.

제20조

1. 일시적 또는 항구적으로 가족적 환경을 박탈당하거나, 가족적 환경에 있는 것이 자신

의 최상의 이익을 위하여 허용될 수 없는 아동은 국가로부터 특별한 보호와 지원을 받을 권리가 있다.

2. 당사국은 국내법에 따라 이러한 아동을 위한 대체적 보호조치를 마련해야 한다.
3. 이러한 보호조치는 특히 양육위탁, 회교법의 카팔라, 입양, 또는 필요한 경우 적절한 아동 양육기관에 두는 것을 포함한다. 해결책을 모색하는 경우에는 아동 양육에 있어 계속성 보장이 바람직하다는 점과 아동의 인종적, 종교적, 문화적, 언어적 배경을 적절히 감안하여 조치한다.

제21조

입양제도를 인정하거나 허용하는 당사국은 아동의 최상의 이익이 최우선적으로 고려되도록 보장하여야 하며, 또한 당사국은,

가. 아동의 입양은, 해당 법률과 절차에 따라서 그리고 적절하고 신빙성 있는 모든 정보에 기초하여, 입양이 부모, 친척 및 법정 후견인에 대한 아동의 신분에 비추어 허용될 수 있음을, 그리고 관련자가 필요한 상담을 통해 입양과 관련한 내용을 알고 동의했음을 전제로, 자격이 있는 관계당국에 의해서만 허가되도록 보장하여야 한다.

나. 국제입양은, 아동을 위탁 양육자나 입양가족이 맡을 수 없다거나 또는 어떠한 적절한 방법으로도 출신국에서 양육되어질 수 없는 경우, 아동 양육의 대체수단으로서 고려될 수 있음을 인정하여야 한다.

다. 국제입양 대상 아동에게 국내입양의 경우와 대등한 보호조치와 기준이 적용되도록 보장하여야 한다.

라. 국제입양에 있어서 아동의 위탁이 관계자들에게 부당한 재정적 이익을 주는 결과가 되지 아니하도록 모든 적절한 조치를 취하여야 한다.

마. 해당되는 경우 양자 또는 다자 약정이나 협정을 체결함으로써 본 조의 목적을 촉진시키며, 이러한 테두리 내에서 아동의 타국 내 입양 위탁이 유자격 기관이나 기구에 의해 반드시 추진되도록 한다.

제22조

1. 당사국은 난민으로서의 지위를 구하거나 또는, 적용 가능한 국제법 및 국내법과 절차에 따라 난민으로 취급되는 아동이, 부모나 기타 다른 사람과의 동반 여부에 관계없이, 이 협약 및 당해 국가가 당사국인 다른 국제 인권 또는 인도주의 관련 문서에 규정된 적용 가능한 권리를 향유함에 있어서 적합한 보호와 인도적 지원을 받을 수 있도록 하기 위하여 적절한 조치를 취하여야 한다.

2. 이 목적을 위하여 당사국은 유엔 및 유엔과 협력하는 여타의 권한 있는 정부 간 또는 비정부 간 기구들이 그러한 아동을 보호, 원조하고 가족재결합에 필요한 정보를 획득하기 위하여 난민 아동의 부모나 다른 가족구성원을 추적하는 데 기울이는 어떠한 노력에 대하여도 적절하다고 판단되는 협조를 제공하여야 한다. 부모나 다른 가족구성원을 발견할 수 없는 경우, 그 아동은 어떠한 이유로 인하여 영구적 또는 일시적으로 가족환경을 박탈당한 다른 아동과 마찬가지로 이 협약에 규정된 바와 같은 보호를 받아야 한다.

第23조

1. 당사국은 정신신체 장애아동에게 존엄성을 보장하고 자립을 촉진하며 적극적 사회참여를 조장하는 등 그들이 마음껏 품위 있는 생활을 누려야 한다는 점을 인정한다.
2. 당사국은 장애아동에게 특별한 보호를 받을 권리가 있음을 인정하며 아동의 여건과 부모나 다른 아동양육자의 여건에 적합한 지원을 활용 가능한 재원의 범위 내에서, 이를 받을 만한 아동과 그의 양육책임자에게 제공하도록 조치를 취해야 한다.
3. 장애아동의 특별한 곤란을 인식하며 본 조 제2항에 따라 제공되는 지원은 부모나 다른 아동양육자의 재정형편을 고려하여 가능한 한 무상으로 제공되어야 하며, 가능한 한 장애아동의 전면적인 사회 참여와 문화적 · 정신적 발전을 포함한 개인적 발전을 위해 그 아동이 교육, 훈련, 건강관리지원, 재활지원 취업준비 및 오락기회를 효과적으로 이용하고 제공받을 수 있도록 계획되어야 한다.
4. 당사국은 국제협력의 정신에 입각하여 장애아동에 대한 예방의학 의학적 · 심리적 · 기능적 치료분야에 대해 적합한 정보를 외국과 교환해야 한다. 이러한 정보교류는 이 분야의 치료분야에 대한 해당국의 대처능력과 기술 및 경험을 높이기 위한 것으로 장애아동의 재활 교육 및 직업보도에 관한 정보의 교류가 포함된다. 이 문제에 있어서 개발도상국의 필요에 대하여 특별한 배려가 있어야 한다.

第24조

1. 당사국은 도달 가능한 최상의 건강수준을 향유하고 질병의 치료와 건강의 회복을 위한 시설을 사용할 수 있는 아동의 권리를 인정한다. 당사국은 건강서비스의 이용에 관한 아동의 권리가 박탈되지 아니하도록 노력하여야 한다.
2. 당사국은 이 권리의 완전한 이행을 추구하여야 하며, 특히 다음과 같은 적절한 조치를 취하여야 한다.

   가. 유아와 아동의 사망률을 감소시키기 위한 조치

   나. 기초건강관리의 발전에 중점을 두면서 모든 아동에게 필요한 의료지원과 건강관

리의 제공을 보장하는 조치

다. 환경오염으로 인한 위험을 고려하여 기초건강관리 체계 내에서 무엇보다도 용이하게 이용 가능한 기술의 적용과 충분한 영양식 및 깨끗한 음료수의 제공 등을 통하여 질병과 영양실조를 퇴치하기 위한 조치

라. 산모를 위하여 출산 전후의 적절한 건강관리를 보장하는 조치

마. 모든 사회구성원, 특히 부모와 아동에게 아동의 건강과 영양, 모유 수유의 유익성, 위생 및 환경 위생시설 그리고 사고예방에 관한 기초지식의 활용에 있어서 정보를 제공받고 교육 지원을 받도록 하는 조치

바. 예방적 건강관리, 부모를 위한 지도 및 가족계획에 관한 교육과 편의를 발전시키는 조치

3. 당사국은 아동의 건강을 해치는 전통적 관습을 폐지하기 위하여 모든 효과적이고 적절한 조치를 취하여야 한다.
4. 당사국은 본 조에서 인정된 권리의 완전한 실현을 점진적으로 달성하기 위하여 국제협력을 촉진하고 장려하여야 한다. 이 문제에 있어서 개발도상국의 필요에 대해 특별히 배려해야 한다.

제25조

당사국 신체적, 정신적 건강의 관리, 보호 또는 치료의 목적으로 관계 당국에 의하여 양육지정 조치된 아동이, 제공되는 치료 및 양육지정과 관련된 여타 모든 실정에 대해 정기적으로 평가받을 수 있는 권리를 갖고 있음을 인정한다.

제26조

1. 당사국은 모든 아동이 사회보험을 포함한 사회보장제도의 혜택을 받을 권리를 갖고 있음을 인정하며, 국내법에 따라 이 권리의 완전한 실현을 달성하기 위하여 필요한 조치를 취하여야 한다.
2. 이러한 혜택은 아동 및 아동에 대한 부양책임자의 재정능력과 상황은 물론 아동에 의하여 직접 행하여지거나 또는 아동을 대신하여 행하여지는 혜택의 신청과 관련된 여타의 사정을 참작하여 적절한 경우에 부여되어야 한다.

제27조

1. 당사국은 모든 아동이 신체적, 지적, 정신적, 윤리적, 사회적 발달에 적합한 생활수준을 누릴 권리를 갖고 있음을 인정한다.
2. 부모 또는 기타 아동에 대하여 책임을 지고 있는 사람은 능력과 재정상황의 범위 내에

서 아동 발달에 필요한 생활여건을 제공할 일차적 책임을 진다.

3. 당사국은 국가적인 여건과 재원의 범위 내에서 부모 또는 기타 아동에 대하여 책임을 지고 있는 사람이 이 권리를 실현하도록 지원하기 위한 적절한 조치를 취하여야 하며, 필요한 경우에는 특히, 영양, 의복 및 주거에 대하여 물질적 보조 및 지원계획을 제공하여야 한다.
4. 당사국은 국내외에 거주하는 부모 또는 기타 아동에 대하여 재정적으로 책임을 지고 있는 사람으로부터 아동양육비를 회수하기 위한 모든 적절한 조치를 취하여야 한다. 특히 아동에 대하여 재정적으로 책임을 지는 사람이 아동이 거주하는 국가와 다른 국가에 거주하는 경우, 당사국은 국제협약의 가입이나 그러한 협약의 체결은 물론 다른 적절한 조치의 강구를 촉진하여야 한다.

第28条

1. 사국은 아동의 교육에 대한 권리를 인정하며, 점진적으로 그리고 기회균등의 기초 위에서 이 권리를 달성하기 위하여 특히 다음의 조치를 취하여야 한다.
   가. 초등교육은 의무적이며, 모든 사람에게 무료로 제공되어야 한다.
   나. 일반교육 및 직업교육을 포함한 여러 형태의 중등교육의 발전을 장려하고, 이에 대한 모든 아동의 이용 및 접근이 가능하도록 하며, 무료교육의 도입 및 필요한 경우 재정적 지원을 제공하는 등의 적절한 조치를 취하여야 한다.
   다. 모든 사람에게 고등교육의 기회가 능력에 입각하여 개방될 수 있도록 모든 적절한 조치를 취하여야 한다.
   라. 교육 및 직업에 관한 정보와 지도를 모든 아동이 이용하고 접근할 수 있도록 조치하여야 한다.
   마. 학교의 정기 출석을 권장하고 중퇴율을 감소하기 위한 조치를 취하여야 한다.
2. 당사국은 학교 규율이 아동의 인간적 존엄성과 합치하고 이 협약에 부합하도록 운영되는 것을 보장하기 위한 모든 적절한 조치를 취하여야 한다.
3. 당사국은, 특히 전 세계의 무지와 문맹 퇴치에 기여하고, 과학적, 기술적 지식과 현대적 교육방법에의 접근을 용이하게 하기 위하여, 교육에 관련되는 사항에 있어서 국제협력을 촉진하고 장려하여야 한다. 이 문제에 있어서 개발도상국의 필요에 대하여 특별히 배려해야 한다.

第29条

1. 당사국은 아동교육이 다음의 목표를 지향하여야 한다는 데 동의한다.
   가. 아동의 인격, 재능 및 정신적, 신체적 능력을 최대한 계발한다.

나. 인권과 기본 자유 및 유엔헌장에 내포된 원칙을 존중한다.

다. 자신의 부모, 문화적 주체성, 언어 및 가치 그리고 현 거주국과 출신국의 국가적 가치 및 이질문화를 존중한다.

라. 아동이 인종적, 민족적, 종교적 집단 및 원주민 등 모든 사람과의 관계에 있어서 이해, 평화, 관용, 남녀평등 및 우정의 정신에 입각하여, 자유사회에서 책임 있는 삶을 영위하도록 준비시킨다.

마. 자연환경을 존중한다.

2. 본 조 또는 제28조의 어떠한 부분도 개인이나 단체가 교육기관을 설립하여 운영할 수 있는 자유를 침해하는 것으로 해석되어서는 안 된다. 이는 본 조 제1항에 규정된 원칙들을 준수하고 당해 교육기관에서 실시되는 교육이 국가에 의하여 설정된 최소한의 기준에 부합하여야 한다는 조건을 따른다.

제30조

인종적, 종교적 또는 언어적 소수집단 혹은 원주민이 존재하는 국가에서 이러한 소수민족의 아동 혹은 원주민 아동은 자기 집단의 다른 구성원들과 함께 고유문화를 향유하고 고유의 종교를 신앙하고 실천하며 고유의 언어를 사용할 권리를 거부당하지 아니한다.

제31조

1. 당사국은 휴식과 여가를 즐기고 자신의 연령에 적합한 놀이와 오락활동에 참여하며 문화생활과 예술에 자유롭게 참여할 수 있는 권리를 인정한다.
2. 당사국은 문화적, 예술적 생활에 완전하게 참여할 수 있는 아동의 권리를 존중하고, 촉진하며, 문화, 예술, 오락 및 여가활동을 위한 적절하고 균등한 기회를 제공하도록 권장해야 한다.

제32조

1. 당사국은 아동에 대한 경제적 착취, 그리고 아동의 교육에 위험하거나 방해되는 일, 아동의 건강이나 신체적, 지적, 정신적, 도덕적 또는 사회적 발전에 유해한 노동의 수행으로부터 보호받을 수 있는 아동의 권리를 인정한다.
2. 당사국은 본 조의 이행을 보장하기 위한 입법적 행정적 사회적 교육적 조치를 강구하여야 한다. 이 목적을 위하여 그리고 여타 국제문서의 관련 규정을 고려하여 당사국은 특히 다음의 조치를 취하여야 한다.

가. 최저 고용연령의 규정

나. 고용시간과 조건에 관한 적절한 규정의 수립

다. 본 조의 효과적인 실시를 위한 적절한 처벌 또는 기타 제재수단의 규정

제33조

당사국은 관련 국제조약에서 규정하고 있는 마약과 향정신성 물질의 불법적 사용으로부터 아동을 보호하고 이러한 물질의 불법적 생산과 거래에 아동이 이용되는 것을 방지하기 위하여 입법적, 행정적, 사회적, 교육적 조치를 포함한 모든 적절한 조치를 취하여야 한다.

제34조

당사국은 모든 형태의 성적 착취와 성적 학대로부터 아동을 보호할 의무를 진다. 이 목적을 달성하기 위하여, 당사국은 특히 다음의 사항을 방지하기 위한 모든 적절한 조치를 국내적으로, 양국 간 다국 간으로 취해야 한다.

가. 아동을 불법적 · 성적 활동에 종사하도록 유인하거나 강제하는 행위

나. 아동을 매음이나 기타 불법적 · 성적 활동에 착취적으로 이용하는 행위

다. 아동을 외설적인 공연 및 자료에 착취적으로 이용하는 행위

제35조

당사국은 모든 목적과 형태의 아동의 약취 유인이나 인신매매 또는 거래를 방지하기 위한 모든 적절한 국내적, 양국 간, 다국 간 조치를 취하여야 한다.

제36조

당사국은 아동복지의 모든 측면에 해가 되는 기타 모든 형태의 착취로부터 아동을 보호하여야 한다.

제37조

당사국은 다음의 사항을 보장하여야 한다.

가. 어떠한 아동도 고문 또는 기타 잔혹하거나 비인간적이거나 굴욕적인 대우나 처벌을 받지 아니한다. 18세 미만의 아동이 범한 범죄에 대하여 사형 또는 석방의 가능성이 없는 종신형을 부과해서는 안 된다.

나. 어떠한 아동도 불법적 또는 전횡적으로 자유를 박탈당하지 아니한다. 아동의 체포, 억류 또는 구금은 법률에 따라 행해야 하며, 오직 최후의 수단으로서 또한 적절한 최단기간 동안만 사용되어야 한다.

다. 자유를 박탈당한 모든 아동은 인도주의와 인간 고유의 존엄성에 대한 존중에 입각

하여 그리고 그들의 연령상의 필요를 고려하여 처우되어야 한다. 특히 자유를 박탈당한 모든 아동은, 성인으로부터 격리되지 아니하는 것이 아동의 최상의 이익에 합치한다고 생각되는 경우를 제외하고는 서신과 방문을 통하여 자기 가족과의 접촉을 유지할 권리를 갖는다.

라. 자유를 박탈당한 모든 아동은 법률적, 기타 적절한 구조를 신속하게 받을 수 있는 권리를 가지며, 법원 혹은 독립적이고 공정한 소관당국에게 자신이 당하고 있는 자유박탈의 적법성에 대해 이의를 제기하고 이러한 소송에 대하여 신속한 결정을 받을 권리를 갖는다.

제38조

1. 당사국은 무력분쟁에 있어서, 당사국에 적용 가능한 아동 관련 국제인도법을 존중하고 이 법이 준수되도록 조치를 취한다.
2. 당사국은 15세게 달하지 아니한 자가 적대행위에 직접 참여하지 아니할 것을 보장하기 위하여 실행 가능한 모든 조치를 취하여야 한다.
3. 당사국은 15세에 달하지 아니한 자의 징병을 삼가야 한다. 15세 이상 18세 이하의 아동 중에서 징병하는 경우, 당사국은 연장자 순으로 징집해야 한다.
4. 무력분쟁에 있어서 민간인 보호를 위한 국제인도법상의 의무에 따라서 당사국은 무력분쟁의 영향을 받는 아동을 보호하고 배려하기 위해 실행 가능한 모든 조치를 취하여야 한다.

제39조

당사국은 어떠한 형태의 유기, 착취, 학대 또는 고문이나 기타 어떠한 형태의 잔혹하거나 비인간적이거나 굴욕적인 대우나 처벌, 또는 무력분쟁으로 인하여 희생이 된 아동의 신체적, 심리적 회복 및 사회복귀를 촉진시키기 위한 모든 적절한 조치를 취하여야 한다.

제40조

1. 당사국은 형사피의자나 형사피고인 또는 유죄혐의 혹은 유죄로 인정받은 모든 아동에 대한 처리 방법을 다음과 같이 취한다. 아동의 연령 그리고 아동의 사회 복귀 및 사회에서 건설적 역할을 담당하도록 촉진하는 것이 바람직스럽다는 점을 고려하고, 아동이 인권과 타인의 기본적 자유에 대해 존중하도록 하며, 인간의 존엄성과 가치에 대한 아동의 자각을 촉진시키는 범위 내에서 아동을 처리한다.
2. 이 목적을 위하여 그리고 국제문서의 관련규정을 고려하며, 당사국은 특히 다음 사항을 보장하여야 한다.

가. 모든 아동은 국내법 또는 국제법에 의하여 금지되지 아니한 행위를 했거나 안 했다는 이유로 형사피의자가 되거나 형사기소 되거나 유죄로 인정받지 아니한다.

나. 형사피의자 또는 형사피고인이 된 모든 아동은 최소한 다음 사항을 보장 받는다.

1) 법에 따라 유죄가 입증될 때까지는 무죄로 추정한다.

2) 피의사실을 신속하게 그리고 직접 또는, 적절한 경우, 부모나 법정 후견인을 통하여 통지 받으며, 변론의 준비 및 제출 시 법률적 또는 기타 적절한 지원을 받는다.

3) 독립적이고 공평한 소관 기관 또는 사법기관에 의하여 법률에 따른 공정한 심리를 받아 지체 없이 사건이 판결되어야 하며, 판결 시에는 법률상의 지원을 제고하고 특히 그의 연령이나 주변 환경, 부모 또는 법정후견인 등을 고려하여야 한다.

4) 증언이나 유죄의 자백을 강요당하지 아니하며, 대등한 조건하에 반대편 증인을 조사하고 자신을 위한 증인을 출석시켜 조사받도록 한다.

5) 형법 위반으로 간주되는 경우, 그 결정 및 그에 따라 부과되는 모든 조치를 법률에 따라 독립적이고 공정한 소관 사법기관에 의하여 심의하도록 한다.

6) 아동이 사용되는 언어를 이해하지 못하거나 말하지 못하는 경우, 무료로 통역원의 지원을 받는다.

7) 사법절차의 모든 단계에서 아동의 사생활이 충분히 존중받도록 한다.

3. 당사국은 형사피의자, 형사피고인 또는 유죄로 인정받은 아동에게 특별히 적용될 수 있는 법률, 절차, 기관 및 기구의 설립을 촉진하도록 노력하며, 특히 다음 사항에 노력하여야 한다.

가. 형법위반능력이 없다고 추정되는 최저 연령의 설정

나. 적절하고 바람직스러운 경우, 인권과 법적 보호가 완전히 존중되는 조건 하에서 이러한 아동을 사법절차에 의하지 아니하고 처리하기 위한 조치

4. 아동을 그들의 복지에 적절하고 그들의 여건 및 범행에 비례하여 처리하기 위하여 보호, 지도, 감독명령, 상담, 보호관찰, 보호양육, 교육과 직업훈련 및 감호소 보호에 대한 여타 대체방안 등 여러 가지 처리 방법을 활용한다.

제41조

이 협약의 규정은 다음 법에 포함되어 있는 아동의 권리 실현에 보다 공헌할 수 있는 어떠한 규정에도 영향을 미치지 아니한다.

가. 당사국의 법

나. 당사국에 대하여 효력을 갖는 국제법

제2부

제42조

당사국은 이 협약의 원칙과 규정을 적절하고 적극적인 수단을 통하여 성인과 아동 모두에게 널리 알릴 의무를 진다.

제43조

1. 이 협약의 의무이행을 달성함에 있어서 당사국이 이룩한 진전 상황을 심사하기 위하여 이하에 규정된 기능을 수행하는 아동권리위원회를 설립한다.
2. 위원회는 고매한 인격을 가지고 이 협약이 대상으로 하는 분야에서 능력이 인정된 10명의 전문가로 구성된다. 위원회의 위원은 공평한 지리적 분포와 국가의 사법제도를 고려하여 당사국의 국민 중에서 선출되며, 개인적 자격으로 임무를 수행한다.
3. 위원회의 위원은 당사국에 의하여 임명된 자의 명단 중에서 비밀투표에 의하여 선출된다. 각 당사국은 자국민 중에서 1인을 임명할 수 있다.
4. 아동권리위원회의 위원을 선출하는 첫 번째 선거는 이 협약 발효일로부터 6월 이내에 실시되며, 그 이후는 매 2년마다 실시된다. 각 선거일의 최소 4개월 이전에 유엔사무총장은 당사국에 대하여 2개월 이내에 후보자의 명단을 제출하라는 서한을 발송하여야 한다. 사무총장은 위원으로 임명한 당사국의 국가명과 함께 알파벳순으로 임명된 후보들의 명단을 작성하여, 이를 이 협약의 당사국에 제시하여야 한다.
5. 선거는 유엔 본부에서 사무총장에 의하여 소집된 당사국 회의에서 실시된다. 이 회의는 당사국의 3분의 2 참석을 의사정족수로 하고, 투표에서 최대득표와 절대득표를 얻은 자가 위원으로 선출된다.
6. 위원회의 위원은 4년 임기로 선출된다. 위원은 재임명된 경우에 재선될 수 있다. 첫 번째 선거에서 선출된 위원 중 5인의 임기는 2년 후에 종료된다. 이들 5인 위원의 명단은 첫 번째 선거 후 즉시 동 회의의 의장에 의하여 추첨으로 선정된다.
7. 위원회 위원이 사망, 사퇴 또는 본인이 어떠한 이유로 인하여 위원회의 임무를 더 이상 수행할 수 없다고 선언하는 경우, 그 위원을 임명한 당사국은 자국민 중에서 잔여 임기를 수행할 다른 전문가를 임명하되 이는 위원회의 승인을 받아야 한다.
8. 위원회는 자체의 절차 규정을 제정한다.
9. 위원회는 2년 임기의 임원을 선출한다.
10. 위원회의 회의는 통상 유엔 본부나 위원회가 결정하는 여타의 편리한 장소에서 개최된다. 위원회는 통상 매년 회의를 한다. 위원회의 회의 기간은, 필요한 경우, 이 협약

당사국 회의에 의하여 결정되고 재검토되나 이는 총회의 승인을 받아야 한다.

11. 유엔사무총장은 이 협약에 따라 설립된 위원회의 효과적인 기능수행을 위하여 필요한 직원과 편의를 제공한다.
12. 이 협약에 따라 설립된 위원회의 위원은 총회의 승인에 따라 총회가 결정하는 기간과 조건에 따라 유엔의 재원으로부터 보수를 받는다.

제44조

1. 당사국은 이 협약이 인정하고 있는 권리를 실행하기 위하여 그들이 채택한 조치와 동 권리의 향유와 관련하여 이룩한 진전 상황에 관한 보고서를 다음과 같이 유엔사무총장을 통하여 위원회에 제출한다.
   가. 관계 당사국에 대하여 이 협약이 발효한 후 2년 이내
   나. 그 후 매 5년마다
2. 본 조에 따라 제출되는 보고서는 이 협약의 의무 이행에 영향을 미치는 요소와 장애가 있을 경우 이를 명시하여야 한다. 보고서는 또한 관계국에서 협약을 어떻게 이행하고 있는지에 대해 위원회의 포괄적인 이해를 돕기 위해 충분한 정보를 포함하여야 한다.
3. 위원회에 포괄적인 내용을 담은 첫 번째 보고서를 제출한 당사국은, 본 조 제1항 "나" 호에 따라서 제출하는 후속 보고서에 이미 제출한 기초적 정보를 반복할 필요는 없다.
4. 위원회는 당사국으로부터 이 협약의 이행에 관한 정보를 추가로 요청할 수 있다.
5. 위원회는 위원회의 활동에 관한 보고서를 매 2년마다 경제사회이사회를 통하여 총회에 제출한다.
6. 당사국은 아동권리위원회에 제출하는 국가보고서를 일반 국민들에게 널리 알려야 한다.

제45조

이 협약의 효과적인 이행을 촉진하고 이 협약이 대상으로 하는 분야에서의 국제협력을 장려하기 위하여,

가. 전문기구, 유니세프 및 유엔의 여타 기관은 이 협약 중 그들의 권한 범위 내에 속하는 규정의 이행에 관한 심의에 대표를 파견할 권리를 갖는다. 위원회는 전문기구, 유니세프 및 위원회가 적절하다고 판단하는 여타의 자격이 있는 기구에 대하여 각 기구의 권한 범위에 속하는 분야에 있어서 이 협약의 이행에 관한 전문적인 자문을 제공하여 줄 것을 요청할 수 있다. 위원회는 전문기구, 유니세프 및 유엔의 여타 기관에게 그들의 활동범위에 속하는 분야에 대하여 이 협약의 이행에 관한 보고서를 제출해 줄 것을 요청할 수 있다.

나. 위원회는 적절하다고 판단되는 경우, 기술적 자문이나 지원을 요청하는 국가보고서에 대해 위원회의 제안과 함께 전문기구, 유니세프 및 기타 자격이 있는 기구에게 발송할 수 있다.

다. 위원회는 유엔사무총장이 위원회를 대신하여 아동의 권리와 관계된 구체적인 사안에 대해 연구를 실시하도록 유엔총회에 요청할 수 있다.

라. 위원회는 이 협약 제44조와 제45조에 따라 접수한 국가보고서에 기초하여 제안과 일반적 권고사항을 제시할 수 있다. 이러한 제안과 일반적 권고사항에 대해 당사국의 논평이 있으면 그 논평과 함께 관계 당사국에 전달되고 총회에 보고되어야 한다.

제3부

제46조

이 협약은 모든 국가로부터 서명을 받기 위하여 개방된다.

제47조

이 협약은 비준되어야 한다. 비준서는 유엔사무총장에게 기탁된다.

제48조

이 협약은 모든 국가에 의한 가입을 위하여 개방된다. 가입서는 유엔사무총장에게 기탁된다.

제49조

1. 이 협약은 20번째 비준서 또는 가입서가 유엔사무총장에게 기탁되는 날로부터 30일째 되는 날 발효한다.
2. 20번째의 비준서 또는 가입서의 기탁 이후에 이 협약을 비준하거나 가입하는 각 국가에 대하여, 이 협약은 그 국가의 비준서 또는 가입서 기탁 후 30일째 되는 날 발효한다.

제50조

1. 어떤 당사국을 막론하고 개정안을 제안하고 이를 유엔사무총장에게 제출할 수 있다. 이 경우 사무총장은, 모든 당사국에게 동 제안을 심의하고 표결에 붙이기 위한 당사국

회의 개최에 대한 찬성 여부에 관한 의견을 표시하여 줄 것을 요청하는 것과 함께, 개정안을 송부하여야 한다. 이러한 통보일로부터 4개월 이내에 당사국 중 최소 3분의 1이 회의 개최에 찬성하는 경우, 사무총장은 유엔 주관하에 동 회의를 소집하여야 한다. 동 회의에 출석하고 표결한 당사국의 과반수에 의하여 채택된 개정안은 그 승인을 위하여 유엔총회에 제출된다.

2. 본 조 제1항에 따라서 채택된 개정안은 유엔 총회에 의하여 승인되고, 모든 당사국의 3분의 2가 찬성하게 될 때에 발효한다.
3. 개정안이 발효하게 되면 이에 찬성한 당사국과 기존의 협약서 및 이전의 개정안을 이행할 의무를 지고 있는 모든 당사국에 대해 구속력을 발휘하게 된다.

제51조

1. 유엔사무총장은 각국이 이 협약의 비준 또는 가입 시 작성한 유보조항 문서를 접수하고 모든 국가에게 이를 배포하여야 한다.
2. 협약의 목표와 목적에 위배되는 유보조항은 허용되지 아니한다.
3. 유보사항의 철회는 유엔사무총장에게 통지서 발송을 통하여 언제든지 가능하며, 사무총장은 이를 모든 국가에게 통보하여야 한다. 그러한 통보는 사무총장에게 접수된 날로부터 발효한다.

제52조

당사국은 유엔사무총장에게 서면으로 이 협약에 대한 비준의 실효(失效)를 통고할 수 있다. 실효는 사무총장이 통고서를 접수한 날로부터 1년 후에 발효한다.

제53조

유엔사무총장은 이 협약의 수탁자로 지명되었다.

제54조

아랍어, 중국어, 영어, 불어, 러시아어 및 서반아어로 된 이 협약서의 원본은 모두 동등한 정본으로서 유엔사무총장에게 기탁된다. 이 협약의 증인으로서, 아래에 서명한 전권 대사들은 각국 정부에 의하여 정당히 권한을 위임받아 이 협약에 서명하였다.

참고문헌

강미경(2009). 아동학대 행위 중단과정에 대한 질적 연구. 한국아동복지학, 29, 29-72.

강민희, 김지혜, 박지혜(2011). 장애아동 재활치료 이용의 근성 향상에 한 연구. 서울: 한국장애인개발원.

강철희, 윤혜미(2001). 시설보호아동의 자립준비 실태에 관한 연구: 시설보호아동의 자립 강화방안. 한국아동복지학회 제15차 학술대회 자료집, 3-50.

고주애(2010). 아동보호전문기관 상담원의 소진 경험에 대한 탐색. 한국사회복지질적연구, 4(1), 5-31.

공계순(2004). 아동학대예방센터 상담원의 소진에 관한 연구. 한국사회복지학회 추계공동학술대회자료집. 한국사회복지학회.

공계순, 박현선, 오승환, 이상균, 이현주(2008). 아동복지론. 서울: 학지사.

교육부(2019). 특수교육통계.

교육학사전편찬위원회(1986). 교육학대사전. 서울: 교육서관.

구미향(2006). 공개입양 가정의 부모가 경험하는 갈등의 유형과 특성 분석. 아동학회지, 27(3), 117-133.

구자헌(1972). 사회복지. 한국사회복지연구소.

권내현(2009). 조선후기 입양의 확산 추이와 수용 양상. 역사와 현실, 201-232.

권은주(1998). 불교아동학개론. 파주: 양서원.

권지성(2004). 공개입양가족의 적응과정에 대한 문화기술지, 한국아동복지학, 17, 7-48.

김경민, 정익중(2009). 위탁아동의 친가족 경험이 심리사회적 적응에 미치는 영향. 한국가족사회복지학, 25, 93-120.

김경희, 반정호(2005). 대체가정 서비스 유형에 따른 아동의 발달에 관한 탐색적 연구. 한국아동복지학, 19, 107-139.

김계현(1999). 카운실링의 실제. 서울: 학지사.

김나영, 이승희(2006). 아동임상과 상담심리. 서울: 동문사.

김덕성, 박노경, 이만수(2006). 보육정책론. 서울: 형성출판사.

김명남(2001). 아동복지정책에 관한 연구. 단국대학교 정책경영대학원 석사학위 청구논문.

김명희(2006). 아동복지론. 경기: 교문사.

김미옥(2001). 장애아동가족의 적응과 아동의 사회적 능력에 관한 연구. 가족탄력성(Family resilience)의 효과를 중심으로. 이화여자대학교 대학원 박사학위 청구논문.

김상균, 최일섭, 최성재, 조흥식, 김혜란(2001). 사회복지개론. 서울: 나남.

김상용(2005). 장애아동 가족지원. 직무연수, 13, 247-259.

김상용(2009). 입양촉진 및 절차에 관한 특례법

의 개선방향-국내입양을 중심으로. 가족법연구, 23(2), 217-256.

김석산(2002). 우리나라 아동복지정책의 평가와 향후과제. 한국아동복지학회 제17회 학술대회 자료집, 79-81.

김선희, 김혜경, 박충선, 최용민, 최정혜, 한동희, 허영숙, 현은민, 홍달아기(2005). 노인학대 전문상담. 서울: 시그마프레스.

김세곤(2001). 일본의 보육제도에 있어서 최근의 주요 현안과 과제. 한국일본교육학연구, 5(1), 51-67.

김소연, 배현아(2013). 보건의료법 체계를 고려한 장애아동 지원 정책. -장애아동발달재활서비스 사업을 중심으로-. 법과 정책연구, 13(4), 1723-1753.

김순혜(2003). 아동상담. 서울: 학지사.

김유경, 류정희, 변용찬(2016). 가족 · 아동 · 장애인복지 현황과 정책과제. 보건복지포럼, 1, 66-80.

김유숙(2000). 가족상담. 서울: 학지사.

김응석, 김현옥, 이상헌, 오정수, 이정호, 박광준(1995). 아동복지수용시설 운영평가 및 개선방안. 한국보건사회연구원 연구보고서, 95-123.

김의영(1996). 아동복지의 개념규정에 관한 연구. 아동교육, 5(2), 1-13.

김익균(2001). 보육행정과 정책의 정형화를 위한 연구. 한국보육학회지, 1, 11-33.

김정희, 김경란, 강정배(2015). 장애아동 재활서비스 지원 사업 실태 개선방안. 정서 · 행동장애연구, 31(2), 251-281.

김종인(2006). 장애인 의무고용률의 적정성 연구. 직업재활연구, 16(1), 193-216.

김춘경(2004). 아동상담. 서울: 학지사.

김현옥(2013). 한국의 아동보호사업에 대한 사회구성주의적 접근과 함의. 한국사회복지학, 65(4), 91-114.

김현용, 윤현숙, 노혜련, 김연옥, 이배근(2001). 현대사회와 아동: 아동복지의 시각에서. 서울: 소화.

김형모(2001). 입양 후 복지 서비스의 현황과 활성화를 위한 정책 방향. 보건복지포럼, 46-56.

김형모(2011). 아동학대의 실태 및 아동보호서비스의 현황 분석. 임상사회사업연구, 8(2), 95-113.

김형모(2014). 한국 아동보호체계의 성과와 과제. 한국아동복지학, 46, 239-266.

노충래, 김원희(2004). 시설거주 미혼모의 입양결정요인에 관한 연구. 한국아동복지학, 17, 49-79.

노충래, 박은미, 강현아, 신혜령(2007). 가정위탁보호 활성화 방안 연구. 서울: 보건복지부.

마크로밀엠브레인(2014). '입양문화의 활성화'에는 공감(80%), 그러나 한국 사회 시선은 부정적(73.4%). http://blog.naver.com/mkresearch/220007058013

문선화(1998). 아동복지법과 소년소녀가장세대. 아동복지학, 7(1), 191-226.

문영희(2010). 현행 아동복지법에 관한 고찰-특히 아동학대와 관련하여. 한양법학, 21(3), 403-425.

문영희(2016). 2016년 개정 「아동복지법」에 관한 법정책적 고찰. 법학연구, 19(4), 103-136.

박계신(2014). 국내 행동 치료 관련 인력 양성, 배치 및 서비스 제공 현황. 정서 · 행동장애연구, 30(2), 1-27.

박미숙(2005). 장애아동가족의 가족탄력성과 비장애형제자매의 자아존중감과의 관계. 단국대학교 대학원 석사학위 청구논문.

박보희(2002). 우리나라 아동복지 정책의 평가와 향후과제. 2002 한국아동복지학회 제17회 학술대회자료집, 3-25.

박승희, 채구묵, 김철주, 홍세영, 김금자, 서종희, 김문정(2007). 스웨덴 사회복지의 실제. 서울: 양서원.

박인선(2001). 입양에 대한 이해. 복지동향, 25-28.

박현선(2004). 가정위탁보호제도의 현황과 문제점. 복지동향, 18-20.

배태순(1998). 국내입양발전을 위한 입양관련프로그램 개발 및 입양법개정 제안. 한국아동복지학, 7, 127-155.

배태순(1999). 해체가정의 아동보호 현황. 제11회 아동복지학회 학술대회 발표문.

백혜리(1999). 현대 부모-자녀관계와 조선시대 부모-자녀관계의 관계. 아동학회지, 20(2), 75-89.

변귀연, 오승환(2009). 아동보호전문기관의 상담원의 직무만족도 결정요인. 아동과 권리, 13(2), 247-274.

변미희, 이무영(2003). 1999년 아동복지법 전면개정의 정책결정과정에 관한 연구. 한국가족지학, 8(1), 51-67.

보건복지가족부(2007). 아동복지사업안내.

보건복지가족부(2009). 아이사랑플랜 2009-2012.

보건복지부(2010). 아동복지사업안내.

보건복지부(2011). 유엔아동권리협약 제3, 4차 국가보고서 및 권고사항 자료집.

보건복지부(2012a). 2011년 장애인 실태조사.

보건복지부(2012b). 영아방임에 관한 연구.

보건복지부(2015a). 2014년 보건복지통계연보.

보건복지부(2015b). 2014년 장애인 실태조사.

보건복지부(2017). 제3차 중장기 보육기본계획.

보건복지부(2018a). 특수보육어린이집 현황.

보건복지부(2018b). e-나라지표.

보건복지부(2018c). 보호대상아동 현황보고.

보건복지부(2018d). 2018년 국민기초생활수급자현황.

보건복지부(2019a). 장애아동수당.

보건복지부(2019b). 유엔 제5・6차 국가보고서에 대한 최종견해.

보건복지부(2019c). 2019년 아동분야 사업안내.

보건복지부(2019d). 2019년 드림스타트사업 안내.

보건복지부(2019e). 2019년 긴급지원사업 안내.

보건복지부(2019f). 2018년 보육통계.

보건복지부(2019g). 2019년 아동복지시설현황.

보건복지부 보도자료(2019). 포용국가 아동정책.

보건복지부, 보건사회연구원(2018). 2017년 장애인실태조사 결과.

보건복지부, 중앙가정위탁지원센터(2010). 2009년 가정위탁보호 현황보고서.

보건복지부, 중앙가정위탁지원센터(2018). [공무원용] 가정위탁 업무 안내서.

보건복지부, 중앙아동보호전문기관(2010). 토끼가 구한 아이. 2010 아동보호전문기관 10주년 기념 아동학대 우수사례 보고서.

보건복지부, 중앙아동보호전문기관(2019). 2018 아동학대 주요 통계.

복지로(2019). https://blog.bokjiro.go.kr/699

샬트르 성 바오로 수녀회(1991). 한국 샬트르 성바오로 수녀회 100년사.

선미정(2018). 가정위탁아동의 자아존중감이 학교적응에 미치는 영향: 애착(위탁부모와 또래)의 매개효과를 중심으로. 2018 가정위탁 연구논문 공모전-연구논문 발간 보고서, 3-19. 서울: 중앙가정위탁지원센터.

성영혜, 김연진(2002). 아동복지의 이론과 실제. 서울: 동문사.

송병건(1988). 영국 산업혁명기 구빈법의 변천과정에 관한 연구. 경제사학, 12(1), 297-361.

신혜원, 민성혜(2008). 가정위탁유아, 연장입양유아와 일반유아의 내적 표상에서의 차이. 아동학회지, 29(3), 157-174.

신혜정, 강위영(2001). 자폐성 장애아 중재 연구: 자폐아동의 형제관계 연구. 정서행동장애연구, 17(1), 381-412.

아동권리보장원(2019a). https://www.kadoption.or.kr/adoption/adoption_mean.jsp

아동권리보장원(2019b). 2018년 입양 통계.

아동권리보장원(2019c). 2019 아동입양 실무 매뉴얼.

아시아경제(2015년 5월 13일자). OECD 최하위 아동 행복지수 높이자… 정부 '놀권리 헌장' 선포.

양심영(2004). 가정위탁사업평가에따른서비스발전방안모색. 가정위탁지원센터 개소 1주년 기념 학술세미나자료집. 한국복지재단.

양옥남, 김혜경, 김미숙, 정순둘(2006). 노인복지론. 서울: 공동체.
양정하(2014). 한국 아동복지정책의 통합적 분석. 아동교육, 23(3), 365-384.
울산매일신문(2014년 10월 28일자). 점검은 않고 수당만 지급…입양 사후관리체계 '구멍'.
원용찬(1990). 설송 이방환 교수 정년기념호: 영국의 구빈법과 사회보험 형성에 관한 고찰. 전북대학교 산업경제연구소 논문집, 20, 555-567.
유엔아동권리위원회(2003). 유엔아동권리위원회의 권고의견.
유영준, 이명희, 백은령, 최복천(2011). 장애아동·청소년가족의 양육부담 및 가족지원욕구에 관한 연구. 특수교육, 10(1), 209-234.
유영준, 최복천(2012). 장애아동재활치료사의 전문성과 직무만족에 관한 연구. 지체·중복·건강장애연구, 55(3), 163-183.
육아정책개발센터(2008). OECD 영유아교육·보육정책II.
윤미현, 이재연(2001). 10대 미혼모의 유아입양 관련요인들에 관한 연구, 22(1), 67-82.
윤은영(2013). 국내 입양제도의 실태 및 개선방안-미국의 입양제도를 중심으로-. 사회과학연구, 30(2), 191-222.
윤현선(2001). 국내입양부모의 사회적 지지와 부모역할수행자신감, 가족적응력 간의 관계: 자조모임 참가 입양부모를 중심으로 가톨릭대학교 대학원 석사학위 청구논문.
윤혜미(2003). 우리나라 아동학대예방센터 활동분석과 아동보호서비스 개선을 위한 논의. 한국아동복지학, 15, 7-38.
윤호균(1999). 불교의 연기론과 상담. 최상진 외 편저. 동양심리학. 서울: 지식산업사.
이갑숙, 손진현(2008). 국내입양에 대한 인식과 태도 조사-대전시민을 대상으로. 한국콘텐츠학회논문지, 8(12), 357-365.
이미선(2001). 해외 입양인의 심리사회적 적응에 영향을 미치는 요인에 관한 연구. 서울여자대학교 대학원 박사학위 청구논문.
이봉주, 장희선(2019). 한국 아동의 권리경험과 발달결과와의 관계: 아동권리지수의 영향 검증과 프로파일 분석을 중심으로. 아동과 권리, 23(2), 339-361.
이삼식, 변용찬, 김유경(2000). 우리나라 입양제도 개선에 관한 연구. 서울: 한국보건사회연구원.
이상희, 하승수, 이혜원(2008). 한·일 아동학대 관련 법률에 대한 비교연구. 아동과 권리, 12(3), 225-248.
이옥(2004). 영아보육 대책으로서의 가정보육시설 활용방안 연구. 아동권리연구, 8(2), 275-298.
이용환(2003). 아동복지시설 퇴소 아동의 취업 실태에 관한 연구: 충청남도 15개 아동양육시설 퇴소 아동을 중심으로. 한국아동복지학, 15, 115-136.
이은해(2003). 아동연구방법. 서울: 교문사.
이인재, 류진석, 권문일, 김진구(2006). 사회보장론. 경기: 나남.
이자영(2001). 가정환경이 정신지체 형제에 대한 비장애 형제의 태도에 미치는 영향에 관한 연구: 비장애 형제 스트레스를 중심으로. 이화여자대학교 사회복지대학원 석사학위 청구논문.
이재연(1999). 소파 방정환과 한국아동의 권리. 한국아동권리연구, 3(2), 107-119.
이재연, 홍강의, 조홍식, 이양희, 안동현, 곽영숙, 한지숙(2000). 한국의 아동학대실태에 관한 연구. 아동권리연구, 4(2), 97-112.
이종화(2007). 우리나라 아동학대예방사업의 현황과 발전 방안. 임상사회사업연구, 4(1), 213-215.
이창수(2007). 포괄적 보육서비스를 위한 보육정책의 발전방향 연구. 경희대학교 대학원 박사학위논문.
이혜경(1993). 경제성장과 아동복지정책의 변용. 아동복지학, 1, 199-223.
이혜원(2006). 한일 아동복지법의 내용에 대한

비교연구. 한국사회복지학, 58(2), 167-195.
이혜원, 김성천, 오승환, 이태수, 정익중(2009). 아동청소년정책 패러다임의 전환. 아동복지학, 28, 73-100.
이호균(2004). 효과적인 아동학대사례개입을 위한 아동복지법 개정방안. 아동학대예방 및 효과적인 사례개입을 위한 아동복지법개정 제안 포럼자료집. 서울: 사회복지법인 굿네이버스.
이호근(2008). 아동의 정신 건강을 위한 아동복지 관련 법과 방향. 법학연구, 27, 193-2.
이호선(2005). 노인상담. 서울: 학지사.
임동호(2008). 아동보호체계 개선 방안 고찰 - 미국과 영국의 아동학대 보호를 중심으로. 아시아아동복지연구, 6(4), 77-95.
장연화(2000). 한국 아동복지 변천과정에 대한 사적 고찰. 강남대학교 대학원 석사학위 청구논문.
장윤영(2005). 피학대아동의 위탁가정 적응과정에 관한 질적 연구. 동광, 101, 50-99.
장윤영(2012). 아동의 가정위탁보호과정에 관한 친부모의 경험 연구. 숭실대학교 박사학위 논문.
장윤영(2014). 가정위탁보호아동의 친부모에 관한 상담원의 개입 경험 연구. 한국가족복지학, 45, 229-257.
장인협(1971/1984). 아동복지론. 서울: 서울대학교출판부.
장인협, 오정수(1993/2004). 아동 · 청소년복지론. 서울: 서울대학교출판부.
전재일, 박영준(2002). 가정보호의 실태와 활성화 방안에 관한 연구. 사회복지개발연구, 8(1), 81-103.
전현선(2008). 시설아동의 자아개념에 대한 신체상(身體象) 표현중심의 집단미술치료 사례연구. 한국예술치료학회지, 8(1), 45-67.
정맹진(2002). 국내 입양 후 만족도와 입양개선 방안에 관한 연구. 연세대학교 행정대학원 석사학위 청구논문.
정문자(2007). 사티어 경험적 가족치료(2판). 서울: 학지사.
정순둘(2005). 사례관리실천의 이해. 서울: 학지사.
정민정, 서주은(2010). 장애아동특성에 따른 재활치료 서비스 현황 및 욕구조사에 관한 연구-바우처 사업 수혜자를 중심으로-. 한국가족복지학, 15(4), 157-173.
정옥분(2003). 아동발달의 이론. 서울: 학지사.
정옥분(2008). 아동학 연구방법론. 서울: 학지사.
정옥분, 권민균, 김경은, 김미진, 노성향, 박연정, 손화희, 엄세진, 윤정진, 이경희, 임정하, 정순화, 최형성, 황현주(2019). 보육학개론(4판). 서울: 학지사.
정옥분, 김광웅, 김동춘, 유가효, 윤종희, 정현희, 최경순, 최영희(1997). 전통 '효 개념에서 본 부모역할 인식과 자녀양육행동. 아동학회지, 18(1), 81-107.
정옥분, 김동배, 정순화, 손화희(2008). 노인복지론. 서울: 학지사.
정옥분, 정순화(2007). 예비부모교육. 서울: 학지사.
정용주(2011). 한국인의 입양인식과 입양정책의 과제, 호남대학교 대학원 박사학위 청구논문.
정익중(2004). 미국의 복지개혁이 아동발달에 미친 영향에 대한 연구. 한국아동복지학, 18, 181-215.
정익중, 권지성, 민성혜, 신혜원(2011). 연장입양가족의 적응과정에 대한 질적 연구: 주 양육자인 입양모의 입장에서. 사회복지연구, 42(1), 399-432.
정혜선, 김진숙(2004). 위탁아동의 가정위탁에 관한 경험 연구. 한국가족복지학, 9(2), 115-134.
제주도아동보호전문기관(2010). 예방교육사업.
조윤영(2005). 한국아동학대예방사업의 현황과 프로그램. 제1회 한국 · 대만 · 일본 사회복지 교환세미나자료집. 한국복지재단.
주수길, 주명국(2007). 아동복지강론. 경기: 양서원.
주정일, 이소희(2003). 아동복지학. 경기: 양서원.
중앙가정위탁지원센터(2019). 2018년 가정위탁보

호 현황보고서.

중앙아동보호전문기관(2015). http://www.korea1391.org.

중앙아동보호전문기관(2019a). http://korea1391.go.kr/new/page/work_system.php.

중앙아동보호전문기관(2019b). http://korea1391.go.kr/new/page/abs_report.php.

중앙입양원(2013). 국내입양 사후관리서비스 체계화를 위한 서비스 모형 개발 연구.

최성재(2008). 사회복지행정론. 경기: 나남.

최영진(2009). 일본 아동수당제도의 이념과 변천. 법학연구, 25(4), 117-144.

최윤영(2013). 아동복지법제의 개선에 관한 연구: 권리와 전달체계를 중심으로. 이화여자대학교 박사학위 청구논문.

최진희(2005). 일본 입소형 아동복지시설의 역할과 과제. 한국일본교육학연구, 10(1), 127-145.

최현미(2004). 의료사회복지에서의 강점모델 적용연구. 평택대학교 논문집, 18, 87-102.

충북일보(2009년 8월 19일자). NGO & 복지 기관탐방-어린이재단 충북가정위탁지원센터.

통계청(2015). 장래인구특별추계자료.

통계청(2017). 인구총조사.

통계청(2019). 혼인 · 이혼통계.

표갑수(1994/2000). 아동청소년복지론. 서울: 나남출판.

하상락(1989). 한국사회복지사론. 서울: 박영사.

한국교육개발원, 교육인적자원부(2003). OECD 교육정책보고서. 서울: 한국교육개발원.

한국보건사회연구원(2007). 저출산 및 인구고령화 대응 연구: 출산, 양육관련 지역사회자원 활용 방안 연구.

한국아동권리학회(2001). 한국의 아동지표. 서울: 학지사.

한국아동복지연합회(2005). 아동복지시설 발전방안 개발연구.

한국아동학회(2004). 한국아동학의 연구: 동향과 전망. 서울: 학지사.

한국형사정책연구원(2016). 아동학대 발생현황과 특성.

한상운(2007). 현행 헌법상 기본권 체계 및 범위에 관한 일고찰. 헌법학연구, 13(3), 501-537.

한성심, 송주미(2003). 아동복지론. 서울: 창지사.

허남순(2000). 가정위탁제도의 활성화 방안에 관한 연구. 한국아동복지학, 9, 263-287.

허남순(2004). 친인척 가정위탁과 일반가정 위탁아동의 심리 사회적 특성 및 위탁가정의 서비스 욕구에 대한 비교연구. 한국아동복지학, 18, 243-270.

허남순, 고윤순, 이정남, 장선아(2015). 아동권리 모니터링 프로그램이 아동의 권리의식 · 권리활동, 개인적 능력, 사회적 관계에 미치는 영향. 아동권리연구, 19(2), 211-235.

허남순, 이혜원(2006). 유엔 아동권리협약의 원칙과 국내 가정위탁보호의 현황분석. 한국아동복지학, 22, 95-126.

현정환(2003). 일본보육소의 역사에 대한 연구. 한국일본교육학연구, 7(1), 142-158.

황성원, 김경희, 오승아, 조현주, 권정임(2010). 아동심리와 상담. 서울: 창지사.

황옥경(2017). 아동권리의 헌법 명시. 아동과 권리, 21(4), 479-496.

Allen, E., Combs-Orme, T., McCarter, R. J., & Grossman, L. S. (2000). Depressive symptoms in school age children entering foster care. *Ambulatory Child Health, 6*, 45-57.

Altshuler, S. J. (2003). From barriers to successful collaboration: Public schools and child welfare working together. *Social Work, 48*(1), 52-64.

Ball, J. W., Bindler, R. C., & Cowen, K. J. (2014). *Child health nursing* (3rd ed.). Upper Saddle River, NJ: Pearson.

Bandura, A. (1977). *Social learning theory*. Englewood Cliffs, New Jersey: Prentice-

Hall.

Bandura, A. (1981). Self-referent thought: A developmental analysis of self-efficacy. In J. H. Flavell & L. Ross (Eds.), *Social cognitive development: Frontiers and possible futures*. New York: Cambridge University Press.

Bandura, A. (1986). *Social foundations of thought and action: A social cognitive theory*. Englewood Cliffs, NJ: Prentice-Hall.

Bandura, A. (1989). Social cognitive theory. In R. Vasta (Ed.), *Annals of child development, Vol. 6* (pp. 1-60). Greenwich, CT: JAI Press.

Barth, R. P. (1999). Risks and rates of disruption. In W. Pierce & C. Marshner (Eds.), *Adoption factbook III* (pp. 381-392). Washington, D.C.: National Committee on Adoption.

Berrick, J. D., Barth, R. D., & Needle, B. (1994). A comparison of kinship foster homes and foster family homes: Implications for kinship foster care as family preservation. *Children and Youth Services Review, 16*, 33-61.

Berry, F. M. (1978). Contemporary bibliotherapy: Systematizing the field. In R. J. Rubin (Ed.), *Bibliotherapy sourcebook*. AZ: Oryx Press.

Bolger, K. E., & Patterson, C. J. (2001). Children's internalizing problems and perceptions of control as functions of multiple types of maltreatment. *Development and Psychopathology, 13*, 913-940.

Bordo, S. (2005). Adoption. *Hypatia, 20*, 230-236.

Bowlby, J. (1973). *Attachment and loss* (Vol. 2). Separation, anxiety, and anger. New York: Basic Books.

Bretherton, I. (1992). The origins of attachment theory: John Bowlby and Mary Ainsworth. *Developmental Psychology, 28*, 759-775.

Brinich, P. (1980). Some potential effects of adoption on self and object representations. *Psychoanalytic Study of the Child, 35*, 107-133.

Brody, G. H., & Ge, X. (2001). Linking parenting processes and self-regulation to psychological functioning and alcohol use during early adolescence. *Journal of Family Psychology, 15*, 82-94.

Brodzinsky, D. M. (1987). Adjustment to adoption: A psychosocial perspective. *Clinical Psychology Review, 7*, 25-47.

Brodzinsky, D. M., Singer, L. M., & Braff, A. M. (1984). Children's understanding of adoption. *Child Development, 55*, 869-878.

Brodzinsky, D. M., Smith, D. W., & Brodzinsky, A. B. (1998). *Children's adjustment to adoption: Developmental and clinical issues*. Thousand Oaks, CA: Sage Publications.

Bronfenbrenner, U. (1979). *The ecology of human development: Experiments by nature and design*. Cambridge, Massachusetts: Harvard University Press.

Bronfenbrenner, U. (1995). The bioecological model from a life course perspective. In P. Moen, G. H. Elder, & K. Luscher (Eds.), *Examining lives in context*. Washington, D.C.: American Psychological Association.

Burgess, R. L. (1985). Social incompetence as a precipitate to and consequences of child maltreatment. *Victimology, 10*, 72-86.

Cantos, A. L., & Gries, L. T. (1997). Behavioral

correlates of parental visiting during family foster care. *Child Welfare, 76*(2), 309-330.

Cicchetti, D. (2013). Developmental psychopa-thology. In P. Zelazo (Ed.), *Oxford handbook of developmental psychology*. New York: Oxford University Press.

Cicchetti, D., & Banny, A. (2014). A develop-mental psychopathology perspective on child maltreatment. In M. Lewis & K. Rudolph (Eds.), *Handbook of developmental psychopathology*. New York: Springer.

Cicchetti, D., & Toth, S. L. (2006). Developmental psychopathology and preventive intervention. In A. Renninger & I. Sigel (Eds.), *Handbook of child psychology* (6th ed., pp. 497-547). New York: John Wiley & Sons.

Cicchetti, D., & Toth, S. L. (2015). A multilevel perspective on child maltreatment. In R. M. Lerner (Ed.), *Handbook of child psychology and developmental science* (7th ed.). New York: Wiley.

Cicchetti, D., Toth, S. L., Nilsen, W. J., & Manley, J. T. (2014). What do we know and why does it matter? The dissemination of evidence-based interventions for child maltreatment. In H. R. Schaeffer & K. Durkin (Eds.), *Blackwell handbook of developmental psychology in action* (2nd ed.). New York: Blackwell.

Costin, L. B. (1969). An analysis of the tasks in school social work. *Social Service Review, 43*, 274-285.

Costin, L. B. (1972). *Child welfare: Policies and practice*. New York: McGraw-Hill.

Cunha, F., Heckman, J., Lochner, L., & Masterov, D. V. (2005). Interpreting the evidence of life-cycle skill formation, IZA Discussion Paper Series, No 1575. Institute for the Study of Labour, Bonn Germany, July.

Decker, C., & Decker, J. (2001). *Planning and administering early children program*. New Jersey: Prentice Hall.

Department of Public Information, United Nations (1995). *The United Nations and Human Rights*, 1945-1995.

Downs, S. W., Moore, E., McFadden, E. J., & Costin, L. B. (2009). *Child welfare and family services: Policies and practice* (8th ed.). Boston: Allyn & Bacon.

Doyle, J. J. Jr. (2006). Child protection and child outcomes: Measuring the effects of foster care. *American Econnomic, 97*(5), 1583-1610.

Duncan, G. J., & Brooks-Gunn, J. (2000). Family poverty, welfare reform and child development. *Child Development, 71*, 188-196.

Eichorn, D. H. (1979). Physical development: Current foci of research. In J. D. Osofsky (Ed.), *Handbook of infant development*. New York: Wiley.

Elder, G. H. (1994). Time, human agency, and social change: Perspectives on the life course. *Social Psychology Quarterly, 57* (1), 4-15.

Elder, G. H. Jr., & Caspi, A. (1988). Human development and social change: An emerging perspective on the life course. In N. Bolger, A. Caspi, G. Downey, & M. Moorehouse (Eds.), *Persons in context: Developmental processes*. New York: Cambridge University Press.

Erikson, E. H. (1963). *Childhood and society*.

New York: Norton.

Farruggia, S. P., Greenberger, E., Chen, C., & Heckhausen, J. (2006). Perceived social environment and adolescents' well-being and adjustment: Comparing a foster care sample with a matched sample. *Journal of Youth and Adolescence, 35*(3), 349-358.

Frankel, A., & Gelman, S. (2004). *Case management: An introduction to concepts and skills*. Chicago: Lyceum Books.

Franklin, C., & Streeter, C. L. (1995). School reform: Linking public schools with human services. *Social Work, 40*, 773-782.

Frasch, K. M., & Brooks, D. (2003). Normative development in transracial adoptive families: An integration of the literature and implications for the construction of a theoretical framework. *Families in Society, 84*(4), 201-212.

Freedman, D. G. (1974). *Human infancy: An evolutionary perspective*. New York: John Wiley.

Freud, S. (1933). *New introductory lectures in psychoanalysis*. New York: Norton.

Freud, S. (1961). *The ego and the id* (Standard ed. Vol. 19). London: Hogarth. (Originally published 1923.)

Gil, E., & Bogart, K. (1982). Foster children speak out: A study of children' s perceptions of foster care. *Children Today, 11*, 7-9.

Gilbert, N., & Terrell, P. (2005). *Dimensions of social welfare policy* (6th ed.). Boston: Allyn & Bacon.

Graybeal, C. (2001). Strength-based social work assessment: Transforming the dominant paradigm. *Family in Society, 82*(3), 233-242.

Haight, W. L., Doner-Kagle, J., & Black, J. E. (2003). Understanding and supporting parent-child relationships during foster care visits: Attachment theory and research, *Social Work, 48*(2), 195-207.

Hoff, K. E., DuPaul, G. J., & Handwerk, M. L. (2003). Reject youth in residential treatment: Social affiliation and peer group configuration. *Journal of Emotional and Behavioral Disorder, 11*(2), 112-121.

Holt, M. J. (2000). *The practice of generalist case management*. Needham Heights, MA: Allyn & Bacon.

Huefner, J. C., Oaters, R. G., & Thompson, R. W. (2004). Adult outcomes of girls & boys town youth. *Rapport, 8*(2), 8-9.

Johnson, P. R., Yoken, C., & Voss, R. (1995). Family foster care placement: The child's perspective. *Child Welfare, 74*(5), 959-974.

Johnson-Reid, M., Kohl, P. L., & Drake, B. (2012). Child and adolescent outcomes of chronic child maltreatment. *Pediatrics, 129*, 839-845.

Kadushin, A. (1974/1980). *Child welfare service*. New York: MacMillan.

Kadushin, A., & Martin, J. (1988). *Child welfare services*. New York: Macmillan.

Kamerman, S. B., & Kahn, A. J. (1985). Child welfare and the welfare of families with children: A child and family policy agenda. In B. G. McGowan & W. Meezan (Eds.), *Child welfare: Current dilemmas and future directions*. Itasca: F. E. Peacock Publishers.

Kauffman, J. M., & Hallahan, D. P. (Eds.). (1981). *Handbook of special eclucation*. Englewood Cliffs, NJ: Prentice-Hall.

Kerman, B., Wildfire, J., & Barth, R. P.

(2002). Outcomes for young adults who experienced foster care. *Children & Youth Services Review, 24*(5), 319-344.

Kufeldt, K., & Armstrong, J., & Dorosh, M. (1995). How children in care view their own and their foster families: A research study. *Child Welfare, 74*(3), 695-716.

Landsman, M. J. (2001). Commitment in public child welfare. *Social Service Review*, September, 386-419.

Laird, J., & Hartman, A. (1985). *Handbook of child welfare*. New York: The Free Press.

Leathers, S. J. (2002). Foster children' behavioral disturbance and detachment from caregivers and community institutions. *Children and Youth Services Review, 24*, 239-268.

Lorenz, K. Z. (1952). *King Solomon's ring*. New York: Crowell.

Lorenz, K. Z. (1965). *Evolution and the modification of behavior*. Chicago: University of Chicago Press.

Malinosky-Rummell, R., & Hansen, D. J. (1993). Long-term consequences of childhood physical abuse. *Psychological Bulletin, 114*, 68-79.

Mallon, G. P., & Hess, P. M. (2005). *Child welfare for the 21st century*. New York: Columbia University Press.

Martin, J. A. (2000). *Family foster care: Theory and practice*. Boston: Allyn & Bacon.

Maslow, A. H. (1943). A theory of human motivation. *Psycholgical Review, 50*, 370-396.

Maughan, A., & Cicchetti, D. (2002). The impact of child maltreatment and interadult violence on children's emotional regulation abilities and socioemotional adjustment. *Child Development, 73*(5), 1525-1542.

McWey, L. M., Acock, A., & Porter, B. E. (2010). The Impact of continued contact with biological parents upon the mental health of children in foster care. *Children and Youth Services Review, 32*, 1338-1345.

Melton, G. B., & Flood, M. F. (1994). Research policy and child maltreatment: Developing the scientific foundation for effective protection of children. *Child Abuse and Neglect, 18*(1), 1-28.

Milan, S. E., & Pinderhughes, E. E. (2000). Factors influencing maltreated children's early adjustment in foster care. *Development and Psychopathology, 12*(1), 63-81.

Miller, B. A., Maguin, E., & Downs, W. R. (1997). Alcohol, drugs, and violence in children's lives. In M. Galanter (Ed.), *Recent developments in alcoholism*. New York: Plenum Press.

Muller, R. T., & LeMieux, K. (2000). Social support, attachment, and psychopathology in high risk formerly maltreated adults. *Child Abuse and Neglect, 24*, 883-900.

Muzi, M. J. (2000). *Child development*. New Jersey: Prentice-Hall.

National Child Protection Authority (2010). *What is child abuse?*

Neil, E., Beek, M., & Schofield, G. (2003). Thinking about and managing contact in permanent placements: The differences and similarities between adoptive parents and foster carers. *Clinical Child Psychology and Psychiatry, 8*(3), 401-418.

NIEER (2003). The state of pre-school yearbook. NIEER. Rutgers University. New Jersey, available at: nieer.org/

yearbook /pdf/yearbook.pdf.

O'Brien, K. M., & Zamostny, K. P. (2003). Understanding adoptive families: An integrative review of empirical research and future directions for counseling psychology. *The Counseling Psychologist, 31*(6), 679-710.

OECD(2006). *Starting strong II: Early childhood education and care.*

Oosterman, M., & Schuengel, C. (2008) Attachment in foster children associated with caregivers' sensitivity and behavioral problems. *Infant Mental Health Journal, 29*, 609-623.

Pacheco, F., & Eme, R. (1993). An outcome study of the reunion between adoptees and biological parents. *Child Welfare, 72*, 53-64.

Papalia, D. E., Olds, S. W., & Feldman, R. D. (1999). *A child's world.* Boston: McGrawHill.

Parsons, T., & Bales, R. (1955). *Family, socialization and interaction process.* New York: The Free Press.

Pecora, P. J., Whittaker, J. K., & Maluccio, A. N. (2000). *The child welfare challenge: Policy, practice, and research* (2nd ed.). New York: Aldine De Gruyter.

Pederson, D. R., & Gilby, R. L. (1986). Children's concepts of the family. In R. D. Ashmore & D. M. Brodzinsky (Eds.), *Thinking about the family: Views of parents and children* (pp. 181-203). Hillsdale, New Jersey: Erlbaum.

Penzerro, R. M., & Lein, L. (1995). Burning their bridges: Disordered attachment and foster care discharge. *Child Welfare, 74* (2), 351-366.

Peter, V. J. (1995). Welfare reform, the American family, and orphanages: What's best for the children? USA Today, 124, 2606; Academic Research Library, 56.

Philips, J., Ray, M., & Marshall, M. (2006). *Social work with older people* (4th ed.). New York: Palgrave MaCmillian.

Piaget, J. (1954). *The construction of reality in the child.* New York: Basic Books.

Piaget, J. (1960). *Psychology of intellingence.* Paterson, New Jersey: Littlefield, Adams.

Plumer, E. H. (1992). *When you place a child.* Springfield, IL: Charles C. Thomas.

Plummer, C. (1986). Prevention education in perspective. In M. Nelson & K. Clark (Eds.), *The educator's guide to preventing child sexual abuse.* Santa Cruz, CA: Network Pub.

Prashatham, B. J. (2005). *Indian case studies in therapeutic counselling* (6th ed.). India: Christian Counselling Centre, Vellore.

Pransky, J. (1991). *Prevention: The critical need.* Springfield, MO: Burrell Foundation & Paradigm Press.

Price, J. M., Chamberlain, P., Landsverk, J., Reid, J., Leve, L., & Laurent, H. (2008). Effects of a foster parent training intervention on placement changes of children in foster care. *Child Maltreatment, 13*, 64-75.

Rallison, M. L. (1986). *Growth disorders in infants, children, and adolescents.* New York: Wiley.

Rawls, J. (1999). *A theory of justice.* MA: Harvard University Press.

Repucci, N., Britner, P., & Woolard, J. (1997). *Preventing child abuse and neglect through parent education.* Baltimore, MD: Paul Brookes.

Rothbart, M. K., & Bates, J. E. (1998). Temperament. In N. Eisenberg (Ed.),

Handbook of child psychology: Social, emotional, and personality development (5th ed., pp. 105-176). New York: Wiley.

Saleebey, D. (1992). *The strengths perspective in social work practice*. White Plains, New York: Longman.

Sanchirico, A., & Jablonka, K. (2000). Keeping foster children connected to their biological parents: The impact of foster parent training and support. *Child and Adolescent Social Work Journal, 17*(3), 185-203.

Scharlach, A. E., Lowe, B. F., & Schneider, F. L. (1991). *Elder care and the work force: Blueprint for action*. Lexington, MA: D.C. Health.

Schilling, S., & Christian, C. W. (2014). Child physical abuse and neglect. *Child and Adolescent Clinics of North America, 23*, 309-319.

Sharkey, P. B. (1998). Being adopted: Books to help children understand-Update 3. *Emergency Librarian, 25*(4), 8-10.

Sheafor, B. W., & Horejsi, C. R. (2006). *Techniques and guidelines for social work practice*. Boston: Pearson.

Sissons, B. (1992). *Choosing with care: The canadian parent's practical guide to quality child care for infants and toddlers*. Toronto: Addison-Wesley.

Skinner, B. F. (1953). *Science and human behavior*. New York: Macmillan.

Slack, P. (1990). *The English Poor Law*, 1531-1782. London: Macmillan.

Smith, D. W., & Brodzinsky, D. M. (2002). Coping with birthparent loss in adopted children. *Journal of Child Psychology and Psychiatry, 432*, 213-223.

Smith, J. (2001). The adopted child syndrome: A methodological perspective. *Families in Society, 82*(5), 491-497.

Stone, N. M., & Stone, S. F. (1983). The prediction of successful foster placement. *The Journal of Contemporary Social Work, 1*, 11-17.

Stoolmiller, M. (2001). Synergistic interaction of child manageability problems and parent-discipline tactics in predicting future growth in externalizing behavior for boys. *Developmental Psychology, 37*, 814-825.

Sullivan, R., & Lathrop, E. (2004). Openness in adoption: Retrospective issues and prospective choices. *Children and Youth Services Review, 26*(4), 393-411.

Thomas, A., & Chess, S. (1977). *Temperament and development*. New York: Brunner/Mazel.

Thompson, R. A. (1998). Early sociopersonality development. In W. Damon & N. Eisenberg (Eds.), *Handbook of child psychology* (5th ed., Vol. 3, pp. 25-104). New York: John Wiley & Sons.

Tierney, J. P., Grossman, J. B., & Resch, N. L. (1995). *Making a difference: An impact study of big brothers big sisters*. Philadelphia: Public/Private Ventures.

Vygotsky, L. S. (1962). *Thought and language*. Cambridge, MA: MIT Press.

Wakefield, J. C. (1988). Psychotherapy, distributive justice, and social work, Part 1. *Social Service Review, June*, 188-210.

Wicks-Nelson, R., & Israel, A. C. (2006). *Behavior disorders of childhood* (6th ed.). New Jersey: Prentice Hall.

Wolfe, D. A. (1994). The role of intervention and treatment services in the prevention of child abuse and neglect. In G. B. Melton & F. D. Barry (Eds.), *Protecting children from abuse and neglect: Foundations for a new national strategy* (pp. 224-303). New York: The Guilford Press.

Zuckerman, E. (1983). *Child welfare*. New York: The Free Press.

e-나라지표(2019). 보호대상아동 현황보고. http://www.index.go.kr/potal/main/EachDtlPageDetail.do?idx_cd=1421. 2019년 8월 5일 인출.

National Council for Adoption (2019). http://www.adoptioncouncil.org/who-we-are/mission 2019년 7월 16일 인출.

http://sp.dbnawooi.seoul.kr

http://webzine.kcare.or.kr.

http://www.bbbs.org.

http://www.blog.daum.net/samhoda.

http://www.holt.or.kr.

http://www.holtrehab.or.kr

http://www.law.go.kr.「아동복지법」「청소년기본법」「영유아보육법」「한부모가족지원법」

http://www.madd.org.

http://www.sp.nawoori_seoul/kr

http://www.un-documents.net.

찾아보기

〈인명〉

ㄱ
강정배 204
권은주 57
김경란 204
김계현 357
김나영 368
김덕성 174
김명희 144
김미숙 134
김석산 383
김유경 374, 375
김정희 204, 213, 374
김춘경 352
김현용 102
김혜경 134

ㄹ
류정희 374

ㅁ
문영희 375, 376

ㅂ
박계신 374
박노경 174
방정환 64
백혜리 57

ㅅ
송주미 335

ㅇ
양옥남 134
오정수 71, 94, 106, 121, 126, 335
원용찬 95
유영준 212, 216, 374
윤호균 58
이만수 174
이소희 144
이승희 368
이은해 28
이재연 64
이창수 174

이혜경 144
이혜원 106, 378, 386
이호선 359

ㅈ
장인협 18, 71, 94, 106, 121, 126, 335
전현선 331
정문자 368
정순둘 134
정순화 128
정옥분 28, 57, 128, 372
정익중 101
주명국 335
주수길 335

ㅊ
최복천 212, 216
최성재 126

ㅍ
표갑수 100, 106, 107

ㅎ
허남순 378, 387
황성원 352

A
Ainsworth, M. 26, 54

B
Bales, R. F. 21
Bandura, A. 51, 52
Bates, J. 43
Bowlby, J. 26, 53, 54
Bretherton, I. 54
Bronfenbrenner, U. 54

C
Chess, S. 43
Costin, L. B. 122

D
Decker, C. 173
Downs, S. W. 144
Dupaul, G. J. 334

E
Elder, G. H. 55, 56
Eme, R. 381
Erikson, E. H. 47

F
Frankel, A. 131
Freud, S. 46

G
Gelman, S. 131
Gilbert, N. 124, 143, 144, 149

H
Hallahan, D. P. 207
Handwerk, M. 334
Hartman, A. 144, 388
Hess, P. 102, 382
Holt, J. M. 136
Horejsi, C. R. 137
Huefner, J. C. 334

K
Kadushin, A. 17, 18, 113, 127, 332
Kahn, A. J. 144
Kamerman, S. B. 144
Kauffman, J. M. 207
Kempe, H. 129

Kirschner, D. 300

L
Laird, J. 144, 388
Landsman, M. J. 334
Lorenz, K. 52, 53
Lowe, B. F. 135

M
Mallon, G. P. 102, 382
Marshall, M. 132
Martin, B. 127, 332
Miller, B. A. 334

O
Oaters, R. G. 334

P
Pacheco, F. 381
Parsons, T. 21
Pavlov, I. 51
Peter, V. J. 334
Philips, J. 132
Piaget, J. 41, 48

R
Rawls, J. 353
Ray, M. 132
Rothbart, M. K. 43

S
Saleebey, D. 213
Scharlach, A. F. 135
Schneider, F. L. 135
Sheafor, B. W. 137
Sissons, B. 180
Skinner, B. F. 50, 51

T
Terrell, P. 124, 143, 144, 149
Thomas, A. 43
Thompson, R. W. 43, 334

V
Vygotsky, L. S. 49, 50

W
Wakefield, J. C. 349

Z
Zuckerman, E. 130

〈내용〉

e아동행복지원시스템 236

ㄱ
가역적 사고 42
가정어린이집 179
가정위탁 261
가정위탁부모교육 284
가정위탁아동 264
가정위탁지원센터 277
가족수당 124
가족조각기법 368
가족지속성 298
가족치료 368
가족탄력성 201

각인 52
감각운동기 41, 48
감화법 103
강점모델 212
강화 51
강화인 51
개발적 기능 125
개정빈민법 92, 94
객관성의 원칙 138
거시체계 54
결점모델 201
고아열차 99
고전적 조건형성 51
공개입양 296
공공부조 145, 146
공동생활가정 156, 337
공장법 92, 95
관찰학습 52
교육복지우선지원사업 187
구강기 46
구강활동 46
구체적 조작기 42, 49
국공립어린이집 177
국민기초생활보장제도 146
국민보건서비스 124
국제장애분류 194
규칙 준수의 원칙 139
균등의 원칙 138
근원 발달 33
근접발달영역 49
기본정서 42
기질 43
긴급복지지원 147, 148
긴급복지지원제도 146

ㄴ

남근기 46
낯선 상황 실험 54
놀이치료 364

ㄷ

다겁다생 58
당사자적격 376
대근육 운동기능 38
대리양육서비스 261
대리적 서비스 17, 129
대상영속성 41
대안 모색 361
대안목록 361
대안 살피기 360
대안 제시 361
대한민국 어린이헌장 66
도구적 역할 21
도덕성 44
독서치료 367
두미 발달 33
드림스타트사업 20, 120, 187, 385

ㅁ

모니터링 135
모델링 52
모래놀이치료 365
모방 52
모범생증후군 201
모자가족복지시설 160
문제 명료화 360
물활론적 사고 42
미술치료 366
미시체계 54
미혼모가족복지시설 161
민간어린이집 178

ㅂ

반사 50

반응적 행동 50
발달권 71
발달에 적절한 개입 전략 115
방어선 130, 131
방임 223
배분정의 349
법인어린이집 178
보육 169, 172, 174
보조적 서비스 17, 128
보존개념 41, 49
보편성 124
보편주의 143
보호권 71
부자가족복지시설 161
부자유친 57
분류화 49
불능 194
불리 194
불신감 47
비계 50
비밀보장의 원칙 137
비밀입양 295
비언어적 의사소통 354
비차별의 원칙 72, 79
빈곤과의 전쟁 384

ㅅ
사례관리 131
사정 133
사회보험 145
사회복지서비스 145
사회수당 145, 147
사회정서발달 42
사회학습이론 51
사후조사 136
상담계약 357
상담목표 358, 359
상담신청 355
상징적 사고 42
상호의존 56
새로마지플랜 185
새싹플랜 182
생로병사 58
생명보호의 원칙 137
생명 · 생존 · 발달권 보장의 원칙 74, 83
생식기 46
생애이론 56
생존권 71
서비스계획 135
서열화 41, 49
선별성 124
선별주의 143
성숙 32
성역할 개념 44
성 유형화 44
성장 32
성장급등 34
성적 학대 222
세분화 발달 33
소근육 운동기능 38
소자화 문제 105
손상 194
시간체계 54
시설보호 329
시설보호사업 336
시설입소아동 343
시설퇴소아동 344
신고의무자 238
신뢰감 47
신체발달 38
신체적 학대 220
심리성적 발달 47
심리치료 352
심사 133

ㅇ

아동권리모니터링 122
아동권리보장원 121, 236, 304
아동권리에 대한 제네바 선언 60, 61
아동기 37
아동복리법 111, 182
아동복지법 150, 151, 152
아동복지서비스 127
아동복지시설 155, 156, 157
아동복지 실천 119
아동상담 352
아동수당 124, 142
아동수당제도 149
아동양육시설 337
아동의사 존중의 원칙 73, 85
아동 이익 최우선의 원칙 73, 81
아동일시보호시설 337
아동학대 219, 237
아동학대 신고의무자 251
아동학대행위자 231
아이사랑카드 185
아이사랑플랜 182, 183
애착 43
애착관계 53
애착기제 53
엔젤플랜 105
엘리자베스 빈민법 92, 93, 96
연장아동 297
영아기 36
영유아건강검진 377
영유아보육법 113, 115, 159, 173
외체계 54
요보호아동 293
요보호아동가족부조 프로그램 125
원가정 277
원가족복귀 335, 338
원초아 46
위탁가정 276, 334
위탁가정운동 98
위탁보호서비스 261
위탁아동 275
유기 223
유목포함 41, 49
유아교육진흥법 113, 182
유아기 37
유엔아동권리선언 61, 62
유엔아동권리협약 26, 62, 68, 69, 70, 74, 75, 114, 116, 121
육아정보지원센터 184
윤회 58
음악치료 366
음주운전 반대 어머니회 122
의사소통 유형 368
인지발달 41
일시지원복지시설 161
임신출산급부 142
입소상담 363
입양 294
입양관련 삼자 320
입양부모 309
입양아동신드롬 300
입양정보통합관리시스템 313

ㅈ

자기결정의 원칙 137
자기존중 353
자기중심적 사고 41, 42
자기효능감 52
자립지원 339
자립지원시설 156, 337
자립지원전담요원 340
자립지원표준화 프로그램 340
자산조사 146
자아 46

자휼전칙 268
잠복기 46
장애아동발달재활서비스 203, 212, 374
전문성 126
전생애 발달 55
전조작기 42, 48
접수면접자 357
접수상담 356
정서적 방임 222
정서적 학대 220
제1차 백악관회의 100
조작적 조건형성 51
조작적 행동 51
조화의 적합성 43
죄책감 47
주도성 47
주류화 208
중간체계 54
중심화 현상 42
중앙가정위탁지원센터 270
중앙아동보호전문기관 236
중앙입양원 304
지지적 서비스 17, 127
직장어린이집 180
진실성의 원칙 138
질병모델 212

ㅊ
참여권 72
청소년기본법 157, 158
초자아 46
친부모 277
친양자제도 380

ㅋ
커티스위원회 보고서 96
쾌락원리 46
큰오빠 큰언니 129

ㅌ
탈중심화 42
태교 56, 57
태내기 36
통합 208

ㅍ
평가인증제도 115
포괄성 125
포괄적 보육서비스 173
포용국가 아동정책 116, 117
표적집단 133
표준보육과정 186
표현적 역할 21
푸드스탬프 프로그램 101
피학대증후군 129

ㅎ
학대아동보호서비스 234
학대피해아동 231
학습 32
한부모가족복지상담소 161
한부모가족지원법 160
한시빈곤가정지원제도 146
합계출산율 23
항문기 46
헤드스타트 프로그램 20, 101, 384
현실원리 46
협동어린이집 181
형식적 조작기 49
홀트아동복지회 110
효과성의 원칙 138
휼구규칙 103

저자 소개

정옥분(Chung, Ock Boon)

서울대학교 사범대학 가정학과 졸업

서울대학교 대학원 석사과정 졸업(아동학 석사)

미국 University of Maryland 박사과정 졸업(인간발달 전공 Ph. D.)

고려대학교 사범대학 교수, 고려대학교 사회정서발달연구소 소장 역임

현 고려대학교 명예교수

고려대학교 의료원 안암병원 · 구로병원 · 안산병원 어린이집 고문

정순화(Chung, Soon Hwa)

서울대학교 가정대학 가정관리학과 졸업

서울대학교 대학원 석사과정 졸업(아동학 석사)

고려대학교 대학원 박사과정 졸업(아동학 박사)

동덕여자대학교 보육교사교육원 전임교수 역임

전 고려대학교 사범대학 전문교수

손화희(Sohn, Hwa Hee)

성균관대학교 문과대학 영문학과 졸업

연세대학교 행정대학원 석사과정 졸업(사회복지학 석사)

고려대학교 대학원 박사과정 졸업(이학 박사)

연세대학교 대학원 사회복지학과 Post-Doctoral Researcher

현 숭의여자대학교 가족복지과 교수

김경은(Kim, Kyoung Eun)

고려대학교 사범대학 가정교육과 졸업

고려대학교 대학원 석사과정 졸업(가정학 석사)

고려대학교 대학원 박사과정 졸업(아동학 박사)

현 남서울대학교 아동복지학과 교수

아동권리와 복지(2판)

Child Welfare (2nd ed.)

2016년 3월 10일 1판 1쇄 발행
2018년 4월 25일 1판 4쇄 발행
2020년 2월 5일 2판 1쇄 발행
2022년 8월 10일 2판 3쇄 발행

지은이 • 정옥분 · 정순화 · 손화희 · 김경은

펴낸이 • 김 진 환

펴낸곳 • **(주) 학지사**
04031 서울특별시 마포구 양화로 15길 20 마인드월드빌딩 5층

대표전화 • 02) 330-5114 팩스 • 02) 324-2345

등록번호 • 제313-2006-000265호

홈페이지 • http://www.hakjisa.co.kr
페이스북 • https://www.facebook.com/hakjisabook

ISBN 978-89-997-2027-7 93370

정가 22,000원

파본은 구입처에서 교환하여 드립니다.

이 도서의 국립중앙도서관 출판시도서목록(CIP)은 서지정보유통지원시스템 홈페이지 (http://seoji.nl.go.kr)와 국가자료공동목록시스템(http://www.nl.kr/kolisnet)에서 이용하실 수 있습니다.
(CIP제어번호: CIP2020002627)